国家自然科学基金项目（71102058）
中央高校基本科研业务费项目（2011221012）

中国家族上市公司股利政策研究
问题与治理

Study on Dividend Policy of Chinese Family Listed Companies:
Problems and Governance

魏志华 ◎著

北京大学出版社
PEKING UNIVERSITY PRESS

图书在版编目(CIP)数据

中国家族上市公司股利政策研究:问题与治理/魏志华著.—北京:北京大学出版社,2014.4
(中国财务与投资前沿研究丛书)
ISBN 978-7-301-24087-8

Ⅰ.①中… Ⅱ.①魏… Ⅲ.①家族-上市公司-股利政策-研究-中国 Ⅳ.①F279.246

中国版本图书馆CIP数据核字(2014)第068248号

书　　　名：中国家族上市公司股利政策研究:问题与治理
著作责任者：魏志华　著
策划编辑：叶　楠
责任编辑：姚大悦
标准书号：ISBN 978-7-301-24087-8/F·3932
出版发行：北京大学出版社
地　　　址：北京市海淀区成府路205号　100871
网　　　址：http://www.pup.cn
电子信箱：em@pup.cn　　　QQ:552063295
新浪微博：@北京大学出版社　@北京大学出版社经管图书
电　　　话：邮购部 62752015　发行部 62750672　编辑部 62752926
　　　　　　出版部 62754962
印　刷　者：三河市博文印刷厂
经　销　者：新华书店
　　　　　　650毫米×980毫米　16开本　21.25印张　327千字
　　　　　　2014年4月第1版　2014年4月第1次印刷
定　　　价：49.00元

未经许可,不得以任何方式复制或抄袭本书之部分或全部内容。
版权所有,侵权必究
举报电话:010-62752024　电子信箱:fd@pup.pku.edu.cn

制定上市公司的财务政策和投资决策的原理，进一步完善上市公司的财务制度和治理结构，做好财务管理工作，也有助于证券监管机构的管理者了解上市公司的财务行为及其成因，以及资本市场投资者行为及其成因，为制定和完善我国证券市场监管政策提供科学依据。

本系列丛书的撰写和出版得到福耀玻璃工业集团总裁曹德旺先生的关心和支持。福耀玻璃工业集团本着办好民族企业和为股东创造价值的理念，艰苦创业，注重技术创新和管理创新，强调品质第一，以质量强化品牌，不断开拓市场，研究国内外市场需求变化，加强财务管理，追求投资效益。福耀玻璃工业集团所生产的汽车玻璃先后赢得了国内外诸多荣誉，成为优秀的民族品牌，企业的经济效益也日益提升，成长为一个"价值创造型企业"，不断为股东创造价值，并为投资者带来丰厚的回报。曹先生办企业兴民族产业的卓越领导才能，举善事以回报社会的爱国爱乡之心，有口皆碑。我谨代表本系列丛书的全体作者，真诚地感谢曹先生和福耀玻璃工业集团对学术研究的支持！

本系列丛书的出版，得到原北京大学出版社梁鸿飞博士及其北京大学出版社其他同事的理解和支持。梁博士以敏锐的学术眼光和高超的专业精神，对本系列丛书的定位、选题、学术价值、编委会组成等，提出了诸多宝贵的意见和建议，特此致谢！此外，本系列丛书的编选和出版，还得到国内外同行专家的帮助和支持，他们都是财务与投资研究领域的杰出学者。因此，我还要代表全体作者深深感谢全体编委会成员，他们为提高这套丛书的学术价值和质量作出了重要的贡献！

吴世农
2006 年 2 月于厦门大学芙蓉湖畔嘉庚楼

总　　序

综观过去 30 年公司财务(Corporate Finance)与资本市场(Capital Market)的研究动态,这一领域的研究发生了一些革命性的变化,通过与不同学科(例如,经济学、心理学、法学、非线性动力学、金融学、投资学、会计学和审计学等)的相互碰撞和融合,产生了一系列具有挑战性的新课题。我认为,以下四方面新的研究课题反映了当代公司财务和资本市场研究发展的新趋势。

第一,公司财务和资本市场的研究与公司治理的研究相互融合,探讨公司治理是否对公司财务产生影响、为什么影响和如何影响。传统的公司财务都是在一般均衡条件下讨论成本最小化或收益最大化,而忽略了公司的股权结构、董事会构成、总经理与董事会关系、经理持股、经理薪酬制度等对公司财务政策的影响。事实上,近年来的许多案例和研究成果都表明,无论是在国内还是在国外,公司治理因素对公司财务政策选择和业绩都具有显著影响。但迄今为止,在公司治理如何影响公司的资本结构、融资方式、股利分配政策、投资决策和业绩等方面,并没有明确的结论;公司治理是否影响公司资产定价,即"公司治理溢价"(Corporate Governance Premium)是否存在等问题也没有得到解答。由此可见,公司财务与公司治理之间的关系仍是一个值得深究的"谜"!

第二,公司财务和资本市场的研究与心理学及行为科学的研究相互融合,探讨管理者和投资者的非完全理性行为是否以及如何影响公司财务政策、投资决策和资产定价等。传统的公司财务和投资理论都是在理性投资者或管理者的前提下讨论财务理论和投资理论的,但新的研究发现,不仅投资者存在非理性行为,而且管理者也存在非理性行为。这些发现对传统的财务理论和投资理论无疑是个巨大的挑战。也正是由于这些发现,使得研究者开始从心理学的视角来解释公司财务和资本市场存在的某些反复出现,却难以用传统的财务理论和投资理论来解释的"异象"(Anomalies)。例如,为什么股票价格涨(跌)得越快,投资者买(卖)得越多,即使股价已经超过(低于)其价值?从心理学角度研究投资行为和理财行为,推动了行为金融(Behavior Finance)和行为公司财务(Behavior Corporate Finance)这些新思想和新理论的产生与发展。

第三,公司财务和资本市场的研究与法律的研究相互融合,探讨法律是否以及如何影响公司财务政策和投资行为等。法律作为公司外部治理变量,早年属于公司治理研究的范畴,但近年来,法律与公司财务及投资的关系研究纷纷兴起,特别是投资者法律保护是否影响公司的股权结构、财务政策选择和投资决策,投资者法律保护是否能够提高公司的价值,等等。当前,"法律与金融"(Law and Finance)以及"法律与公司财务"(Law and Corporate Finance)已经成为财务和资本市场研究的新领域。

第四,公司财务和资本市场的研究与微观结构(Microstructure)的研究相互融合,探讨从微观的视角,采用高频数据(High Frequency Data),研究投资者潜在需求如何最终转化为公司资产价格和交易量的过程。更具体地说,微观结构思想和方法的导入,使得我们能够更加细致地观测各种信息与资产价格及交易量之间的变动过程和关系、价格形成与交易规则之间的关系、信息透明度与交易行为及交易策略的关系、流动性程度与资产收益的关系,也有助于我们从市场微观结构视角解释股票首次公开发行(IPO)、股票拆细、小公司股票筹资、境内资本市场分割、外汇交易市场等"谜题"。

本系列丛书的作者正是立足财务与投资研究的前沿,结合国情,以中国上市公司和资本市场为研究对象,针对中国上市公司面临的财务政策、融资与投资决策、公司治理与财务管理、投资者行为等相关问题展开专题研究,发现并提出许多具有科学意义和应用价值的结论和建议。我相信,本系列丛书所介绍的研究成果,不但有助于我国高校理财、会计、金融、投资专业的教师和研究生,也有助于证券业研究机构的研究人员拓展研究思路,拓宽研究视野,掌握研究动态和深化我国财务和投资的研究;不但有助于我国上市公司、投资基金和证券业的财务和投资管理工作者深入了解我国上市公司财务管理和资本市场面临的问题以及公司的财务行为、投资者行为和资本市场的变化趋势,掌握基于价值创造理念以科学地

前　　言

　　家族企业遍布于全球各地,已成为世界经济领域中举足轻重的一股重要力量。遗憾的是,在以往相当长的一段时间里,主流文献对家族企业缺乏足够的关注,家族企业研究并未获得与其经济地位相匹配的重视。近年来,随着家族企业的影响日益深远以及学术研究的不断推进,越来越多的学者对家族企业予以了重新审视、关注和深入研究,并汇聚成一股新的研究潮流。同时,股利政策是学术界与实务界共同关注的焦点问题。近半个多世纪以来,股利政策研究一直是财务学领域中一个长盛不衰、历久弥新的经典课题。公司为什么要支付股利？即便在 Black(1976)提出著名的"股利之谜"几十年后,这一问题仍是百家争鸣、悬而未决,这使得股利政策研究依然充满着引人入胜的魅力。

　　尽管家族企业与股利政策这两个研究领域都在不断发展,但基于财务学视角将两个领域相结合,围绕家族企业股利政策进行的系统研究却几属空白。本书旨在对中国家族上市公司股利政策展开深入探讨,以弥补已有研究的缺憾。以 2004—2008 年中国 A 股市场上市公司为研究样本,本书在考察中国家族上市公司发展趋势及其分布特征的基础上,实证检验了家族上市公司与非家族上市公司在股利政策方面存在的差异,并进一步探索了这种差异背后潜藏的深层次动因,最后从机构投资者以及外部治理环境等视角揭示了内、外部公司治理机制在家族上市公司股利决策中所扮演的角色。研究发现：第一,家族上市公司在我国资本市场广泛存在,截至 2008 年年底,家族上市公司已占上市公司总数的三分之一左右。第二,相比非家族上市公司,家族上市公司具有相对消极的股利政策,而家族控制权特征会对家族上市公司股利政策产生显著影响。第三,代理理论与融资约束假说相结合可以较好地解释我国家族上市公司股利政策相对消极的动因。第四,机构投资者有助于推动家族上市公司分红派现,但不同类型机构投资者的作用差异并不明显。第五,良好的外部治理环境及其不同维度(如市场化、法律环境以及金融发展)对于改善家族上市公司股利政策都发挥着积极的作用。我衷心希望本书的研究,有助于增进和加深人们对中国家族企业行为以及上市公司股利政策的理解,并为补充和丰富中国的家族企业与股利政策研究略尽绵力。

本书脱胎于我的博士论文。在本书即将付梓之际,我想对所有曾经教导、关心和帮助过我的人致以最真挚的谢意。首先,我要感谢我的导师李常青教授,恩师博闻强识、治学严谨、为人谦和,不仅在学术上对我悉心指导,更在生活上给予我无微不至的关心。恩师的谆谆教诲,让我终生受益!其次,我要感谢厦门大学管理学院的吴世农教授、王志强教授、屈文洲教授、吴晓辉教授、吴超鹏副教授以及其他未能一一具名的名师,他们对本书的写作给予了非常重要的指导和帮助。尤其是,我要特别感谢吴世农教授对我一直以来的提携和帮助,先生之风,山高水长!再次,我要感谢南开大学管理学院的程新生教授、天津大学管理学院的杨宝臣教授,他们同样对本书的完善提出了许多宝贵的建议和意见。最后,我要感谢那些年陪我一起走过的所有好友、同门,以及所有给予我关心与帮助的师长、同学和朋友,感谢你们!因为有你们,我收获了人生中最美好的一段风景。

另外,本书的出版要特别感谢国家自然科学基金委员会青年科学基金项目"半强制分红政策、公司分红行为与投资者保护"(项目批准号:71102058)以及中央高校基本科研业务费专项资金(项目编号:2011221012)的大力资助。感谢北京大学出版社对本书的出版,感谢叶楠老师、姚大悦老师为本书出版所付出的努力!

最后,我想将本书送给我最爱的家人,是你们的爱支持我一路前行。
怀抱感恩之心,且行且珍惜。

魏志华

2014年1月于厦门大学经济学院

摘　　要

家族企业在世界范围内广泛存在,并在经济领域中占据了不可或缺的重要地位。近年来,家族企业研究备受学术界关注,成为一个方兴未艾的研究热点。股利政策研究则是财务学领域近半个多世纪以来最为长盛不衰、引人入胜的研究课题之一,"股利之谜"迄今仍是悬而未决的难题。以往国内外文献中基于财务学视角的家族企业研究相当匮乏,而围绕家族上市公司股利政策进行的系统研究更是几属空白。本书旨在对中国家族上市公司股利政策展开深入研究,以弥补已有文献的缺憾,这对进一步理解家族企业行为、增进家族企业与股利政策研究都具有重要意义。

本书在借鉴国内外相关文献的基础上,结合我国特殊的制度背景以及家族上市公司的发展现状和特征,以2004—2008年中国A股市场上市公司为研究样本,实证检验了中国家族上市公司与非家族上市公司在股利政策方面存在的差异,并进一步深入探索了我国家族上市公司相对消极股利政策背后潜藏的深层次动因,同时从内、外部公司治理机制的视角考察了机构投资者以及外部治理环境(市场化、法律环境以及金融发展)对于改善家族上市公司股利政策的积极作用,从而构建了一个较为系统的研究中国家族上市公司股利政策的分析框架,即"家族控制是否影响公司股利政策—家族上市公司股利政策动因—改善家族上市公司股利政策的内、外部治理机制"。

本书共分为八章,各章的主要内容如下:

第一章为绪论,主要对全书进行简要介绍,具体包括研究背景与问题的提出、研究思路与整体框架,以及研究贡献与创新之处。

第二章为文献综述,主要围绕家族企业的界定、家族企业理论与实证研究,以及股利政策理论与实证研究等主题进行文献述评。

第三章为中国证券市场与上市公司相关制度背景分析,主要介绍中国民营上市公司发展的制度背景,统计和分析了我国家族上市公司近年来的发展现状和特征,并阐述了我国上市公司股利政策的现状。

第四章实证检验了家族控制是否影响上市公司股利政策。该章基于家族控制、家族控制权特征两个视角,考察了家族上市公司与非家族上市公司的股利政策差异、不同家族控制权特征下家族上市公司的股利政策差异。

第五章对中国家族上市公司相对消极股利政策的动因进行了实证检验。该章承袭第四章的实证发现,从代理理论、税收假说以及融资约束三个视角,对家族上市公司股利政策背后潜藏的动因进行了探索。

第六章实证检验了家族控制、机构投资者与上市公司股利政策的关系。该章主要考察机构投资者作为一种内部公司治理机制对家族上市公司股利政策的影响,具体而言,分析了机构投资者持股与公司股利政策的关系、机构投资者是否会影响家族上市公司股利政策、异质性机构投资者是否具有不同的影响和股利政策偏好等问题。

第七章实证检验了家族控制、治理环境与上市公司股利政策的关系。该章在第六章的研究基础上,探讨了外部治理环境(市场化、法律环境、金融发展)作为外部公司治理机制对家族上市公司股利政策的影响,并进一步检验了外部治理环境影响家族上市公司股利政策的传导机制。

第八章为全书总结,包括研究结论、研究启示和政策建议、研究局限性,以及未来的研究方向。

本书的主要研究结论如下:

第一,家族上市公司在我国资本市场中广泛存在,并在行业与地域分布、控制权结构与内部治理结构方面特征明显。截至2008年年底,中国A股资本市场中家族上市公司约占三分之一强。家族上市公司群聚于传统的制造业以及信息技术业、房地产业等一些新兴行业,在地域上则主要分布于经济较发达的广东、浙江、江苏等东南沿海地区。家族上市公司的两权分离程度较大,家族股东平均以27.35%的所有权掌握了35.32%的控制权。家族参与管理的比例较高,约有70%的家族上市公司是由家族成员担任高管。此外,家族上市公司与非家族上市公司在内部治理结构方面存在系统性差异。

第二,家族控制、家族控制权特征显著影响公司股利政策。相比非家族上市公司,家族上市公司具有相对消极的股利政策,前者的股利支付意愿与支付水平约比后者高50%。同时,家族影响力(家族管理、控制程度)、家族控制权结构(控制权取得途径、控制方式、控制层级、控制链数量)显著影响公司股利政策,而家族终极控制权(所有权、控制权、两权分离程度)的影响则不太明显。

第三,代理理论与融资约束假说相结合为厘清家族上市公司股利政策的动因提供了相对完整、合理的解释。基于代理理论、税收假说、融资约束三个视角的实证检验显示,从资金占用来看,家族控制并没有加剧第二类代理冲突;在第一类代理问题中,家族控制的"壕沟效应"和"利益协同效应"并存,而家族终极控制权特征在很大程度上决定了家族控制的治理效应,进而影响家族上市公司股利政策;在股利税调整的背景下,家族上市公司股利政策相比非家族上市公司并没有显著不同;而融资约束显著削弱了家族上市公司的股利分配意愿和水平。

第四,机构投资者作为一种内部公司治理机制对公司股利政策具有显著的正向影响,而且机构投资者会根据公司股利政策来构建投资组合。进一步地,机构投资者持股比例越高,越有助于增强家族上市公司的股利分配意愿和分配水平,但异质性机构投资者的上述影响作用的差异并不明显。

第五,外部治理环境(市场化、法律环境以及金融发展)作为外部公司治理机制显著影响上市公司股利政策,良好的外部治理环境会对家族上市公司股利政策产生正向影响。其中,市场化对家族控制"利益协同效应"的替代、法律环境对家族控制"壕沟效应"的削弱,以及金融发展对家族上市公司融资约束的放松可能是外部治理环境影响家族上市公司股利政策的传导机制。

本书具有一定的探索性,其研究贡献与创新主要体现在如下方面:

第一,在研究视角上,本书率先基于财务学视角较为系统地考察了家族控制与公司股利政策的关系,不仅有助于丰富家族企业研究文献、增进对家族企业行为和公司治理的理解,也为股利政策研究提供了新的视角。

第二,在研究内容上,本书率先检验了家族控制区别于其他大股东类型对于公司股利政策具有的不同影响。诸多国内文献认为,大股东在股权实现全流通之前具有大量分红以变相套现的动机(原红旗,2001;陈信元等,2003;马曙光等,2005;Chen et al.,2009)。本书的研究证实,家族控制作为大股东控制的一种形式并没有强烈的分红愿望,相反却具有较为消极的股利政策,显示大股东对于股利政策的影响和偏好可能具有异质性。

第三,在实证检验上,本书还存在一些局部创新。其一,本书率先运用代理理论、税收假说和融资约束理论检验了家族上市公司股利政策的深层次动因,有助于进一步理解家族上市公司行为,也拓展了相关理论的适用范围。其二,本书印证和丰富了 La Porta et al.(2000)提出的股利政策"结果"模型,证实比法律制度更为广泛的外部治理环境(如市场化、金融发展)将显著影响公司股利行为。其三,本书率先考察了不同公司治理机制之间可能存在的有机联系,基于股利政策的视角探索了异质性机构投资者、外部治理环境分别作为内、外部公司治理机制对于家族控制这种公司内部控制权安排的作用。其四,本书率先探索了外部治理环境影响上市公司股利政策的传导机制,从而在一定程度上揭示了外部治理环境发挥公司治理效应的途径。

本书的研究启示和政策含义在于:第一,对家族上市公司而言,应不断强化分红意识,建立科学合理的股利分配制度。同时,家族上市公司还应不断完善内部治理机制,如引进机构投资者监督,积极利用外部环境为公司发展服务(如不断拓宽融资渠道、获取有利的政策和资源支持等)等。第二,对于政府机构和证券监管部门而言,在公司层面上,应积极引导、规范家族上市公司的分红行为;在市场层面上,应推动家族上市公司不断完善公司治理机制,并大力发展理性、成熟的机构投资者队伍;在制度层面上,政府机构和监管部门应不断完善外部环境,为家族企业或者说更为广泛的民营企业快速发展提供政策支持和制度保障。

本书的局限性在于:第一,对家族企业进行科学、合理的界定仍是值得商榷的理论难题。第二,检验了家族上市公司股利政策的三类动因,可能还存在其他未考虑在内的因素。第三,采用的是间接方式衡量家族控制的"掏空效应""利益协同效应"和"壕沟效应"。第四,仅考察了股利支付意愿与支付水平,未研究股利政策的其他特征。未来的研究应着力于弥补上述不足,进一步地,基于其他财务学视角(如资本结构、信息披露、盈余管理等)或更为广泛的交叉学科视角(如经济学、管理学、社会学等)进行深入研究。

关键词:家族控制　公司治理　股利政策　动因　机构投资者　治理环境

Abstract

Family businesses are very widespread in the world and occupy the important position in the economic sphere. In recent years, family business research has attracted the close attentions of scholars and increasingly become a hot topic. Meanwhile, dividend policy is one of the most enduring and fascinating research topics in the financial field over the half a century, and the "dividend puzzle" remains an open problem so far. According to the literature, there are very poor researches on family businesses based on the finance perspective at home and abroad, and among which are little systematic studies about the dividend policy. This book aims to deeply study the dividend policy of Chinese listed companies, so as to make up deficiency of existing literature to some extent. The significance of this book are enhancing understanding the behaviors of family businesses and enriching the existing family businesses and dividend policy research.

Based on related literature and analysis of the unique institutional background and the status quo and the characteristics of family listed companies in China, this book empirically tests the differences of the dividend policy between family listed companies and non-family listed companies using the sample of 2004—2008 Chinese A-share listed companies. Then, this book attempts to explore the deep-seated motivation for the relative passive dividend policy of family listed companies. Finally, from the internal and external perspectives, this book examines the positive impacts of the institutional investors and the governance environment (i.e., marketization, legal environment and financial development) on the dividend policy of family listed companies. Thus, this book develops a systematic framework for studying dividend policy of Chinese family listed companies, that is, whether and why the dividend policy of family listed companies different from the non-family listed companies, and what influences the dividend policy of family listed companies.

This book consists of eight chapters. Major contents of each chapter are outlined as follows:

Chapter 1 is the introduction, which briefly introduces the research background, research issues, research ideas and the overall framework, and research improvements and innovations.

Chapter 2 is the literature review. In this chapter, the author reviews and comments on the literature about the definition of family business, the related theory and empirical research on family business and dividend policy.

Chapter 3 analyses the unique institutional background in China and the status quo and the characteristics of Chinese family listed companies. In this chapter, the author sums up the course of the development of private firms over the past three decades, makes detail statistics of the characteristics of family listed companies, and investigates the status quo of listed companies' dividend policy.

Chapter 4 empirically studies whether family control has great influences on dividend policy of listed companies. Based on two perspectives, i. e., family control and the characteristics of family control, this chapter examines the differences of the dividend policy between family listed companies and non-family listed companies and among family listed companies.

Chapter 5 researches the motivations of the relative passive dividend policy of family listed companies. Based on agency theory, tax hypothesis and financial constraint, this chapter tries to explain the empirical results of chapter 4, that is, why family listed companies has significantly lower dividend payout comparing to non-family listed companies.

Chapter 6 empirically tests the relationships among family control, institutional investors and dividend policy of listed companies. The author investigates whether institutional investors as one of the internal governance mechanisms has great influences on dividend policy of listed companies, especially the family listed companies. Furthermore, whether the heterogeneous institutional investors have different impacts on dividend policy and different preferences for dividend policy.

Chapter 7 examines the relationships among family control, governance environment and dividend policy of listed companies. On the basis of Chapter 6, the author further explores whether the governance environment (i. e., marketization, legal environment and financial development) as one of the external governance mechanisms has important impacts on dividend policy of listed companies, especially the family listed companies, and if so, through what channels achieving that impacts.

Chapter 8 summarizes the research findings and draws conclusions, shows the research implications, and points out the research limitations and the direction for further research.

The main conclusions of this article are as follows:

Firstly, family listed companies are very widespread in Chinese capital markets, and shows significant features in the industry and geographical distribution, the structure of control right and internal governance structure. Up to the end of 2008, there are about one-third of Chinese A-share listed companies controlled by family, which gathers in the traditional manufacturing industry and several emerging industries like technology and the real estate industry, and are mainly distributed in southeastern coastal areas like Guangdong, Zhejiang, Jiangsu and other rich provinces. The ultimate controlling family shareholders own 27.35% of the cash flow rights to control 35.32% of the voting right, which shows the great separation of ownership and control. Also, family members hold executive positions in 70% family listed companies, showing that family are closely involved in the management. Furthermore, there are systematic differences of internal governance structure between family listed companies and non-family listed companies.

Secondly, family control and the characteristics of family control significantly affect the dividend policy. Comparing to the non-family listed companies, family listed companies has relative passive dividend policy, the dividend payout ratio of the former is about 50% higher than the latter. Meanwhile, family influences (i. e., family involved in management, whether or not tight control) and the structure of family control (i. e., whether or not direct listing, whether or not the pyramid control, the number of control hierarchy and control chain) have significant impacts on dividend policy, while the ultimate control right of the family (i. e., ownership, control, separation of ownership and control) has weak influences on dividend policy.

Thirdly, the agency theory combined with financial constraints hypothesis provide a relatively complete and reasonable explanation to the relative passive dividend policy of family listed companies. The empirical results show that, (1) family control do not results in severe agency problem II from the perspective of funds occupation; (2) on agency problem I, there is a concurrence of the "convergence effects" and "entrenchment effects" of family control, and the characteristics of family control determines the role of family control and thus the dividend policy; (3) in the background of dividend tax adjustment, dividend policy of family listed companies show no significant differences from non-family listed companies; (4) financial constraint significantly reduce the dividend payout of family listed companies.

Fourthly, the results also show that, the higher institutional holdings the higher dividend payout of listed companies, in turn, the higher dividend payout of listed companies the higher institutional holdings. Furthermore, institutional investors have significant positive impacts on the dividend payout of family listed companies, and the heterogeneous institutional investors have similar impacts.

Fifthly, the better external governance environment (i. e., marketization, legal environment and financial development) the higher dividend payout of listed companies, especially the family listed companies. The story how governance environment achieves its impacts is that, marketization is a substitution mechanism for the "convergence effects" of family control, and legal environment weaken the "entrenchment effects" of family control, and the financial development relax the financial constraints facing by family listed companies to some extent.

This research is an exploratory work, and the major improvements and innovations are as follows:

First of all, to the best of my knowledge, with regard to the research content, this book is the first one to systematically investigate the relationship between family control and dividend policy of listed companies, which enriches the family business literature, promotes the understanding of the behaviors and corporate governance of family businesses, and also provides a new perspective for the dividend policy research.

Next, in terms of the research contents, this book is the first one to examine the impacts of family control on the dividend policy of listed companies, which is quite different from other types of controlling large shareholders. A large amount of domestic research literature show that, controlling large shareholders have strong incentives to distribute dividends so as to liquidate their non-tradable shareholdings (Yuan, 2001; Chen et al., 2003; Ma et al., 2005; Chen et al., 2009). While this book finds that family shareholders as a form of controlling large shareholders do not have a strong desire to distribute dividends, on the contrary, they prefer the relative passive dividend policy, showing that the heterogeneous controlling large shareholders have different impacts on dividend policy and different preferences for dividend policy.

Finally, in terms of the empirical tests, there are also some certain innovations in this book. First, this book is the first one to use the agency theory, tax hypothesis and financial constraint to examine the family listed companies' motivations for dividend policy, which enhances the understanding of family listed companies' behaviors and extends the scope of application of relevant theories. Second, this book confirms and enriches the "outcome model" suggested by La Porta et al. (2000), showing that besides the law environment, the broader external governance environment (e.g., marketization and financial development) has important impacts on behaviors of listed companies. Third, this book is the first one to research the interaction between different corporate governance mechanisms. Based on the perspective of dividend policy, this book examines the impacts of institutional investors and external governance environment on family control. Fourth, this book is also the first one to explore the mechanisms how the external governance environment affects dividend policy of listed companies, and thus plays a positive role in corporate governance.

The implications of this book lie in two aspects. First, as for the family listed companies, they should pay attention to dividend policy and establish a scientific and rational dividend distribution system. At the same time, the family listed companies should also continually improve their internal governance mechanisms, like attracting institutional investors holding, and actively use the external environment, like broadening the financing channels and obtaining the favorable policy and resource supports, etc. Second, as for the government agencies and securities regulators, they should actively guide and regulate the dividend policy of family listed companies, and promote the improvement of the family listed companies' corporate governance mechanisms and develop rational and sophisticated institutional investors, and improve the external environment so as to provide policy supports and institutional protection for the family business or the more extensive private enterprises.

The limitations of this book are that the definition of family businesses is still a much-debated problem. Meanwhile, this book examines only three types of motivations for family listed companies' dividend policy, while there may be other factors not taken into account. Moreover, it's hard to directly measure the "tunnelling effects" "convergence effects" and the "entrenchment effects" of family control. Also, this book just focuses on dividend payout propensity and ratio, without taking into account of other characteristics of dividend policy. Future research should focus on remedying these deficiencies. Furthermore, family business research, based on other financial perspectives (e.g., capital structure, information disclosure, earnings management, etc.) or the broad cross-disciplinary perspectives (e.g., economics, management, sociology, etc.), is worthy of more attention in the future.

Keywords: Family Control; Corporate Governance; Dividend Policy; Motivations; Institutional Investors; Governance Environment

目　　录

第一章　绪　论 …………………………………………（1）
　第一节　研究背景与问题的提出 ……………………（1）
　第二节　研究思路与整体框架 ………………………（17）
　第三节　研究贡献与创新之处 ………………………（21）

第二章　文献综述 ………………………………………（23）
　第一节　家族企业界定研究综述 ……………………（24）
　第二节　家族企业理论与实证研究综述 ……………（41）
　第三节　股利政策理论与实证研究综述 ……………（58）
　第四节　本章小结 ……………………………………（78）

第三章　中国证券市场制度背景与家族上市公司现状分析 ………（80）
　第一节　中国民营经济发展与制度背景分析 ………（81）
　第二节　中国家族上市公司现状与特征分析 ………（88）
　第三节　中国上市公司股利政策现状与制度背景分析 …（101）
　第四节　本章小结 ……………………………………（108）

第四章　家族控制是否影响上市公司股利政策？ ……………（110）
　第一节　理论分析与研究假设 ………………………（111）
　第二节　研究设计 ……………………………………（116）
　第三节　实证结果与分析 ……………………………（124）
　第四节　本章小结 ……………………………………（148）

第五章　中国家族上市公司相对消极股利政策的动因研究 ………（151）
　第一节　理论分析与研究假设 ………………………（152）
　第二节　研究设计 ……………………………………（159）
　第三节　实证结果与分析 ……………………………（165）

第四节　本章小结 …………………………………………（194）

第六章　家族控制、机构投资者与上市公司股利政策 …………（197）
　　第一节　理论分析与研究假设 ……………………………（198）
　　第二节　研究设计 …………………………………………（204）
　　第三节　实证结果与分析 …………………………………（209）
　　第四节　本章小结 …………………………………………（240）

第七章　家族控制、治理环境与上市公司股利政策 ……………（242）
　　第一节　理论分析与研究假设 ……………………………（243）
　　第二节　研究设计 …………………………………………（250）
　　第三节　实证结果与分析 …………………………………（256）
　　第四节　本章小结 …………………………………………（280）

第八章　研究结论、研究启示与未来的研究方向 ………………（283）
　　第一节　研究结论 …………………………………………（283）
　　第二节　研究启示和政策建议 ……………………………（286）
　　第三节　研究局限性和未来的研究方向 …………………（288）

参考文献 ………………………………………………………（290）

第一章 绪 论

家族企业是近年来备受关注的热点话题,而"股利之谜"则一直是财务学界极富争议性的焦点问题之一,本书旨在围绕家族控制与上市公司股利政策之间的关系展开深入研究。在第一章里,笔者首先分析了研究背景并界定了本书所要研究的主要问题,其次阐述本书的研究思路、研究的主要内容和框架结构,最后概述本书的主要研究贡献与创新之处。

第一节 研究背景与问题的提出

一、家族企业与家族企业研究:一个方兴未艾的话题[①]

家族企业是企业的主导形式,在世界范围里都是如此。它们在我们的经济和社会领域中占据那么多的

---

① 本节中的部分内容经修改后已正式发表。见魏志华等.家族企业研究:一个文献计量分析[J].经济学(季刊),2013,13(1)。

部分,以致我们把这种现象视为理所当然……对于世界人口中相当大的一部分人来说,家族企业的成功与延续是他们在经济意义上的宝藏。

——盖尔西克等①

家族企业是最有效的经济推动力之一:它们能够创造就业机会,它们是少数能够成功纳税的企业之一,它们是能够在国民经济陷入低谷时敏捷和灵活地成功运作的企业。

——Neubauer and Lank②

家族企业一直是古代经济发展和文明进化的基石,也在西方文明的发展进程中扮演了极为重要的角色(Bird et al.,2002)。古希腊文明的经济活动主要是建立在家族控制或家庭经济基础之上的,这种情况直到罗马帝国和随后的中世纪以及新大陆发现时期,都没有发生明显的变化。在工业化时代的早期,家族企业也成为经济发展的主要动力,"石油大王"洛克菲勒、"汽车大王"福特、"钢铁大王"卡内基等人经营的家族企业甚至成为这一时期世界经济发展的旗帜。

作为现代企业结构的蓝本③,家族企业是一种既古老却又极富生命力的企业组织形式。无论是发达国家抑或发展中国家,在沉浮起落、兴衰嬗变的历史浪潮中,家族企业一直都大量并且顽强地生存和发展着。随着近年来家族企业研究的兴起,人们越来越多地重新审视和发现,原来在现实世界中大量的商业帝国和经济奇迹是由某个家族所缔造的。放眼全球,在世界500强企业中,家族企业可以说是一道亮丽的风景线,著名的家族企业甚或富可敌国的家族企业集团在世界各国、各行各业中都不胜枚举(见表1-1)。譬如,沃尔玛超市、福特汽车、希尔顿饭店、家乐福超市、三星集团、菲亚特集团、标致雪铁龙、宜家家居、新闻集团等,无一不是

---

① 盖尔西克等,贺敏等译.家族企业的繁衍——家庭企业的生命周期[M].北京:经济日报出版社,1998:2。

② Neubauer and Lank. The family business:Its governance for sustainability[M]. London:Routledge,1998:14。

③ 原文是:"一句话,不论在世界什么地方,印度也好,法国也罢,就连英国和美国也都算上,'企业的结构都会以家族为蓝本形成'。"见哈罗德·詹姆斯,暴永宁译.家族企业[M].上海:生活·读书·新知三联书店,2008:9。

令人耳熟能详的家族企业巨擘。盖尔西克等(1998)在其经典著作《家族企业的繁衍——家庭企业的生命周期》一书中认为,即使最保守地估计,在全世界范围内家族企业约占企业总数的65%—80%。Neubauer and Lank(1998)则指出,家族企业对世界GDP的贡献达到了45%—70%。

表1-1 世界各国(或地区)的一些著名家族企业

国家(或地区)	公司名称(或简称)
Panel A. 亚洲	
中国内地	碧桂园、玖龙纸业、海普瑞、新希望、三一重工、万向、广厦、力帆、远大、方太、格兰仕、美的、安踏、七匹狼、雅戈尔、纳爱斯、娃哈哈、苏宁电器、福耀、世茂集团
中国香港	长江实业、和记黄埔、长江基建、太古、恒基、隆丰国际、新鸿基、新世界、东亚银行
中国台湾	台塑、霖园、和信、远东、新光、宏碁、鸿海精密、富邦、力霸、旺旺、康师傅、广达
韩国	三星、LG、现代、SK、双龙、乐天、韩进、锦湖、韩华
日本	丰田、本田、松下、日立、索尼、东芝、三菱、伊藤洋华堂、西武、丸井、三得利
印度	信实工业、米塔尔钢铁、Tata、Birla、Infosys、Wirpo、Suzlon
Panel B. 欧洲	
英国	Sainsbury、联合食品、吉尼斯、马克斯 & 斯班塞、BHS百货、格罗夫纳
法国	家乐福、标致雪铁龙、布伊格、米其林、达能、欧莱雅、拉加代尔、LVMH、索纳帕尔、Lazard LLC、达索、德高、爱马仕、索迪斯联合、雷诺
德国	宝马、罗伯特·博世、Aldi、廷根尔曼、欧尚、巴黎春天、Otto、卡尔施泰特、汉高、格宁保险、保时捷、西门子、麦德龙、科德宝、Schwarz、欧倍德、贝塔斯曼
意大利	菲亚特、金融工业集团、费列罗、贝纳通、华伦天奴、Saras、切瑞蒂
瑞士	诺华、雀巢、嘉能可、Migros、利乐拉伐、劳力士、Swatch、Sonova、芬美意
瑞典	宜家、银瑞达、瑞典石油、黛塔帕克、Stena、Getinge AB
荷兰	SHV、喜力啤酒、C&A、Aigo雪茄、Vitol Holding B. V.
西班牙	桑坦德银行、Zara、El Corte Inglés、桃乐丝、Mango、雅致
Panel C. 北美洲	
美国	沃尔玛、IBM、福特、摩托罗拉、新闻集团、嘉吉、科氏工业、Viacom、Loew's、Mars、大众超市、惠好、柏克德、盖普、安海斯-布希、温迪克斯、通用动力、泰森食品、Meijer、万豪、富达、康卡斯特、宝洁、惠普、杜邦、安利、麦格劳-希尔、伯克希尔哈撒韦、强生、希尔顿饭店、柯达、迪士尼、洛克菲勒
加拿大	汤姆逊、庞巴迪、托马斯路透、四季饭店、Power、Magna、Quebecor World
墨西哥	Carso、美洲移动、Inbursa、A. Turrent Toboccos、莫德洛集团

资料来源:作者根据相关资料手工整理得到。

从20世纪90年代初期开始,大量的实证文献如雨后春笋般对世界各国的家族企业进行了深入考察,不断印证着家族企业在各国经济舞台中所扮演的重要角色(见表 1-2)。而到了 20 世纪 90 年代中后期,随着 La Porta et al.(1998,1999,2000,2002)等人开创了新一代国际公司治理研究的先河,越来越多的跨国比较研究文献进一步探讨和证实,家族控制是世界各国企业组织的主导模式之一。家族上市公司作为家族企业的优秀代表,深深扎根于所在国家的资本市场之中,成为商业领域中令人瞩目的焦点(见表 1-3)。

表 1-2 家族企业在世界各国的分布

国家(或地区)	研究者	研究发现
澳大利亚	Baring(1992)	超过 80% 的私营公司以及 25% 的公众公司由家族控制
	Connolly and Jay(1996)	70% 的注册公司是家族企业,其对 GDP 增长的贡献率超过 50%
智利	Martinez(1994)	家族企业占公司总数的 75% 以及大中型企业的 65%
德国	Reidel(1994)	80% 的公司是家族企业
	McKibbin and Pistrui(1997)	98 000 家公司是由超过 65 岁的个人所领导
	Gelinier(1996)	700 000 家公司在未来五年中将进行所有权继承
印度	Datta(1997)	最大的 500 家公司中有 75% 是家族企业;全国 297 000 家注册公司中有 294 000 是家族企业
意大利	Corbetta(1995)	雇员超过 50 人的公司中有 46% 是家族企业,雇员在 20—500 人之间的公司中有 80% 是家族企业
荷兰	Floren(1998)	所有公司中家族企业占 80%,而在雇员达到 100 人的公司中家族企业占 50%;家族企业提供了 42% 的就业机会并贡献了 GDP 的 53%
西班牙	Gallo(1995)	最大的 100 家公司中 17% 是家族企业,最大的 1 000 家公司中 23% 是家族企业;销售额超过 200 万美元的公司中 71% 是家族企业;家族企业贡献了 GDP 的 70%
英国	Hayward(1990)	8 000 家大公司中 76% 是家族企业,产出占 GNP 的 70%
拉丁美洲	Pozza(1995)	家族企业占私营公司的 80%—98%
欧洲	Glozen(1993)	所有公司中家族企业占 85%
西欧	Lank(1993)	75%—95% 的注册公司是家族公司

资料来源:Upton N., W. Petty. Venture capital investment and US family business [J]. Venture Capital, 2000, 2(1):27—39.

表1-3 东亚与西欧国家(或地区)的家族公司比例(以20%的所有权为临界比例)

东亚国家(或地区)	家族公司比例	西欧国家	家族公司比例
中国香港	66.7%	奥地利	52.9%
印度尼西亚	71.5%	比利时	51.5%
日本	9.7%	芬兰	48.8%
韩国	24.6%	法国	64.8%
马来西亚	67.2%	德国	64.6%
菲律宾	44.6%	爱尔兰	24.6%
新加坡	55.4%	意大利	59.6%
中国台湾	48.2%	挪威	38.6%
泰国	61.6%	葡萄牙	60.3%
		西班牙	55.8%
		瑞典	46.9%
		瑞士	48.1%
		英国	23.7%

资料来源:根据Claessens et al.(2000)以及Faccio and Lang(2002)整理得到。

然而令人疑惑的是,与家族企业在世界各国经济中具有举足轻重的地位相比,在20世纪80年代之前,学术界对于家族企业研究的漠视令人惊讶(Bird et al.,2002)。笔者利用著名的文献检索系统——ISI Web of Science[①]统计了国外家族企业研究文献数量、引文数量的发展脉络(见图1-1、图1-2)[②],印证了这一判断。不难看到,虽然从20世纪三四十年代开始就有学者零星散落地对家族企业进行探讨,但学术界对于家族企业较为密切的关注主要始于20世纪80年代,而直到最近几年才涌现出家族企业研究的一波热潮。

---

① Web of Science是美国汤姆森科技信息集团(Thomson Scientific)基于Web开发的产品,是全球最大型的综合性、多学科、核心期刊引文索引数据库,也被公认为是世界范围内最权威的科学技术文献索引工具。Web of Science以ISI Web of Knowledge作为检索平台,包含三大引文数据库——科学引文索引(Science Citation Index,SCI)、社会科学引文索引(Social Sciences Citation Index,SSCI)和艺术与人文科学引文索引(Arts & Humanities Citation Index,A&HCI),以及两个化学信息事实型数据库——最新化学反应(Current Chemical Reactions,CCR)和化学引索(Index Chemicus,IC)。

② 笔者的检索条件为:"标题=(family business) OR 标题=(family firm) OR 标题=(family firms) OR 标题=(family ownership) OR 标题=(family-owned) OR 标题=(family owned) OR 标题=(family company) OR 标题=(family enterprise),入库时间=所有年份,数据库=SCI-EXPANDED, SSCI, A&HCI",检索时间为2009年10月30日,最后共检索到1 055篇相关文献。

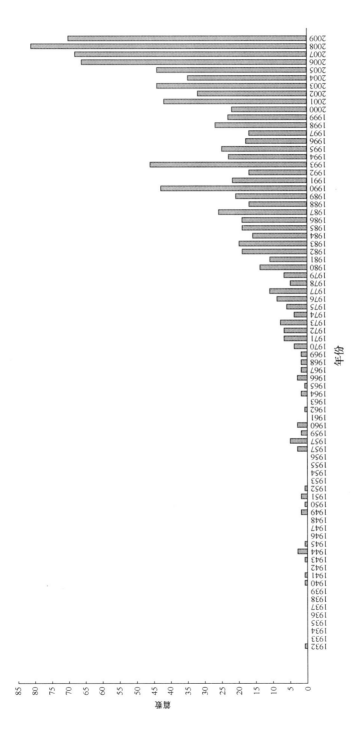

图1-1 家族企业研究每年出版的文献数量

资料来源：Web of Science。

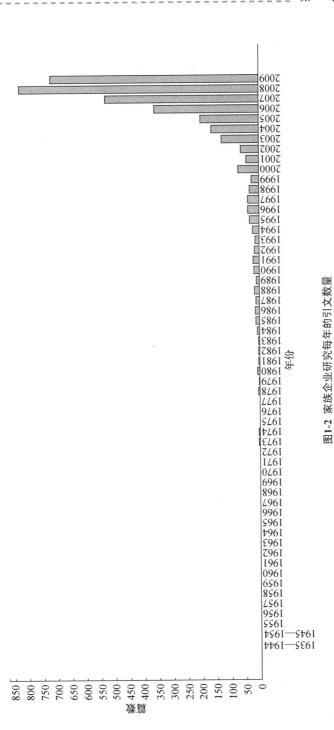

图1-2 家族企业研究每年的引文数量

资料来源：Web of Science。

许多学者对理论界长期以来忽视家族企业研究的倾向提出了批评。著名的管理学大师彼得·德鲁克就曾敏锐地指出,"尽管大部分企业——包括美国的和所有其他发达国家的——都是由家族控制和管理的……但是有关管理的书籍和课程却几乎完全是针对公共的和专业管理的企业——它们难得提到家族经营的企业"。① Neubauer and Lank(1998)认为,"在 20 世纪 80 年代以前,这一领域的研究一直没有受到重视,没有像其他经济组织那样得到更深入的研究,还有许多空白点"。② 鉴于此,Aronoff and Ward(1995)在《家族企业评论》(*Family Business Review*,FBR)上发表的一篇文章中提出了一个令人印象深刻的问题:"家族企业:明日黄花还是未来模式?"以期唤起人们对家族企业研究的关注。

随着时间的推移,学者们逐渐意识到对家族企业进行深入研究的重要意义。Chrisman et al.(2003)在"介绍家族企业理论"一文中开宗明义地指出:"学术界未能认识、接受以及谨慎地将家族企业纳入到主流企业与管理理论中可能导致三个严重后果:第一,忽视了那些本可以使已有理论更加稳健、更有价值的因素;第二,这种忽视意味着一些理论的建立并不适用于绝大多数世界上已经存在的或即将存在的组织中;第三,家族企业对于研究某些特定类型的组织现象提供了特别有吸引力的情境,忽视家族企业研究无疑对推进相关研究形成一定的阻滞。"③

令人欣喜的是,近三十年来,家族企业研究已渐渐走出了被学术界遗忘的尴尬境地。在家族企业日益崛起的经济背景下,越来越多的学者对家族企业予以了认可、关注和深入研究,并汇聚成为一股新的研究潮流。值得一提的是,家族企业研究领域的一些重要学术期刊的涌现对于推动家族企业研究功不可没。譬如,随着专门探讨家族企业的学

---

① 彼得·德鲁克,赵干城译. 大变革时代的管理[M]. 上海:上海译文出版社,1999:29。
② Neubauer F., A. Lank. The family business: Its governance for sustainability. New York: MacMillan Press Ltd, 1998.
③ Chrisman J. J., J. H. Chua, L. P. Steier. An introduction to theories of family business [J]. Journal of Business Venturing, 2003, 18(4): 441—448.

术期刊——《家族企业评论》(于 1988 年创刊),以及《企业理论与实践》(*Entrepreneurship Theory and Practice*, ET&P)、《小企业管理期刊》(*Journal of Small Business Management*, SBM)、《企业风险期刊》(*Journal of Business Venturing*, JBV)、《企业研究期刊》(*Journal of Business Research*, JBR)等一系列非主流学术杂志越来越多地关注家族企业问题,近年来(尤其是进入 21 世纪以来)学术界对家族企业研究的重视与日俱增(这也可以从图 1-1 和图 1-2 中略窥一二)。一个明显的变化就是,近年来经济、管理、战略、金融等领域的许多主流顶级期刊,如《经济学(季刊)》(*Quarterly Journal of Economics*, QJE)、《金融经济学评论》(*Review of Financial Economics*, RFE)、《管理科学季刊》(*Administrative Science Quarterly*, ASQ)、《管理学术期刊》(*Academy of Management Journal*, AMJ)、《管理学术评论》(*Academy of Management Review*, AMR)、《组织科学》(*Organizational Science*, OS)、《金融学期刊》(*Journal of Finance*, JF)、《金融经济学期刊》(*Journal of Financial Economics*, JFE)、《公司金融期刊》(*Journal of Corporate Finance*, JCF)等,也开始纷纷发表为数众多的家族企业研究文献。有学者断言,近年来无论是从已出版的文章数目、出版物、学校提供的家族企业研究项目、由私人捐赠或基金会提供的研究支持抑或家族企业协会的成员数量来看,家族企业研究都呈现出日益增长、蓬勃发展的趋势(Sharma, 2004)。

值得注意的是,综观近半个多世纪以来的国外家族企业研究不难得到这么一个有趣的结论,即家族企业研究是一项内涵丰富、外延广泛的综合研究课题。从文献的学科属性分布来看,家族企业研究涉及的领域包括商业学、历史学、管理学、经济学、社会学、财务学、人文学、家庭/家族研究、法学、人类学、心理学、政治学等诸多学科,以及方方面面的内容(见表 1-4)。

表 1-4　家族企业研究的学科属性分布①

学科类别		文献数	文献占比	柱状图
商业学	Business	343	32.51%	
历史学	History	174	16.49%	
管理学	Management	146	13.84%	
历史学—社会科学	History of Social Sciences	112	10.62%	
经济学	Economics	100	9.48%	
社会学	Sociology	59	5.59%	
商业学—财务学	Business, Finance	46	4.36%	
人文学—多学科	Humanities, Multidisciplinary	31	2.94%	
社会科学—跨学科	Social Sciences, Interdisciplinary	28	2.65%	
家庭/家族研究	Family Studies	26	2.46%	
法学	Law	24	2.27%	
人类学	Anthropology	23	2.18%	
心理学—应用	Psychology, Applied	21	1.99%	
政治学	Political Science	17	1.61%	
心理学—多学科	Psychology, Multidisciplinary	12	1.14%	

资料来源:作者根据 Web of Science 检索得到的相关资料整理。

对我国而言,储小平(2000)曾精辟地指出,研究家族企业有着特殊的理论与实践意义,究其原因在于中国是一个家文化传统最为悠久和深厚的国度。② 在中国,家族企业在大浪淘沙的历史长河中一直巍然屹立。在中国近三十年来高速增长的经济背景下,家族企业或者说更为广泛的民营企业日益成为我国经济发展不可或缺的强大驱动力(Bai et al., 2003;Allen et al., 2005;Bai et al., 2006)。尤其是近年来,随着股票发行制度的改革以及国有上市公司民营化的推进,我国家族上市公司在证券市场扮演着越来越重要的角色(Xia, 2008)。越来越多的证据支持这样一种普遍共识,即在中国,家族企业已日益成为经济增长以及促进就业的引擎(Ding et al., 2008)。

在家族企业迅速发展和崛起的经济背景下,家族企业研究也引起了我国学者的思考和关注,并逐渐进入了学术研究的视野。李新春(1998)较早意识到,"在缺乏对家族制度深入了解的情况下,对中国经济特别是

---

① 该表格是由笔者检索 Web of Science 生成,文献总数为 1 055 篇。
② 中国台湾著名学者李亦园认为,中国文化是"家的文化";杨国枢进一步认为,"家族不但成为中国人之社会生活、经济生活及文化生活的核心,甚至成为政治生活的主导因素";汪丁丁指出,"从那个最深厚的文化层次中流传下来,至今仍是中国人行为核心的,是'家'的概念"。转引自储小平.家族企业研究:一个具有现代意义的话题[J].中国社会科学,2000(5):51—58。

企业组织的发展将是难以准确把握的"。类似地,储小平(2000)也认为,长期忽视对家族企业的研究,可以说是我国经济学和管理学界的一大缺陷。与国外研究趋势类似,我国学者在家族企业研究领域也稍显薄弱,但是近年来相关研究日益活跃(见图1-3)。①

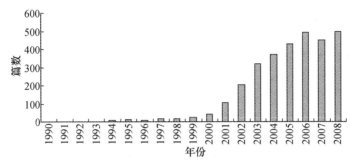

图1-3 中国家族企业研究历年的文献数量

资料来源:中国期刊全文数据库。

根据笔者对文献的检索和阅读整理,我国学者对家族企业研究的关注始于20世纪90年代。国内学者关注家族企业侧重于从家族企业治理结构与代理问题、家族企业绩效、家族企业的代际传承、家族企业的成长与发展、家族企业管理与对策等视角展开。

综观以上国内外学术界对于家族企业研究的发展脉络,笔者概括了三大特点:第一,家族企业研究经历了一个"漠视—再认识并逐渐兴起—迅猛发展、不断深入"的进程。第二,家族企业研究视角较为广泛,如涉及商业学、历史学、管理学、经济学等领域,但遗憾的是,基于财务学视角的家族企业研究仍显得极为不足。第三,已有家族企业研究主要采用规范分析的研究方法,而较少采用严谨的实证研究方法。由此看来,家族企业研究的上述特征无疑为财务学者提供了一个重要的研究契机,即从财务学视角深入研究家族企业。譬如,相比非家族企业,家族企业的财务决策有何特点?其动因是什么?哪些因素可以在家族企业财务决策中扮演重要角色?深入剖析这些问题不仅有助于丰富家族企业的理论研究,也有助于拓展主流理论的应用范围和适用边界。

---

① 笔者在中国期刊全文数据库(CNKI)中,以"家族企业""家族公司"为关键词(辅以"家族"与"企业"或"公司")对1990—2008年中国家族企业研究文献进行联合检索,最终获得3 009篇相关文献,检索时间为2009年10月30日。

毋庸置疑,家族企业研究是一个具有现代意义的话题(储小平,2000)。在我国,家族企业已呈现出一幅波澜壮阔的发展图景,但家族企业研究在我国却显得相当贫瘠。对家族企业的关注尚存在许多空白点,这使得家族企业研究尤其是从财务学视角对家族企业进行深入探讨已成为一个方兴未艾的研究课题。

二、股利政策:仍然是一个谜

股利政策研究是财务学领域最为长盛不衰、引人入胜的研究课题之一,自从 Lintner(1956)首次提出股利分配的理论模型以及 Miller and Modigliani(1961)提出"股利无关论"以来,在过去的半个多世纪中,股利政策一直是学术界与实务界关注的焦点问题。围绕股利政策,财务学家们提出了诸多理论,如代理理论、信号传递、税差理论、追随者效应、股利迎合理论、股利生命周期理论,等等。然而,即便在 Black(1976)提出著名的"股利之谜"几十年后,股利政策依然是财务学领域最为棘手的谜题之一(Allen et al., 2000),这正印证了 Black 所言,"我们越是认真地研究股利政策,就越觉得它像一个谜"。

通常而言,股利政策是一项复杂的公司决策,它不仅受公司特征、公司战略以及公司内部治理结构的影响,也在很大程度上受外部制度环境(包括政治因素、法律法规、市场竞争、社会习俗与文化等)的制约。因而尽管股利政策是最早采用模型进行严格分析的研究领域之一,大量学者著述甚丰,但理论上仍很难判断何种股利政策才是最佳的,这也导致股利政策难免陷于"两面派律师"的困境之中——一方面有成百上千的理由认为公司应该多发放股利,另一方面又有许许多多的借口认为公司应该少支付股利(李常青,2004)。

为简单梳理股利研究文献的历史进展,笔者也利用 ISI Web of Science 统计了国外股利政策研究文献数量、引文数量的发展脉络(见图1-4、图1-5)。[①] 从图中可以看到,从20世纪50年代中期开始,股利政策

[①] 笔者的检索条件为:"标题=(dividend policy) OR 标题=(dividend) OR 标题=(payout policy) OR 标题=(payout),入库时间=所有年份,数据库=SCI-EXPANDED, SSCI, A&HCI",检索时间为2009年10月30日,最后共检索到1 359篇相关文献。

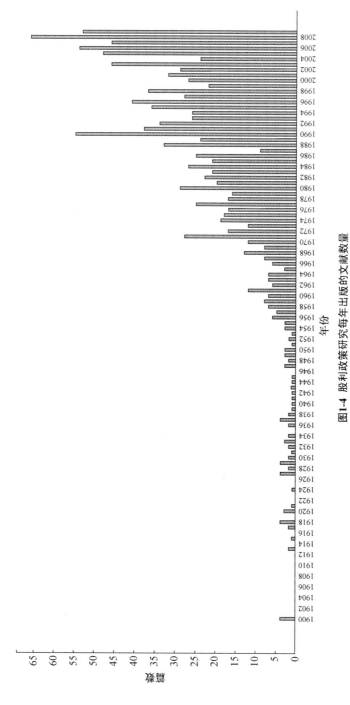

图1-4 股利政策研究每年出版的文献数量

资料来源：Web of Science。

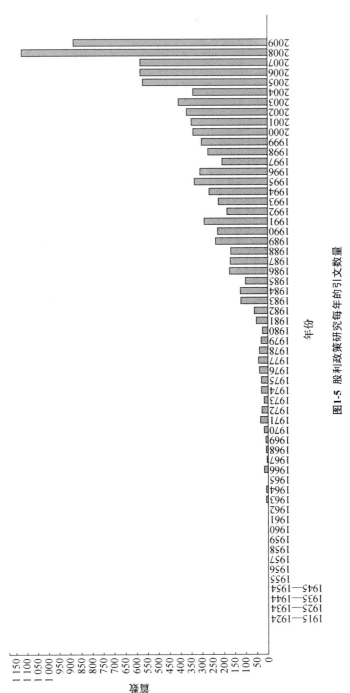

图1-5 股利政策研究每年的引文数量

资料来源：Web of Science。

研究吸引了诸多财务学者的持续关注,随后开始形成了从不间断的研究热潮。迄今为止,每年仍有为数众多的股利政策研究文章发表在国际顶尖财务学期刊上。

而述及"新兴加转轨"经济背景下的中国,上市公司股利政策也一直是备受学术界和实务界关注的热点话题之一。① 长期以来,中国上市公司呈现出股利支付率低且不分配公司逐年增多、股利政策波动多变等"异象"(李常青,1999),而监管部门也不断采取种种措施(如半强制分红政策)致力于推动上市公司分红回报股东(李常青等,2010)。毋庸讳言,在制度背景独特、种种复杂因素交织在一起的中国,"股利之谜"似乎变得愈发令人难以琢磨,但股利政策研究仍吸引着一批又一批的学者投身其中,并不断涌现诸多论著和真知灼见(见图1-6)。

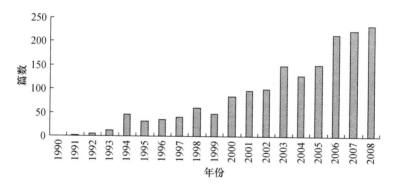

图1-6 中国股利政策研究历年的文献数量

资料来源:中国期刊全文数据库。

笔者愚见,在股利政策研究日趋成熟的背景下,从某些崭新的视角去探讨股利政策,发掘新的现象并应用相关理论予以阐释,从而丰富和拓展已有理论的适用范围,或许是更进一步探索和解开"股利之谜"的可行之道。正是基于上述考量,本书试图对家族控制与上市公司股利政策两者之间的关系进行一个有益的探索,深入探讨家族上市公司股利政策特征、潜藏的深层次动因及其影响因素,从而为股利政策研究文献提供新的视角和补充。

---

① 笔者在中国期刊全文数据库中,以"股利""分红"为关键词对1990—2008年中国股利政策研究文献进行搜索,最终获得1 662篇相关文献,检索时间为2009年10月30日。

三、家族控制与股利政策：基于中国制度背景的研究

Chrisman et al. (2003)意识到,主流管理学文献对家族企业缺乏足够的关注。笔者认为,主流财务学文献也存在类似的倾向——在很大程度上忽视了对家族企业的研究。[①] 已有研究文献对于家族控制是否影响公司财务决策、其动因是什么、哪些因素将决定家族企业财务决策等一系列重要问题并没有给出令人满意的回答,可以说基于财务学视角对家族企业进行的研究还亟待深入。

在我国,大量存在的家族上市公司与非家族上市公司相比,显然将受到家族控制这一控制权特征的影响,进而家族上市公司行为(包括股利政策)可能会呈现出与众不同的特征。然而,之前许多学者并没有对家族企业与非家族企业之间的行为差异予以足够的重视。[②] 近年来随着对家族企业研究的逐渐深入,家族控制对公司特定行为的影响已成为经济学与公司财务学领域一个年轻而新兴的研究领域(Schmid et al., 2008)。

本书致力于深入研究上述问题的一个方面——家族控制与公司股利政策的关系。以往国内外家族企业研究文献侧重于关注公司绩效(Mc-Connaughy et al., 1998; Anderson and Reeb, 2003a; Villalonga and Amit, 2006; Perez-Gonzalez, 2006; Fahlenbrach, 2009)、信息披露(Ali et al., 2008; Chen et al., 2008; Anderson et al., 2009; 魏志华和李常青, 2009)、资本结构(Anderson and Reeb, 2003b; Ampenberger et al., 2013; Ellul, 2009)、投资与兼并收购(Andres, 2008b; Caprio et al., 2008; Fahlenbrach, 2009)、盈余质量(Wang, 2006; Ali et al., 2007)、多元化(Anderson and Reeb, 2003b)、负债成本(Anderson et al., 2003)、董事会效率(Anderson and Reeb, 2004)、家族继承影响(Bennedsen et al., 2007; Cucculeli and Micucci, 2008; Hillier and McColgan, 2009)、公司控制以及股

---

① 根据表1-4的统计,基于财务学视角研究家族企业的文章数量占家族企业研究文献数量的比例不足5%。
② Westhead and CowLing(1998)曾对这一研究倾向进行了批评,他在一篇对家族企业研究方法论再思考的文章中评论道,"一些研究孤立地探讨家族企业。尤其明显的是,很少有对家族企业和非家族企业进行比较研究的。然而,人们目前逐渐认识到这种比较研究的必要性,因为它有利于人们了解家族企业和非家族企业之间的区别,同样也有利于了解两类企业在管理和绩效上的关系"。

权结构(Bertrand et al.,2008;Klasa,2008,Villalonga and Amit,2009)等。家族控制是否会影响公司分红行为？若有影响,其作用方向如何？其动因何在？其影响受哪些因素左右？综观国内外文献,鲜有研究围绕家族控制与公司股利政策进行系统性探讨。

本书旨在研究家族控制与上市公司股利政策两者之间的关系,包括家族上市公司股利政策特征、行为动因及其决定因素,以弥补国内外文献中对于家族企业股利政策研究的缺憾。本书的重要研究意义在于:第一,有助于丰富和增进对家族企业行为和公司治理的理解;第二,为家族企业和股利政策研究提供新的视角;第三,对于中国普遍存在的家族企业发展与监管提供一定的借鉴和现实指导意义。

第二节 研究思路与整体框架

本书按照"观察经济现象,提出问题—文献回顾—制度背景分析—理论与实证分析—结论和启示",即"提出问题—分析问题—解决问题"的逻辑线索来安排总体研究思路和文章内容。

一、研究思路

本书围绕家族控制与上市公司股利政策两者之间的关系展开研究,主要考察以下四个关键问题:(1)家族控制是否影响公司股利政策？进一步地,家族控制权特征是否影响家族上市公司的股利政策？(2)为什么家族上市公司的股利政策不同于非家族上市公司,其动因是什么？(3)内部公司治理机制是否可以发挥公司治理效应,并进而影响家族上市公司股利政策？(4)外部治理环境是否可以发挥公司治理效应,并进而影响家族上市公司股利政策？其传导机制如何？

在深入分析我国证券市场与上市公司制度背景的基础上,本书研究的上述四个问题实际上可以概括为三大部分研究内容:(1)家族上市公司与非家族上市公司在股利政策方面是否存在不同？(2)家族上市公司与非家族上市公司在股利政策方面为什么会存在不同？(3)内、外部公司治理机制是否有助于改善家族上市公司股利政策?

值得注意的是,本书的三大部分研究内容存在紧密的内在逻辑联系。具体而言,第一部分旨在检验家族上市公司与非家族上市公司在股利政策方面是否存在不同。实证研究发现,在中国,家族上市公司的股利支付意愿与支付水平都要显著低于非家族上市公司。同时,这部分还细致剖析了不同家族终极控制权特征下家族上市公司之间存在的股利政策差异,这为后文更深入地基于代理理论视角考察家族上市公司股利政策动因埋下了伏笔。第二部分试图深入探索家族上市公司与非家族上市公司在股利政策方面为什么会存在不同,主要从代理理论、税收假说以及融资约束三个视角分别考察了中国家族上市公司相对消极股利政策背后可能潜藏的动因。研究显示,代理理论与融资约束相结合可以较好地解释"中国家族上市公司相对消极股利政策之谜"。第三部分立足于第二部分的研究发现,进一步探讨了内、外部公司治理机制是否有助于改善家族上市公司股利政策。以机构投资者、外部治理环境(市场化、法律环境、金融发展)为研究切入点,实证结果表明,机构投资者监督作为一种内部治理机制有助于缓解公司的代理冲突;而外部治理环境也发挥着公司治理效应,尤其是金融发展可以缓解家族上市公司面临的融资约束困境,这二者都有助于改善家族上市公司股利政策。换言之,第三部分实际上找到了可以在一定程度上解决第二部分中发现的代理冲突和融资约束问题的治理机制。总体而言,本书的三大部分研究内容层层深入、紧密相扣,从而在一定程度上为分析和完善中国家族上市公司股利政策提供了思路与解答。

本书的研究思路如图 1-7 所示。

二、整体框架

围绕本书的研究主题,笔者构建了如下研究框架(见图 1-8)。

本书共分为八章,各章的主要内容如下:

第一章为绪论。该章从家族企业的经济地位、国内外家族企业和股利政策研究文献的发展脉络入手,界定了本书的研究主题——家族控制与公司股利政策两者之间的关系,阐述了本书研究的理论价值与实践意

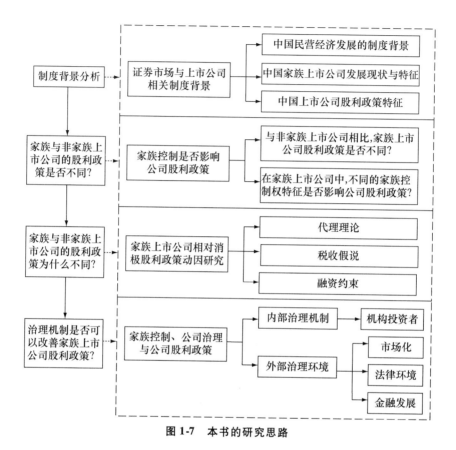

图 1-7 本书的研究思路

义;介绍了本书的研究思路和整体框架;最后指出本研究的改进与创新之处。

第二章为文献综述。该章首先对家族企业的界定进行了文献梳理,然后围绕家族企业的理论与实证研究展开评述,接下来简要回顾了股利政策的相关理论与实证研究文献。

第三章为中国证券市场制度背景与家族上市公司现状分析。该章首先介绍了中国民营经济发展的制度背景,统计和分析了中国家族上市公司近年来的发展现状和特征,并阐述了中国上市公司股利政策的现状。

第四章考察了家族控制是否影响上市公司股利政策。该章基于家族控制、家族终极控制权特征两个视角,实证检验了家族上市公司与非家族上市公司的股利政策差异、不同家族终极控制权特征下家族上市公司的

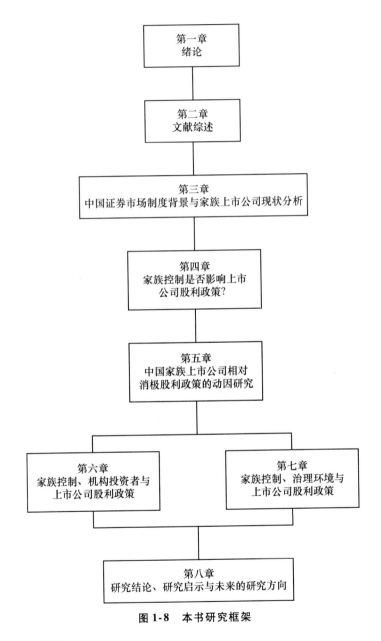

图 1-8　本书研究框架

股利政策差异。

第五章实证检验了中国家族上市公司相对消极股利政策的动因。该章承袭第四章的实证发现,从代理理论、税收假说以及融资约束理论三个视角,对家族上市公司股利政策背后潜藏的动因进行了探索。

第六章探讨了机构投资者在家族控制与上市公司股利政策关系中所扮演的角色。该章考察了机构投资者作为一种内部公司治理机制对家族上市公司股利政策的影响。具体而言,分析了机构投资者持股与公司股利政策的关系、机构投资者是否会影响家族上市公司股利政策、异质性机构投资者是否具有不同的影响和股利政策偏好等问题。

第七章深入研究了治理环境在家族控制与上市公司股利政策关系中所发挥的重要作用。该章在第六章的研究基础上,探讨了外部治理环境(市场化、法律环境、金融发展)作为外部公司治理机制对于家族上市公司股利政策的影响,并进一步检验了外部治理环境影响家族上市公司股利政策的传导机制。

第八章是研究结论、研究启示与未来的研究方向。该章是对本书的总结和展望,首先,对本书的研究结果进行全面回顾和总结,得出主要的研究结论;其次,根据研究发现提炼了本书的研究启示和政策建议;最后,剖析了本书可能存在的研究局限性,并对未来的研究方向进行了展望。

第三节 研究贡献与创新之处

家族企业研究是一个方兴未艾的研究领域,股利政策研究则是财务学领域一个历久弥新的经典课题。以往国内外文献中基于财务学视角的家族企业研究相当匮乏,而围绕家族控制与上市公司股利政策关系进行的系统研究则几属空白,这一研究契机为本书的改进和创新留下了较大的空间。为此,本书在借鉴国内外相关文献的基础上,结合我国特殊的制度背景以及家族上市公司的发展现状和特征,率先实证检验了中国家族上市公司与非家族上市公司在股利政策方面存在的差异,并进一步深入挖掘了中国家族上市公司相对消极股利政策背后潜藏的深层次动因,同时从内、外部公司治理机制的视角考察了机构投资者以及外部治理环境对于改善家族上市公司股利政策的积极作用。概言之,本书系统地对"家族控制是否影响公司股利政策—家族上市公司股利政策动因—改善家族上市公司股利政策的内、外部治理机制"三个重要问题展开了分析,本书

的改进与创新之处主要体现在如下三个方面:

第一,在研究视角上,本书率先基于财务学视角较为系统地考察了家族控制与公司股利政策的关系,不仅有助于丰富家族企业研究文献、增进对家族企业行为和公司治理的理解,也为股利政策研究提供了新的视角。

第二,在研究内容上,本书率先检验了家族控制区别于其他大股东类型对于公司股利政策具有的不同影响。诸多国内文献研究发现,大股东在股权实现全流通之前具有大量分红以变相套现的动机(原红旗,2001;陈信元等,2003;马曙光等,2005;Chen et al.,2009)。本书的研究证实,家族控制作为大股东控制的一种形式并没有强烈的分红愿望,反而具有相对消极的股利政策,显示大股东对于股利政策的影响和偏好可能具有异质性。

第三,在实证检验上,本书还存在一些局部创新。其一,本书率先运用代理理论、税收假说和融资约束理论检验了家族上市公司股利政策的深层次动因,有助于进一步理解家族上市公司行为,也拓展了相关理论的适用范围。其二,本书印证和丰富了 La Porta et al. (2000)提出的股利政策"结果"模型,证实比法律制度更为广泛的外部治理环境(如市场化、金融发展)将显著影响公司股利行为。其三,本书率先考察了不同公司治理机制之间可能存在的有机联系,基于股利政策的视角探索了异质性机构投资者和外部治理环境分别作为内、外部公司治理机制对于家族控制这种公司内部控制权安排的作用。其四,本书率先探索了外部治理环境影响上市公司股利政策的传导机制,从而在一定程度上揭示了外部治理环境发挥公司治理效应的途径。

第二章 文献综述

家族企业研究的兴起始于20世纪80年代,近年来俨然成为一个新的研究热点。综观近三十年来的家族企业研究文献,产生了许多经典理论和富有影响力的观点,但同时也伴生了大量极具争议性的论题,其中最具代表性的就是对家族企业的界定。相比而言,股利政策研究则一直是财务界争议颇多的焦点问题之一。自从 Lintner(1956)、Miller and Modigliani(1961)开创性地提出公司股利分配行为的理论模型和"股利无关论"以来,在半个多世纪的光阴中涌现了一大批股利政策研究文献,众说纷纭、百家争鸣,但距破解"股利之谜"仍尚待时日。为此,有必要对相关文献进行梳理和分类评述,为本书的后续研究奠定文献基础。

本章的结构安排如下:第一节是家族企业界定之研究综述;第二节围绕家族企业相关研究展开评述;第三节简要梳理了股利政策主流理论的相关文献;第四节是本章小结。

第一节 家族企业界定研究综述

一、家族企业界定的文献述评

对家族企业进行科学合理的界定,一直是家族企业研究悬而未解但又亟须解决的首要问题。诚如 Sharma(2004)所言,大多数社会科学面临的一个艰巨任务是很难对某个概念进行精确定义,家族企业的界定同样面临这个难题。[①] 对此,Handler(1989)也曾由衷地感慨道,"家族企业的定义是家族企业研究者面临的首要的和最显而易见的挑战"。[②] 近三十年来,有大量学者试图去阐明家族企业的定义,并尝试将不同的家族企业定义整合成一个概念框架(Handler, 1989; Litz, 1995; Chua et al., 1999; Sharma, 2004),从而推动建立起一个不断积累的知识体系。遗憾的是,迄今为止关于"什么是家族企业"的问题,仍没有获得一个能够被学术界广泛接受和普遍承认的定义(Handler, 1989; Astrachan, 2002; Sharma, 2004)。

哈佛大学教授 Donnelley 是最早对家族企业进行界定的学者[③],他认为家族企业是指同一家族至少有两代人参与这家企业的经营管理,并且这种两代衔接的结果,使企业的政策和家族的利益与目标有相互影响的关系。Donnelley(1964)提出了七个条件,满足其中之一或数个条件即可构成家族企业:(1)家族关系在决定经营管理权的继承中起着重要的作用;(2)现任或前任董事长或总经理的妻子或儿子位居董事席;(3)公司与家族的整体价值合而为一;(4)若家族成员正式参与公司管理,其个人行为必须影响企业的声誉;(5)家族成员以超乎财务的理由认为其有责任持有这家公司的股票;(6)家族成员在公司的职务影响其在家族中的

---

① 譬如,学者们围绕"创业"(Shane and Ventakaraman, 2000)、"公司创业"(Sharma and Chrisman, 1999)、"领导力"(Yukl, 1989)的定义似乎同样是泥足深陷、争论不休。
② Handler W. C. Methodological issues and considerations in studying family businesses [J]. Family Business Review, 1989, 2(3): 257—276.
③ Donnelley R.. The family business[J]. Harvard Business Review, 1964, 42(4): 93—105.

地位;(7)家族成员将参与公司的经营管理视为其一生的职业。

后来的学者对于家族企业的概念各抒己见、百家争鸣,难以达成较为一致的共识。据笔者目之所及,不同学者对家族企业的定义林林总总不下近百种。① 所幸的是,各种家族企业界定都围绕着家族企业最核心的一些特性展开,虽然纷繁复杂但也有迹可循。通常而言,家族企业的定义必须能够识别家族企业的独特性,因为只有具备独特性(或者我们相信它有独特性),才使得家族企业值得我们去研究和区分(Chua et al., 1999; Sharma, 2004; Chrisman et al., 2005)。综观国内外文献,学者们对家族企业的定义主要围绕以下几个视角展开:第一,基于家族涉入要素(Components-of-involvement)视角来界定家族企业②,这些要素包括所有权、控制权、家族参与管理(经营权)、代际传承以及多重限制条件(Westhead and Cowling, 1998);第二,基于家族企业本质(The Essence Approach)的视角进行界定,侧重于关注家族对企业战略导向、企业控制权维持、企业行为、企业资源与能力的影响;第三,基于家族涉入程度视角的界定,主要包括家族企业的多重操作性定义、F-PEC 模型以及家族企业分类法;第四,其他。以下分述之。

(一)基于家族涉入要素视角的界定

1. 所有权视角

从所有权的角度来界定是判断企业是否为家族企业的基本轴线,相当多的学者就是从这一基本轴线出发对家族企业进行界定的(储小平,2004)。

美国企业史学家钱德勒(1977)就认为,界定家族企业其中一个需要满足的要素就是,企业创始者及其最亲密的合伙人(和家族)一直掌握大部分股权。Lansberg et al. (1988)在《家族企业评论》创刊号的评论文章中,将家族企业看成是由家族成员合法拥有所有权的企业。类似地,盖尔

---

① 一个有代表性的例子是,Sharma(2003)在 Lansberg(1988)提出的三环交迭模型的基础上,识别了 72 种非重叠的家族企业类型(详见本节后续部分对家族企业分类法的介绍)。

② 家族涉入(Family Involved)是一个相对广泛和模糊的概念,它意味着家族通过所有权、管理控制权、监控权和代际传承等任何一种方式或多种方式来影响家族公司的战略导向、行为、治理等(Chua et al., 1999)。在本书中,笔者倾向于将家族涉入看作家族企业区别于非家族企业的本质特征。

西克等(1998)认为,不论企业是以家族命名还是有多位亲属在企业高层领导机构任职,都不能由此确定某一企业是家族企业;能确定为家族企业的,是家族拥有所有权的企业,即所有权才是划分家族企业与非家族企业的关键。

上述定义偏向于概念层面,并未对所有权比例作出清晰明确的可操作性界定。一些学者试图对所有权比例作出判断,但结果只是引发更多的争鸣。原因在于,除了绝对控股(家族股东持有50%以上的比例)的情况,判断是否为家族企业的所有权比例并不存在一个公认的临界值,这是一个仁者见仁、智者见智的问题。譬如,在股权集中的一些亚洲国家,非家族股东(尤其是国有股)持股相当集中,家族股东持有20%的股权比例的公司都未必能够称为家族公司;相反,在股权相对分散的某些欧美国家,持有5%的股权比例的家族股东可能就足以掌控公司所有"生杀予夺"的经营管理大权了,若论何为家族公司显然非其莫属。从文献来看,不同学者对于家族企业所有权比例的划分大相径庭。Donckels and Frohlich(1991)认为,如果单一家族拥有至少60%的企业所有权,就可将该企业界定为家族企业。不同的是,Ang et al.(2000)将单一个人或家族拥有至少50%股权的公司界定为家族企业,而Barth et al.(2005)对家族所有权临界比例的选取为33%。

2. 控制权视角[①]

理论上,控制权(投票权)源于所有权,但控制权在多数情况下并不完全等同于所有权。La Porta et al.(1999)、Claessens et al.(2000)以及Faccio and Lang(2002)等人的研究发现,股权分散仅适用于美、英等少数国家,而股权集中和大股东控制才是世界上多数国家公司股权结构的主导形态。在股权较为集中的一些国家(尤其是新兴市场国家),上市公司所有权与控制权的两权分离比例相当高。其根源在于,控制性大股东倾向于利用金字塔持股等方式来获得超额控制权,即通过较少的所有权比例来获取较高的控制权比例,进而通过种种手段来攫取控制权私利。因此,为了更好地判断大股东对于公司的影响,许多财务学者在界定家族企

[①] 应该说明的是,一些文献将控制权看作家族涉入要素的一种,即控制权是与公司的经营管理权等相联系的。在本书中,控制权更倾向于被界定为一种基于投票权的大股东控制。

业时并非基于所有权视角,而更多的是以控制权比例来进行判断。

在一篇极富代表性的研究中,La Porta et al. (1999) 对世界范围内 27 个富裕国家的上市公司股权结构进行了调查,并将那些控制性股东(终极所有人) 直接和间接拥有超过上市公司 10% 或 20% 投票权的公司归类为家族上市公司。随后,Claessens et al. (2000) 对 9 个东亚国家以及 Faccio and Lang(2002) 对 13 个西欧国家上市公司终极控制权的研究中,在界定家族上市公司时都沿用了 La Porta et al. (1999) 的临界控制权比例。类似地,Maury(2006) 在研究家族上市公司绩效时,将个人或家族拥有 10% 以上控制权的公司定义为家族公司。

不可否认,上述控制权临界比例的选取也存在一定瑕疵——与所有权临界比例的选取一样,用某一定量标准来统一判定家族企业可能会将很多家族企业排除在研究者的视野之外。因此,也有不少学者采用定性标准来界定家族企业。苏启林和朱文(2003)对家族上市公司的确定标准为:(1) 最终控制者能追踪到自然人或家族;(2) 最终控制者直接或间接持有的公司必须是被投资上市公司的第一大股东。上述定义被许多国内财务学者所采用,如谷祺等(2006)、姚瑶和逄咏梅(2009)、魏志华和李常青(2009)。类似地,当上市公司最大的股东可追溯到家族所有的公司或自然人时,Ding et al. (2008) 将这类公司定义为家族公司。

3. 管理权(经营权)视角

部分学者对从家族参与经营管理的视角来界定家族企业情有独钟。孙治本(1995)认为,当一个家族或数个具有紧密联盟关系的家族直接或间接掌握一个企业的经营权时,该企业就是家族企业。所谓直接掌握经营权是指家族成员亲自担任企业主管,该家族或家族联盟可能拥有亦可能未拥有企业过半数的股份。间接掌握经营权是指企业主管由外来专业经理人担任,作为企业主要所有者的家族或家族联盟,则通过外来专业经理人间接掌控企业的经营。相对于所有权与控制权,孙治本(1995)对家族企业的定义显然更看重家族成员是否参与企业经营管理。

4. 代际传承视角

代际传承也被认为是划分家族企业的一个重要标准,此类观点的赞成者坚信,代际传承对于家族以及企业而言都是一笔富有价值的经验。譬如,Birley(1986)、Ward(1988)、Barach and Ganitsky(1995) 以及 Heck and Trent(1999)都认为,只有那些家族有意识地希望将企业传承给后代的企业才能被称为家族企业。Daily and Thompson(1994)的观点则更为严格,他们认为,只有已经传了至少一代的企业才能够视为家族企业。Klein(2000)进一步认为,企业创始人经营的企业可以看作家族企业的特例。考虑到家族大多希望将家族企业作为一种可以在家族内部永续传承的事业(盖尔西克等,1998),因而将代际权杖的交接作为判断家族企业的标志无疑是与现实较为契合的一种界定方式。

5. 多重限制条件

还有许多学者则认为,单一的家族涉入要素并不能严格区分家族企业,他们更倾向于采用多种家族涉入要素的综合限制条件来对家族企业予以界定。

(1) 所有权+管理权

Barnes and Hershon(1976)认为,家族企业是企业的所有权由个人或家庭成员所控制,而且家庭成员或其后代在管理的企业。类似地,钱德勒(1977)也持这一看法,他在其名著《看得见的手》中把家族企业定义为"企业创始者及其最亲密的合伙人(和家族)一直掌有大部分股权;他们与经理维持着紧密的私人关系,且保留高阶层管理的主要决策权,特别是在有关财务政策、资源分配和高阶人员的选拔方面"[①]。

(2) 所有权+控制权+代际传承

我国学者曹德骏(2002)提出,家族企业是企业的所有权或所有权的控制权归属一个或数个家族所有,而且能将所有权或所有权的控制权合法传于后代的企业组织。他认为,非家族企业不可能具有代际传承的特性,这正是家族企业区别于其他企业的根本之处。此外,Chrisman et al. (2002)在研究企业感知与绩效时发现,所有权、管理以及代际传承意图提供了区别家族企业与非家族企业的基础。

(3) 综合各类

潘必胜(1998)认为,当一个家族或数个具有紧密联盟关系的家族拥有全部或部分所有权,并且直接或间接掌握企业的经营权时,这个企业才

---

① 钱德勒·艾尔弗雷德,重武译.看得见的手——美国企业的管理革命[M].北京:商务印书馆,1987:9.

属于家族企业。根据家庭关系渗入企业的程度及其关系类型,家族企业可以分为三种类型:其一,所有权与经营权全为一个家族所掌握的;其二,掌握着不完全的所有权,却仍能掌握主要经营权的;其三,掌握部分所有权而基本不掌握经营权的。中国台湾学者叶银华认为,家族企业应具备以下三个条件:其一,家族的持股比例大于临界持股比例;其二,家族成员或具有二等亲以内的亲属担任董事长或总经理;其三,家族成员或具有三等亲以内的亲属担任公司董事席位超过公司全部董事席位的一半以上。

综观基于家族涉入要素角度的家族企业界定文献,笔者认为其主要不足在于三个方面:其一,缺乏理论基础。Chrisman et al. (2005)认为,基于家族涉入要素视角的界定在解释家族涉入要素为什么会有影响以及如何发挥影响时缺乏坚实的理论基础。换言之,理论上并没有厘清为什么家族涉入会导致家族企业的行为和结果区别于非家族企业。其二,家族涉入要素的合理选择与量化是个难题。这无疑使研究者陷入了一个进退维谷的两难窘境——如果不对家族涉入要素的选择与量化进行清晰界定,则会大大降低家族企业定义的可操作性;但若试图对其进行明确划分,则会因为划分标准缺乏理论依据而且不同学者各执一词而引发颇多争议。其三,二分法并不足以界定家族企业。一些学者认为,家族企业与非家族企业之间可能并不存在清晰的界限(Astrachan et al., 2002),采用二分法界定家族企业难以捕捉不同家族企业涉入程度可能带来的影响差异。尽管存在种种不足,但由于家族涉入要素定义法具有很强的可操作性,因而此类界定方法在家族企业研究尤其是实证文献中,仍是应用最为广泛的一种方法。

(二)基于家族企业本质视角的界定

鉴于家族涉入要素定义法存在的理论缺陷,一些学者开始试图从家族企业的本质入手,寻求具有更坚实理论支持的家族企业界定方法。Chrisman et al. (2005)注意到,本质定义法主要从以下四个视角界定家族企业:(1)家族影响公司战略导向;(2)家族保持控制的意图;(3)家族企业行为;(4)家族涉入以及家族与企业相互作用所带来的资源和能力优势。以下分述之。

1. 战略导向视角

有些学者强调家族对制定公司战略方向的影响(Davis, 1983; Handler,1989;Shanker and Astrachan,1996)。在这些学者看来,家族企业与非家族企业最大的区别在于前者具有更为明显的家族涉入迹象,尤其是家族对企业战略导向的影响。譬如,Davis(1983)认为,家族企业是指企业的政策或方向受到一个或多个家族显著影响的组织,这种影响是通过所有权或者是通过家族成员介入管理活动来实现的。应该说,这种划分方法的实质是前文中家族管理权的一个延伸,并没有太大的理论突破和创新。管理权视角要求家族参与企业更为具体的经营管理,而战略影响视角强调的是家族对于企业战略这一更高层次的作用。但是,基于战略导向的界定摆脱了以往对于家族涉入要素选择以及量化的争论,因此被归类为是一种从本质上对家族企业进行界定的方法。

2. 控制意图视角

代际传承的前提是家族能够保留企业控制权,而家族希望将家族企业代代相传的愿景与意图则会塑造家族成员的行为和决策(Chrisman et al.,2005),并最终对家族企业产生影响。因此,家族保留企业控制权以实现代际传承的意图可以在一定程度上使家族企业区别于非家族企业。Litz(1995)根据所有权、管理权以及代际传承意图对家族企业进行界定,通过建立结构分析(Structure-based)模型和意图分析(Intention-based)模型确定了家族企业定义的基本维度,即所有权、管理控制权和加强这两个权力的趋向。Litz(1995)认为,判断一个企业是否为家族企业不仅取决于该企业的所有权和管理权在一个家族的集中程度,还要看家族成员实现或维持组织内家族关系的努力程度,即家族试图保持对企业控制权的意图。总体而言,基于控制意图的界定揭示了家族企业代际传承可能对企业产生影响的路径,但与其他本质定义法一样缺乏实际的可操作性。

3. 行为视角

Chua et al.(1999)认为,采用企业所有权、管理控制权、代际传承和企业治理等家族涉入指标来界定家族企业,是必要的但并不是充分的,因为这些指标可能可以概括家族企业的本质特征,但并不能明确地界定出家族企业和非家族企业的边界,更好的方法应该是通过愿景、意向和企业行为特征来区分家族企业与非家族企业。换言之,一家公司之所以是家族企业,是因为它的行为有别于非家族企业,而这种行为源于家族对家族愿景的追求。因此,他们得出结论,"家族企业是由一个或几个家族治理或管理的企业,旨在通过强势联合管理去塑造和追求家族的愿景,并潜意识里希望将企业代代相传"。Chua et al. (1999)提出的这一概念性定义可能是迄今为止得到最多认同的。然而,基于行为视角的界定也受到了一定的批评。这是因为,家族愿景并不必然会产生某种行为,也不一定会导致管理行为的差异。进一步地,管理行为相似的企业也不能断定都是家族企业。更何况从代际传承的视角来看,管理行为很难在家族内代代相传。

4. 资源优势(RBV)视角

传统经济理论认为,在完美市场中,超额经济利润将会因为新竞争者的不断加入和竞争的加剧而变得不可能。企业资源基础观(Resource Based View of the Firm,RBV)主要从企业内部资源和能力来分析企业的行为与绩效,其核心观点认为,企业是资源和能力的载体,有价值、稀缺、不可完全模仿并且不可替代的资源可引领企业获得持续竞争优势和卓越绩效(Barney,1991)。目前,RBV理论在战略管理、核心竞争力、人力资源管理、战略联盟等研究中得到了普遍认可。

Habbershon and Williams(1999)认为,RBV理论为从战略管理视角评估家族企业的竞争优势提供了一个理论分析框架。他们指出,家族涉入以及家族与企业的相互作用使得家族企业在公司层面上拥有了独特的、不可分割的以及协同的资源与能力,从而让企业打上了"家族化"(Familiness)烙印。正是这种独一无二的资源与能力显著影响了公司战略过程以及公司绩效的结果,构成了家族企业竞争优势的源泉,并成为家族企业区别于非家族企业的关键。他们认为,家族对企业独特的、系统性的影响可以通过分析组织资源与能力来进行捕捉。进一步地,Habbershon et al. (2003)还构建了一个家族企业绩效的理论模型,并阐述了家族、企业以及家族成员个体的系统相互作用对公司绩效结果产生的影响。

总体而言,家族企业的本质界定法试图探寻家族影响企业的本质原因,对于细化和构建完整的家族企业理论具有重要贡献(Chrisman et al., 2005)。但应该指出的是,本质界定法的不足也是显而易见的——此类界定涉及的要素几乎不可能进行量化,因而在实践中缺乏可操作性。

(三) 基于家族涉入程度视角的界定:融合的趋势

意识到前述两类界定方法的不足,一些学者逐渐从家族涉入要素的选择和量化的争论中挣脱出来,同时也毅然抛弃了缺乏可操作性的本质界定法,进而试图从家族涉入对企业的影响程度以及构建家族企业的连续指标来对家族企业进行界定。Sharma(2004)在一篇家族企业研究述评的文章中指出,这一新近的研究趋势带来了三个研究方向:(1)构建家族企业的多重操作性定义;(2)发展捕捉家族涉入程度的工具量表;(3)发展家族企业分类法。

1. 多重操作性定义

Shanker and Astrachan(1996)根据家族涉入的不同程度发展了家族企业的多重操作性定义(见表2-1)。随后,Astrachan and Shanker(2003)在评价家族企业对美国经济的贡献时,对该定义进行了修正,并将其形象地概括为"牛眼模型"(Bull's Eye Model)(见图2-1)。牛眼模型将家族企业划分为广义、中间以及狭义三个层次的定义。在狭义定义中,家族企业是指多代家族成员参与企业管理,并且至少有一名家族成员在企业中担任管理者;在中间定义中,家族企业是指创始人及其后代经营企业,并且控制着企业的投票权;在广义定义中,家族企业是指家族只对企业战略有影响,并具有一定的代际传承意图。

表2-1 按家族涉入程度划分的三类家族企业多重操作性定义

广义定义	中间定义	狭义定义
• 对战略方向的有效控制 • 试图将企业保留在家族内	• 创始人及其后代经营企业 • 控制企业的法定投票权	• 多代参与 • 家族应用并直接参与经营 • 至少有一名家族成员为企业高层管理人员
⬇	⬇	⬇
家族低度涉入	家族部分涉入	家族高度涉入

资料来源:Shanker M. C., J. H. Astrachan. Myths and realities: Family businesses' contribution to the US economy—A framework for assessing family business statistics [J]. Family Business Review, 1996,9(2):107—123.

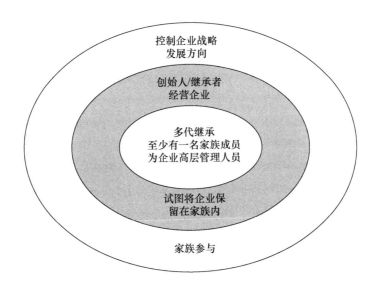

图 2-1 家族企业牛眼模型

资料来源:Astrachan J. H., M. C. Shanker. Family businesses contributions to the U. S. economy: A closer look [J]. Family Business Review, 2003, 16(3):211—219.

2. F-PEC 模型

Astrachan et al. (2002)认为,家族企业与非家族企业之间可能并不存在清晰的界限,二分法可能并不适用,更好的方法是对家族影响企业的程度进行连续评价,他们构建了一种能够有效测度家族涉入程度的工具量表——F-PEC 模型,并得到了广泛认可。如图 2-2 所示,F-PEC 模型包含三个维度:权力(Power)、经历(Experience)和文化(Culture)。其中,权力维度由所有权、管理权或支配权构成,可以清晰地表明家族权力的影响大小;经历维度测度了家族成员参与企业的代数和人数,反映了家族成员对企业贡献的深度和广度;文化维度包含了家族价值观以及家族承诺两个细分维度,衡量了家族文化对于家族企业的影响。随后,Klein et al. (2005)还亲自对 F-PEC 模型进行了实证检验,他们对 1 000 家随机选择的公司样本进行因子分析证实,F-PEC 模型具有高度可靠性。

应该指出,一个企业究竟是不是家族企业,应取决于家族涉入在多大程度上对企业产生影响。F-PEC 模型将家族涉入作为一个连续变量,而不是像以往一样看成是二分变量,从而有助于调和涉入要素界定法与本质界定法之间存在的鸿沟(Chrisman et al., 2005)。

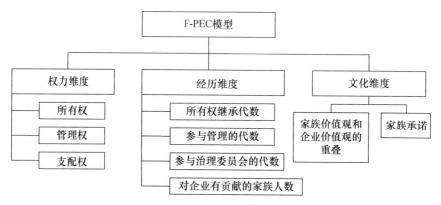

图 2-2　家族影响企业程度模型(F-PEC)

资料来源:Astrachan J. H., S. B. Klein, K. X. Smyrnios. The F-PEC scale of family influence: A proposal for solving the family business definition problem [J]. Family Business Review, 2002, 15(1): 45—58.

3. 家族企业分类法

Lansberg(1988)构建了一个三环交迭模型,从而为清晰地描述家族成员、股东以及公司雇员之间复杂的相互关系提供了一种简洁有效的工具。Sharma(2003)进一步发展了三环交迭模型,采用家族企业利益相关者界定编码(SMIC)的方式构建了家族企业分类体系(见图2-3)。具体而言,Sharma(2003)认为,所有家族企业都会有一些成员占据三环图中的某些交叠区域(即图中的4、5、6、7区域),而且在这些区域中任何一个区域可以被0、1个或多个(M)成员所占据,即$4(0,1,M)$、$5(0,1,M)$、$6(0,1,M)$、$7(0,1,M)$。理论上可以将企业划分为81种不同类型($3 \times 3 \times 3 \times 3$),但考虑到区域4和区域5不存在家族成员数为0的可能性($3 \times 3 = 9$种),因此SMIC方法一共可以界定72(=81-9)种互不重叠的家族企业类型。家族企业分类法运用少数几个属性将家族企业进行了严格分类,无疑为我们更深入地剖析不同类型家族企业的特质提供了极大便利。

(四)基于其他视角的界定

通过大量阅读文献,笔者还归纳了基于其他视角的几类家族企业界定方法。

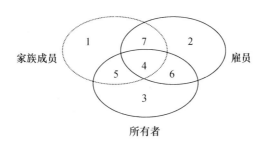

图2-3 家族企业内部利益相关者可能的7种角色

注：
(1) 家族成员(不参与企业经营)；
(2) 非家族成员的企业雇员；
(3) 非家族成员股东(不参与企业经营)；
(4) 在企业任职的家族成员股东；
(5) 家族成员股东(不参与企业经营)；
(6) 拥有公司股份的企业雇员；
(7) 作为企业雇员的家族成员(非股东)。

资料来源：Sharma P. Stakeholder mapping technique: Toward the development of a family firm typology [Z]. Working Paper, Wilfrid Laurier University, 2003: 6.

1. 企业自界定

Westhead(1997)提出，判断一个企业究竟是否为家族企业，应该由企业管理者自己来判断。类似地，Westhead and Cowling(1998)、Gudmundsson et al.(1999)、Cooper et al.(2005)也通过企业自我感知是否属于家族企业的方法来进行界定。Gallo et al.(2004)也认为，通过企业自界定来识别家族企业已成为研究中通常采用的一种方法。总体而言，该方法定义家族企业的优势在于，界定比较方便，因为企业对于自己类型的归属似乎最有发言权。同时，这一方法也解决了一个通常被其他界定方法忽略的问题，即家族涉入程度相同的两家企业可能并非都是家族企业(Chrisman et al., 2005)。但是，这种划分方法也明显地存在两个缺陷：其一，在理论上难以令人心悦诚服，因为它回避了这样一个理论问题：什么样的企业会称自己为家族企业？其二，这种方法可能会因为企业管理者自身的不认同，而将从各方面来看都是家族企业的群体排除在研究视野之外。

2. 文化

还有一些学者从更深层次的文化视角来阐释家族企业。譬如，英国学者雷丁(1993)较早注意到海外华人企业的文化影响，他认为华人家族企业实质上是一种文化产物,中国企业家依靠家长式权威来管理企业,企业主像父亲似地照看着他所创立的企业。姚耀军和丕禅(2003)则指出,家族企业中的"家族"二字代表的是一种文化,如果我们不从文化角度理解"家族"二字,那么家族企业这个概念是不准确的。储小平(2004)认为,家文化规则是家族企业的重要维度,缺少这一个维度,就不能完整地把握家族企业这一复杂的组织体。凡是家族企业,必定都具有一些家文化的特征,如企业主的家长权威和家长式的领导风格、重视营造企业中类似家庭亲情的和谐的氛围、用人亲疏有别的差序格局等。

笔者认为,人作为社会性动物,人的情感、认知、移情、偏见、攻击性、从众性和利他行为等诸多方面都不可避免地深深根植于传统的社会文化土壤中[①],企业离不开人的管理,因此企业的管理也必然会受到社会文化因素的影响。从文化角度审视家族企业无疑具有一定的合理性,尤其是在家文化根深蒂固的中国。但是,基于文化视角的家族企业界定也存在与其他定义类似的不足,即这是一个模糊的概念定义,可能更多的是对已有定义的一个补充。

3. 契约

从本质上说,企业是一组契约的联结。受新制度经济学思想启发,少数学者基于契约的视角对家族企业的本质进行思考。姚耀军和丕禅(2003)基于文化伦理契约的独特视角对家族企业进行了界定,他们认为,如果把文化伦理因素看作一种对价格极不灵敏的超长期契约,那么家族企业也是契约的集结。它是文化伦理契约与一般企业内部长期正式契约的集结。换句话说,家族企业是文化伦理契约与正式契约对交易的共同治理。贺志峰(2004)则从契约类型差异的视角来界定家族企业,他认为,家族企业是家庭契约联结的一类企业,而非家族企业则是交易契约联结的一类企业。企业所有权、管理控制权、意向甚至愿景都不能成为家族企业的界定标准,因为它们都没有办法确定其管理行为特征的差别,导致企业不同管理行为和不同生产效率的只能是不同的契约性质。笔者认为,基于契约视角的家族企业界定方法符合经济学逻辑,拓展了家族企业界定的理论外

---

① 参见阿伦森,邢占军译. 社会性动物(第九版)[M]. 上海:华东师范大学出版社,2007。值得一提的是,《社会性动物》作为一本讲述人际关系的经典心理学著作,被誉为"美国社会心理学的《圣经》"。

延,但是其缺陷在于该定义过于理论化和抽象化。同时,由于这方面的研究还属探索性质,是否能够得到学界的普遍认同尚需时日加以检验。

4. 包容性界定

此外,还有一些学者试图总结已有文献的精髓,对家族企业作出具有包容性的广义界定。譬如,储小平(2004)在综述国内研究的基础上提出,华人家族企业是家庭/家族资产占主导的家庭/家族关系契约和要素契约的结合体,是家庭/家族成员对企业的所有权和控制权保持拥有的一个连续分布的状态,而不是某一种具体形态,是家族/泛家族文化规则在不同程度上导致组织行为的经济组织。它包括从所有权和控制权不可分离地被家族成员紧密持有的形式,到企业上市后,家族成员对企业资产和经营管理保持临界控制权的企业。姚明龙和王远军(2005)则从家族企业的本质甄别家族企业定义,认为意图、愿景、行为、资源四个方面密不可分,家族企业的本质必须包括:(1)家族当代对企业进行支配性控制的意图;(2)由家族设定的能跨代对企业进行支配性控制的愿景;(3)具有实施和追求既定家族意图和愿景的行为;(4)具备家族性资源。他们进一步指出,只有当家族参与建立在家族控制愿景和特殊家族性资源基础之上时,企业才能真正被称为家族企业。

笔者将家族企业界定的主要国内外文献总结于表2-2。概言之,现有的家族企业界定仍然处于百花齐放、百家争鸣的阶段,不同类型的家族企业界定方法从不同的视角揭示了家族企业的部分现象或本质,但是却又不同程度地忽视或者难以展示家族企业的其他特征;许多界定方法要么缺乏理论支撑,要么缺乏现实的可操作性。可以说,更为科学合理地界定家族企业可能还有许多路要走。

二、本书对家族上市公司的界定

Lansberg et al.(1988)曾精辟地指出,除非研究者们能对家族企业有一个统一的定义,否则他们会发现借鉴彼此的研究成果并建立一个有用的知识平台是很困难的。遗憾的是,迄今为止围绕家族企业的界定国内外学者仍是众说纷纭、莫衷一是。笔者认为,一个良好的家族企业定义应能够反映家族企业区别于非家族企业的本质特征,同时还应具有可操作性。

表 2-2 关于家族企业界定的主要国内外文献总结

家族企业界定方法	代表性文献	主要观点	主要特征
Panel A. 家族涉入要素视角			
所有权	Lansberg et al. (1988)、盖尔西等(1998)、Donckels and Frohlich(1991)	家族是否拥有企业所有权是判断是否为家族企业的关键	可操作性强，研究中应用最广泛，缺点在于此类界定方法缺乏理论基础，且家族涉入要素的选取和量化争议颇多，此外二分法难以反映连续性的家族涉入程度
控制权	La Porta et al. (1999)、Claessens et al. (2000)、Faccio and Lang(2002)、苏启林和朱文(2003)、谷祺等(2006)、姚瑶和逄咏梅(2009)、魏志华和李常青(2009)	家族是否拥有企业控制权是判断是否为家族企业的关键	
参与管理(经营权)	孙治本(1995)	家族是否拥有企业管理权是判断是否为家族企业的关键	
代际传承	Birley(1986)、Ward(1988)、Barach and Ganitsky(1995)、Heck and Trent(1999)	企业是否在家族内传承是判断是否为家族企业的关键	
多重限制条件	钱德勒(1987)、Barnes and Hershon(1976)、潘必胜(1998)、叶银华(1999)、曹德骏(2002)、Chrisman et al. (2002)	是否同时满足以上各家族涉入要素的某几个要素或所有要素，是判断是否为家族企业的关键	
Panel B. 家族企业本质视角			
战略导向	Davis(1983)、Handler(1989)、Shanker and Astrachan(1996)	企业政策或战略方向受到一个或多个家族显著影响的组织	具有较为完善的理论基础，缺点在于量化难，可操作性差
控制意图	Litz(1995)	家族具有保留企业控制权以实现代际传承的意图	
企业行为	Chua et al. (1999)	家族通过愿景影响企业行为	
资源优势	Habbershon and Williams (1999)、Habbershon et al. (2003)	家族涉入以及家族与企业的相互作用为家族企业带来了独特的资源与能力上的竞争优势	

（续表）

家族企业界定方法	代表性文献	主要观点	主要特征
Panel C. 家族涉入程度视角			
多重操作性定义	Shanker and Astrachan (1996)、Astrachan and Shanker(2003)	根据家族涉入企业程度划分为广义、中间与狭义三层级	理论与可操作性兼备,体现了家族涉入要素视角与本质视角的融合趋势
F-PEC 量表	Astrachan et al. (2002)	通过权力、经历和文化三大维度测度连续的家族涉入程度	
家族企业分类法	Sharma (2003)	运用三环交叠模型,识别了72种互不重叠的家族企业类型	
Panel D. 其他视角			
企业自界定	Westhead(1997)、Westhead and Cowling(1998)、Gudmundson et al. (1999)、Cooper et al. (2005)	通过向企业发放问卷,让管理层自我判断是否属于家族企业的方法来进行界定	具有一定的创新意义,拓宽了理论视野。但此类定义尚不成熟,还需时日验证,而且除"企业自界定"方法外大多缺乏可操作性
文化	雷丁(1993)、储小平(2004)	文化是界定家族企业不可或缺的一个重要维度	
契约	姚耀军和亢禅(2003)、贺志峰(2004)	家族企业是某些特殊契约联结的企业	
包容性界定	储小平(2004)、姚明龙和王远军(2005)	具有包容性的广义界定	

资料来源:作者根据相关文献整理得到。

在本书中,笔者主张基于控制权视角对家族上市公司进行界定,这在已有研究特别是基于财务学视角的家族企业研究中颇为普遍(La Porta et al., 1999; Claessens et al., 2000; Faccio and Lang, 2002;苏启林和朱文,2003;谷祺等,2006;姚瑶和逄咏梅,2009;魏志华和李常青,2009)。具体而言,家族上市公司应满足:(1)最终控制者能归结到有血缘或姻缘关系的自然人或家族;(2)最终控制人直接或间接持有的公司必须是被投资上市公司的第一大股东①。简述理由如下:

第一,由所有权衍生而来的控制权是家族企业最本质的特征。王彦(2005)认为,所有权、管理权和控制权三方面既密切联系又相互区别。家族对企业的控制权归根结底来自于所有权和管理权,但如果家族只掌握企业的部分所有权和经营权,并不必然能控制该企业。所以一个企业是否为家族企业,不仅要看家族掌握所有权的比例,还要看家族对企业是否有影响力或控制力。在我国,终极控制股东普遍存在,且大多对企业具有高度的权威和举足轻重的掌控能力,能够左右企业的战略方向、人事任命、财务决策等,因而相比所有权、管理权等因素,基于终极控制权视角的界定无疑能够更真实地反映家族股东对上市公司的影响。

第二,基于控制权视角的界定不仅具有概念性,更重要的是具有可操作性。前文的评述中已经谈到,基于家族涉入要素视角的家族企业定义在研究中具有最强的可操作性,控制权就是其中一种。相比而言,其他三大类家族企业界定方法过于理论化以致难以量化研究,并不适合本书的实证研究需要。

第三,基于控制权视角的界定具有一定的包容性,更符合我国实际②。笔者认为,在家族涉入要素界定方法中,基于所有权、管理权、代际传承以及多重性限制条件视角界定家族上市公司在我国并不合适,理由如下:首先,我国家族股东通过金字塔结构掌握上市公司控制权的现象相

---

① 当然,为增强研究结果的稳健性,笔者在实证研究中还对家族控制的临界所有权比例进行了限定,如将家族控股股东所有权比例在5%或10%以上的公司界定为家族上市公司。详见本书后续章节。

② Chua et al.(1999,p.23)指出,"在存在严重意见分歧的情况下,理论化定义应该偏向于包容而不是排他,原因如下:首先,好像没有理由使用一个定义去排斥很多自身认为是家族企业的企业,也没有理由去否认相当多学者相信是家族企业并将其纳入研究样本的企业;其次,一个排他的定义不仅会导致持续的异议,也会认为我们知识库中的很大部分都是不相关的"。

当普遍(上海证券交易所研究中心,2005),家族通过少量所有权即可控制上市公司较大比例的投票权,因而若纯粹以所有权界定家族上市公司,无疑将把很多符合家族控制特征的上市公司排除在外。其次,我国上市公司高管大多由大股东直接委派或者间接听命于大股东,家族上市公司更是如此,若将家族参与管理作为家族上市公司的界定条件显然是过于严苛的。最后,代际传承也不适用于界定我国家族上市公司。这是因为,中国资本市场发展迄今仅有20年光景,大部分家族上市公司尚掌握在第一代家族创业者手中,代际传承特征并不明显。此外,考虑到上述原因,基于多重限制条件的界定无疑会进一步缩窄家族上市公司的范围,对其使用应慎重。

基于上述考量,笔者认为,基于终极控制权视角来界定家族上市公司,而非其他家族涉入要素或多重限制条件等视角来界定,可能是最契合我国现实且同时又具有可操作性的一种最佳界定方法。

第二节 家族企业理论与实证研究综述

综观国内外家族企业研究文献,应该说有两条逻辑主线始终贯穿其中。第一,为什么家族企业不同于非家族企业?(Why family matters?)第二,两者有什么不同?(What's the difference?)对于第一个问题,学者们主要聚焦于利用主流企业理论对这一核心问题进行阐释,涉及诸多不同的学科背景和研究视角,而处于领先地位的是代理理论和资源基础理论(Chrisman et al.,2005)。对于第二个问题,学者们更多的是通过实证研究的方式去探索两者的差异,其中主要的研究领域包括公司绩效、企业行为以及其他相关视角。

一、家族企业主要相关理论

(一)代理理论视角

传统的委托代理理论主要是由 Coase(1937)、Jensen and Meckling(1976)、Fama and Jensen(1983)等人提出的,随后由一大批经济学家不断加以拓展完善,目前已成为公司治理分析框架中居于主导地位的理论(冯根福,2004)。代理理论强调,在现代企业两权分离的背景下,委托代理双方存在的利益冲突以及信息不对称将不可避免地产生代理成本(Jensen and Meckling, 1976; Morck et al., 1988)。① 研究者们将代理理论的上述思想运用到家族企业研究中,聚焦于探讨家族企业中所有者与管理者的关系以及大股东与外部中小股东的关系。在这些文献中,学者们将家族股东的利他主义(Altruism)和壕沟效应(Entrenchment)看作区别家族企业与非家族企业的两种基本力量(Chrisman et al., 2005)。②

关于利他主义与代理成本的关系,学者们似乎形成了两种针锋相对的观点。一类观点认为,家族股东的利他主义可以降低代理成本。代理理论最初的设想是,在家族企业中所有权与经营权两权合一,此时代理成本最小。譬如,Fama and Jensen(1983)曾指出,家族成员在监督和约束代理人的决策时具有优势,因而家族企业可能代表了最低成本(最高效率)的组织管理形式(Daily and Dollinger, 1992; Kang, 2000)。Ang et al.(2000)甚至假设,拥有100%股权的所有者管理的公司其具有的代理成本为零。此外,Eaton et al.(2002)构建的理论模型也显示,当家族的利他主义是互惠(家族所有者与家族管理者彼此都有利他倾向)且对称(互惠的利他主义强度相同)时,可以减轻代理成本。Chrisman et al.(2004)以美国1 141家公司为样本进行实证研究发现,家族公司总体而言要比非家族公司具有更低的代理成本。然而,另一类观点却反驳认为,家族股东的利他主义也会带来显著的代理成本。Schulze et al.(2001, 2003)就详细探讨了家族利他主义如何导致自我控制的问题以及在家族企业中产生代理成本,他们认为,家族企业主的利他主义会"宠坏"其子女(家族成员),以至于后者会出现诸如"搭便车"、获得父母偏袒、合同执行困难、获得慷慨的额外补贴消费等代理问题,而且这些代理问题难以用经济激励进行

---

① 根据Jensen and Meckling(1976)的论述,代理成本可分为三部分:(1)委托人的监督成本,即委托人激励和监控代理人,以图使后者为前者利益尽力的成本;(2)代理人的担保成本,即代理人用以保证不采取损害委托人行为的成本,以及如果采用了那种行为,将给予赔偿的成本;(3)剩余损失,即委托人因代理人代行决策而产生的一种价值损失,等于代理人决策和委托人在假定具有与代理人相同信息和才能情况下自行效用最大化决策之间的差异。显然,(1)和(2)是制定、实施和治理契约的实际成本,(3)是契约最优但又不是完全被遵守、执行时的机会成本。

② 应该说明的是,家族企业中的利他主义更侧重于强调家族成员之间的"亲缘利他",即家族成员与家族管理者之间的利他行为,因而本书在分析中实际上更倾向于从壕沟效应视角来分析家族企业的代理成本。

控制,因为家族成员是企业的剩余所有者。

关于壕沟效应与代理成本的问题,家族股东也类似地扮演了两种不同的角色。一方面,家族股东有助于解决第一类代理问题(管理层与股东之间的代理问题),降低管理层壕沟效应导致的代理成本。管理层的利益侵占行为会损害公司价值(Morck et al., 1988),而家族股东的存在可以对经理人形成较为有效的监督从而减少第一类代理成本。此时,家族股东缓解了普通投资者的"搭便车"行为,具有积极的"利益协同效应"。Shleifer and Vishny(1997)进一步认为,在一些国家中外部法律与政治体系不能够为保护中小股东利益免于大股东剥削提供足够的支持,此时家族持有公司股权以及参与管理能够增加公司价值。此外,Burkart et al.(2003)构建的理论模型则显示,在拥有能够防止大股东利益侵占行为的强投资者法律保护的国家中,将家族公司交给专业的经理人管理是最优的;而当外部法律体系不足以为投资者利益提供足够保护时,将家族公司的控制权与管理权保留在家族手中是最优的。另一方面,家族股东与其他大股东一样也可能存在壕沟效应,即具有侵占外部中小股东利益以获取控制权私利的动机,进而引发第二类代理问题(大股东与外部中小股东之间的代理冲突)。Morck and Yeung(2003,2004)认为,由于企业家精神和才能未必能在家族成员之间进行代际传承,家族继承人更倾向于通过政治寻租而非创新和创业等方式来获取竞争优势。尤其是当公司股权是通过金字塔结构方式进行控制时,上述壕沟效应将愈发严重,因为此时家族股东有动机也有能力通过"掏空"(Tunneling)来掠夺公司财富(Johnson et al., 2000)。Claessens et al. (2002)对东亚上市公司的研究则证实,在家族以及国有控制的上市公司中,现金流量权与投票权分离程度越大,公司的市场价值就越低,他们将其归因于这两类大股东有更多的途径来攫取公司利益。

总体而言,学者们意识到在家族公司中利他主义、壕沟效应与家族涉入、家族的自我控制问题等因素交织在一起,使得家族公司的代理问题似乎要比非家族公司更加复杂(Schulze et al., 2001, 2003)。因而在研究家族企业问题时,除了要考虑利他主义和自利倾向的影响外,还有必要将第一类和第二类代理成本都考虑在内(Chrisman et al., 2004)。

(二) 资源基础理论视角

构建家族企业理论需要解决的一个关键问题是"家族涉入是否带来了竞争优势",因为厘清上述问题可以为我们弄清楚"为什么家族企业会存在,以及为什么是在特定规模和范围内存在"提供重要的启示(Chrisman et al., 2005)。事实上,基于 RBV 理论的研究有助于识别家族公司区别于非家族公司的独一无二的资源和能力,并进而发展出基于家族的竞争优势理论(Habbershon and Williams, 1999; Habbershon et al., 2003)。

RBV 理论认为,有价值、稀缺、不可完全模仿并且不可替代的资源可以引领企业获得持续竞争优势和卓越绩效(Barney, 1991)。Habbershon and Williams(1999)基于企业资源理论分析指出,家族涉入以及家族与企业的相互作用使得家族企业拥有了独特的、不可分割的以及协同的资源与能力,从而让家族企业获得了区别于非家族企业的竞争优势。Habbershon et al. (2003)则进一步构建了家族企业绩效的理论模型,他们认为家族企业的绩效是独特的"家族化"的函数,并阐释了家族、企业以及家族成员个体的系统相互作用对公司绩效结果产生的影响(见图 2-4)。可以说,Habbershon 等人的深入探讨为基于 RBV 理论视角的家族企业研究奠定了重要的理论基础。

随后,一些学者则对家族企业可能拥有的独特资源构成要素进行了深入探讨。Sirmon and Hitt(2003)构建了一个资源管理过程模型,该模型包括资源调查(评估、添加和放弃)、资源组合和资源利用三个方面。基于 RBV 理论视角,他们认为家族公司拥有五类独特的资源:人力资本、社会资本、耐心资本、生存资本、治理结构,并认为家族企业在这些资源的调查、组合和利用方式上都有别于非家族企业,从而使得家族企业获得了独特的竞争优势。Carney(2005)认为,家族企业的竞争优势源于其独特的公司治理系统,这种治理系统具有三种特性——节俭(Parsimony)、人格(Personalism)以及特殊主义(Particularism),[①]家族治理的这些特性使得

[①] 根据 Carney(2005)的论述:(1)节俭是指家族企业会从维护家族财富的角度出发制定战略决策,避免资源浪费或者将资源投入到价值毁灭的行动中;(2)人格是指家族具有公司的所有权、控制权并具有相当的权威,可以将家族的愿景植入企业当中;(3)特殊主义来源于个人权威以及家族股东将企业看成是"家事",家族的控制权使得其可以干预公司事务,并以家族股东选择的特殊标准来处理。

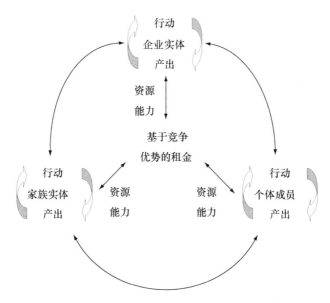

图 2-4 家族企业竞争优势的源泉

资料来源：Habbershon T. G., M. L. Williams, I. C. MacMillan. A unified systems perspective of family firm performance [J]. Journal of Business Venturing, 2003, 18(4): 451—465.

家族企业在成本领先战略、社会资本、投资机会等方面获得了优势。此外，还有一些学者则发现，家族和企业的结合可能在资源获取上产生独特的优势（Aldrich and Cliff, 2003; Haynes et al., 1999）。

但是，家族涉入对家族企业的影响也并非尽善尽美。Renzulli et al. (2000) 认为，亲属之间更有可能进行信息共享，彼此之间能够提供有帮助的资源和独特的信息较少，这使得在关系网络中拥有更大比例亲属关系的人可能反而会在商业界中处于劣势，因为他们的社会关系是更为内向型（Inward-looking）的。他们的实证研究也显示，在关系网络中亲属占较大比例的人更少进行创业投资。类似地，Barney et al. (2002) 运用社会网络理论分析认为，维持家族关系会减少家族成员维持其他强社会关系的能力，因而家族在资源获取上并没有优势。

识别家族企业独特的资源和能力除了有助于我们最终理解家族企业在经济中的独一无二的角色和优势外，也可以帮我们厘清家族企业代际传承中的一个关键问题，即什么资源和能力应该传给下一代从而实现家族的愿景。Tan and Fock(2001)的案例研究显示,创业态度和能力是家族企业代际传承中需要传承的关键因素。Chrisman et al.(1998)和 Sharma and Rao(2000)则认为,家族企业在选择继承人时,诚信与承诺可能是比技术技能更为重要的考虑因素。

总体而言,资源基础论有助于解释"家族化"作为一种资源如何带来竞争优势以及这些资源是如何通过家族涉入来获得的,不过在实证上的应用尚不多见。

家族企业的理论研究目前还处于起步阶段,学者们大多运用相关的主流理论来对家族企业这一特殊群体进行阐释,代理理论与资源基础理论正是应用于家族企业研究并得到较为广泛认可的两种主要理论。不过,正如 Chrisman et al.(2005)评论指出的,代理理论以及资源基础理论建立在一些特定的假设基础之上,我们还必须确定这些假设的有效性和放松这些假设会带来的后果,家族企业研究的最终目标是形成真正的家族企业理论。

二、基于财务学视角的家族企业研究

家族企业研究的第二个重要主题是探讨家族企业与非家族企业在哪些方面存在差异。综观国内外文献,学者们主要围绕公司绩效、公司行为等领域进行实证分析,在获得丰富研究成果的同时也在一些领域产生了诸多争议。在此,笔者主要基于财务学视角对相关文献进行简要评述。

(一)家族控制与公司绩效

既然理论上家族企业与非家族企业存在种种差异,一个自然而然的问题就是,家族控制是否会影响公司治理并进而导致两类公司在绩效上存在差异?围绕这一关键问题,国内外学者纷纷展开实证研究,但结果却是百家争鸣、莫衷一是(见表2-3)。

从文献来看,更多的学者倾向于认为家族上市公司相比非家族上市公司具有更低的代理成本,因而会带来显著更高的公司绩效,并得到了世界范围内众多国家上市公司数据的实证支持。譬如,Anderson and Reeb(2003a)和 Fahlenbrach(2009)对美国,Gorriz and Fumas(2005)对西班牙,Andres(2008a)对德国,Sraer and Thesmar(2007)对法国,Villalonga and

Amit(2006)对《财富》500强公司,McConnaughy et al. (1998)对《商业周刊》1 000公司,Bloom and Reenen(2007)对美、法、德、英四国,Barontini and Caprio(2006)对欧洲11国,以及 Maury(2006)对西欧13国的研究,等等。但是,另外一些学者却反驳认为,家族控制也可能存在着严重的代理冲突并进而会降低家族上市公司绩效。Cuculelli and Micucci(2008)、Bennedsen et al. (2007)、Perez-Gonzalez(2006)、Barth et al. (2005)、Cronqvist and Nilsson(2003)运用不同的公司绩效指标分别对意大利、丹麦、美国、挪威以及瑞典的上市公司进行研究证实,家族上市公司绩效显著低于非家族上市公司。此外,Miller et al. (2007)则认为,检验这两类公司绩效的差异并不能一概而论,因为实证结果对于家族公司定义以及样本的选择具有高度敏感性。

不同学者对于家族上市公司绩效优劣的研究结果存在较大分歧,笔者认为,主要原因可能在于两个方面:第一,家族控制对公司绩效的影响在理论上并无确切答案。从代理理论视角来看,家族对于企业实际上存在正反两方面的作用,不能一概而论。两者关系更多的是一个实证问题,在不同的国家、法律制度、经济环境等背景下家族企业绩效可能不尽相同,各国学者研究结果大相径庭即为明证。第二,学者们对于家族企业的定义缺乏共识。这是一个显而易见也极为关键的问题,已有文献中不同学者在界定家族上市公司时大多"各自为政",但如果研究对象都并非同一主体,那么不同研究者结果迥异也就不足为奇了。

值得注意的是,尽管对于家族控制与公司绩效问题存在诸多争议,但学者们对于创始人家族及其后代在企业中扮演的角色似乎形成了较为一致的看法。大量实证研究发现,创始人担任CEO时,家族企业具有显著更高的公司绩效(Villalonga and Amit, 2006; Barontini and Caprio, 2006; Fahlenbrach, 2009);但是,在创始人退休并将企业"交棒"给其后代时,家族企业大多会出现绩效衰退的现象(McConnaughy et al. , 1999; Perez-Gonzalez, 2006; Villalonga and Amit, 2006; Barontini and Caprio, 2006)。上述发现似乎在一定程度上印证了现实中"富不过三代""三代消亡律"或者"一代创业、二代守成、三代消亡"的现象,而这种家族企业演进规律的怪圈是非常值得我们深思的一个问题。

表 2-3 家族控制与上市公司绩效：主要文献汇总

绩效比较	文献	研究样本	绩效指标	主要结论
家族公司优于非家族公司	Fahlenbrach(2009)	1992—2002年2 327家美国公司和3 633位CEO	Tobin's Q 股票收益率	创始人担任CEO的公司具有显著更高的市场价值以及股票收益率
	Andres(2008a)	1998—2004年275家德国上市公司	EBITDA EBIT Tobin's Q	家族上市公司绩效显著高于非家族上市公司，但这种更好的绩效仅当创始人家族仍在公司管理层或者监事会中任职时成立
	Bloom and Reenen (2007)	美、法、德、英四国732家中等规模公司	TFP ROCE Tobin's Q	管理水平显著影响公司绩效；由家族成员管理的公司并不会比其他公司差，但是采用长子继承制的家族公司其管理水平显著较差
	Sraer and Thesmar (2007)	1994—2000年法国上市公司数据	ROA M/B	家族上市公司绩效显著高于非家族上市公司，这一结论对于创始人、职业经理人抑或后代继承人管理的家族公司都成立
	Maury (2006)	西欧13国1 672家上市公司数据	Tobin's Q ROA	相比非家族上市公司，家族上市公司具有显著更高的盈利能力和市场价值，尤其是积极控制（参与管理）的家族
	Villalonga and Amit (2006)	曾列于1994—2000年《财富》500强公司中的508家公司	Tobin's Q	家族上市公司价值显著高于非家族上市公司，但其中仅当公司创始人担任CEO或公司主席时创造公司价值，后代担任CEO则毁灭公司价值
	Barontini and Caprio (2006)	1999年欧洲11国675家较大的上市公司	Tobin's Q ROA	创始人控制的公司以及后代在董事会中担任非执行董事的上市公司具有显著更高的绩效，后代担任CEO的公司与非家族公司绩效无显著差异
	Gorriz and Fumas (2005)	1990—2004年西班牙53家上市公司	TFP ROA	家族上市公司绩效显著高于非家族上市公司具有显著更高的产出效率，但二者在经济绩效方面无显著差异
	Anderson and Reeb (2003a)	1992—1999年美国S&P 500指数403家公司	Tobin's Q ROA	家族上市公司绩效显著高于非家族上市公司，家族成员担任CEO的公司绩效显著高于外聘经理人
	McConaughy et al. (1998)	来自《商业周刊》前1 000名的219家公司及配对公司	M/B 投资机会	创始人家族控制的公司与配对样本相比具有显著更高的公司价值和成长性，其中后代控制的创始人创建的企业又比创始人控制的企业具有更高的效率

（续表）

	文献	研究样本	绩效指标	主要结论
绩效比较	Cucuelli and Micucci (2008)	229家意大利中小企业	ROA ROS	家族后代继承管理对公司绩效有显著负向影响，且主要发生在竞争性行业
家族公司劣于非家族公司	Bennedsen et al. (2007)	丹麦上市公司	OROA ROA	家族代际传承对公司绩效有显著负向影响：家族CEO继承公司后经营利润减少至下降4%
	Perez-Gonzalez (2006)	1994年335家美国上市公司	OROA M/B 其他指标	当与离任CEO、创始人或大股东存在血缘或姻亲关系的人担任公司CEO（家族CEO）时，公司具有显著较低的经营利润和市场价值
	Barth et al. (2005)	1996年挪威工商联合会的438家公司	TFP	家族企业相比非家族企业具有显著更低的产出效率，当公司管理者来自家族成员时效率最低
	Cronqvist and Nilsson (2003)	1991—1997年309家瑞典上市公司	Tobin's Q ROA	家族控股股东对公司绩效具有显著的负向影响
实证结果对定义敏感	Miller et al. (2007)	1996—2000年《财富》1000公司中的896家公司和100家美国小上市公司	Tobin's Q	实证结果对于家族公司的定义以及样本的选择具有高度敏感性，但总体而言没有足够的证据支持家族公司具有更高的市场价值

资料来源：作者根据相关文献整理。

(二) 家族控制与公司行为

除了公司绩效问题备受关注外,学者们还围绕家族上市公司与非家族上市公司在公司行为方面存在的差异展开了实证研究,涉及信息披露、资本结构、股权结构、投资、董事会效率等诸多方面,获得了许多有意义的结论(见表2-4)。

1. 家族控制与信息披露

从文献来看,学者们对于家族控制与信息披露的关系似乎很感兴趣,而且也得到了较为一致的结论。近期基于不同视角、不同度量指标、不同国家的大量实证研究似乎都证实,家族上市公司相比非家族上市公司具有显著更低的信息披露质量(Ali et al., 2008;Chen et al., 2008;Anderson et al., 2009;魏志华和李常青,2009;魏志华等,2009)。其可能的解释有:其一,家族控制削弱了上市公司对外信息披露的内在动力。家族股东通过直接参与管理或者更严密地监督经理人降低了信息不对称,已经拥有内部信息的家族股东显然缺乏强烈的动机进行信息披露,更何况对外信息披露是有成本的。其二,家族控制也会降低外部股东对信息披露的需求。由于直接监督与公开信息披露是减轻代理问题的一种替代机制(Bushman et al., 2004),家族控制有助于实现更好的管理和监督,这将使得外部的非家族股东对监督经理人的信息需求降低。其三,家族控制利益侵害行为也可能降低信息披露质量。Anderson et al.(2009)对美国上市公司的研究发现,家族控股股东可能利用信息不透明来攫取控制权私利。上海证券交易所研究中心(2005)的研究报告显示,我国的民营上市公司家族控制现象比较明显,其信息披露违规情况比非民营上市公司严重,重复违规的比例也较高。

2. 家族控制与三大公司决策

家族上市公司与非家族上市公司在资本结构方面的差异是备受关注的研究方向,其中对于家族控制与公司负债水平的研究结果争议颇多。家族股东对于债务融资似乎抱有相当复杂的心理:一方面,家族股东具有规避风险的意愿,试图降低负债水平。由于过多的负债意味着破产风险的增加,而且债务契约还可能限制公司的决策权,因而家族企业具有回避债务融资的动机;另一方面,当公司亟须进行外部融资时,家族股东又更青睐负债融资。这源于家族股东大多具有保持家族控制权的倾向,考虑到股权融资可能带来控制权的丧失以及融资成本较高等因素,家族股东会更倾向于采用负债来进行外部融资。正因为上述对立存在的博弈力量,使得不同学者的实证研究对于家族控制与公司负债水平的关系各执一词(Anderson and Reeb, 2003b; Ampenberger et al., 2013; Ellul, 2009)。相比而言,围绕融资顺序的研究则获得了较为一致的结论。出于规避风险、保持控制权以及降低融资成本的考虑,家族上市公司具有明显的内源融资偏好,倾向于按照"内源融资→债务融资→权益融资"的顺序进行融资。诸多研究证实,家族企业的融资行为与优序融资理论更为一致(Coleman and Carsky, 1999; Romano et al., 2000; Poutziouris, 2001; López-Gracia and Sánchez-Andújar, 2007)。

相对而言,财务学者较少基于投资和股利政策视角考察家族上市公司与非家族上市公司的差异,而且有不少文献还只是工作论文。在投资方面,Fahlenbrach(2009)实证显示,在美国,创始人担任 CEO 的公司更多地进行兼并收购活动,尤其是同行业的兼并收购,但 Caprio et al.(2008)却发现,欧洲的家族上市公司更少进行兼并收购活动。Andres(2008b)对法国上市公司的研究表明,家族上市公司相比非家族上市公司更少受到融资约束的限制,可以更好地对外部投资机会进行响应。在股利政策方面,已有研究得到了针锋相对的实证结果。譬如,Hu et al.(2007)对美国 S&P 500 指数、Cesari(2009)对意大利上市公司的研究证实,家族上市公司相比非家族上市公司具有显著更低的股利支付水平。但是,Schmid et al.(2010)、Setia-Atmaja et al.(2009)分别对德国和澳大利亚的研究却得到了截然不同的结果,他们发现家族上市公司似乎比非家族上市公司更乐意支付股利。应该说,上述研究仍然处于探索阶段,相关研究文献数量不多而且很少发表在顶尖的财务学期刊上,未来的研究尚待深入。

表 2-4 家族控制与上市公司行为：主要文献汇总

文献	研究样本	度量指标	主要结论
Panel A. 家族控制与信息披露质量			
Anderson et al. (2009)	2001—2003 年美国 5 609 个上市公司年数据	自己构建的不透明指数	创始人或后代控制的家族上市公司与股权分散的上市公司相比具有显著更高的信息不透明程度，原因在于其通过信息不透明来攫取控制权私利
魏志华和李常青 (2009)	2004—2007 年深圳 A 股 2 127 个上市公司年数据	深交所信息考评指数	相比非家族上市公司，家族上市公司具有较低的信息披露质量；相比法律环境较差的地区，在法律环境较好的地区家族上市公司信息披露质量较高
魏志华等 (2009)	2003—2006 年沪深 A 股 5 212 个上市公司年数据	发生年报补充更正的概率	与非家族上市公司相比，家族上市公司更有可能发生年报补充更正和获得"非标"审计意见
Ali et al. (2008)	2000 年法国 86 家上市公司	年报质量高低的虚拟变量	相比非家族上市公司，家族上市公司有显著更低的信息披露质量
Chen et al. (2008)	1996—2000 年美国 S&P 1500 指数 1 311 家上市公司	管理层预测（自愿披露）	相比非家族上市公司，家族上市公司更少进行盈余预测和召开电话会议，但发布更多的盈余预警
上海证券交易所研究中心 (2005)	2002—2004 年被证监会和上交所处罚的上市公司	是否被监管部门处罚	民营（大多为家族）上市公司信息披露违规的比例较高，重复违规严重
Chau and Grey (2002)	1997 年中国香港和新加坡 133 家上市公司	自己购建的自愿信息披露指数	相比非家族上市公司，家族控制的上市公司具有显著更低的自愿性信息披露
Chen and Jaggi (2000)	1993—1994 年中国香港 87 家上市公司数据	借鉴 Wallace and Naser (1995) 构建信息披露指数	董事会中独立的非执行董事比例与公司信息披露质量正相关，但这种正相关性在非家族控制公司中比在家族控制公司中更弱

(续表)

文献	研究样本	度量指标	主要结论
Panel B. 家族控制与资本结构			
Ampenberger et al. (2009)	1995—2006 年德国 660 家上市公司	资本结构的六个代理变量	相比非家族上市公司,家族上市公司具有显著更低的负债水平;创始人家族涉入董事会或创始人担任 CEO 对负债水平具有显著影响,而家族股权比以及参与监事会则对资本结构没有显著影响
Ellul(2009)	1992—2006 年 38 个国家 5 975 个上市公司	账面负债比率 市场负债比率	相比非家族上市公司,家族上市公司具有显著更高的负债水平;大股东持股比例与负债水平显著正相关
López-Gracia and Sánchez-Andújar (2007)	1997—2004 年西班牙 858 家上市公司	负债比率	资本结构权衡理论和优序融资理论都可以解释家族上市公司负债融资决策;家族公司在成长困境时会从企业内部和资本市场等方面有别于非家族上市公司
Anderson and Reeb (2003b)	美国 S&P 500 指数 319 个上市公司 1993—1999 年数据	多元化水平的六个代理变量;长期负债/总资产	相比非家族上市公司,家族上市公司更少进行多元化,但在负债水平方面没有显著差异
Poutziouris(2001)	英国 240 个中小规模非上市私营企业的问卷调查	融资结构	相比非家族企业,家族企业更严格遵循优序融资理论。为保持家族控制和财务独立,家族企业倾向于从企业内部融资而对股权融资不感兴趣
Romano et al. (2000)	澳大利亚、美国及欧洲、亚洲的 1 059 份问卷调查	负债决策	家族企业主具有保持家族控制权的倾向,家控控制与融资决策正相关,而与股权融资决策决负相关
Coleman and Carsky (1999)	1993 年美国"全国小企业财务调查报告"数据	六类信贷产品的虚拟变量	与非家族企业相比,家族企业在负债水平、信贷产品选择方面并没有显著区别,更符合融资优序理论

（续表）

文献	研究样本	度量指标	主要结论
Panel C. 家族控制与投资、兼并收购			
Fahlenbrach(2009)	1992—2002年2 327家美国公司和3 633位CEO数据	R&D比率 资本支出比率 兼并收购次数及数额占资产比重	与对照公司相比,创始人担任CEO的公司具有显著更高的研发投入和资本支出,同时这类公司也更多地进行兼并收购活动,尤其是同行业的兼并收购
Andres(2008b)	1997—2004年法国264家上市公司	扩展Kaplan and Zingales(1997)融资约束模型	相比非家族上市公司,家族上市公司更少受到融资约束的限制,可以更好地对外部投资机会进行响应
Caprio et al.(2008)	1998—2002年欧洲777个上市公司	兼并收购概率 事件日CAR 被兼并收购概率	相比非家族上市公司,家族上市公司具有更高的市场表现,且在兼并收购事件中家族上市公司更不愿意被兼并收购,尤其是当家族上市公司后任在公司担任管理层或董事时
Panel D. 家族控制与股利政策			
Schmid et al.(2010)	1995—2006年德国660家上市公司	股利支付相关的六个代理变量	相比非家族上市公司,家族控制的上市公司具有显著更高的股利支付水平
Cesari(2009)	1999—2004年意大利195家上市公司	股利支付相关的六个代理变量	相比非家族上市公司,家族控制的上市公司具有显著更低的股利支付水平
Setia-Atmaja et al.(2009)	2000—2005年澳大利亚1 530个上市公司年数据	股利支付率 负债比率 独立董事比率	相比非家族上市公司,家族控制的上市公司具有显著更高的股利支付率,更高的负债水平和更低的独立董事比例,即股利政策负债是独立董事的替代机制
Hu et al.(2007)	美国S&P 500指数上市公司2000—2005年数据	股利支付相关的八个代理变量	相比非家族上市公司,家族控制的上市公司具有显著更低的股利支付率,在家族上市公司中,家族参与管理的公司具有显著更低的股利支付率

（续表）

文献	研究样本	度量指标	主要结论
邓建平和曾勇(2005)	2001—2002年157个家族控制的上市公司样本	是否现金分红 每股现金股利 非理性分红概率	家族股东现金流量权与现金分红比例、非理性分红概率正相关;控制权和现金流量权分离程度与现金分红概率负相关;家族分红概率和分红水平,非理性分红概率和现金分配过程利用股利分配来调节ROE以达到再融资要求
Chen et al.(2005)	1995—1998年香港412家上市公司	股利支付率 股息率	在小市值公司中,家族股权在0—10%、10%—35%时,家族股权分别与股利支付水平显著负相关、正相关
Panel E. 家族控制与盈余质量			
Ali et al.(2007)	1998—2002年美国S&P 500指数的上市公司	四个盈余质量的代理变量 五个信息披露质量的代理变量	相比非家族上市公司,家族上市公司盈余质量更高,更可能发布坏消息预警,更少披露公司治理信息,具有更高的财务信息质量(更多的分析师跟踪和预测,更小的股票买卖价差)
Prencipe et al.(2008)	2001—2003年意大利44家上市公司	研发成本资本化虚拟变量	相比非家族上市公司,家族上市公司更少利用盈余管理(研发成本资本化)来平滑业绩波动,但更有可能通过盈余管理来规避债务契约风险
Wang(2006)	1994—2002年曾出现在美国S&P 500指数中的542家上市公司	盈余质量的三个代理变量	相比非家族上市公司,家族上市公司盈余质量更高,盈余构成中更少出现暂时性应计,更大的盈余信息含量,盈余有动机隐藏家族暂时性盈余
刘伟和刘星(2007)	2002—2004年619个家族上市公司年样本数据	非经常性收益占平均总资产的比重	控制性家族控制权偏离现金流量权的程度越大,公司盈余管理幅度越高,换言之,控制性家族有动机操纵盈余以隐藏公司资源其"隧道行为"

(续表)

文献	研究样本	度量指标	主要结论
Panel F. 家族控制与债权融资成本			
Anderson et al. (2003)	美国 S&P 500 指数 252 家上市公司 1993—1998 年数据	信贷价差	相比非家族上市公司，家族上市公司具有显著更低的债权融资成本
Ellul et al. (2007)	1995—2000 年 24 个国家 1 072 个上市公司年数据	信贷价差	在投资者保护水平较差的环境中，家族公司与非家族公司相比具有显著更高的债权融资成本；而在投资者保护水平较好的环境中，前者的债权融资成本反而显著低于后者
Panel G. 家族控制与股权结构			
Villalonga and Amit (2009)	曾入选《财富》500 强公司的 515 家上市公司 1994—2000 年数据	控制权机制变量行业调整后的 Tobin's Q	创始人家族在美国是控制权超过现金流权的唯一一种大股东类型。家族公司主要通过双层投票权股票、金字塔控制权、交叉表决权、代理投票权以及金字塔控制来获得其超额控制权，前两种和后两种分别对家族上市公司绩效有正向、反向作用
Bertrand et al. (2008)	1996 年泰国最大的 93 家集团公司	所有权与控制权的相关变量董事会职位ROA 残差等	家族规模越大则家族涉入公司管理与控制的程度越大；创始人的儿子在所有权以及董事会成员中扮演着中心角色，尤其是创始人去世后；创始人的儿子对公司涉入程度越大，公司绩效越差；创始人子嗣之间存在竞相掏空家族集团公司的"逐底"现象
Panel H. 其他			
Hillier and McColgan (2009)	1993—1998 年英国 683 个上市公司	CEO 变更率CAR/BHARROA/OROA	相比非家族上市公司，家族上市公司具有更高的董事会控制程度和更差的内部治理系统；家族 CEO 更不可能因为绩效差而离职；家族公告家族 CEO 离职的市场反应显著为正，且公司经营绩效明显提高
魏志华等 (2009)	2003—2006 年沪深 A 股 5 212 个上市公司年数据	国内"十大"	与非家族上市公司相比，家族上市公司更不愿意聘任高质量审计师

（续表）

文献	研究样本	度量指标	主要结论
姚瑶和逢咏梅（2009）	截至2006年12月31日，沪深A股906家已经实施股改的上市公司	对价比率	相比非家族上市公司，家族上市公司股改支付的对价水平显著更低；在家族上市公司中，直接上市和聘任外部经理人管理的家族公司其对价水平较低
赵昌文等（2008）	2006年中国A股市场392个家族上市公司	Tobin's Q	家族类上市公司较一般上市公司具有更低的企业价值，但独立董事的某些特征（具有行业专长、学术机构背景、管理经验以及国际背景）可以发挥治理效应并对企业价值有正向影响
Klasa（2008）	1984—1998年美国84个出让股权的家族上市公司及其配对样本	是否出让股权	探讨了家族股东出让公司股权的动机，其中最优风险承受假设、两权分离假设、家族继承假设得到验证，缺乏家族监督假设、外部大股东监督假设不支持该假设
Anderson and Reeb（2004）	美国S&P 500指数403家上市公司1993—1998年数据	Tobin's Q EVA	具有合适独立董事比例的家族上市公司在所有公司中具有最高的市场价值；独立董事有助于减轻家族股东与外部股东的代理冲突，发挥治理效应
Gudmundson et al.（1999）	418份调查问卷	战略类型的12项量表	相比非家族企业，家族企业在战略导向上并没有显著差异

资料来源：作者根据相关文献整理。

3. 其他相关研究

除以上研究之外,还有少数学者深入考察了家族上市公司在盈余质量、融资成本、股权结构以及其他方面存在的特征,并与非家族上市公司进行了实证对比。主要的研究可参考表 2-4,此处不再赘述。

综观上述对于家族企业与非家族企业差异研究文献的梳理,一个简单概括上述研究脉络的结论已呼之欲出——正如 Sharma(2004)的评论,"尽管争议尚存,家族企业与非家族企业在许多维度是存在明显差异的(如公司绩效、公司行为以及对环境中机遇与威胁的感知等),但在某些方面似乎并没有明显的不同(如公司的战略导向)"。笔者认为,虽然家族企业研究逐渐兴起并获得了许多有意义的结论,但目前基于财务学视角的家族企业研究仍处于探索阶段。一个明显的现象就是,已有文献过于关注家族如何影响公司绩效上面(Dyer and Dyer,2009),而对于其他研究主题则或多或少地存在忽视。毋庸置疑,围绕家族企业研究,学者们未来还需要在进一步拓展研究边界以及推进研究纵深两个方面作出努力。

第三节 股利政策理论与实证研究综述

股利政策是现代财务学理论最为经典的研究领域之一。自从 20 世纪中叶进入财务学者的研究视野以来,股利政策理论研究在过去的半个多世纪中在不断放松 MM "股利无关论"严格假设的前提下进行演绎[①],并涌现了一系列影响深远的股利理论和假说,如代理理论、信号理论、税差理论、追随者效应、股利迎合理论以及股利生命周期理论等。鉴于本书主

---

① 根据 Miller and Modigliani(1961)的阐述,"股利无关论"是建立在以下三个假设基础上的:(1) 完全资本市场假设(Perfect Capital Market)。即资本市场上任何投资者都无法大得以通过其自身交易影响和操纵证券价格;投资者可以平等地免费获取影响股票价格的任何信息;证券的发行和买卖不存在发行成本、经纪人佣金及其他交易费用;资本利得和股利之间不存在税收差异。(2) 理性行为假设(Rational Behavior)。每个投资者都是财富最大化的追求者,增加的财富是以现金支付抑或表现为所持股票增值倒并不重要,即实质重于形式。(3) 完全确定假设(Perfect Certainty)。投资者对未来投资机会和利润完全有把握。事实上,除了 Miller and Modigliani(1961)在文中直接提到的以上三个假设,"股利无关论"还存在两个重要的隐含假设:(1) 公司的投资政策不受股利决策的影响,且保持不变;(2) 公司可以自由进入资本市场筹集资金,股利支付导致的现金流出正好会被新融资带来的现金流入抵消[转引自李常青(1999a,p.19)]。

要基于代理理论视角来考察家族控制与上市公司股利政策的关系,笔者将简要从股利代理理论以及其他主流股利理论两个方面来阐述相关研究文献,以下分述之。①

一、基于代理理论视角的股利政策研究

综观股利政策文献不难发现,国外学者对于股利代理理论的研究涉及三条主线,主要围绕股东、管理者与债权人三类利益相关者之间存在的利益冲突而展开。考虑到本书的研究主题并不涉及债权人,因而笔者仅就第一类与第二类代理问题中股利政策所扮演的角色进行阐述。②

(一)股东与管理者之间的代理问题:股利政策的角色

股利代理理论是在放松MM"股利无关论"中关于公司所有者与管理者利益一致假设的基础上产生的。追根溯源,股利代理成本理论的研究来自于 Berle and Means(1932)对现代公司"所有权与控制权相分离"的著名论断。③ 在公司两权分离的背景下,股东(委托人)与公司管理者(代理人)具有动机追求各自利益的最大化,信息不对称以及契约的不完美使得两者之间不可避免地产生了委托代理冲突(Jensen and Meckling, 1976),也即第一类代理问题。正因如此,股利代理理论应运而生,为减轻股东与管理者之间的代理问题提供了一个基于股利政策视角的广泛的分

---

① 应该指出,股利政策研究文献浩如烟海,而相关的经典综述性文献亦可说是连篇累牍、俯拾皆是。笔者目之所及,有代表性的如 Ang(1987)、Mann(1989)、Bernstein(1996)、Kinkki(2001)、Baker et al.(2002)、Frankfurter and Wood(2002)、Allen and Michaely(2003)、Bhattacharyya(2007)、DeAngelo et al.(2008)等。而在国内,李常青(1999a,2001)、原红旗(2004)等也对股利政策研究文献进行了精彩的回顾和评述。因此,笔者并不试图在本书中对股利政策文献进行全面的述评,而仅就本书涉及的主要股利理论进行梳理,并简要整理了相关文献的最新研究成果。

② Villalonga and Amit(2006)将 Berle and Means(1932)、Jensen and Meckling(1976)所描述的经典的"所有者-管理者"代理冲突称为"代理问题Ⅰ",而将"大股东-中小股东"代理冲突称为"代理问题Ⅱ"。笔者沿袭这种划分,并将"所有者-管理者"/"大股东-中小股东"的代理冲突分别称为第一类、第二类代理问题。

③ Berle and Means(1932)考察了1929年美国最大的200家非金融企业发现:44%的公司由管理层所控制,仅有11%的公司由个人或大股东控制,其余45%的公司股权十分分散。他们进而得出结论认为,美国公众公司几乎不存在控制性股东,而且普遍存在所有权与管理权分离的现象。有趣的是,Berle and Means(1932)也引起了一些学者的质疑,Gadhoum et al.(2005)在回顾美国公司的股权结构变化时认为,Berle and Means(1932)一书中的200家美国公司仅有44家(22%)可以归类为管理层控制公司,事实上,其数据并不支持美国公司"所有权与控制权相分离"的结论。

析框架(Easterbrook,1984)。

传统的股利代理理论认为,股利是降低代理成本、缓解企业内部管理者与外部股东之间代理冲突的一种有效机制。Rozeff(1982)最早将代理成本应用于股利政策研究,并认为股利支付一方面可以降低代理成本,另一方面也会增加企业的外部融资交易成本,股利支付率的确定实质上是这两种成本之间的权衡,以使得总成本最小。然而,Rozeff(1982)并没有在理论上阐明股利政策究竟是怎样降低代理成本的,而仅将代理成本作为股利政策的一种影响因素加以考虑。真正较为完善地构筑股利代理理论框架的工作,是由 Easterbrook 和 Jensen 两位著名学者完成的。Easterbrook(1984)认为,资本市场是对管理层最好的监督者。股利支付降低代理成本的内在机制是,现金流出可以迫使公司进入资本市场融资并接受市场监督,从而管理者需要全力以赴经营公司才能凭借优良的业绩在资本市场上筹集资金。在此基础上,Jensen(1986)开创性地引入了"自由现金流"的概念,他指出"管理者手中过多的现金资源是危险的",股利支付直接减少了管理者可自由支配的现金资源,有助于避免把资金浪费在低收益项目上,从而降低了股东代理成本并实质性地提高了公司价值。

概括来说,股利代理理论认为,股利支付可以减少公司的"自由现金流"并迫使公司进入资本市场融资以接受更为严格的外部监督,从而降低了第一类代理成本(Rozeff,1982;Easterbrook,1984;Jensen,1986)。上述观点自提出以来很快就得到了学界的普遍认同,并成为股利政策研究中最主流的解释理论之一。随后,许多学者不满足于理论解释而进行了大量实证检验,多数研究倾向于支持股利代理理论,尽管其中也夹杂着一些反对的声音。

一些经典文献通过直接或间接的方式验证了股利代理理论。譬如,Lang and Litzenberger(1989)首次检验并证实了自由现金流假说,他们以 Tobin's Q 值小于(大于)1 来衡量过度(非过度)投资,研究发现存在过度投资的公司在宣告公司股利发生变化时其市场反应要明显大于非过度投资的公司。他们认为,这一结果与自由现金流假说一致,而没有支持股利信号假说。Agrawal and Jayaraman(1994)实证支持了 Jensen(1986)关于"股利与负债是控制自由现金流代理成本的替代机制"的观点,他们发现,全权益公司的股利发放水平显著高于高负债公司,而且在全权益公司中管理层持股比例较低的公司具有较高的股利发放水平。Smith and Watts(1992)证实,潜在地拥有较高代理成本(即成长机会少)的行业具有显著更高的股利支付水平,显示股利支付被用作控制代理成本的绑定机制。Christie and Nanda(1994)则构思了一个精巧的研究设计来检验股利代理理论。1936年3月3日,美国前总统罗斯福突然公布法规宣告对公司留存收益征税,Christie and Nanda(1994)巧妙地利用了这一外生事件进行研究,实证发现尽管政府征税会给企业带来成本,但是股票市场反应仍然为正,尤其是那些原本股利支付水平较低的公司,他们据此认为研究结果支持自由现金流假说。Holder et al.(1998)以自由现金流来测度代理成本,发现代理成本更高的公司倾向于支付更高的股利。应该注意的是,上述研究侧重于从自由现金流的视角来检验股利代理理论,另一类文献则试图从内部人持股的视角进行考察。Jensen et al.(1992)对内部人持股、负债水平以及股利政策进行联立方程回归,实证显示内部人持股比例较高的公司具有显著更低的负债水平和股利支付水平,这表明当公司管理层与股东利益更为一致时公司面临更低的代理成本,因而更不需要支付高股利,从侧面印证了股利代理理论。类似地,Rozeff(1982)、Holder et al.(1998)、Hu and Kumar(2004)都证实,内部人持股比例较高的公司具有显著更低的股利支付水平,间接验证了代理成本与公司股利政策之间的关系。

然而,也有一些学者没有获得支持性证据。Yoon and Starks(1995)重复了Lang and Litzenberger(1989)的研究并扩大了研究样本,实证发现宣告股利变化对于存在或不存在过度投资的公司而言其市场反应并没有明显差异,因此研究结论不支持自由现金流量假说。Fenn and Liang(2001)考察了管理层持股对公司股利政策的影响,在全样本回归中并没有发现两者存在显著关系;而在潜在地具有更高代理成本的子样本中,管理层持股则与公司股利支付水平正相关。

国内相关实证研究也大多倾向于支持股利政策对于降低第一类代理成本的治理效应。吕长江和王克敏(1999)较早对我国上市公司股利政策进行了实证检验,研究结果显著支持股利信号理论和代理成本理论。随后,吕长江和王克敏(2002)采用与Jensen et al.(1992)类似的思路,对上市公司资本结构、股利分配以及管理层股权进行联立方程研究,证实管理层股权与现金股利支付水平显著负相关。他们认为,随着公司管理层股权比例的增加,管理层与公司股东的利益逐渐一致,通过现金股利支付降低代理成本的程度逐渐减弱。杨熠和沈艺峰(2004)在对自由现金流量的高低程度进行分组的基础上对上市公司现金股利公告效应进行了研究,发现对于自由现金流量较多的公司,发放现金股利可以起到减少代理成本的监督治理作用。类似地,廖理和方芳(2005)利用增长机会与自由现金流来识别过度投资公司,以2000—2002年股利增长大于10%的315家公司为样本,研究发现,对于股利增加的宣告事件,过度投资公司的市场欢迎程度要显著大于非过度投资公司,这说明代理成本理论在我国是适用的。武晓玲和狄跃强(2009)证实发现,我国上市公司自由现金流量与现金股利政策显著正相关,而信息不对称程度对股利支付没有显著影响,其研究结果支持了股利代理理论。

但是,最近也有国内学者得到了一些不同的证据。吕长江和周县华(2005)考察了2001年我国出台新政策后公司的股利分配动机,研究显示,降低代理成本假说和利益侵占假说都在不同程度地发挥作用,集团控股公司和政府控制公司的股利政策分别符合前者和后者。类似地,肖珉(2005)对现金股利的公告效应进行了研究,结果既支持了自由现金流量假说,也同时印证了利益输送假说。吴锴等(2009)借鉴 Lang and Litzenberger(1989)对我国上市公司进行检验发现,股价对大的股息变动公告的反应并不支持自由现金流假说,股利政策在我国对缓解过度投资没有充足的解释力,反而恶化了公司的代理成本问题。

(二)控制性股东与外部中小股东之间的代理问题:股利政策的角色

传统的股利代理理论将研究的目光聚焦于内部管理者与外部股东之间的利益冲突上,其分析对象主要是 Berle and Means(1932)范式下公司股权高度分散的美、英等少数国家(沈艺峰,2005,2006)。然而,诚如 Shleifer and Vishny(1997)在著名的《公司治理综述》一文中所评论的,"在(美国以外)世界的其他地方,大股东持有(上市公司)在某种形式上才是常态"。[①] 近年来以 La Porta et al.(1999)为代表的一系列公司治理

---

① Shleifer A., R. W. Vishny. A survey of corporate governance [J]. Journal of Finance, 1997, 52(2):737—783.

文献在很大程度上颠覆了 Berle and Means（1932）关于"股权分散"的论断。① 诸多跨国比较研究显示，股权集中以及大股东控制才是世界上多数国家公司股权结构的主导形态（La Porta et al.，1999；Claessens et al.，2000；Faccio and Lang，2002；Lins，2003；Holdness，2009）②，并引发了学术界对于大股东与外部中小股东利益冲突即第二类代理问题的激辩。

理论上，大股东控制对上市公司而言是一把"双刃剑"。一方面，大股东的集中持股可以更有效地监督公司管理者（事实上，许多公司的高管就是控股股东的一分子），从而在一定程度上解决了股权分散情况下小股东的"搭便车"问题（Shleifer and Vishny，1986）。尤其是在投资者法律保护较差的国家中，股权集中可能是更有效地降低第一类代理成本的重要治理机制（La Porta et al.，1999）。另一方面，控制性大股东有能力也有动机对中小股东进行利益侵害，以图攫取外部中小股东不能够分享的控制权私利（Shleifer and Vishny，1997）。大股东的"掏空"方式五花八门，包括股利政策、关联交易、担保、投资于非盈利项目、资产转移、超额薪酬等（La Porta et al.，2000；Johnson et al.，2000）。③ 尤其是在投资者保护机制不健全而且大股东两权分离更为严重的新兴市场上，上述代理问题显得尤其突出（Faccio et al.，2001；Claessens et al.，2002；Lins，2003）。

在学术界对于代理问题的关注焦点转移到大股东与中小股东利益冲

---

① 事实上，La Porta et al.（1999）自己也承认，在他们之前已有不少学者在单一国家发现了上市公司股权集中的现象。La Porta et al.（1999）的巨大贡献在于将那些零星散落的相关研究化零为整地用一个全景式的图画系统地将股权结构在世界范围内的分布描绘出来，并引领了第二代公司治理研究以及跨国比较研究的先河（Denis and McConnell，2003）。

② 譬如，La Porta et al.（1999）以全世界 27 个富裕国家各自市值最大的前 20 家公司为样本进行研究后发现，除了美国、英国和日本等少数投资者法律保护程度较高的国家上市公司股权较为分散外，其余国家大多存在控制性股东，其中最为普遍的就是家族控制与国有控制。随后，大量跨国研究都在不断验证 La Porta 等人的发现。在发达资本市场，Faccio and Lang（2002）对 13 个西欧国家的上市公司进行研究后发现，除英国和爱尔兰外，其余国家的上市公司都存在股权高度集中的现象。Holdness（2009）则直接挑战了学术界数十年来关于美国公司相比其他国家股权更为分散的定论，他发现美国 96% 的上市公司拥有大股东，而这些大股东平均而言控制了上市公司 39% 的投票权。而在新兴市场国家，股权集中的现象似乎更为突出。Claessenset et al.（2000）对东亚国家 2 980 家上市公司进行分析发现，除日本以外，其余国家的上市公司几乎都存在大股东控制。Lins（2003）考察了 18 个新兴市场国家 1 433 家上市公司发现，约有 50% 的公司由持股比例在 5% 或以上的大股东所控制。

③ 应该说，这些"掏空"方式在中国上市公司中都或多或少地存在，而且在中国现实背景下，甚至还出现了许多新的"掏空"方式，如更加隐蔽的"股票减持""定向增发"以及"股权激励"等方式的"股权掏空"，吴育辉（2010，2013）对上述一系列问题进行了精彩、深入的分析。

突的背景下,伴随着"法与金融"研究的兴起,股利代理理论也涌现了一批新的观点和代表性研究,其主要思潮就是考察投资者法律保护与股利政策之间的关系。这一流派学者的主要观点是,投资者法律保护是相当重要的(Law Matters),良好的投资者法律保护环境可以推动公司发放股利,从而在一定程度上限制公司内部人的"掏空"行为,进而保护投资者利益。

在一篇经典的跨国比较研究文献中,La Porta et al.(2000)基于股利代理理论的分析框架,考察了不同法源国家中上市公司股利分配行为的差异。他们以全世界33个国家的4 000家上市公司为样本进行研究发现,在投资者法律保护较好的普通法系国家,上市公司的股利支付率要高于投资者法律保护较差的大陆法系国家,支持股利政策是良好的投资者法律保护的"结果"模型。此后,La Porta等人的研究得到了诸多跨国研究的普遍支持。Faccio et al.(2001)考察了控股股东与外部中小股东的利益冲突对于公司股利政策的影响,实证研究发现,西欧国家的关联企业集团的股利支付率明显高于东亚国家。他们认为,欧洲上市公司较高的股利支付水平抑制了大股东对外部投资者的掠夺,而在投资者保护水平较低的亚洲,大股东倾向于减少股利支付来攫取控制权私利。Bartram et al.(2008)对全球42个国家5万多家上市公司年样本进行的研究也证实,在法律保护较好的国家,投资者能够运用法律权利来获取股利以降低公司代理成本。Kalcheva and Lins(2007)考察了31个国家5 000多家上市公司的现金持有水平发现,在外部股东保护较弱的国家,当管理层发放股利时公司具有较高的价值,而保留较多的现金则将降低公司价值。最近,Brockman and Unlu(2009)则认为,与La Porta等学者关注的权益股东保护水平相比,债权人保护水平在影响上市公司股利政策方面扮演了更为决定性的角色。他们对全球52个国家约12万家上市公司进行研究发现,在债权人保护较弱的国家,上市公司股利发放意愿和发放水平都显著较低,而且债权人保护水平对于上市公司股利政策的影响要比股东保护水平的影响更为强烈。

值得注意的是,除了上述跨国比较研究,学者们还在以下方面推进了相关研究。第一,对单一国家的研究,也证实了大股东可能利用股利政策来侵害外部中小股东利益。Maury and Pajuste(2002)对芬兰、Gugler and

Yurtoglu(2003)对德国的研究均显示,控股股东的持股比例越高则上市公司的股利支付水平越低,显示控制性大股东不愿意通过股利发放这种利益共享的方式将公司利润返还给外部股东。第二,不同类型的大股东似乎对公司股利政策有不同的偏好和影响。Truong and Heaney(2007)对37个国家的跨国研究显示,当第一大股东是内部人或者金融机构时,上市公司具有显著更低的股利支付水平。Bradford et al.(2007)对中国上市公司的研究则表明,非国有上市公司的每股现金股利显著高于国有上市公司,尤其是地方政府控制的国有上市公司。第三,股权制衡影响上市公司股利政策。Faccio et al.(2001)研究证实,在亚洲上市公司中多个大股东的存在反而减少了股利支付,其原因在于第一大股东可能与其他大股东合谋来攫取控制权私利。① 类似地,Maury and Pajuste(2002)对芬兰的研究也显示,控制性股东集团具有合谋的倾向,减少了股利发放。不同的是,Gugler and Yurtoglu(2003)发现,德国上市公司第二大股东的持股比例越大,公司股利支付率越高,股权制衡可以提高股利发放水平。第四,控制性股东两权分离程度会对公司股利政策产生影响。Gugler and Yurtoglu(2003)发现,控股股东金字塔控制或者交叉持股带来的偏离"一股一票"规则的情形导致了上市公司股利支付水平的降低。相反,Bradford et al.(2007)的实证研究却显示,现金流权与控制权的偏离程度越小,中国上市公司的现金股利支付水平越低。

  概括而言,近年来国外基于第二类代理问题的股利政策研究不仅聚焦于大股东与中小股东利益冲突,而且强调了外部投资者法律保护在其中扮演的公司治理角色。实证文献大多显示,控制性大股东倾向于降低公司股利支付来攫取控制权私利,而良好的外部法律环境可以推动上市公司将自由现金流返还给外部股东,从而保护了投资者利益。

  作为新兴的资本市场,我国上市公司中毋庸置疑也存在大股东与中小股东的代理问题。股权分置改革之前,我国上市公司存在大量的非流通股份,上述独一无二的制度背景使得我国上市公司控制性股东与中小

---

① 与亚洲的情况相反,Faccio et al.(2001)实证发现,欧洲上市公司中股权制衡可以提高上市公司股利支付水平,有利于限制第一大控股股东对小股东的掠夺,他们认为这是欧洲上市公司具有相对较高的投资者保护水平使然。

股东的利益冲突在股利政策上的反映与国外截然不同——在国外,股利支付是限制大股东利益侵害的重要机制;在我国,发放股利反而可能沦为大股东"掏空"上市公司的合法手段(Lee and Xiao,2004)。换言之,股利支付在中国并不一定是投资者利益受到保护的结果,反而可能是投资者利益受到侵害的表现,大量相关研究证明了上述观点。

在理论研究方面,应展宇(2004)通过一个简化融资模型证明,股权分置是导致我国上市公司股利分配行为异化的主要原因。股权分裂的存在,加上非流通股的控股地位以及低廉的投资成本,使得中国上市公司财务决策中的激励问题处于一种激化状态,并最终使得上市公司股利政策出现了扭曲。唐国正(2006)基于股权二元结构建立了新的代理成本理论,发现我国上市公司分配现金股利存在"再分配效应"——现金分红可导致价值在流通股与非流通股之间转移。他的理论模型显示,分配现金股利可能是大股东对流通股股东的掠夺行为,从而为现金股利的利益输送假说提供了理论基础。

在实证研究方面,多数文献倾向于支持我国上市公司的控股股东通过高股利支付来变相套现非流通股权,并在一定程度上损害了外部投资者利益。原红旗(2001)发现上市公司控股股东存在以现金股利从上市公司转移现金的行为,上市公司对以股票股利留于上市公司的资金存在浪费现象,并非是股东利益最大化,股利政策在我国不仅没有成为控制代理问题的有效机制,反而恰恰是代理问题没有得到解决的产物。Lee and Xiao(2004)则发现,中国上市公司的控股股东通过放弃配股权以及在配股后增加现金股利支付的方式来实现非流通股的变现,侵害了中小股东的利益。刘峰和贺建刚(2004)以沪市2002年的抽样样本为依据实证发现,上市公司的高派现是大股东实现利益的合法而有效的手段。其中,当大股东持股比例高时,上市公司倾向于以高派现、关联交易等方式实现利益输送;大股东持股比例较低时,则倾向于以股权转让、担保和占用等方式实现利益输送。邓建平和曾勇(2005)研究表明,我国家族控制的上市公司股利决策并不是为了解决管理层滥用自由现金流的代理成本,而是和控制性家族自身利益最大化有关。最近,马曙光等(2005)、Chen et al.(2009)的研究都认为,我国上市公司的大股东具有通过股利政策变相套现的动机,股利政策主要是为了迎合大股东的需求,并没有反映中小投资者的股利偏好(黄娟娟和沈艺峰,2007)。

此外,也有不少学者从案例分析的角度考察大股东控制与股利政策的关系并得到了类似的结论。张阳(2003)分析了用友软件2001年的高派现政策,指出高派现是控股股东利益最大化的选择,但对流通股股东造成了侵害。陈信元等(2003)的案例分析显示,佛山照明连续多年的高额派现并没有提高公司价值,主要原因在于现金股利可能是大股东转移资金的工具。刘峰等(2004)对五粮液公司的研究也发现了大股东采用现金股利进行利益输送的证据。此外,周县华和吕长江(2008)对驰宏锌锗在股权分置改革过程中所进行的股利分配进行研究认为,控股股东有严重侵占中小股东利益之嫌。最近,蒋东生(2009)对宇通客车的股利政策进行了剖析,他认为宇通客车的高额股利分配政策背后隐藏的是内部人掠夺中小股东及上市公司的行为。

二、股利政策研究的其他主流理论

(一)股利信号理论

在MM"股利无关论"的分析框架下,市场参与者可以获取影响股票价格的全部信息,而这在现实中显然是难以成立的。股利信号理论放松了MM理论的上述假设条件,并认为在不完美市场中公司内部管理者与外部投资者之间存在着信息不对称,而且管理者拥有更多关于企业未来现金流、成长机会以及盈利前景等方面的内部信息。如果管理层预计到公司未来发展前景良好,他们通常会通过增加股利的方式来向市场传达这一利好信息;反之,如果管理层预计到公司未来发展前景不乐观,他们往往会维持甚至降低现有的股利支付水平,即向市场发出利空消息。股利信号理论之所以能够成立,其理论逻辑在于,股利支付意味着公司必须向外界支付实实在在的现金,只有"好"的公司才能够通过股利支付向投资者发出信号以区分自己,那些"差"的公司则难以完全复制或者模仿。这是因为,考虑到股利信号代价不菲,即便"差"的公司可以在某一期支付高额股利把自己伪装成为"好"的公司,但在一个多期博弈的有效市场中,上述做法无疑是行不通的。

股利信号理论与代理理论被认为是股利政策研究中最重要的两大理

论(Dewenter and Warther，1998)。股利信号理论的思想萌芽可以追溯到 Lintner(1956)的研究,他对 28 家美国企业管理者进行调查后发现,这些公司具有长期的目标股利支付率,企业管理者对于改变股利政策显得相当谨慎,因为只有当企业盈利发生了长期的显著变化时才倾向于调整股利支付水平。在此基础上, Miller and Modigliani(1961)首次正式界定了股利的信息含量,他们认为,由于公司遵循稳定的股利政策,因而公司股利的增减会引起股票股价的相应变动,其原因在于股利分配政策包含了有关企业未来运作的信息。

从 20 世纪 70 年代后期开始,财务学者开始运用严格的数学模型对股利信号理论进行推导演绎。Bhattacharya(1979)构建了第一个股利信号模型,证明了在信息不完美情况下,现金股利可以作为公司预期现金流的事前信号。值得注意的是,该模型与 Ross(1977)的资本结构信号模型非常相似。沿着 Bhattacharya 开辟的道路,此后许多学者纷纷基于不同视角拓展和延伸了股利信号理论,构建出一系列具有重要影响力的理论模型。譬如,Miller and Rock(1985)考察了公司利润、股利与公告效应的关系,并将融资(股权或负债)行为纳入了分析框架。John and Williams (1985)构建了一个将股利发放、税收、新股发行以及公司投资同时考虑在内的信号均衡模型。Kumar(1988)提出了"粗糙股利信号均衡"(Coarse Dividend-signaling Equilibria),首次证明了股利平滑以及股利调整的原因。Ofer and Thakor(1987)和 Barclay and Smith(1988)则探讨了股利支付与股票回购的关系,前者解释了为什么股票回购会比股利支付具有更高的市场价值,后者则阐述了股票回购存在内部人自利选择的成本是现金股利比股票回购更为广泛使用的原因。此外,John and Lang (1991)进一步考虑了内幕交易会对股利信号作用产生的影响。

不过,相对于上述令人眼花缭乱的理论模型,财务学者们似乎更关心股利信号理论能否真正解释现实中的公司股利政策。已有文献试图从以下几个方面检验股利信号理论:股利政策是否确实具有信息含量?股利政策是否真的传递了信息?股利政策传递了何种信息?管理层是否有意识地利用股利政策来向市场传递信息?遗憾的是,股利信号理论的实证检验结果似乎存在相当大的分歧,学者们各执一词互不相让,远远难以达成广泛的共识。

在支持股利信号理论的阵营中,Aharony and Swary(1980)与 Asquith and Mullins(1983)是引用最为广泛的两篇经典文献(Al-Yahyaee et al.,2011)。Aharony and Swary(1980)研究了同一季度不同时间发布的股利公告与盈利公告带来的市场反应差异,发现现金股利公告确实提供了盈余公告所没有包含的信息。Asquith and Mullins(1983)则首次考察了股利首次发放对股东财富的影响,证明首次发放现金股利以及随后提高现金股利水平时,股票存在显著的正向超常收益,显示股利首次发放提供了有价值的公司信息。随后,一系列研究证实股利公告传递了重要的信息——股利增加的公告具有显著的正向超常收益;反之,则具有显著的负向市场反应(Pettit,1972;Charest,1978;Brickley,1983;Bajaj and Vijh,1990)。除了上述基于美国资本市场的研究,Lonie et al.(1996)对英国、Amihud and Murgia(1997)对德国、McCluskey et al.(2006)对爱尔兰、Mohamad et al.(2009)对马来西亚的实证检验亦得到了类似的结果。然而,否认股利信号理论的阵营也可谓是"兵强马壮"。自从 Watts(1973)实证检验未发现股利公告具有显著信息以来,Lang and Litzenberger(1989)、DeAngelo et al.(1996)、Al-Yahyaee et al.(2011)等学者采用不同研究视角、针对不同国家的研究都没有得到支持股利信号理论的证据。值得注意的是,在 Brav et al.(2005)的经典问卷调查中,也没有得到实务界人士对于股利信号作用的认同。

此外,股利信号理论成立与否的一个重要前提假设——股利是否预测了公司未来业绩,也成为正反双方反复较量的前沿阵地。不过,争论的结果同样是针尖对麦芒,各有千秋。譬如,Healy and Palepu(1988)、Nissim and Ziv(2001)、Hanlon et al.(2006)实证显示,股利政策提供了未来盈余的相关信息,首次发放股利或股利增加之后公司未来年度盈余的确会有明显提高。但是,Benartzi et al.(1997)、DeAngelo et al.(1996)、Grullon and Michaely(2002)、Grullon et al.(2005)则反驳认为,股利政策的信号作用并不可信,股利增加并不一定意味着公司未来年度会有更高的绩效,甚至可能会出现绩效变差的现象。

可以说,在循环往复证实和证伪的过程中,股利信号理论似乎被蒙上了一层扑朔迷离的色彩。国外的股利信号理论虽然对现实具有一定的解释力,但仍然存在诸多亟须澄清但又极具挑战性的问题。

在我国股利研究中,代理理论与信号理论可能是学者们最为关注也是研究最多的两个主题。近年来,国内学者展开了大量实证研究,也在不断地加入股利信号理论的支持者或反对者阵营。总体而言,我国早期的研究倾向于支持股利信号理论。陈晓等(1998)率先检验了股利信号理论在我国的适用性,研究证实我国上市公司首次发放股票股利具有显著的信号传递效应,但现金股利的信号作用在控制交易成本后几乎消失。类似地,陈浪南和姚正春(2000)也发现在我国股票股利具有明显的信号作用,但现金股利却并不具备这种效应。孔小文和于笑坤(2003)研究显示,我国股市中存在股利的信号传递效应,但是上市公司在股利政策选择上存在随意性,并没有传递公司未来发展前景的信息。相比上述部分支持的证据,也有学者得到了明确支持股利信号理论的研究结果。魏刚(2000)证明,我国上市公司在决定其股利政策时向投资者传递了公司持久盈利的信息。李常青和沈艺峰(2001)证实,我国上市公司股价变动与股利变化不仅方向相同,而且具有一定的比例关系。他们还发现,我国上市公司传递的并不是未来盈利能力方面的信息,而只是公司当年盈利情况的信息。李卓和宋玉(2007)实证发现,我国上市公司中派发现金股利的公司其盈余持续性、净利润和营业利润的增长能力都要强于非派现公司,显示现金股利可以成为上市公司未来盈利能力的附加信号。

不过,近来也有一些研究并不认同股利信号理论。曹媛媛和冯东辉(2004)研究认为,我国上市公司遵循不稳定的股利政策,这使得股利政策在我国并不具有信号作用。杨熠和沈艺峰(2004)实证发现,虽然股利信号理论可以解释现金股利公告的市场反应,但是对事后经营状况缺乏解释力,自由现金流假说比股利信号更符合我国实际。阎大颖(2005)研究证实,我国发现首次分配股票股利的公司无论是盈利性还是增长能力都明显持续下降,并不能充分支持信号传递假说。最近,李腊生和李倩(2009)的经验证据显示,我国证券市场股利分配政策信号总体上是非有效的。其中,市场对混合分配方案信息有正面的反应,现金分配方案信息对股票价格的运行没有显著的影响,不分配也不会带来市场折价。

(二) 股利税差理论与追随者效应

税收是最早对"股利之谜"进行解释的理论之一。MM理论能够成立的一个严格假设是资本市场是完美而无税的,这显然与现实相左。无论是在资本市场较为成熟的美国还是在其他发展中国家,对股利课税可谓是无处不在的通行法则。由此引申出一个疑问,即在考虑税的情形下公司股利政策将出现何种变化?对于这个问题,财务学者们基于不同视角得到了两个理论解释,即股利税差理论以及追随者效应(Clientele Effect,也称为顾客效应)。股利税差理论强调,由于在现实中资本利得税率通常低于现金股利税率,而且前者还具有递延缴税的优势,因此在相同条件下投资者会偏好资本利得而非现金股利;对公司而言,则应少派现或不派现从而让投资者以资本利得的方式获得最大收益。追根溯源,Farrar and Selwyn(1967)最早构建了一个理论模型证实了上述观点。追随者效应则可称为广义的税差理论,其提出者是 Miller and Modigliani(1961)。① 由于现实中每个投资者所面临的税收等级并不一致,股东的边际所得税税率差异会影响到投资者对股利的偏好,该理论据此认为,边际所得税税率较高者(如高收入者)偏好低股利支付或不支付股利的股票;而边际所得税税率较低者(如养老基金)则会偏好高股利支付的股票,并最终形成分别持有这两类股票的追随者均衡。

早在 20 世纪六七十年代,财务学者就已经开始关注税收对于公司股利政策的影响,相关的实证文献主要从两个方面进行检验:一是税后 CAPM 模型;二是除息日股价行为。

1. 税后 CAPM 模型的检验

Brennan(1970)最早将税收引入资本资产定价(CAPM)模型,并构建了一个包含股利的税后 CAPM 模型。该模型认为,由于资本利得税税率低于股利所得税税率,而投资者的真实收益是税后收益,因而公司股利支付率越高,则投资者要求的股票收益率也越高。为了使投资者获得最大收益,在存在股利税的现实中,公司应采取"少分多留"的股利政策。Litzenberger and Ramaswamy(1979)扩展了 Brennan(1970)的理论模型,在考虑了保证金约束以及借贷限制后,他们认为在同等风险下,发放股利的

---

① Miller and Modigliani(1961)认为,"每个公司都试图吸引到偏好该公司特定股利支付率的一些顾客"(p.431)。他们进一步阐述指出,"强大的税收效应推动高收入者偏好资本利得,然而,对于不存在税收差异或者具有税收优势的投资者而言,他们无疑将偏好股利。因此,'追随者效应'再次生效了"(p.432)。由于 Miller and Modigliani(1961)没有对此进行更深入的探讨,因而当时并未引起学术界的广泛关注。

股票必须要比不发放股利的股票具有更高的预期税前收益率,以此补偿股利纳税义务给股东造成的价值损失。在实证上,Litzenberger and Ramaswamy(1979,1980,1982)对美国资本市场以及 Poterba and Summers(1984)对英国资本市场的研究都显示,股票期望收益率与股利收益率之间存在正相关关系,从而证实了税差理论。

当然,也有不少学者并不认同税差理论。Black and Schole(1974)、Miller and Scholes(1982)的实证分析都表明,股票期望收益率与股利收益率之间并不存在显著的正相关关系。可以说,税后 CAPM 模型实证结果的争议也使得税差理论的支持者与反对者陷入了胶着状态。

2. 除息日股价行为的检验

Elton and Gruber(1970)开创了除息日股价行为的研究,并首次对追随者效应进行了直接检验。他们认为,在完美市场中,投资者在除息日前后买卖股票应是无差异的,即除息日股票价格的下跌幅度应该正好等于公司发放的现金股利数额,但在现实中考虑到税收的因素,除息日前后股价之差与股利的比值$\left(即\frac{P_B - P_A}{D}\right)$小于 1。Elton and Gruber(1970)通过上述比值来测算股东边际税率,他们以纽约证券交易所 1966 年 4 月 1 日至 1967 年 3 月 31 日发放股利且除息日附近交易数据完整的公司为样本,研究发现除息日股价下跌幅度约为现金股利的 0.78 倍,而且股利收益率与$\frac{P_B - P_A}{D}$存在明显的正相关性,显示持有高股利收益率股票的股东面临着更低的潜在股利税负等级,从而证实了股利追随者效应。此后,Barclay(1987)对美国上市公司除息日股价行为的实证检验也支持了股利追随者效应。

然而,Elton and Gruber(1970)的研究也受到了一定质疑。Kalay(1982)就曾批评认为,"股东的边际税率并不能够由(除息日)相对价格下降推断得出,因此,证明除息日股价行为并不一定能够支持税收效应或者追随者效应"[1],此外,Elton and Gruber(1970)还忽视了现实中资本市

---

① KalayA. The ex-dividend day behavior of stock prices: A re-examination of the clientele effect[J]. Journal of Finance, 1982, 37(4): 1059—1070.

场存在的交易成本问题。进一步地,随着研究的不断推进,不少实证文献都表明,税收因素并不是解释除息日股价行为的唯一理论。譬如,Armitage et al. (2006)就评论指出,"基于交易成本和市场微观结构的视角,除息日股价变动与股利支付小于1可能有三种解释,也就是报价效应(Tick Effect)、买卖价差效应(Bid-ask Spread Effect)以及结算期效应(Effect of the Settlement Period)"。[①]

近年来,国外不断涌现出一批关于税收与公司股利政策的相关研究。根据笔者对文献的检索和整理发现,最近的研究文献似乎更多地倾向于支持股利追随者效应,譬如,Gadarowski et al. (2007)、Graham and Kumar (2006)和Dhaliwal et al. (1999)对美国、Elayan et al. (2009)对加拿大、Armitage et al. (2006)对英国、Lee et al. (2006)对中国台湾地区的研究。

综观国外文献,尽管许多研究已经大大推进了税收与股利政策的相关研究,但正如Elayan et al. (2009)所指出的,学者们仍然在诸多方面存在困扰[②]:(1)缺乏明显的税收偏好测度变量;(2)存在内生性问题,即是否是股利政策的变化吸引了特定税率的顾客抑或是否是不同群体或顾客围绕公司具体的股利支付率进行了排序;(3)很难断定与股利政策变动相关的价值效应是不是由纯粹的税收效应、信号效应或者自由现金流及其相关的代理成本变化所导致的。此外,研究方法与数据的差异、不同地区具有不同的税收制度使得我们难以达成关于股利顾客效应的共识(Desai and Li, 2007)。

应该指出,针对我国资本市场的股利税收效应实证检验尚不多见。王志强(2004)采用Lizenberger and Ramaswamy(1982)的税后CAPM模型对现金股利除权日的股票价格行为进行实证分析显示,股票的月税前期望收益率与股利收益率之间存在正相关关系,即我国资本市场存在股利政策的税收效应。曾亚敏和张俊生(2005)以2005年6月13日财政部和

[①] Armitage S., L. Hodgkinson, G. Partington. The market value of UK dividends from shares with differing entitlements [J]. Journal of Business Finance & Accounting, 2006, 33(1—2): 220—244.

[②] Elayan F. A., J. Y. Li, M. E. Donnelly, A. W. Young. Changes to income trust taxation in Canada: Investor reaction and dividend clientele theory [J]. Journal of Business Finance & Accounting, 2009, 36(5—6): 725—753.

国家税务总局联合颁布的财税[2005]102号文件为背景,考察股利税降低对股票价格的影响并发现,股利所得税削减的消息宣告后,股票的累计超常收益率与股利支付水平正相关。他们认为,股利所得税变动对权益资产价格的影响在中国符合股利税的传统观。

三、其他新兴的股利理论

除了学术界最广泛关注的股利代理理论、信号理论、税差理论和追随者效应外,近年来也诞生了一些新的股利理论,为股利政策研究提供了新的视角。

1. 行为股利理论与股利迎合理论

建立在行为金融学基础上的行为股利理论,充分考虑了市场参与者心理因素的作用,为人们研究金融市场股利分配"异象"提供了新的视角(龚慧云,2009)。行为股利理论实质上是放松了传统股利研究中对于投资者以及管理者理性的假设,即考虑到人是有限理性的动物这一现实,将股利政策纳入非理性范式下的分析框架。已有的行为股利理论主要基于投资者和管理者两方面的行为视角考察其对公司股利政策的影响,包括投资者的自我控制、心理账户、后悔厌恶心理、过度乐观以及管理者的理性迎合心理、过度自信、行为惯性等。①

在诸多行为股利理论中,Baker and Wurgler(2004a,2004b)倡导的股利迎合理论是近年来的一个研究热点。股利迎合理论放弃了投资者理性以及市场有效的假设,提出了股利迎合的三个基本要素:第一,投资者对发放现金股利公司股票的偏好随时间变化;第二,有限套利使得不一致的需求得以影响股价;第三,管理者理性地迎合投资者变化的偏好(李常青等,2005)。Baker and Wurgler(2004a)在此基础上构建理论模型分析认为,管理层支付股利的行为是受投资者对股利的需求所驱动的。由于投资者的偏好对支付股利的股票形成了一定的"股利溢价"(Dividend Premium),理性的管理者通过迎合投资者对股利不断变化的需求来追逐"股利溢价"——当"股利溢价"为正时,管理者就开始发放股利;反之,管理

---

① 关于行为股利理论的更多精彩论述,可参考王毅辉(2009)、黄娟娟(2009)以及龚慧云(2009)等研究。

者就会停止发放股利。随后,Li and Lie(2006)进一步扩展了股利迎合理论模型,论证了公司股利支付水平的变化是随着"股利溢价"而变化的。

不过,股利迎合理论的实证结果仍然存在争议。Baker and Wurgler(2004a,2004b)认为,股利迎合理论相比其他股利理论可以更好地解释美国上市公司的股利政策以及 Fama and French(2001)提出的"股利消失之谜"。进一步地,Li and Lie(2006)基于股利支付水平的实证研究也支持了股利迎合理论。Ferris et al. (2006)对英国的实证研究显示,股利迎合的转移似乎是能够最好地解释英国上市公司股利支付不断降低的理论。然而,也有一些实证证据并不认同股利迎合理论。譬如,Denis and Osobov(2008)对美国、加拿大、英国、德国、法国、日本以及 Eije and Megginson(2008)对欧盟15国的研究并没有获得支持股利迎合理论的证据。最近,Hoberg and Prabhala(2009)则质疑了股利迎合理论对于"股利消失之谜"的解释力,他们实证指出,风险才是解释股利支付意愿的主要因素,在考虑风险因素后股利迎合效应并不显著。此外,Ferris et al. (2009)则获得了相对混合的证据,他们对23个国家上市公司的跨国分析显示,股利迎合理论在普通法系国家样本中成立,但在大陆法系国家样本中并不明显。

值得注意的是,我国学者近年来也开始运用股利迎合理论来解释我国上市公司股利政策,不过实证结果同样各执一词。王曼舒和齐寅峰(2005)率先考察了我国上市公司管理层是否存在股利迎合行为,但并没有发现股利迎合的实证证据。黄娟娟和沈艺峰(2007)得到了类似的结论,他们进一步指出,股利迎合理论忽略了股权结构的特征,在股权高度集中的中国,管理者制定股利政策主要是为了迎合大股东的需求而忽视了广大中小投资者的股利偏好。相反,熊德华和刘力(2007)、饶育蕾等(2008)的实证研究却认为,股利迎合理论对我国上市公司股利政策有较强的解释能力,管理层对投资者的股利需求表现出了迎合。

2. 股利生命周期理论

企业生命周期理论是企业研究文献中备受关注的热点问题,近年来这一理论逐渐渗透到交叉学科领域并产生了一些富有创见的新观点,如 DeAngelo et al. (2006)提出的股利生命周期理论便是生命周期理论在财务学领域的重要应用。DeAngelo et al. (2006)认为,企业股利政策应与企业所处的生命周期阶段相匹配。新成立的企业或处于成长期的企业由于具有大量的投资机会而自身资源较少,倾向于将收益留存用于未来投资,因而这类企业通常不支付或者较少支付股利;相反,处于成熟期的企业由于投资机会较少而现金流充沛,因而大多具有较高的股利支付水平。他们以留存收益占总权益的比例(RE/TE)以及留存收益占总股本的比例(RE/TA)来衡量企业生命周期,研究发现在美国上市公司中 RE/TE 和 RE/TA 与股利支付意愿显著正相关,证实成长期的企业较少发放股利而成熟期企业的股利支付意愿更为强烈,从而支持了股利生命周期理论。

最近,也有一些学者基于不同国家数据对股利生命周期理论进行了实证检验。Denis and Osobov(2008)、Ferris et al. (2009)的跨国研究支持了 DeAngelo et al. (2006)的股利生命周期理论,不过 Eije and Megginson(2008)对欧洲的研究却没有得到明显的支持证据。此外,基于我国的现实背景,李常青和彭锋(2009)、徐腊平(2009)的实证研究显示,股利生命周期理论对我国上市公司股利政策具有较强的解释力,我国上市公司的股利分配呈现生命周期特征。

四、家族控制与公司股利政策:研究动机

本书旨在深入考察家族控制与公司股利政策之间的关系,系统性地研究我国家族上市公司与非家族上市公司在股利政策方面的差异、动因及其治理等问题。之所以选择家族控制这一独特视角来探讨公司股利政策,主要是基于以下几个方面的重要研究意义来考虑的。

首先,深入研究家族控制与公司股利政策之间的关系,有助于弥补已有文献的研究缺憾,也可以为股利政策研究提供新的视角。一方面,尽管家族控制在世界范围内普遍存在(La Porta et al., 1999;Claessens et al., 2000;Faccio and Lang, 2002;Anderson and Reeb, 2003a),但却鲜有学者对家族上市公司股利政策予以足够的关注。深入考察家族控制对公司股利政策是否具有影响、具有何种影响的问题,无疑有助于丰富已有的股利

研究文献。① 另一方面,不同类型的大股东在投资偏好、目标以及对公司管理层的影响力上存在明显差异,因而会对公司股利政策具有不同的影响(Gugler and Yurtoglu,2003)。深入挖掘家族股东相比其他大股东对公司股利政策存在的异质性偏好和影响力,对于更好地剖析大股东行为及其动机具有重要意义,也为股利政策研究提供了新的视角。此外,在家族公司中存在着更为明显的两类代理冲突并存的问题(Villalonga and Amit,2006),这为研究代理理论以及公司治理提供了独一无二的场所,因而深入研究家族上市公司股利政策无疑还具有重要的理论价值。

其次,基于家族控制的视角研究公司股利政策,也有助于丰富家族企业研究文献、增进对家族企业行为和公司治理的理解。已有基于财务学视角的家族企业研究仍处于探索阶段,相关文献侧重于关注公司绩效问题(Dyer and Dyer,2009),而对于家族企业行为及其行为动因尚缺乏深入的研究。可以说,对于家族股东是否影响公司行为、如何影响公司行为、其动因和理论依据是什么等关键问题,我们还所知甚少。股利政策作为公司的三大财务决策之一,为考察家族企业行为及其所扮演的公司治理角色提供了非常有意义的切入点,也为家族企业研究提供了新的研究视角。

值得注意的是,深入研究家族上市公司的股利政策在实践上也有一定的现实意义。近年来,我国家族上市公司不断崛起并成为资本市场拼图中不可或缺的一极。② 深入考察家族上市公司股利政策并揭示其中存在的问题与原因,无疑可以为证券监管部门进一步完善政策法规以及规范上市公司分红行为提供借鉴。

---

① 在最近的一篇综述性文章中,DeAngelo et al. (2008)指出,"研究控制性股东对于股利政策的影响,尤其是大股东控制非常普遍的非美国公司中,是一个非常有前景的研究领域"(p.100)。家族控制作为大股东控制最主要的形式之一,无疑具有重要的研究意义。

② 根据第三章的统计,截至2008年年底,在A股资本市场中我国家族上市公司约占三分之一强。

第四节 本 章 小 结

本章对国内外相关研究文献进行了较为翔实、系统的回顾和评述,有助于为本书的后续实证研究建立文献基础。本章综述主要围绕三个领域的研究文献展开,即家族企业的界定、家族企业相关研究以及股利政策相关文献。通过本章对文献的梳理,可以得到一些非常有意义的结论。

第一,科学合理地界定家族企业仍是困扰学术界的理论难题。尽管目前学者们针对家族企业提出了不下百种的定义,遗憾的是,迄今为止并没有形成一个能够被学术界普遍认同的定义。综观已有文献,家族企业界定主要从家族涉入要素、家族企业本质、家族涉入程度以及其他等四个视角出发。虽然这些界定方法都在不同层面、不同程度上揭示了家族企业特征,但大多在理论或可操作性的某些方面存在缺憾。基于现有文献并结合中国现实背景,同时考虑到可操作性的问题,本书将最终控制者能归结到有血缘关系或姻缘关系的自然人或家族,而且最终控制者直接或间接是该上市公司第一大股东的上市公司界定为家族上市公司。

第二,家族企业的理论与实证研究近年来获得了飞跃性的发展。在家族企业理论研究方面,学者们试图运用其他学科领域的现有理论更清晰地描绘家族企业特征,代理理论和资源基础理论即是两种领先的解释理论。考虑到本书的研究主题,本书更侧重于从代理视角来研究中国家族上市公司股利政策。在家族企业实证研究方面,基于财务学视角,已有研究侧重于考察家族与非家族上市公司在公司绩效、公司行为等领域的差异,还处于探索阶段。在仅有的几篇文献中,学者们对家族与非家族上市公司的股利政策差异尚存争议,正因为如此,基于中国独特的制度背景对上述问题进行更为系统、深入的研究成了本书研究的初衷。

第三,股利理论百家争鸣,似乎尚难以完美地解决"股利之谜"。从20世纪中叶开始,学者们围绕股利政策提出了股利代理理论、信号理论、税差理论、追随者效应、股利迎合理论、股利生命周期理论等诸多影响深远的股利理论,孜孜不倦地追逐着"股利之谜"的脚步迎难而上。尽管距离解决"股利之谜"尚有时日,但是一些经典的股利理论目前已得到了较为广泛的认同,如股利代理理论、信号理论、税收影响等。在本书中笔者尝试运用上述相关股利理论探索性地去阐释家族控制与上市公司股利政策的关系,这不仅可以更好地剖析家族上市公司的股利分配行为,也有助于拓展已有理论的适用边界。

第三章 中国证券市场制度背景与家族上市公司现状分析

作为一个"新兴加转型"的发展中大国,中国的制度建设、经济发展以及资本市场的完善都是在不断借鉴、摸索的过程中逐渐成长起来的。中国的民营企业兴起于 20 世纪 80 年代,作为民营企业的主导力量,近三十年来家族企业的茁壮成长、迅速崛起是与中国独特的制度背景息息相关的,因而我们有必要对民营经济的发展及其对应的中国经济体制变革的大背景进行分析。此外,中国的资本市场起步于 20 世纪 90 年代初,由于缺乏相对完善的法制法规和监管经验,许多上市公司的股利分配行为也经历了由不合理甚至不合法到渐趋规范的过程。可以说,特殊的制度背景与上市公司自身因素交织在一起,使得中国上市公司的股利政策变得愈加复杂。本章试图对中国证券市场制度背景进行简要的梳理,探讨家族企业发展历程以及家族上市公司的发展现状和特征,并分析上市公司股利政策演进的特征与背景,从而为本书后续的实证研究提供基础。

本章的结构安排如下:第一节是中国民营经济发展与

制度背景分析;第二节梳理了中国资本市场中家族上市公司的发展与现状;第三节围绕中国上市公司股利政策现状与制度背景进行分析;第四节是本章小结。

第一节 中国民营经济发展与制度背景分析[①]

一、我国的经济体制变革与民营经济发展

在我国,家族企业无疑占据了民营企业的绝大部分,若要追溯家族企业的发展史,它显然和民营经济的成长史是一脉相承的。党的十一届三中全会以来,民营经济从无到有、从弱到强,显示出强大的生命力,已日益发展成为我国社会主义市场经济不可或缺的重要组成部分。然而,回顾我国民营经济的发展历程却不难发现,民营经济在我国近几十年来的嬗变是与经济体制变革导向紧密关联的(上海证券交易所研究中心,2005),家族企业以及更广泛的民营企业是在我国经济体制剧烈变革、"游戏"规则不断变更的背景下产生和发展的。

上海证券交易所研究中心(2005)认为,始于1979年的改革开放为民营经济在我国的重新崛起提供了机会,我国民营经济发展可划分为三个阶段。[②]

(一)第一个阶段(1979—1986年):民营经济局限于个体经济

从新中国成立伊始,我国各项政策的目的都是围绕"单一公有制"的经济形式而展开的,这种情形一直持续到改革开放之前。1978年召开的党的十一届三中全会确立了解放思想、实事求是的思想路线,把党和国家的工作重心转移到经济建设上来,初步认识到非公有制经济是推动社会主义发展的重要力量。随后,中共中央于1981年通过了《关于建国以来

---

① 王劲松等(2005)认为,民营经济(广义) = 国家经济 - 国有和国有控股经济;民营经济(广义) = 个体经济 + 私营经济 + 集体经济 + 外商投资经济(+ 港澳台投资经济);民营经济(狭义) = 个体经济 + 私营经济 + 集体经济。考虑到家族企业大多可归为私营经济,因此民营企业是比家族企业更为广泛的一个名词,前者要包含后者。

② 本部分内容参考了张厚义等.中国私营企业发展报告2001(No.3)[M].北京:社会科学文献出版社,2002。

党的若干历史问题的决议》,正式提出个体经济是公有制经济必要补充的论点①,使民营经济成分在有限的范围内重新出现和活跃起来,也为以后大规模民营经济实体的产生奠定了基础,积聚了力量。1982年,党的十二大则进一步提出,鼓励和支持个体经济适当发展。② 从此,民营企业在个体经济的基础上逐渐以个体大户的形式自发萌生和发展起来。

这一阶段的经济体制变革导向开始由片面强调"单一公有制"转向强调以公有制为主体、多种经济成分并存,但就政策实践而言,对多种经济成分的承认还主要局限于个体经济(上海证券交易所研究中心,2005)。应该说,民营经济在这个时期尚没有得到政策的承认,仍是被归为体制外的"另册"。

(二) 第二个阶段(1987—1996年):民营经济被视为公有制经济补充成分

这一阶段对于民营经济的认识有了质的飞跃,其间标志性的事件是:1987年1月,中共中央在《把农村改革引向深入》的决定中正式在政策上提出允许私营企业存在③;1987年10月,党的十三大报告明确指出要鼓励私营经济的发展④;1988年4月,全国人大通过的《中华人民共和国宪法修正案》在立法层面上正式肯定了民营经济的存在和发展⑤;1988年6

---

① 《关于建国以来党的若干历史问题的决议》指出,"国营经济和集体经济是我国基本的经济形式,一定范围的劳动者个体经济是公有制经济的必要补充"。

② 党的十二大报告指出,"在农村和城市,都要鼓励劳动者个体经济在国家规定的范围内和工商行政管理下适当发展,作为公有制经济的必要的、有益的补充。只有多种经济形式的合理配置和发展,才能繁荣城乡经济,方便人民生活"。

③ 中共中央在《把农村改革引向深入》的文件中提出,"对农村各类自营专业户、个体经营者要实行长期稳定的方针,保护其正当经营和合法权益。要尊重他们选择经营形式的自由,不可任意强制改变他们的生产方式。个体经营者为了补充自己劳力的不足,按照规定,可以雇请一两个帮手,有技术的可以带三四个学徒。对于某些为了扩大经营规模,雇工人数超过这个限度的私人企业,也应当采取允许存在、加强管理、兴利抑弊、逐步引导的方针"。

④ 党的十三大报告指出,"社会主义初级阶段的所有制结构应以公有制为主体。目前全民所有制以外的其他经济成分,不是发展得太多了,而是还很不够。对于城乡合作经济、个体经济和私营经济,都要继续鼓励它们发展……实践证明,私营经济一定程度的发展有利于促进生产、活跃市场、扩大就业,更好地满足人民多方面的生活需求,是公有制经济必要的和有益的补充。必须尽快制定有关私营经济的政策和法律,保护它们的合法利益,加强对它们的引导、监督和管理"。

⑤ 《中华人民共和国宪法修正案》对《宪法》第十一条增加规定:"国家允许私营经济在法律规定的范围内存在和发展。私营经济是社会主义公有制经济的补充。国家保护私营经济的合法的权利和利益,对私营经济实行引导、监督和管理。"

第三章 中国证券市场制度背景与家族上市公司现状分析

月,国务院还颁布了《中华人民共和国私营企业暂行条例》《中华人民共和国私营企业所得税暂行条例》以及《国务院关于征收私营企业投资者个人收入所得税的规定》等三项法规,规定了私营企业的权利、义务以及国家对其进行监督管理的基本内容;1992 年,党的十四大报告重申私营经济的补充地位,为私营企业的发展提供了政策保证[①]。

这一阶段的经济体制变革导向确定了私营经济的法律地位和经济地位,从而为民营经济向更广经营范围、更大资本规模经济实体的发展扫除了障碍,民营经济成分对国民经济增长的贡献度开始逐年大幅度提高。

(三) 第三个阶段(1997 年至今):非公有制经济被视为社会主义市场经济重要组成部分

1997 年召开的党的十五大对社会主义市场经济条件下所有制结构问题的认识再次取得了重大突破,将非公有制经济提升到我国社会主义市场经济的重要组成部分,从而在政策上和体制上使私营企业及其他非公有制企业获得了与公有制企业平等的社会地位。[②] 此后,党的十六大报告[③]、十七大报告[④]都强调指出,"毫不动摇地鼓励、支持、引导非公有制经济发展"。随后的许多政策法规不断为民营经济发展提供政策支持。譬如,2002 年 6 月 29 日颁布的《中华人民共和国中小企业促进法》开启了我国积极鼓励民营经济发展的新篇章,该法从资金支持、税收优惠、技术创新、业务支持和服务体系等多个方面为中小企业提供了法律保障。此外,国务院于 2005 年 2 月 24 日公布了备受瞩目的《国务院关于鼓励支

---

① 党的十四大报告明确了我国经济体制改革的目标是建立社会主义市场经济体制,并提出:"在所有制结构上,以公有制包括全民所有制和集体所有制经济为主体,个体经济、私营经济、外资经济为补充,多种经济成分长期共同存在和发展。"

② 党的十五大报告指出,"非公有制经济是我国社会主义市场经济的重要组成部分。对个体、私营等非公有制经济要继续鼓励、引导,使之健康发展。这对满足人们多样化的需要、增加就业、促进国民经济的发展有重要作用"。

③ 党的十六大报告认为,"必须毫不动摇地鼓励、支持和引导非公有制经济发展。个体、私营等各种形式的非公有制经济是社会主义市场经济的重要组成部分,对充分调动社会各方面的积极性、加快生产力发展具有重要作用。坚持公有制经济为主体,促进非公有制经济发展,统一于社会主义现代化建设的进程中,不能把这两者对立起来。各种所有制经济完全可以在市场竞争中发挥各自优势,相互促进,共同发展"。

④ 党的十七大报告也指出,"坚持和完善公有制为主体、多种所有制经济共同发展的基本经济制度,毫不动摇地巩固和发展公有制经济,毫不动摇地鼓励、支持、引导非公有制经济发展,坚持平等保护物权,形成各种所有制经济平等竞争、相互促进新格局"。

持和引导个体私营等非公有制经济发展的若干意见》,向社会传达了我国大力支持民营经济发展的信息。①

这一阶段的主要政策特点是,我国开始全面支持民营企业的发展,逐步为民营企业构建完善的法律体系和制度支撑,并创造更加公平的竞争环境。可以说,得到政策支持和鼓励的我国民营经济目前正处在一个"黄金"发展阶段。

事实上,许多统计数据都显示,随着国家政策不断为民营经济松绑和提供政策支持,在夹缝中诞生的我国民营企业规模近二十年来呈现出跳跃式增长的局面(见表3-1)。可以看到,从1989年到2008年6月,我国民营企业户数、从业人员人数和注册资金金额分别保持着25.0%、22.5%和45.7%的复合增长率,短短二十年时间上述数据的规模分别膨胀了68.9倍、46.9倍和1 279.8倍。中华全国工商业联合会主持编纂(黄孟复主编)的民营经济蓝皮书《中国民营经济发展报告 No.4(2006—2007)》认为,"目前民营经济已经占我国GDP的65%左右,占经济总量的70%—80%,成为经济发展的最大动力来源"。② 此外,《中国民营经济发展报告 No.6(2008—2009)》披露的一系列数据则进一步显示出民营企业在我国国民经济中的重要影响力:截至2008年年底,我国民营企业(个体、私营企业)注册资金达到12.6万亿元;私营企业占全国进出口总额的17.8%;内资民营工业与私营工业合计占全国规模以上各类工业企业利润总额的63.1%;民营经济占全国税收总额的13.6%;个体私营企业从业人员总数达到1.368亿人;在规模以上工业从业人员中,民营工业企业约占47.8%;民营企业投资约占全国固定资产投资总额的64.9%……③

---

① 《国务院关于鼓励支持和引导个体私营等非公有制经济发展的若干意见》提出了七个方面的政策措施以鼓励、支持和引导非公有制经济发展:一是放宽市场准入,公平待遇;二是改善金融服务,加大财税支持;三是发展社会中介服务,完善社会服务体系;四是维护非公有制企业和职工的合法权益;五是引导企业提高自身素质;六是改进政府监管;七是加强对发展非公有制经济的指导和政策协调。由于该意见一共包括36条规定,因而也被称为"非公经济36条"。此后的2010年5月7日,国务院还颁布了《国务院关于鼓励和引导民间投资健康发展的若干意见》,旨在鼓励和引导民间投资进入实体经济,进一步拓宽民间投资的领域和范围,该政策也被称为"新非公经济36条"。

② 黄孟复. 中国民营经济发展报告 No.4(2006—2007)[M]. 北京:社会科学文献出版社,2007:6.

③ 黄孟复. 中国民营经济发展报告 No.6(2008—2009)[M]. 北京:社会科学文献出版社,2009.

此外,上海证券交易所研究中心(2005)也认为,民营企业对于我国经济、就业、税收等方面都作出了巨大的贡献。毋庸置疑,高歌猛进的民营经济已成为推动我国经济持续、快速增长的主要引擎之一。

表3-1 1989年至2008年6月民营企业发展概况

	户数		从业人员		注册资金	
	户数(万)	增长(%)	人数(万)	增长(%)	金额(亿元)	增长(%)
1989	9.06		164.0		84.0	
1990	9.81	8.28	170.0	3.66	95.0	13.10
1991	10.78	9.89	184.0	8.24	123.0	29.47
1992	13.96	29.50	231.9	26.03	221.2	79.84
1993	23.79	70.42	372.6	60.67	680.5	207.64
1994	43.22	81.67	648.4	74.02	1447.8	112.76
1995	65.45	51.43	956.0	47.44	2621.7	81.08
1996	81.93	25.18	1171.1	22.50	3752.4	43.13
1997	96.07	17.26	1349.3	15.22	5140.1	36.98
1998	120.10	25.01	1709.1	26.67	7198.1	40.04
1999	150.89	25.64	2021.6	18.28	10287.3	42.92
2000	176.18	16.76	2406.5	19.04	13307.7	29.36
2001	202.85	15.14	2713.9	12.77	18212.2	36.85
2002	243.53	20.05	3247.5	19.66	24756.6	35.93
2003	300.55	23.41	4299.1	32.38	35304.9	42.61
2004	365.07	21.47	5017.3	16.71	47936.0	35.78
2005	430.09	17.81	5824.0	16.08	61331.1	27.94
2006	498.08	15.81	6586.4	13.09	76028.5	23.96
2007	551.32	10.69	7253.0	10.12	93873.0	23.47
2008年6月	623.87	13.16	7697.0	6.12	107504.0	14.52
复合增长率	24.95%		22.45%		45.72%	

资料来源:中华全国工商业联合会.中国私营经济年鉴(2006—2008)[M].北京:中华工商联合出版社,2009:6.

二、民营上市公司发展历程与制度背景分析

我国证券市场的发展与改革开放和经济发展有着密切的关系,体现出明显的阶段性特点,而民营企业在我国资本市场的成长也呈现出独一无二的特征。借鉴邓召明和范伟(2001)、上海证券交易所研究中心(2005)、陈斌等(2008)的研究,笔者认为,我国证券市场民营上市公司的

发展大致可以划分为三个阶段。

(一) 第一个阶段(1992—1995年):民营企业上市公司的起步阶段

我国证券市场始建于1990年,当时我国股份制改造和发行上市刚刚开始,上市公司基本局限于沪、深两地。由于证券市场建立的一个重要目的就是"为国企改革服务",因此,国有企业一开始就在我国证券市场中占据了核心地位,而股票发行审批制使得缺乏政策许可的民营企业甚至不能获得上市资格。[①] 这种局面直到我国证券市场建立数年之后才开始打破。1992年6月2日,深华源作为我国境内第一家民营企业在深圳证券交易所上市,揭开了民营企业直接上市的序幕。1993年6月,福耀玻璃在上海证券交易所上市,成为首家由家族控股的家族上市公司。1994年1月,东方集团在上海证券交易所上市,成为首家由民营企业作为主发起人并控股的上市公司。

总体而言,这一阶段我国的民营企业在证券市场中仍处于极度边缘化的地位,沪、深两市的民营上市公司屈指可数。与为数众多的国有企业改制上市相比,仅有极少数"幸运"的民营企业能够进入资本市场,民营企业上市的步伐明显滞后。

(二) 第二个阶段(1996—1999年):民营企业上市公司的平稳发展阶段

在这一阶段,我国的股份制改造取得了较大发展,上市公司数量增加较快,上市资源也由地方逐步向全国扩展。伴随着资本市场的逐步放开以及国家扶持民营企业发展政策的密集出台,1996年后,我国民营企业上市公司数量迅速增加。尽管在股票发行制度中还存在一定的所有制歧视,但政策的枷锁已逐渐松动,民营上市企业数目呈逐年稳步递增趋势。1998年3月,新希望完成股份制改造上市,标志着民营企业进入证券市场的道路有了突破性进展。1999年浙大海纳上市,自然人首次出现在发起人当中,4名自然人发起人股东共占公司股份的2%。

应该说,这一阶段国家对于民营企业上市设置的"藩篱"已在逐渐减

---

① 我国股票发行制度从资本市场建立起迄今施行了一系列政策变革,在不同的市场发展阶段,我国的新股发行经历了审批制(1990年至2001年3月)、核准制(2000年至2001年3月)、通道制(2001年3月年至2004年)以及保荐制(2004年2月至今)等制度变迁,逐步从"政府主导型"向"市场主导型"方向转变。

少,越来越多的民营企业逐步加入到上市公司行列。但我们也注意到,国有企业仍是资本市场的绝对主角,国有企业在发行上市指标和额度等方面都享有相当的特权,民营企业更多的是通过借壳等"曲线救国"的方式进入资本市场。

(三) 第三个阶段(2000年至今):民营企业上市公司的快速扩容阶段

2000年3月起执行的股票发行核准制为民营企业的上市提供了重要契机,上市指标和额度的限制已不再成为民营企业进入资本市场难以逾越的"门槛"。2001年5月,用友软件成为我国首家采用核准制发行并上市的民营企业。2002年8月,财政部恢复了国有股向民营企业转让的审批工作,以及在"为不同所有制企业上市建立公平竞争环境"的政策指引下,许多民营企业通过协议转让等方式入主上市公司。陈斌等(2008)研究发现,2001—2004年我国民营企业"买壳"上市的数量连续三年超过IPO上市的数量。值得注意的是,2004年深圳证券交易所中小企业板的推出为民营企业上市注入了新的活力,大量民营企业(其中大多数为家族企业)通过IPO方式登陆中小企业板,并成为该板块的主导力量。

这一阶段我国民营企业进入资本市场迎来了一个"蜜月期",民营上市公司数量急剧飙升,其主要动力在于股票发行制度的改革、国有上市公司民营化的推进以及中小企业板的推出等一系列有利因素。根据笔者的统计[①],截至2008年年底,我国沪、深股市共有上市公司1 625家,其中民营控股上市公司638家,占总上市公司数量的39.3%。换言之,我国资本市场中打上"民营化"烙印的上市公司接近四成,民营上市公司的重要地位不言而喻。

综上,笔者认为,尽管在我国资本市场成立之初民营企业的上市之路可谓艰难曲折,但随着国家政策的不断放开,民营上市公司已经逐渐在我国资本市场中找到了属于自己的舞台,并扮演着越来越重要的角色。进一步地,考虑到民营经济约占我国GDP总量的65%,目前民营企业上市的步伐无疑严重滞后于民营经济的整体发展状况(陈斌等,2008)。可以大胆预期,未来我国民营上市公司尤其是其中的家族上市公司无疑还会有更广阔的舞台,并散发更加耀眼的光芒。

---

① 数据来自CSMAR数据库。

值得注意的是,民营上市公司类型众多,除家族控制以外还包括诸如集体控制①、共同控制②、工会或职工持股会控制③、大学控制④、外资控制⑤等。然而,家族上市公司无疑是其中最重要的类型,根据笔者的统计,家族上市公司约占全部民营上市公司的八成以上。在我国 A 股资本市场上,家族控制的上市公司比比皆是,如刘永好家族控制的新希望(000876)、曹德旺家族控制的福耀玻璃(600660)、周永伟家族控制的七匹狼(002029)等。资本市场上甚至还出现了一些家族控制的"系族"上市公司,如著名的"万向系""复星系"和"新湖系"等。⑥ 可以说,作为民营上市公司的主体,家族上市公司在我国资本市场中的发展历程无疑与民营上市公司跌宕起伏的成长史是一致的。在近年来的民营企业上市浪潮中,处于波峰浪尖的家族上市公司也在不断崛起,笔者将在下一节中对我国家族上市公司的现状与特征进行一个全景式的统计和分析。

第二节 中国家族上市公司现状与特征分析

本节旨在通过全面、翔实的数据整理和分析,全方位、多角度地对我国家族上市公司的发展现状与特征进行统计分析,为进一步深入剖析家族上市公司及其行为提供一定的借鉴和依据。

---

① 比如,根据 2008 年上市公司年报披露的信息显示,深圳华强(000062)是由原华强集团员工 680 余名职工集体控制;吉林敖东(000623)是由敖东集团 1 029 名员工集体控制。
② 比如,汇通集团(000415)是由柳志伟和郭运斌两个没有家族关系的最终控制人所共同控制。
③ 比如,欣网视讯(600403)的最终控制人是上海贝尔工会;合肥三洋(600983)是由合肥荣事达集体持股联合会所控制;大众交通(600611)、大众公用(600635)都是由公司的职工持股会所控制。
④ 比如,ST 国农(000004)是由中国农业大学所控制。
⑤ 比如,阳光股份(600608)的最终控制人是新加坡政府产业投资有限公司;中孚实业(600595)的最终控制人为 Marco Industries B. V.。
⑥ 比如,鲁冠球控制的"万向系"包含万向钱潮(000559)、万向德农(600371)、承德露露(000848)和 ST 兰宝(000631)等四家上市公司;郭广昌掌控的"复星系"将复星医药(600196)、南钢股份(600282)、豫园商城(600655)等三家上市公司纳入囊中;黄伟控制了新湖创业(600840)、新湖中宝(600208)、哈高科(600095)等三家上市公司从而构筑了"新湖系"。

一、样本选取与数据来源

本书以2004—2008年间在沪、深两市A股上市的所有公司作为样本选取范围①,笔者获取家族上市公司信息的步骤如下:(1)从深圳国泰安信息技术有限公司提供的CSMAR数据库中的子数据库——"中国民营上市公司数据库"中获得了我国民营上市公司的列表。(2)从上海万得信息技术股份有限公司提供的Wind数据库、巨潮资讯网站(http://www.cninfo.com.cn/)、上海证券交易所网站(http://www.sse.com.cn/)、深圳证券交易所网站(http://www.szse.cn/)等手工检索和下载2004—2008年度所有民营上市公司的两千多份年报。(3)对民营上市公司年报中披露的终极控制人信息进行手工收集和整理,从而确定了家族上市公司名单,并进一步分析、计算了家族股东终极控制权结构特征的相关信息,包括控制类型、控制层级、控制链条、控制权比例、现金流量权比例、家族成员是否担任公司高管等信息。② 其中,对于未披露最终控制人信息或最终控制人信息不清晰的上市公司,本书采用了如下几个方式尽可能获得最终控制人情况:通过公司前后年份年报对比分析,通过谷歌(http://www.google.com)、百度(http://www.baidu.com)等搜索引擎查找,或者通过查阅相关的财经网站、上市公司网站以及网上一些专业的财经新闻或评论文章,如新浪财经等来获取相关资料。(4)剔除了截至2009年年底已经退市或者进入三板市场的上市公司样本。

---

① 2004年12月13日,中国证监会颁布的《公开发行证券的公司信息披露内容与格式准则第2号——年度报告的内容与格式》(证监公司字[2004]110号)第二十五条第三款规定:"公司还应比照上述内容,披露公司的实际控制人情况,并以方框图的形式披露公司与实际控制人之间的产权和控制关系",首次要求上市公司在年报中披露实际控制人的相关信息。考虑到2004年之前的年报终极控制权数据存在大量缺失,因而笔者选取2004—2008年作为样本区间。

② 依据主流研究文献,本书采用了La Porta et al.(1999)、Claessens et al.(2000)、Faccio and Lang(2002)、Chernykh(2008)等人对于终极控制权的计算方法,并借鉴了Anderson and Reeb(2003a)、Anderson and Reeb(2004)、Andres(2008a)等人对于家族参与管理的界定。更详细的说明见第四章相关表述。

二、中国家族上市公司分布概况

(一) 家族上市公司的年度分布情况

表 3-2 和图 3-1 列示了家族上市公司各年度分布情况。从年度分布来看,近年来我国家族上市公司在 A 股市场上所占的比例逐年递增,呈快速上升趋势,从 2004 年的 22.80% 飙升到 2008 年的 32.71%;换言之,家族上市公司已占资本市场的三分之一强①。这一比例虽然仍低于股权集中的西欧国家 44.29% 以及东亚国家约 40% 的家族公司比例(Faccio and Lang, 2002; Claessens et al., 2000),但已与股权分散的美国 S&P 500 指数约 34% 的家族公司比例相当(Anderson and Reeb, 2003a)。从沪、深两市对比来看,2008 年深市家族上市公司比例约为 41.0%,大大高于沪市 26.4% 的比例。究其原因在于,根据国务院 2004 年年初颁布的《国务院关于推进资本市场改革开放和稳定发展的若干意见》的精神,深交所于 2004 年推出了中小企业板②。此后,大量由家族股东控制的企业陆续登陆中小企业板,从而使深市家族上市公司的比例大幅攀升。

表 3-2　我国家族上市公司各年度分布情况

年份	深市 A 股			沪市 A 股			全部 A 股		
	家族公司数量	上市公司数量	家族公司所占比例	家族公司数量	上市公司数量	家族公司所占比例	家族公司总数	上市公司总数	家族公司所占比例
2004	128	510	25.10%	172	806	21.34%	300	1 316	22.80%
2005	138	522	26.44%	187	808	23.14%	325	1 330	24.44%
2006	179	574	31.18%	211	822	25.67%	390	1 396	27.94%
2007	249	675	36.89%	227	847	26.80%	476	1 522	31.27%
2008	303	746	40.62%	220	853	25.79%	523	1 599	32.71%
合计	997	3 027	32.94%	1 017	4 136	24.59%	2 014	7 163	28.12%

资料来源:作者根据 2004—2008 年沪、深 A 股上市公司年报整理。

---

① 一个相近的数据是,Amit et al. (2009) 对 2007 年中国 A 股资本市场的统计显示,在 1 453 家上市公司中有 496 家是家族上市公司,家族上市公司占比约为 33.79%。

② 2004 年 6 月 25 日,深交所举行了中小企业板块首次上市仪式,新和成(002001)、江苏琼花(002002)、伟星股份(002003)、华邦制药(002004)、德豪润达(002005)、精功科技(002006)、华兰生物(002007)、大族激光(002008)等首批八家公司挂牌上市。

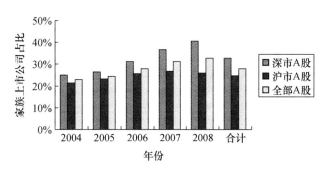

图 3-1 我国家族上市公司各年度分布情况

总体而言,随着我国家族企业在经济领域中的不断成长和崛起,它们正在不断地改变着资本市场的格局并逐渐扮演重要角色。应该说,家族上市公司业已成为我国资本市场拼图中不可或缺的一极。

(二)家族上市公司的行业分布情况①

表 3-3 和图 3-2 报告了 2008 年我国 A 股市场中家族上市公司的行业分布情况。从绝对数量来看,制造行业的家族上市公司最多(达到 340 家),约占全部家族上市公司的 65%。其中,在制造业子行业中,又以机械、设备、仪表类和石油、化学、塑胶、塑料类的家族上市公司数量最多。在非制造行业中,信息技术业、批发和零售业、房地产业聚集了较多的家族上市公司。从相对比例来看,木材、家具业,造纸、印刷业和其他制造业的家族上市公司超过半数,成为行业中坚力量;而纺织、服装、皮毛业,医药、生物制品业,电子业以及房地产业等行业中,家族上市公司也占据了行业公司总量的半壁江山。

表 3-3 我国家族上市公司行业分布情况

行业门类	编码	行业公司数量	家族公司数量	家族公司占比
农、林、牧、渔业	A	37	14	37.84%
采掘业	B	37	3	8.11%
制造业	C	926	340	36.72%
食品、饮料	C0	63	19	30.16%

---

① 应该说明的是,除了在"家族上市公司各年度分布情况"这一部分笔者采用的是 2004—2008 年统计数据外,考虑到数据的及时性以及为了更好地反映相关数据的发展趋势,在本章后续部分都仅针对 2008 年家族上市公司情况进行统计分析。

(续表)

行业门类	编码	行业公司数量	家族公司数量	家族公司占比
纺织、服装、皮毛	C1	67	32	47.76%
木材、家具	C2	6	5	83.33%
造纸、印刷	C3	32	18	56.25%
石油、化学、塑胶、塑料	C4	173	55	31.79%
电子	C5	73	34	46.58%
金属、非金属	C6	142	36	25.35%
机械、设备、仪表	C7	246	85	34.55%
医药、生物制品	C8	99	42	42.42%
其他制造业	C9	25	14	56.00%
电力、煤气及水的生产和供应业	D	64	2	3.13%
建筑业	E	35	8	22.86%
交通运输、仓储业	F	67	6	8.96%
信息技术业	G	100	46	46.00%
批发和零售贸易	H	93	31	33.33%
金融、保险业	I	29	1	3.45%
房地产业	J	79	32	40.51%
社会服务业	K	49	10	20.41%
传播与文化产业	L	13	3	23.08%
综合类	M	70	27	38.57%
合计		1 599	523	32.71%

资料来源：作者根据2008年沪、深A股上市公司年报整理；上述行业分类是基于中国证监会2001年颁布的《上市公司行业分类指引》。

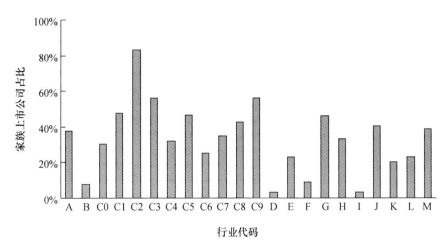

图 3-2 我国家族上市公司行业分布情况

概括来说,我国的家族上市公司目前仍然主要集中于传统的制造行业,但近年来也有越来越多的家族公司进入高新行业,如信息技术业、电子业、医药、生物制品业等。此外,由于行业门槛和政策限制的原因,家族上市公司几乎很少涉足电力、煤气及水等垄断行业以及金融、保险业。

(三) 家族上市公司的地域分布情况

表3-4统计了2008年我国A股市场中家族上市公司的地域分布情况。可以看到,家族上市公司的地域分布存在显著特征。经济较发达的东南沿海地区上市公司数量庞大,而其中家族上市公司也为数众多。例如,广东省、浙江省、江苏省等三个省市的家族公司数量位列前三甲,而家族公司占这三个省份上市公司总数的比例都超过了40%,在浙江省家族上市公司的比例甚至超过了60%。相反,不少经济欠发达的内陆省份和西部地区上市公司总量较少,而其中家族上市公司的数量和比例也很低,如江西省、贵州省、云南省、内蒙古自治区等地区家族上市公司占比均不到两成。上述发现与Amit et al.(2009)的研究相似,他们的统计结果也显示,在我国经济发达的省份家族企业较为繁荣。此外,Amit et al.(2009)还认为,家族企业主要分布于经济发达地区似乎并不符合现有的投资者保护理论或内部市场理论,因为后两者都认为,在制度相对欠发达的地区家族企业会更流行。① 总体而言,各地区在历史、自然环境、经济发展和社会文化条件等方面的差异,显然对家族上市公司的地域分布情况产生了不可忽视的影响。

---

① 譬如,Bertrand and Schoar(2007)认为,家族企业普遍存在的其中一种理论解释是,家族关系在投资者法律保护较弱的国家中是一种次优选择,因为家族成员之间的信任可以替代公司治理以及契约执行的缺失。Khanna and Palepu(2000)则发现,在新兴市场中企业集团(通常由家族所控制)可以替代资本市场和劳动力市场的功能,家族控制以及企业集团有助于减轻因市场不完善导致的代理问题和信息不对称问题。

表 3-4 我国家族上市公司地域分布情况

所在地区	上市公司数量	家族公司数量	家族公司占比
安徽省	55	13	23.64%
北京市	109	15	13.76%
重庆市	29	9	31.03%
福建省	54	24	44.44%
甘肃省	21	7	33.33%
广东省	200	91	45.50%
广西壮族自治区	25	9	36.00%
贵州省	17	3	17.65%
海南省	20	10	50.00%
河北省	35	8	22.86%
河南省	38	9	23.68%
黑龙江省	26	6	23.08%
湖北省	61	20	32.79%
湖南省	48	12	25.00%
吉林省	34	11	32.35%
江苏省	117	51	43.59%
江西省	26	3	11.54%
辽宁省	50	12	24.00%
内蒙古自治区	18	3	16.67%
宁夏回族自治区	11	3	27.27%
青海省	10	3	30.00%
山东省	94	31	32.98%
山西省	27	4	14.81%
陕西省	29	4	13.79%
上海市	155	33	21.29%
四川省	66	26	39.39%
天津市	30	5	16.67%
西藏自治区	8	5	62.50%
新疆维吾尔自治区	32	7	21.88%
云南省	26	5	19.23%
浙江省	128	81	63.28%
合计	1 599	523	32.71%

资料来源：作者根据2008年沪、深A股上市公司年报整理；上市公司所在地的31个省、市、自治区按拼音首字母排序。

三、家族上市公司与公司治理

(一) 家族上市公司的终极控制权特征①

表3-5列示了2008年我国A股市场中家族上市公司终极控制权特征的相关变量的描述性统计。综观该表,可以获得一些很有意义的发现:(1)家族股东通过35.32%的控制权比例控制上市公司,其所有权比例约为27.35%,所有权与控制权的两权分离程度约为0.77。对比相关文献数据可发现,我国家族上市公司所有权与控制权的偏离程度要低于非家族控制的其他民营上市公司,但高于国有上市公司。②(2)家族股东对于上市公司具有举足轻重的影响力。从参与公司管理的比例来看,66.92%的我国家族上市公司中由家族股东直接担任上市公司董事长、副董事长和总经理,而家族成员担任公司管理层(董事长、副董事长和总经理等公司领导或董事、监事、副总经理等)的比例则高达74.76%。③(3)家族控制权结构也具有明显的特征。截至2008年年底,我国家族上市公司中约83.6%是通过金字塔结构来实现控制的④,这是导致家族公司两权分离程度较高的主要原因。平均而言,我国家族股东通过2.3个控制层级、1.4条控制链实现对上市公司的有效控制。统

---

① 为行文简洁,此处未对终极控制权特征的相关变量进行描述,详见第四章研究设计部分。

② 这里我们可以参考三组已有研究的相关数据:王毅辉(2009)以2004—2007年A股上市公司为样本统计显示,我国上市公司终极控制人的控制权比例约为38.88%,所有权比例为32.53%,两权分离程度约为0.84;上海证券交易所研究中心(2005)统计显示,2004年沪市213家民营上市公司的最终控制人拥有的控制权比例约为34.32%,所有权比例为22.42%,两权分离程度约为0.65。值得注意的是,Amit et al.(2009)对2007年中国A股资本市场的统计显示,我国家族上市公司通过平均26%的所有权控制了35%的投票权,两权分离程度为0.74,这与本书的统计结果是非常接近的。

③ 一个可供参照的数据来自于Chen et al.(2010),他们对美国S&P 1500公司的研究发现(见p.47):在S&P 1500公司中,有46.3%可归类为家族上市公司;而在家族上市公司中,由创始人或其后代担任公司CEO的比例大约为63.8%,而至少有一个家族成员担任公司董事的比例则高达98.6%;此外,家族股东持有至少5%股权的家族上市公司比例为69.8%,家族股东至少持有25%股权的家族上市公司比例为26.7%。

④ La Porta et al.(1999)认为金字塔结构应符合两个条件:一是上市公司拥有终极所有人;二是终极所有人至少通过一家公司(也是上市公司)来控制该上市公司,且终极所有人拥有一定的(10%或20%)投票权(见p.477)。在本书中,笔者实际上放松了La Porta等人对金字塔结构的定义,一方面不要求控制上市公司的公司必须是上市公司,另一方面也没有对公司的投票权比例进行限定。

计还显示,超过 62.1% 的家族公司是通过 IPO 直接上市的,但也有近四成家族上市公司是通过"买壳"进入资本市场的。

表 3-5 我国家族上市公司的终极控制权特征

	样本数	均值	中位数	最小值	最大值	25%分位	75%分位	标准差
Panel A.家族终极控制权								
控制权比例(Cr)	523	0.3532	0.3214	0.0693	0.8956	0.2287	0.4570	0.1618
所有权比例(Cfr)	523	0.2731	0.2390	0.0052	0.8714	0.1388	0.3867	0.1727
两权分离程度(Cr/Cfr)	523	0.7402	0.8056	0.0505	1.0000	0.5500	1.000	0.2600
Panel B.家族影响力								
家族股东直接管理(Famboard)	523	0.6692	1.0000	0.0000	1.0000	0.0000	1.0000	0.4709
家族股东担任高管(Fammng)	523	0.7476	1.0000	0.0000	1.0000	0.0000	1.0000	0.4348
Panel C.家族控制权结构								
控制层级(Clength)	523	2.3098	2.0000	1.0000	9.0000	2.0000	3.0000	1.0188
控制链数量(Cchain)	523	1.4379	1.0000	1.0000	8.0000	1.0000	2.0000	0.8495
是否金字塔结构(Pyramid)	523	0.8356	1.0000	0.0000	1.0000	1.0000	1.0000	0.3710
是否直接上市(Direct)	523	0.6214	1.0000	0.0000	1.0000	0.0000	1.0000	0.4855

资料来源:作者根据 2008 年沪、深 A 股家族上市公司年报整理。

为了进一步剖析家族上市公司的终极控制权特征,笔者还进一步依据家族股东参与程度、家族控制权结构的不同,对家族上市公司所有权、控制权和两权分离程度的差异进行了分组检验(见表 3-6)。

表 3-6 不同类型家族上市公司的终极控制权差异分析

	样本数	控制权比例(Cr)		所有权比例(Cfr)		两权分离程度(Cr/Cfr)	
		均值	T 检验	均值	T 检验	均值	T 检验
Panel A.家族股东是否直接管理分组比较							
家族股东直接管理	350	0.3843	6.507***	0.3154	8.498***	0.7999	7.894***
非家族股东直接管理	173	0.2901		0.1874		0.6194	
Panel B.家族成员是否担任高管分组比较							
家族股东担任高管	391	0.3758	5.645***	0.3027	7.066***	0.7788	6.038***
家族股东不担任高管	132	0.2863		0.1852		0.6259	

（续表）

	样本数	控制权比例(Cr)		所有权比例(Cfr)		两权分离程度(Cr/Cfr)	
		均值	T检验	均值	T检验	均值	T检验
Panel C. 控制层级分组比较							
控制层级≤2	353	0.3596	1.310	0.3026	5.807***	0.8172	10.788***
控制层级>2	170	0.3398		0.2118		0.5803	
Panel D. 控制链数量分组比较							
控制链数量=1	373	0.3284	-5.697***	0.2593	-2.900***	0.7546	2.009**
控制链数量≥2	150	0.4149		0.3074		0.7043	
Panel E. 控制方式比较							
金字塔结构	437	0.3513	-0.596	0.2554	-5.404***	0.6891	-11.301***
非金字塔结构	86	0.3627		0.3627		1.0000	
Panel F. 上市类型比较							
直接上市	325	0.3797	4.911***	0.3043	5.439***	0.7704	3.439***
间接上市(买壳)	198	0.3096		0.2218		0.6906	
Panel G. 主板与中小板分组比较							
主板家族公司	345	0.3111	-8.883***	0.2216	-10.415***	0.6847	-7.116***
中小板家族公司	178	0.4348		0.3728		0.8478	

资料来源：作者根据2008年沪、深A股家族上市公司年报整理；***、**、*分别表示显著性水平为1%、5%、10%(双尾)

表3-6统计显示，家族股东直接参与管理或担任公司高管、控制层级较低、控制链数量较少、采用非金字塔结构控制以及直接上市的家族上市公司与对照组相比，具有更高的现金流量权和控制权,同时其两权分离程度也显著更低。此外，笔者还附加检验了在不同板块上市的家族公司控制权特征差异，研究发现，相比主板上市的家族公司，近年来蓬勃发展的中小板家族上市公司具有显著更高的所有权和控制权，以及更低的两权分离程度。换言之，近年来直接上市的中小板家族企业相对而言可能较少采用金字塔控制结构。这也在一定程度上表明，主板与中小板的家族上市公司在终极控制权特征方面存在一些明显差异。

（二）家族上市公司的内部治理机制

表3-7对家族上市公司与非家族上市公司的内部治理机制进行了系统的对比，可以看到：(1)两类上市公司在董事会与其他内部治理结构方面存在系统性差异。相比非家族上市公司，家族上市公司具有显著更高的两职合一程度、更小的董事会规模、更低的独立董事比例、更少的高管人数、更小的监事会规模，但却似乎拥有较高的"四委会"设立数量。其原因可能在于，家族上市公司规模通常相对较小，因而在设置

表 3-7 我国家族上市公司与非家族上市公司的内部治理机制对比

	家族上市公司			非家族上市公司			T 检验	Z 检验
	样本数	均值	中位数	样本数	均值	中位数		
Panel A. 董事会及其他内部治理结构								
两职合一(Dual)	517	0.2573	0.0000	1048	0.1231	0.0000	4.973***	2.727***
董事会规模(Bsize)	514	8.5467	9.0000	1038	9.5992	9.0000	-9.861***	3.513***
独立董事占比(Idpratio)	514	0.3679	0.3333	1038	0.3749	0.3333	-0.311	1.976**
高管人数(Mgsize)	514	5.5798	5.0000	1037	6.5342	6.0000	-7.329***	3.502***
监事会规模(Supsize)	514	3.4358	3.0000	1039	4.2656	4.0000	-11.534***	5.651***
"四委会"设立数量(Com4)	482	3.8299	4.0000	978	3.7740	4.0000	1.850*	0.888
Panel B. 管理层股权与薪酬结构								
董事会持股比例(Bshr)	523	0.0993	0.0001	1076	0.0069	0.0000	15.402***	5.487***
高管持股比例(Hmshr)	523	0.04772	0.0000	1076	0.0046	0.0000	11.580***	4.656***
监事会持股比例(Supshr)	523	0.0038	0.0000	1076	0.0005	0.0000	5.509***	2.656***
董事会前三名报酬(B3pay,万元)	522	91.5312	66.6000	1070	267.5432	69.0500	-0.774	1.143
高管前三名报酬(Hm3pay,万元)	521	86.2074	63.6800	1070	293.3421	86.5380	-0.901	3.328***
Panel C. 会议情况								
股东大会会议次数(Shmeet)	523	3.0841	3.0000	1076	2.6599	2.0000	5.509***	2.054***
董事会会议次数(Shmeet)	523	9.9407	9.0000	1076	9.4545	9.0000	2.649***	1.322*
监事会会议次数(Shmeet)	523	5.0803	5.0000	1074	4.8324	5.0000	2.903***	0.397

资料来源：基础数据来自 CSMAR 数据库；***、**、*分别表示显著性水平为 1%、5%、10%（双尾）。

内部治理结构方面较为精简。(2)两类上市公司在管理层股权与薪酬结构方面也存在重大差异。具体而言,家族上市公司相比非家族上市公司具有显著更高的管理层持股比例(包括董事会、高管以及监事会持股),但是管理层薪酬(如董事以及高管前三名报酬)则似乎更低。(3)两类上市公司在会议召开的密集程度方面也存在显著差异。尽管我们难以断定这些会议究竟是因为家族股东更卖力地监督公司运作,还是充当处理公司善后事务的"灭火器",但总体而言,家族上市公司的确是更为频繁地召开各类公司会议,包括股东大会、董事会以及监事会会议。

此外,笔者还试图进一步探索家族参与管理对于家族上市公司内部治理结构的影响(见表3-8)。令人稍感意外的是,家族参与管理的影响似乎并没有想象的那么明显。具体而言:(1)在董事会以及其他内部治理结构方面,家族参与管理除了会增加高管人数以及降低监事会规模以外,对于两职合一、董事会规模、独立董事占比以及"四委会"设立数量都没有显著的影响。(2)在管理层股权与薪酬结构方面是差异最为明显的,家族参与管理的公司相比非家族管理的公司具有显著更高的管理层持股比例(包括董事会、高管以及监事会持股)和管理层薪酬(如董事以及高管前三名报酬)。(3)家族参与管理不会对公司会议召开情况产生显著影响,无论是股东大会、董事会还是监事会基本上都没有明显变化。上述分析可能表明,家族在参与管理的过程中并没有特别寻求对公司的高度控制,如没有采取增加两职合一、削减董事会以及独立董事人数等措施。换言之,家族参与管理可能更多的是强调家族对公司经营的参与和监督(表现为高管人数明显增加、较高的管理层持股),而并非纯粹地试图对公司采取"家长式"的控制。另外,家族股东参与管理也获得了一定的个人私利,如管理层薪酬显著高于非家族管理的公司。

表3-8 家族管理与内部治理结构

	家族股东是否直接管理			家族股东是否担任高管		
	是	否	T检验	是	否	T检验
Panel A. 董事会及其他内部治理结构						
两职合一（Dual）	0.2759	0.2189	1.389	0.2699	0.2188	1.148
董事会规模（Bsize）	8.5965	8.4431	0.988	8.6237	8.3095	1.862*
独立董事占比（Idpratio）	0.3684	0.3670	0.279	0.3663	0.3728	-1.198
高管人数（Mgsize）	5.7550	5.2156	2.469**	5.7113	5.1746	2.254**
监事会规模（Supsize）	3.3487	3.6168	-3.187***	3.3763	3.6190	-2.643***
"四委会"设立数量（Com4）	3.8400	3.8089	0.610	3.8297	3.8305	-0.015
Panel B. 管理层股权与薪酬结构						
董事会持股比例（Bshr）	0.1418	0.0133	7.961***	0.1308	0.0061	7.047***
高管持股比例（Hmshr）	0.0696	0.0034	6.561***	0.0626	0.0038	5.313***
监事会持股比例（Supshr）	0.0049	0.0018	1.874*	0.0051	0.0002	2.717***
董事会前三名报酬（B3pay，万元）	101.6645	70.9109	2.934***	98.5878	70.4690	2.469**
高管前三名报酬（Hm3pay，万元）	91.2194	76.0376	2.211**	89.6804	75.8678	1.854*
Panel C. 会议情况						
股东大会会议次数（Shmeet）	3.0714	3.1098	-0.262	3.1074	3.0152	0.581
董事会会议次数（Shmeet）	9.9000	10.0231	-0.379	9.9923	9.7879	0.581
监事会会议次数（Shmeet）	5.1629	4.9133	1.594	5.1560	4.8561	1.769*
样本数	350	173		391	132	

资料来源：基础数据来自CSMAR数据库；***、**、*分别表示显著性水平为1％、5％、10％（双尾）。

第三节 中国上市公司股利政策现状与制度背景分析

我国证券市场始建于20世纪90年代初,迄今不过短短二十余载。由于法律法规的不完善以及监管经验的欠缺,在我国资本市场早期,上市公司的许多行为呈现出一些极具"中国特色"的现象,股利政策即为其一。可喜的是,随着监管制度的不断完善和出台,我国上市公司的股利政策正变得日趋规范。

一、我国上市公司股利分配特征与制度背景

根据李常青等(2010)对我国A股上市公司历年年报现金股利分配情况的统计(见表3-9),我国上市公司股利政策在不同年份之间差异明显、起伏不定。20世纪90年代初,随着我国资本市场的不断成长和扩容,上市公司数量大大增加,现金股利支付总额呈节节攀升态势。然而,我国上市公司股利政策也因渐渐暴露了许多积弊而备受针砭。李常青(1999b)较早对我国上市公司分红行为进行了较为系统的深入剖析并敏锐地发现,20世纪90年代我国上市公司股利分配存在如下不良现状:(1)股利支付率不高,不分配股利的公司逐年增多;(2)股利形式不断推陈出新;(3)股利政策波动多变,缺乏连续性;(4)股利分配行为极不规范。其中,分红水平低下以及分红行为不规范的现象尤为突出。

一方面,上市公司分红尤其是现金分红水平较低,具备分红条件但却连续多年不分配的"铁公鸡"上市公司在资本市场中比比皆是。表3-9的统计数据显示,20世纪90年代中后期开始,我国资本市场进行派现的上市公司比例和派现水平都呈下降趋势——现金分红公司仅占30%左右,现金股利占净利润的比例低于30%,而现金股利的市场回报则不到1%。上市公司不愿分红的现象,不仅损害了投资者的股利分配权,也助长了投资者短期炒作和投机之风的盛行,显然不利于资本市场的健康、稳定发展。

表 3-9 我国 A 股市场上市公司历年年报现金股利分配情况

	1995	1996	1997	1998	1999	2000	2001	2002	2003	2004	2005	2006	2007	2008
分配现金股利的A股公司比例	66.0%	35.5%	30.7%	30.5%	31.8%	64.4%	59.4%	51.4%	47.4%	53.9%	45.6%	50.2%	51.8%	52.4%
现金股利总额(亿元)	77.2	77.4	111.9	145.5	189.4	338.9	423.8	453.8	543.9	743.4	753.8	1 237.9	2 679.3	2 700.6
现金股利总额/A股公司总净利润	37.2%	26.6%	22.4%	24.8%	27.0%	38.2%	40.3%	41.2%	36.2%	36.3%	35.5%	31.2%	28.2%	29.6%
现金股利总额/A股年末总市值	2.3%	0.8%	0.6%	0.8%	0.7%	0.7%	1.0%	1.2%	1.3%	2.0%	2.4%	1.4%	0.8%	2.1%

资料来源：转引自李常青等(2010)，基础数据来自 CSMAR 数据库。

第三章 中国证券市场制度背景与家族上市公司现状分析

另一方面,上市公司分红行为不规范、恣意而为的现象屡屡发生。一些经典的个案真实地反映了上述问题,譬如,多年前五粮液和用友软件两家公司的股利政策至今仍让许多投资者记忆犹新——同为绩优公司,两者的股利分配却可以说是迥然不同地分处于两个极端。作为经营业绩突出、现金流充沛而成长空间较为有限的成熟行业上市公司,"五粮液"在上市之后业绩高居沪、深两市前列,但却连续数年没有进行任何现金分配,即便有也仅仅是蜻蜓点水地"意思"一下。① 相反,处于高成长性的朝阳产业且未来亟须巨额投入的"用友软件",却在上市伊始便以"每10股派6元"的高额派现吸引了整个资本市场的眼球。

相比西方发达国家,中国资本市场建立时日尚短,仅仅依靠市场的自发调节来规范上市公司的分红行为似乎尚显不够。针对上市公司股利政策呈现的种种"异象",尤其是分红水平低下的现实背景,中国证监会从2001年起循序渐进地颁布了一系列半强制分红的政策文件(见表3-10)②,将上市公司再融资资格与股利分配水平相挂钩,不满足股利分配要求的上市公司将不能进行再融资,致力于进一步引导和规范上市公司分红行为。

---

① 与五粮液类似的例子还有很多,美菱电器(000521)也是其中之一。美菱电器于2010年3月16日公布了2009年度公司年报,报告显示,美菱电器2009年净利润同比增长约10倍,但已连续10年未分配的美菱电器当年仍未有分配方案,于是,年报公布当日其股价应声下跌近5%。详见新闻报道"美菱业绩增10倍,11年不分红'铁公鸡'遭唾弃",http://finance.qq.com/a/20100317/001753.htm。

② 李常青等(2010)认为,我国这一特殊的分红规定与国外的强制性股利政策相比有两大明显区别,并将其界定为"半强制分红政策"。具体而言:第一,法律效力不同。国外的强制性股利政策是以国家法律或《公司法》的形式对上市公司分红政策作出的强制性规定,所有公司都必须遵照执行。然而,我国证监会的相关规定并不具有这种强制性,上市公司仍拥有自主分红权,从每年都有大量公司不分配股利便可一窥端倪。第二,附加权限不同。国外的强制性股利政策几乎不与其他权限相挂钩,而我国上市公司的股利分配与再融资资格存在必然联系。这一特殊的制度安排使得证监会的相关规定虽不具有强制性但却带有"软约束"性质,可以对那些有再融资需求或潜在的再融资需求的上市公司形成有效约束。

表 3-10　中国证监会历次颁布的与半强制分红政策相关的政策文件

颁布时间	文件名称	涉及分红政策的主要内容
2008-10-09	《关于修改上市公司现金分红若干规定的决定》	上市公司公开发行证券应符合最近三年以现金方式累计分配的利润不少于最近三年实现的年均可分配利润的百分之三十;对于报告期内盈利但未提出现金利润分配预案的公司,应详细说明未分红的原因、未用于分红的资金留存公司的用途;应披露现金分红政策在报告期的执行情况;应以列表方式明确披露公司前三年现金分红的数额、与净利润的比率。
2006-05-06	《上市公司证券发行管理办法》	上市公司公开发行证券应符合最近三年以现金或股票方式累计分配的利润不少于最近三年实现的年均可分配利润的百分之二十。
2004-12-07	《关于加强社会公众股股东权益保护的若干规定》	上市公司董事会未作出现金利润分配预案的,应当在定期报告中披露原因,独立董事应当对此发表独立意见;上市公司最近三年未进行现金利润分配的,不得向社会公众增发新股、发行可转换公司债券或向原有股东配售股份。
2001-03-28	《上市公司新股发行管理办法》	对于公司最近三年未有分红派息,董事会对于不分配的理由未作出合理解释的,担任主承销商的证券公司应当重点关注并在尽职调查报告中予以说明。

资料来源:转引自李常青等(2010),资料依据相关政策文件整理。

尽管半强制分红政策在理论与实践上都不可避免地存在一定的局限性(李常青等,2010)[①],但其推动上市公司分红的作用不容忽视。事实证明,监管当局采取的一系列政策措施卓有成效。根据表 3-9 的统计,从 2000 年年报分红开始,我国进行派现的上市公司比例已攀升至 50% 左右,这与许多发达资本市场相当(Denis and Osobov, 2008);现金分红占净利润的比例维持在 30% 以上,已接近欧洲上市公司约 40%—50% 的净利润分红比例(Eije and Megginson, 2008);现金股利的市场回报也略有上升,虽然 1%—2% 的平均回报率仍显偏低。

二、大股东主导下的上市公司股利政策:基于制度背景的分析

上市公司股利政策的制定受诸多内、外部影响因素左右,如公司特征、公司治理结构、外部制度环境等,这使得股利政策似乎成了一个纷繁

[①] 譬如,半强制分红政策"一刀切"地要求所有上市公司进行现金分红,在理论上不利于高成长性企业、高竞争行业公司的可持续发展;同时,半强制分红政策的"软约束"性质不仅不能对没有再融资需求的上市公司形成有效约束,还可能导致上市公司的"逆向选择"问题(李常青等,2010)。

复杂、一言难尽的话题。一个自然而然的疑问就是,在我国特殊的制度背景中,上市公司股利政策最重要的驱动力或者说主导力量是什么?

笔者认为,在我国股权高度集中、公司治理结构和法律执行效率较低的现实背景下,公司特征(如盈利状况、现金流水平、未来投资机会等)虽然是影响公司股利政策的重要因素,但大股东的股利偏好毋庸置疑在很大程度上主导着上市公司股利政策。几组国际对比数据或许可以为上述观点提供一定的佐证。譬如,根据 Bartram et al. (2008)对全球 42 个国家进行的研究(见表 3-11),在公司治理特征方面,我国上市公司股权集中程度要高于世界各国的平均水平,公司独立于股东的程度处于中等水平,而公司治理效率则要低于其他国家。显然,我国上市公司在内部公司治理缺乏足够效率的情况下将更容易被股权集中的大股东所控制。Allen et al. (2005)则提出了一个有趣的"中国之谜"——在法律和金融系统都不发达的制度背景下,中国的经济却持续多年保持高速增长。其中,在股东权利方面,我国的法律法规总体而言并没有显著优于其他国家(见表 3-12)。此外,Djankov et al. (2008)对 2003 年全球 72 个国家投资者法律保护水平的研究统计显示(见表 3-13),虽然我国的"抗自我交易指数"[①]得分高于世界各国的平均水平,但在"公开执行指数"方面却仍远远落后于其他国家,说明我国在限制大股东自利行为的法律执行方面仍缺乏力度,难以形成有效的威慑力。

表 3-11 公司治理特征比较:中国 VS. 世界各国不同法系国家

国家	普通法系(中值)	大陆法系(中值)	全样本(中值)	中国
股东集中持有的股权	52.89	58.08	56.76	60.26
公司独立于股东的程度	8.00	7.00	7.00	7.00
公司治理指数(Gov7)	4.00	4.00	4.00	3.50
抗董事权	4.50	2.50	3.00	

资料来源:Bartram S., P. R. Brown, J. How, P. Verhoeven. Agency conflicts and corporate payout policies: A global study[Z]. Working Paper, Available at SSRN: http://ssrn.com/abstract = 1068281, 2008:27—28.

---

① Djankov et al. (2008)在修正 La Porta et al. (1998)所定义的"抗董事权指数"的基础上,构建了一个更为直接的投资者保护指标——"抗自我交易指数"(Anti-self-dealing Index),用于衡量少数股东抵制控股股东自利性交易的法律保障程度,指数越高意味着内部人越难借由自利性的自我交易来谋取私利。

表 3-12　股东权利比较:中国 VS.世界各国不同法系国家

国家	普通法系（均值）	法国法系（均值）	德国法系（均值）	北欧法系（均值）	LLSV 样本（均值）	中国
一股一票	0.17	0.29	0.33	0	0.22	1
通信表决权	0.39	0.05	0	0.25	0.18	0
无阻碍出售权	1	0.57	0.17	1	0.71	0
累积投票权	0.28	0.29	0.3	0	0.27	0
少数股东反对权	0.94	0.29	0.5	0	0.53	1
新股认购权	0.44	0.62	0.33	0.75	0.53	1
特别股东大会召集权	0.09	0.15	0.05	0.1	0.11	0.1
抗董事权	4	2.33	2.33	3	3	3
强制股利	0	0.11	0	0	0.05	0

资料来源:Allen F., J. Qian, M. Qian. Law, finance, and economic growth in China [J]. Journal of financial economics, 2005, 77(1):57—116.

表 3-13　抗自我交易指数比较:中国 VS.世界各国不同法系国家

国家	普通法系（均值）	法国法系（均值）	德国法系（均值）	北欧法系（均值）	全样本（均值）	中国
事前私下自我交易控制指数	0.58	0.30	0.28	0.22	0.37	1.00
事后私下自我交易控制指数	0.76	0.39	0.50	0.55	0.53	0.56
抗自我交易指数	0.67	0.35	0.39	0.39	0.45	0.78
公开执行指数	0.30	0.40	0.46	0.55	0.39	0.00

资料来源:Djankov et al. (2008)以及文章提供的相关数据下载网站(http://post.economics.harvard.edu/faculty/shleifer/data.html)。

正是因为制度环境和公司治理的相对不完善,在大股东"一股独大"现象突出的中国,外部中小股东无心也无力对上市公司行为进行监督而是倾向于"搭便车"。由于大股东掌握着上市公司的绝对话语权,公司股利政策在多数情况下成为大股东的"一言堂"。无论是高派现抑或低派现,上市公司分红行为可能更多的是反映了大股东利益最大化的安排,或者说,股利政策主要是为了迎合大股东的需求,并没有反映中小投资者的股利偏好(黄娟娟和沈艺峰,2007)。

仍以前面提到的五粮液和用友软件两家公司为例进行分析。五粮液 2000 年年报显示,其每股收益高达 1.6 元并成为当年两市第一绩优股。但是,"不差钱"的五粮液不仅不愿意进行股利分配,反而公布了其进行配股的方案,这一事件引起了众多中小股东的强烈不满和舆论的一致抨击,爆发了一场轰动一时的"不分红风波"。然而,在股东大会表决时中小股东虽然有283万股弃权以示抗议,但第一大股东仍然依仗近75%的股份一意孤行地通过了不分红决定,态度强硬的五粮液冠冕堂皇地认为不分红是基于股东的长远利益考虑。① 与此相反,用友软件则因为连年高分红而备受公众质疑。2001年3月上市的用友软件于次年给股东呈上了一份漂亮的年报——2001年每股收益为0.7元,而用友软件当年的分红比例也同样让市场惊愕,其每股派现高达0.6元。但是,市场似乎并没有对该分红方案持欢迎态度,在年报公布后用友软件的股价出现了大跌。究其原因在于,大股东通过主导高派现的股利政策迅速收回成本,而普通投资者的利益则受到了侵害(张阳,2003)。②

综上,笔者认为,在我国的现实背景下,大股东对股利的偏好程度和影响在很大程度上决定了上市公司的股利政策。回到本书的研究主题,家族控制性股东作为大股东控制的一种类型无疑也将对上市公司决策包括股利政策产生不容忽视的作用。那么,家族控制对上市公司股利政策具有何种影响?家族股东是否与其他大股东存在一样的股利偏好?家族控制权特征是否影响家族上市公司的股利政策?上述问题将在本书的第四章中进行实证分析。此外,为什么家族上市公司股利政策会区别于非家族上市公司?内部治理结构和外部治理环境是否会影响家族上市公司的股利政策?这些也是本书关注的核心话题(见图3-3),并将在后续章节一一进行讨论。

---

① 对于五粮液分红行为的批评也见诸于新闻报道,譬如,有消息指出五粮液"每手所得股利不及银行利息的17%,在五粮液吝啬分红的同时,其对关联公司高达38亿元的收购却被业内指责估价过高,存在利益输送"。见新闻报道"五粮液吝啬分红,每手股利不及银行利息的17%",http://finance.qq.com/a/20090227/001360.htm。

② 林海峰(2005)分析认为,用友软件2001—2005年的分红就使得大股东王文京个人收入高达1.1亿元,考虑到其持股成本远低于二级市场的股票价格,王文京四年获得的股票分红约为其原始投资的两倍。与此形成鲜明反差的是,从二级市场高价购入股票的中小股东获得的股息收益率却甚至不如银行利率。

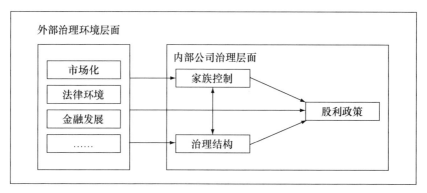

图3-3 本书研究的逻辑思路

第四节 本章小结

本章对我国证券市场制度背景以及家族上市公司现状进行了分析,为我们更好地根植于中国经济与法律的大环境去剖析上市公司特征与行为提供了基础。本章的前三节,分别考察了民营经济发展的相关制度背景、梳理了我国资本市场中家族上市公司的发展与现状,以及分析了我国上市公司股利政策的现状与其制度背景。通过本章的分析,同样可以得到一些非常有意义的发现。

第一,家族企业以及更为广泛的民营企业正处在一个得到国家政策支持和鼓励的高速发展阶段。尽管在新中国成立初期,我国各项经济运行围绕"单一公有制"而展开,但随着改革开放的不断深入以及经济体制变革的不断向好,民营经济在我国市场经济中的地位经历了"另册—补充—重要组成部分"的巨大飞跃。与之相伴的是,民营经济所占我国经济总量的比重也在节节攀升,并成为推动我国经济保持高速增长最重要的引擎之一。类似地,我国民营上市公司的成长也在政策"藩篱"不断减少的背景下,经历了"起步—平稳发展—快速扩容"的阶段。截至2008年年底,民营上市公司约占我国A股上市公司总数的四成。应该说,在国家政策放开的现阶段,民营经济和民营上市公司无疑还将有更美好的未来。

第二,家族上市公司在我国资本市场中广泛存在而且仍在不断发展壮大,并在行业与地域分布、控制权结构、公司特征与内部治理结构方面特征明显。本章的描述性统计与分析显示:(1)近年来我国家族上市公司数量和占比都呈逐年递增趋势,截至 2008 年年底,A 股市场中家族上市公司有 523 家,约占上市公司总数的 1/3。(2)家族上市公司在行业分布上主要群聚于传统的制造业(如机械、设备、仪表,石油、化学、塑胶、塑料,医药、生物制品等)以及信息技术业、批发和零售业、房地产业等一些新兴行业,在地域上主要分布于经济较发达的东南沿海地区(如广东省、浙江省、江苏省等)。(3)在家族控制权结构方面,家族上市公司的两权分离程度较大,家族股东平均通过 27.35% 的所有权控制上市公司 35.32% 的投票权,两权分离程度为 0.77。此外,家族上市公司参与公司管理的比例较高,约有 67%—75% 的家族上市公司是由家族成员担任高管。(4)家族上市公司与非家族上市公司在内部治理结构方面存在系统性差异,而不同类型家族上市公司之间也在控制权特征、内部治理结构方面存在系统性差异。

第三,上市公司股利政策在我国相关制度日益完善的背景下渐趋规范,但是大股东主导上市公司股利政策的现象仍然很突出。综观近二十年来我国上市公司的股利政策发展,呈现出两个特征:其一,尽管在我国资本市场建立伊始,上市公司股利政策呈现出许多"异象",但随着监管制度的不断完善和出台,我国上市公司的股利政策正变得日趋规范。近年来,我国上市公司的股利支付水平渐趋稳定,并缩小了与发达资本市场的差距。其二,大量证据显示,在我国大股东主导上市公司股利政策的现象非常明显,大股东通常从自身利益出发来制定分红决策而较少考虑股利政策是否损害了投资者的利益。正是在这一背景下,本书考察家族控制与公司股利政策的主题显得非常有理论与现实意义。

第四章 家族控制是否影响上市公司股利政策？

本书第三章的统计分析显示,家族上市公司与非家族上市公司相比在公司治理结构方面存在系统性差异。遗憾的是,尽管家族企业研究目前是金融经济学文献中的一个新兴研究领域(Schmid et al.,2008),但学术界基于财务学视角对家族公司进行的深入研究却显得极为不足,而且已有研究大多聚焦于关注家族如何影响公司绩效上(Dyer and Dyer,2009),较少涉及其他方面。家族控制是否会影响上市公司的股利政策?若有影响其作用方向如何?另外,在家族上市公司中,哪些控制权特征将影响公司分红行为?综观国内外文献,可以说我们对于上述问题所知甚少。[①] 本章试图采用实证研究的方法,深入剖析家族上市公司与非家族上市公司在股利政策方面的特征差异,并进

[①] 从第三章的文献综述来看,仅有四篇文章专门探讨了家族上市公司与非家族上市公司的股利政策差异,即 Schmid et al. (2010)、Cesari (2009)、Hu et al. (2007)、Setia-Atmaja et al. (2009),而其中前三篇还只是工作论文。

一步考察了家族上市公司控制权特征对于上市公司股利政策的影响,以弥补已有研究的缺憾。本章的研究不仅有助于丰富和拓展家族企业研究文献的视野,也对增进公司治理以及委托代理文献的理解具有重要的意义。

本章的结构安排如下:第一节是文献回顾,并提出本章的研究假设;第二节是研究设计;第三节是实证结果与分析;第四节是本章小结。

第一节 理论分析与研究假设

公司治理是为了解决现代企业所有权和控制权分离问题的一系列制度安排(Shleifer and Vishny,1997),股利政策作为这些制度安排下的公司行为,显然与公司治理密切相关。家族控制作为一种关键的公司控制权安排,显然将对公司股利政策产生举足轻重的影响。

一、家族控制与上市公司股利政策

家族股东与上市公司之间存在着密不可分的联系,而这种联系在很大程度上影响着家族上市公司的股利政策,以下从三个视角进行简要分析。[①]

第一,代理理论视角。基于代理理论的分析框架,似乎很难对家族控制的治理效应得出确定的答案。一方面,家族控制作为一种内部治理机制可以带来更有效的管理和经理人监督,即存在"利益协同效应"(Shleifer and Vishny,1997)。家族股东要么自己担任公司领导,要么更积极地监督经理人,无论哪种方式都有助于降低代理成本,并推动公司管理层将自由现金流返还给外部股东。另一方面,家族股东也可能会侵占外部中小股东利益来获取控制权私利,即存在"壕沟效应"。近年来的跨国研究表明,股权集中才是全世界公司股权结构的主导形态,大股东与中小股东

---

① 这三个方面也将构成本书第五章的研究主题,即究竟何者才是真正影响家族上市公司与非家族上市公司股利政策差异的动因,更详细的分析可参阅第五章第一节"理论分析与研究假设"部分的内容。

的利益冲突已成为主要的代理问题(La Porta et al., 1999)。控股股东(包括家族股东)可能倾向于减少股利发放,并通过资金占用、关联交易、担保、投资于非盈利项目等方式来获取控制权私利。

第二,税收视角。税收也是控制性家族股东在决定公司股利政策时所要考虑的重要因素,而家族上市公司出于股利征税的原因可能更不愿意支付股利或支付较低水平的股利。由于家族股东相比其他中小股东具有更长的投资期限而且投资风险不可分散(Anderson and Reeb, 2003a; Villalonga and Amit, 2006),所以他们将更注重公司的长期绩效。同时,家族股东更愿意将家族企业当成可以永续传承的事业来经营(Birley, 1986; Ward, 1988; Heck and Trent, 1999),因而相同情况下家族股东与非家族股东相比并没有那么迫切的分红冲动。① 考虑到分红将导致现金从公司流向税务部门,这对于家族股东而言是非常不利的,更何况规模相对较小的家族企业通常具有将企业做强做大的强烈意愿,减少股利发放以避免股利税赋损失对家族股东而言无疑是价值最大化的一种理性选择。

第三,融资约束视角。家族企业或者说更为广泛的民营企业相比国有企业而言通常面临着更大的融资约束,这可能使得家族企业更愿意通过内部融资来满足投资需求,从而削弱了家族企业的分红意愿。诸多学者达成了这么一个共识,即民营企业相比国有企业无论是在债务融资抑或权益融资方面都受到了更多的歧视(孙铮等,2005,2006;罗党论和甄丽明,2008),可以说民营企业融资难问题已是一个不争的事实,家族企业显然也不会例外。与存在"预算软约束"的国有企业相比,面临着较为严峻的外部融资约束的家族企业,在相同情况下,更有可能通过调低目标股利支付水平甚至不发放股利的方式来进行内部融资,从而为企业未来的投资机会做准备。因此,家族企业存在更大的融资约束也将对其股利政策产生一定的负面影响。

由于缺乏实证的支持,上述三个视角的理论分析似乎难以断言家族

---

① 国有企业由于承担了许多政策性目标,国有股东对分红往往有更大的渴望并可能扭曲上市公司分红行为。陈信元等(2003)对佛山照明的案例分析就认为,佛山照明连年高派现曾被誉为"现金奶牛",但大比例分红背后真实的原因其实是公司第一大股东——佛山市国资办急需用钱,高分红是出于大股东转移资金的需要。

控制将对上市公司股利政策产生何种影响。在实证分析方面,为数不多的几篇文献对家族上市公司与非家族上市公司的股利政策差异进行了探讨,研究结果也是混合的。Hu et al.(2007)、Cesari(2009)分别对美国和意大利的上市公司进行研究发现,家族上市公司的股利支付水平显著低于非家族上市公司。但是,Schmid et al.(2010)、Setia-Atmaja et al.(2009)分别对德国和澳大利亚的上市公司的研究却得到了截然不同的结果,即家族上市公司相比非家族上市公司更愿意支付股利。针对我国的研究,胡志斌(2002)统计显示,我国家族上市公司的股利支付率远低于非家族上市公司。考虑到在我国现实背景下,股利税收以及融资约束可能具有明显的影响,家族控制更有可能会对上市公司的股利支付意愿和支付水平产生负向影响。所以,本章提出如下研究假设:

假设4-1:与非家族上市公司相比,家族上市公司的股利支付意愿和支付水平显著较低。

二、家族控制权特征与家族上市公司股利政策

在家族上市公司中,不同的家族终极控制权特征也可能会对公司股利政策产生不可忽视的影响,笔者试图将这些终极控制权特征概括为三个方面、九个维度,具体而言包括:家族终极控制权(所有权、控制权、两权分离程度)、家族影响力(家族管理、控制程度),以及家族终极控制权结构(控制权取得途径、控制方式、控制层级、控制链数量)。

(一)家族终极控制权与公司股利政策

本章从家族控制性股东的所有权、控制权以及两权分离程度等三个维度来反映家族终极控制权。理论上,所有权比例对于控制性股东而言意味着对上市公司所享有的共享收益比重(即现金流权),而控制权则反映了控制性股东对于公司的决策影响力(即投票权)。诸多文献证实,当控制性股东在上市公司拥有较高的所有权比例时,其追求控制权私利的动机较小,从而对公司价值或公司绩效具有显著的正向影响;而当控制性股东拥有较少的所有权比例但却获得了较大的公司控制权(即两权分离程度较高)时,控制性股东往往具有较强的"掏空"动机,将对公司价值或公司绩效带来显著的负向影响(Claessens et al.,2002;La Porta et al.,

2002；Mitton，2002；Joh，2003；Laeven and Levine，2008；吴育辉，2010，2013；吴育辉和吴世农，2011）。

考虑到所有权与控制权通常高度正相关，有理由推断，在家族上市公司中家族控股股东的所有权和控制权比例越高、两权分离程度越低，家族股东与外部股东的利益越趋于一致。由于需要承担较高比例的"掏空"成本，此时家族控股股东攫取控制权私利的动机也就越弱，家族上市公司将更愿意通过股利发放的形式与外部股东共享收益。反之，家族控股股东将具有较强的动机降低股利发放水平，并采用其他方式的"掏空"来获取控制权私利。Gugler and Yurtoglu（2003）对德国上市公司的实证研究显示，控制权与所有权的偏离程度越高的公司其股利支付水平越低。根据以上分析，本章提出如下研究假设：

假设 4-2：在家族上市公司中，家族股东的所有权比例与公司股利支付意愿和支付水平显著正相关。

假设 4-3：在家族上市公司中，家族股东的控制权比例与公司股利支付意愿和支付水平显著正相关。

假设 4-4：在家族上市公司中，家族股东的两权分离程度与公司股利支付意愿和支付水平显著负相关。

（二）家族影响力与公司股利政策

家族管理与控制程度可能是反映家族股东在家族企业中影响力的两个关键维度。传统的代理理论认为，现代企业的两权分离使得委托人与代理人之间存在严重的利益冲突，代理人为了追求自身利益的最大化往往会损害委托人的利益（Jensen and Meckling，1976）。股利作为股东实现合理投资回报的重要渠道，不仅可以充当一种信号机制向外界投资者传递关于公司未来发展前景的信息（Bhattacharya，1979；Miller and Rock，1985），还有助于降低股东与经理人之间的代理成本（Easterbrook，1984；Jensen，1986）。理论上，大股东的监督行为可以作为一种有效的机制来降低股东与管理层之间的代理成本（Shleifer and Vishny，1986），避免单个股东的"搭便车"问题（Grossman and Hart，1980）。

家族参与管理被认为是家族企业区别于非家族企业的关键特征（Sharma，2004），家族股东在一定程度上有助于避免管理层的机会主义行为。类似地，在家族股东高度控制的公司中，通过委派管理层或者更严密地监督职业经理人也可以降低第一类代理成本。进一步地,在家族参与管理或者家族股东具有高度影响力的家族上市公司中,家族股东大多在公司中拥有较大比例的所有权或投入了较高的情感资本,因而家族股东的利益将与外部中小股东的利益更为一致。在这种情况下,家族上市公司可能更愿意将公司利润以股利的形式发放,而不是通过其他的方式进行"掏空"。根据上述分析,本章提出以下研究假设:

假设4-5:在家族上市公司中,家族参与管理对公司股利支付意愿和支付水平有显著正向影响。

假设4-6:在家族上市公司中,家族高度控制对公司股利支付意愿和支付水平有显著正向影响。

(三)家族终极控制权结构与公司股利政策

基于现有文献,笔者试图从控制权取得途径、控制方式、控制层级、控制链数量等几个维度来考察家族控制权结构对家族上市公司股利政策的影响。在我国的特殊制度背景下,家族取得上市公司控制权的途径主要包括直接上市(IPO)和非直接上市("买壳"上市)两类(上海证券交易所研究中心,2005)。一般地,家族股东对于直接上市的家族企业具有较为深厚的感情,更愿意将其看作可以在家族内传承、延续的事业而努力经营(Anderson et al., 2003)。相反,"买壳"上市的家族企业则有可能沦为控股股东的利益侵占对象。因此,直接上市相对于"买壳"上市的家族企业通常具有更好的经营业绩(上海证券交易所研究中心,2005)。有理由推断,"买壳"上市的家族公司更有可能通过关联交易、资金占用等方式而非股利分配来"掏空"上市公司,我国资本市场上此类弊案层出不穷即为明证。[1] 在实证研究方面,胡志斌(2002)统计发现,在我国直接上市的家族公司相比于"买壳"上市的家族公司更乐于派现。

---

[1] 《第一财经日报》2006年1月18日以"2005年度上市公司二十大掏空排行榜"为题对大股东掏空案进行了新闻报道,笔者发现,2005年度上市公司前五大掏空大案中就有四个与家族控股股东有关。其中,包括轰动一时的宋如华控制的ST托普(000583)、邱忠宝家族控制的飞天系三家公司——福建三农(000732)、浙大海纳(000925)、ST龙昌(600772)、张良宾、张斌兄弟控制的朝华集团(000688),侯军、李蜜夫妇控制的ST嘉瑞(000156)均榜上有名。而这些家族控股股东也大多受到了法律制裁,宋如华、邱忠宝、张良宾兄弟锒铛入狱(宋如华曾远逃国外,2011年年底自行回国被逮捕,后被判处有期徒刑9年),最幸运的侯军也被中国证监会实施永久性市场禁入。

在控制方式中,金字塔控制结构是大股东控制上市公司最为普遍的一种形式(La Porta et al.,1999;Claessens et al.,2000;Faccio and Lang,2002),大股东通过金字塔式持股可以用较小的现金流量权获得较大的投票权,以此实现对公司的超额控制(Excess Control)。[①] 家族股东若通过金字塔方式对家族上市公司进行控制,通常将拥有上市公司较少的现金流量权,从而会具有更强的动机通过非利益共享的方式来获取控制权私利,而不是进行股利支付。同时,控制层级的增加也往往会带来现金流量权与投票权两权分离程度的加剧,并导致控制性家族股东"掏空"动机的增强;相反,控制链数量的增加提高了家族控股股东现金流量权,有助于削弱其掏空动机。基于以上分析,本章提出以下研究假设:

假设4-7:在家族上市公司中,直接上市的家族公司具有显著更高的股利支付意愿和支付水平。

假设4-8:在家族上市公司中,通过非金字塔结构控制的家族公司具有显著更高的股利支付意愿和支付水平。

假设4-9:在家族上市公司中,家族控制上市公司的层级与公司股利支付意愿和支付水平显著负相关。

假设4-10:在家族上市公司中,家族控制上市公司的控制链数量与公司股利支付意愿和支付水平显著正相关。

第二节 研 究 设 计

一、样本选择与数据来源

本章选取2004—2008年沪、深两地的A股上市公司作为研究样本。为力求数据的准确性和可靠性,我们执行了以下筛选程序:(1)剔除金融行业上市公司,因为这些公司存在行业特殊性;(2)剔除终极控制人性质不详的公司;(3)剔除上市时间不满一年的公司,因为这些公司可能存在

[①] 有趣的是,Almeida and Wolfenzon(2006)构建了一个理论模型认为,即便不存在对双层投票权股票的发行限制,家族股东也会严格偏好金字塔控制结构。

第四章　家族控制是否影响上市公司股利政策？

IPO 效应；(4) 剔除亏损当年仍发放股利的公司；(5) 为了控制极端值对回归结果的影响，我们对解释变量中的连续变量1%以下和99%以上的分位数进行了缩尾处理(Winsorize)。最后，本章获得了1 378家上市公司5年共6 321个有效研究样本。本章的公司财务数据和公司治理数据来源于 Wind 资讯金融终端系统、CSMAR 数据库，除了控制权取得途径(是否直接上市)数据来自 CSMAR 之外，终极控制人相关数据全部通过对上市公司年报手工整理得到。

二、变量定义

(一) 因变量

本章的因变量包括两类：一类是股利支付意愿虚拟变量，另一类是股利支付水平的连续变量，并进一步包括总股利与现金股利两种[①]。对于股利支付意愿，借鉴 Fama and French(2001)、DeAngelo et al.(2006)，我们分别采用虚拟变量 Dumdiv、Cdumdiv 来衡量上市公司的总股利支付意愿、现金股利支付意愿。其中，当上市公司发放股利(现金股利)时 Dumdiv(Cdumdiv)取1，否则取0。对于股利支付水平，借鉴 La Porta et al.(2000)、Li and Lie(2006)、Boudoukh et al.(2007)，我们采用 Payout、Dyield 以及 Cpayout、Cdyield 来衡量。具体来说，Payout(Cpayout)取值为每股股利(每股现金股利)与每股净利润之比；Dyield(Cdyield)取值为每股股利(每股现金股利)与公司年末股票收盘价之比。

(二) 解释变量

1. 家族控制变量

本章主要采用虚拟变量 Family 来代表家族控制，当上市公司为家族上市公司时 Family 取1，否则取0。借鉴苏启林和朱文(2003)、谷祺等(2006)、Ding et al.(2008)，本章对家族上市公司的界定标准为：上市公

---

① 应该说明的是，本书所指的总股利是现金股利与股票股利之和，并不包括转增。因为从理论上说，转增只是将上市公司的资本公积金转为股本，并不属于利润分配行为。股票股利是将公司未分配利润转为股本，本质上属于分红，但与转增类似，股票股利并不会导致公司的现金流出，因此只有现金分红才是实实在在回报投资者的最佳途径。值得关注的是，不少上市公司在年报分红时热衷于用"高送转"作为炒作噱头来吸引不明就里的投资者，但没有派发真金白银的"高送转"说白了只是上市公司赤裸裸的数字游戏而已。

司的最终控制者能归结到有血缘或姻缘关系的自然人或家族[①]，而且最终控制人直接或间接持有的公司必须是被投资上市公司的第一大股东。此外，为增强研究结果的稳健性，本章还尝试提高家族公司界定标准。现有研究对家族控制的临界持股比例尚无统一标准，借鉴 Miller et al. (2007)、Maury(2006)以及 La Porta et al. (1999)，笔者分别将家族控股股东持股比例在 5% 或 10% 以上的公司界定为家族上市公司，分别用 Family5、Family10 表示。

2. 家族控制权特征变量

借鉴 La Porta et al. (1999)、Claessens et al. (2000)、Faccio and Lang (2002)、Chernykh(2008)等人对于终极控制权的计算方法，以及 Anderson and Reeb(2003a)、Anderson and Reeb(2004)、Andres(2008a)等人对于家族参与管理的界定，本章考察了以下九个反映最终控制人控制机制的变量：

(1) 所有权比例(Cfr)。是指实际控制人(或家族)通过一致行动、金字塔式持股、交叉持股等方式拥有的上市公司所有权。其计算方法为，实际控制人(或家族)控制上市公司的各条控制链上投票权的乘积之和。

(2) 控制权比例(Cr)。是指实际控制人(或家族)通过直接或间接方式拥有的上市公司的投票权。其计算方法为，实际控制人(或家族)控制上市公司的各条控制链或若干控制链中最弱的一层或最弱的一层的总和。

(3) 两权分离程度(Sratio)。是指所有权比例与控制权比例之比，其值越大，表明所有权与控制权两权分离程度越小。

(4) 家族管理(Famboard/Fammng)。笔者采用两个变量 Famboard、

[①] 为了尽量避免遗漏上市公司中控制性股东之间可能存在的家族关系(血缘或姻缘关系)，我们在实际整理数据时特别关注了以下两种情况：(1) 上市公司年报披露了实际控制人框图并提供了说明信息。有些上市公司年报会对不同控制性股东之间是否存在关联予以说明，此时我们将存在家族关系的股东归类为家族股东。(2) 上市公司年报未披露实际控制人框图，抑或存在多个控制性股东但未说明其关系。此时我们试图通过查阅上市公司以前年度年报、从谷歌和百度等网络进行检索或是查找相关新闻报道来对这些股东身份进行确认，力图最大限度地准确反映家族股东在上市公司中的终极控制权分布。类似地，我们在整理家族股东是否参与管理的相关信息时，也是采取上述方法，不再赘述。

Fammng 来测度家族管理。当家族控制性股东有家族成员①在上市公司中担任董事长、副董事长或总经理时 Famboard 取 1，否则取 0；当家族控制性股东有家庭成员在上市公司中担任董事长、副董事长或总经理等公司领导人或者在公司担任监事会主席、监事、董事、副总经理等高管职位时 Fammng 取 1，否则取 0。需要说明的是，我们将正副董事长视为主要领导职位的原因是，在目前我国企业中正副董事长确实管理着企业的日常运作（上海证券交易所研究中心，2005）。

（5）控制程度（Cpower 99）。当家族股东的表决权比例在 50% 以上时，可以明确取得股东大会的绝对控制权；而当家族股东的表决权比例低于 50% 时，其能否取得绝对控制权不仅取决于其表决权比例，还取决于其余股东的股权集中度以及其余股东在投票时的积极性。为了客观反映家族股东对于股东大会的控制程度，当家族股东的表决权比例低于 50% 时，笔者采用 Cubbin and Leech（1983）的概率投票模型计算家族股东获得股东大会控制权所需的表决权比例，并与家族股东控制权比例比较。②当家族股东的控制权比例大于通过模型计算得到的临界控制权比例时，即认为家族股东对公司拥有强控制权。

（6）控制权取得途径（Dlist）。当公司发起上市便由单一自然人或家族所控制时，那么家族控制权的取得途径为直接上市，则 Dlist 取 1，否则

---

① 本书中涉及的"家族成员"的概念与"泛家族"概念较为接近，即考虑到有血缘或姻亲关系的亲戚也是家族股东的一致行动人，本书中的家族成员也包括这类亲戚。

② 根据 Cubbin and Leech（1983）的概率投票模型，达到控制所需的股权比例取决于预先设定的以下因素：第一大股东在股东大会赢得投票权的概率、股权集中度以及除第一大股东外其他股东参与投票的概率，用公式表示为 $P^* = Z_\alpha \cdot \sqrt{\dfrac{\pi \cdot H}{1 + Z_\alpha^2 \cdot \pi}}$，其中，$P^*$ 代表达到有效控制所需的股权比例，Z_α 表示正态分布假设下置信概率等于 99% 时的临界值（置信概率为预先设定的第一大股东赢得股东大会控制权的概率，如果上述概率设置为 99%，则相应的 Z_α 就是置信概率等于 99% 的临界值 2.5758），a 代表在股东大会赢得投票的概率，π 代表除第一大股东外的其他股东参加投票的概率，H 是以赫芬达尔系数表示的股权集中度。根据公式，第一大股东有效控制权比例随股权分散程度的提高（H 值降低）而下降；其他股东参与投票的概率越大（π 值越大），所需有效控制权比例越高；同时，为了以更高的概率赢得投票（a 值越大），所需的有效控制权比例也越大。笔者设定家族控制程度的代理变量为 Cpower 99，当家族股东可以在 99% 的概率以上赢得股东大会的投票，即 a = 99% 时，Cpower 99 取 1，否则取 0。其中，我们假定其他股东参与投票的概率为 1。设定以上两个参数值，是为了在极大程度上得到有效控制权比例的估计值。由于难以获得所有股东的持股比例数据，H 值以前十大股东的赫芬达尔指数 HHI10 近似代替。

取 0。

（7）控制方式（Npyramid）。本章将家族控股股东控制上市公司的方式分为三类：第一类是直接控制；第二类是金字塔控制（包括水平型、垂直型的单重或多重持股控制）；第三类是其他控制方式（如极少数交叉持股控制）。笔者旨在重点考察直接控制方式对公司股利政策的影响，因此当家族股东控制上市公司的类型为第一类时 Npyramid 取 1，否则取 0。

（8）控制层级（Clength）。是指实际控制人（或家族）控制上市公司的最长控制链的层级数量。

（9）控制链数量（Cchain）。是指实际控制人（或家族）持有上市公司股份的路径数量。

（三）控制变量

公司股利政策可能受到诸多因素的影响。已有的大量文献证实，规模大、盈利能力强、负债水平低、成长机会小、现金流充沛的上市公司具有更高的股利支付水平（Fama and French，2001；Denis and Osobov，2008；Jensen et al.，1992；Fenn and Liang，2001；John et al.，2008）。另一些文献则显示，董事会规模反映了监督成本与收益的权衡，而独立董事有助于限制管理层的影响力（Boone et al.，2007），尤其是在家族公司中较高的独立董事比例有助于保护外部投资者利益（Anderson and Reeb，2004）。总体而言，董事会构成也可能会影响公司治理效率进而影响公司股利政策（Schellenger et al.，1989）。

根据上述文献，本章中我们主要控制了公司特征变量和董事会特征变量，其中包括公司规模（Size，总资产的自然对数）、盈利能力（Roa，总资产报酬率）、负债水平（Lev，总负债与总资产之比）、公司成长机会（Growth，主营业务收入的同比增长率）、现金流创造能力（Ncfps，公司每股经营性净现金流量）、董事会规模（Bsize，董事会人数）、独立董事占比（Idpratio，独立董事占董事会人数的比例）等。本章变量定义详见表 4-1。

第四章 家族控制是否影响上市公司股利政策？

表4-1 变量定义一览表

变量类型	变量名称		变量符号	变量描述	文献支持
因变量	股利支付意愿（Y1）		Dumdiv	公司发放股利时取1，否则取0	Fama and French(2001)
			Cdumdiv	公司发放现金股利时取1，否则取0	DeAngelo et al.(2006)
	股利支付水平（Y2）		Payout	每股股利/每股收益	La porta et al.(2000)
			Dyield	每股股利/年末股价	Boudoukh et al.(2007)
			Cpayout	每股现金股利/每股收益	
			Cdyield	每股现金股利/年末股价	
解释变量	家族控制		Family Family5 Family10	当公司为家族公司时Family取1，否则取0； Family5（Family10）取1，否则取0 当家族公司中家族股东的所有权大于5%（10%）时	苏启林和朱文(2003) 谷祺等(2006) Ding et al.(2008) Miller et al.(2007) Maury(2006)
	终极控制权	所有权比例	Cfr	家族股东直接或间接持有公司的所有权比例	La Porta et al.(1999) Claessens et al.(2000) Faccio and Lang(2002) Chernykh(2008) Anderson and Reeb(2003a) Anderson and Reeb(2004) Andres(2008a)
		控制权比例	Cr	家族股东直接或间接持有公司的控制权比例	
		两权分离度	Sratio	Cfr/Cr	
	家族影响力	家族管理	Famboard Fammng	当家族成员担任公司领导时Famboard取1，否则取0； 当家族成员担任高管时Fammng取1，否则取0	
		控制程度	Cpower99	当家族股东获得股东大会控制权的概率超过99%时Cpower99取1，否则取0	
	家族控制权结构	控制权取得途径	Dlist	当公司直接上市时Dlist取1，否则取0	
		控制层级	Npyramid	家族股东直接控制上市公司时Npyramid取1，否则取0	
		控制链数量	Clength	家族股东持有上市公司股份的最长控制链的层级数量	
			Cchain	家族股东持有上市公司股份的控制链路径的数量	

（续表）

变量类型	变量名称	变量符号	变量描述	文献支持
控制变量	公司规模	Size	总资产的自然对数	Fama and French(2001)
	盈利能力	Roa	总资产收益率	Denis and Osobov(2008)
	负债水平	Lev	总负债与总资产之比	Jensen et al. (1992)
	成长性	Growth	主营业务收入的同比增长率	Fenn and Liang(2001)
	现金流创造能力	Ncfps	每股经营性净现金流量①	John et al. (2008)
	董事会规模	Board	董事会人数	Boone et al. (2007)
	独立董事比例	Idpratio	独立董事占董事会人数的比例	Anderson and Reeb(2004)
	时间效应	Year	5个研究年度取4个年份虚拟变量	Schellenger et al. (1989)
	行业效应	Ind	按中国证监会行业分类标准进行划分,其中制造业进一步划分了二级子行业,共设置20个行业虚拟变量	

① 稳健性检验中,笔者采用"经营性净现金流/总资产"来度量公司现金流状况,实证结果不受影响。下同。

三、研究模型

本章因变量包括两类：一类为股利支付意愿二元变量 $Y1$（Dumdiv、Cdumdiv），另一类为股利支付水平实变量 $Y2$（Payout、Dyield、Cpayout、Cdyield）。对于前者，采用 Logistic 模型进行估计；对于后者，由于股利支付没有小于 0 的情形，是一种"删失数据"（Censored Data），采用 Tobit 模型往往比 OLS 估计能够得到更佳的估计结果。为此，笔者分别构建了如下回归模型：

$$\text{Logit}(Y1) = \beta_0 + \beta_1 \text{Family} + \sum_{i=2}^{n} \beta_i \text{CV}_i + \varepsilon \qquad (4\text{-}1)$$

$$\text{Tobit}(Y2) = \beta_0 + \beta_1 \text{Family} + \sum_{i=2}^{n} \beta_i \text{CV}_i + \varepsilon \qquad (4\text{-}2)$$

$$\text{Logit}(Y1) = \beta_0 + \sum_{i=1}^{n} \beta_i \text{FamChr}_i + \sum_{j=n+1}^{m} \beta_j \text{CV}_j + \varepsilon \qquad (4\text{-}3)$$

$$\text{Tobit}(Y2) = \beta_0 + \sum_{i=1}^{n} \beta_i \text{FamChr}_i + \sum_{j=n+1}^{m} \beta_j \text{CV}_j + \varepsilon \qquad (4\text{-}4)$$

其中，模型 4-1、模型 4-2 对全样本进行回归以验证假设 4-1，考察家族控制对于上市公司股利政策的影响；模型 4-3、模型 4-4 是对家族上市公司子样本进行回归以验证假设 4-2—假设 4-10，考察家族控制权特征对公司股利政策的影响。在各回归模型中，Family 代表家族控制虚拟变量；FamChr 代表各类家族控制权特征变量，包括所有权、控制权、两权分离程度、家族管理、控制程度、控制权取得途径、控制方式、控制层级、控制链数量等；CV 代表各类控制变量，包括公司规模、盈利能力、财务杠杆、公司成长性、现金流、董事会规模、董事会独立性以及时间和行业效应等；ε 为残差项，下同。为避免多重共线性，在模型 4-3、假设 4-4 中将构建具体的回归方程进行实证估计。

第三节 实证结果与分析

一、描述性统计与分析

表 4-2 是全样本上市公司主要变量的描述性统计。从表 4-2 可以看到,总体样本中,上市公司股利支付意愿(现金股利支付意愿)约为 47.14%(46.46%),即有一半以上的公司不发放股利(现金股利)。与欧洲上市公司超过 60% 的公司支付股利相比(Eije and Megginson,2008),我国上市公司的股利支付意愿仍有一定差距。在股利支付水平方面,上市公司支付的股利(现金股利)约占公司净利润的 27.31%(22.44%),这一数字也远低于欧洲上市公司约 40%—50% 的净利润分红比例(Eije and Megginson,2008)。另外,反映市场回报的股息率(现金股息率)则仅有 0.94%(0.82%),大大低于一年期银行定期存款 2%—4% 的利率。总体而言,我国上市公司股利(现金股利)支付意愿、支付水平并不算理想。

表 4-2 总体样本描述性统计

	样本数	均值	中值	最小值	最大值	标准差	25% 分位	75% 分位
Dumdiv	6 321	0.47144	0.00000	0.00000	1.00000	0.49922	0.00000	1.00000
Cdumdiv	6 321	0.46464	0.00000	0.00000	1.00000	0.49879	0.00000	1.00000
Payout	6 320	0.27305	0.00000	0.00000	50.50909	0.86085	0.00000	0.41996
Cpayout	6 320	0.22439	0.00000	0.00000	14.28571	0.47468	0.00000	0.36229
Dyield	6 321	0.00941	0.00000	0.00000	0.20952	0.01545	0.00000	0.01444
Cdyield	6 321	0.00816	0.00000	0.00000	0.14523	0.01358	0.00000	0.01199
Family	6 321	0.26262	0.00000	0.00000	1.00000	0.44009	0.00000	1.00000
Family5	6 321	0.23999	0.00000	0.00000	1.00000	0.42711	0.00000	0.00000
Family10	6 321	0.20471	0.00000	0.00000	1.00000	0.40352	0.00000	0.00000
Size	6 320	21.36687	21.31354	18.67574	24.76032	1.10339	20.65293	22.02584
Roa	6 321	0.04678	0.04880	-0.35481	0.32077	0.09158	0.02359	0.08390
Lev	6 319	0.56996	0.53520	0.07706	3.01233	0.36582	0.39514	0.65999
Growth	6 312	0.20655	0.14222	-0.80905	3.28239	0.52840	-0.01105	0.32225
Ncfps	6 321	0.36451	0.27000	-1.72000	2.93000	0.65874	0.03620	0.61115
Board	6 231	9.38485	9.00000	1.00000	19.00000	2.02588	9.00000	11.00000
Idpratio	6 228	0.35235	0.33333	0.00000	0.66667	0.05004	0.33333	0.36364

表 4-3 报告了家族上市公司子样本中主要变量的统计结果。不难看到,家族公司的股利(现金股利)支付意愿和支付水平都远低于总体样本,显示家族公司相比非家族公司更不乐意发放股利(现金股利)。在家族控制权特征方面:(1) 在家族终极控制权方面,所有权比例平均只有 21.23% 的家族股东控制了大约 31.51% 的投票权,两权分离系数约为 65%。(2) 在家族影响力方面,家族股东担任公司关键领导或高管的比例较高,分别为 53.74% 和 64.64%;而家族具有绝对控制权的公司比例也超过了半数,达到了 53.45%。(3) 在家族控制权结构方面,我们看到直接上市公司比例为 49.37%,即有半数以上的公司是家族股东通过"买壳"方式取得控制权的;在我国仅有 6.45% 的公司是采用非金字塔结构进行控制的,这一比例大大高于 La Porta et al.(1999)、Claessens et al.(2000)、Faccio and Lang(2002)等对绝大多数国家的统计数据;我国家族股东控制上市公司的层级超过 2.5 层,而控制链则约为 1.4 条。总体而言,上述统计结果在很大程度上印证了上海证券交易所研究中心(2005)的研究结果。

表 4-3 家族上市公司子样本描述性统计

	样本数	均值	中值	最小值	最大值	标准差	25%分位	75%分位
Dumdiv	1 660	0.34398	0.00000	0.00000	1.00000	0.47518	0.00000	1.00000
Cdumdiv	1 660	0.33976	0.00000	0.00000	1.00000	0.47377	0.00000	1.00000
Payout	1 660	0.21536	0.00000	0.00000	50.50909	1.32586	0.00000	0.24735
Cpayout	1 660	0.13855	0.00000	0.00000	8.80282	0.36905	0.00000	0.16644
Dyield	1 660	0.00636	0.00000	0.00000	0.20952	0.01350	0.00000	0.00767
Cdyield	1 660	0.00482	0.00000	0.00000	0.08368	0.01007	0.00000	0.00562
Cfr	1 659	0.21227	0.19025	0.00506	0.79505	0.13781	0.10826	0.28040
Cr	1 660	0.31509	0.28720	0.06930	0.88000	0.13390	0.22400	0.40000
Sratio	1 659	0.65045	0.66420	0.03725	1.00000	0.27416	0.41450	0.90000
Famboard	1 660	0.53735	1.00000	0.00000	1.00000	0.49875	0.00000	1.00000
Fammng	1 660	0.64639	1.00000	0.00000	1.00000	0.47824	0.00000	1.00000
Cpower99	1 654	0.53446	1.00000	0.00000	1.00000	0.49896	0.00000	1.00000
Dlist	1 653	0.49365	0.00000	0.00000	1.00000	0.50011	0.00000	1.00000
Npyramid	1 660	0.06446	0.00000	0.00000	1.00000	0.24564	0.00000	0.00000

(续表)

	样本数	均值	中值	最小值	最大值	标准差	25%分位	75%分位
Clength	1 660	2.56145	2.00000	1.00000	9.00000	0.98779	2.00000	3.00000
Cchain	1 660	1.35964	1.00000	1.00000	10.00000	0.81587	1.00000	1.00000
Size	1 659	20.89125	20.90665	18.67574	24.28840	0.98952	20.29862	21.53705
Roa	1 660	0.04144	0.05064	-0.35481	0.32077	0.10967	0.01980	0.08880
Lev	1 658	0.64447	0.55941	0.07706	3.01233	0.49744	0.41943	0.68829
Growth	1 658	0.22286	0.11567	-0.80905	3.28239	0.67696	-0.07259	0.34807
Ncfps	1 660	0.24387	0.17440	-1.72000	2.93000	0.57453	-0.01320	0.48993
Board	1 634	8.74174	9.00000	2.00000	18.00000	1.87631	8.00000	9.00000
Idpratio	1 632	0.35934	0.33333	0.00000	0.66667	0.05358	0.33333	0.37500

二、分组检验[①]

为深入考察家族控制对于公司股利政策带来的影响,我们对全样本进行了分组均值检验(见表4-4)。表4-4显示,根据不同定义界定家族上市公司都可以得到相当稳健、一致的结论,即家族上市公司的股利(现金股利)支付意愿、支付水平都显著低于非家族上市公司。以按Family分组检验为例,我们看到非家族上市公司的股利(现金股利)支付意愿与支付水平约比家族上市公司高50%。因而,从分组检验来看,本章的假设4-1得到了初步支持。

表4-4 家族与非家族上市公司股利(现金股利)政策分组均值检验(全样本)

	Dumdiv	Cdumdiv	Payout	Cpayout	Dyield	Cdyield
Panel A. 按Family分组检验						
家族公司	0.34398 ($N=1660$)	0.33976 ($N=1660$)	0.21536 ($N=1660$)	0.13855 ($N=1660$)	0.00636 ($N=1660$)	0.00482 ($N=1660$)
非家族公司	0.51684 ($N=4661$)	0.50912 ($N=4661$)	0.29360 ($N=4661$)	0.25497 ($N=4661$)	0.01049 ($N=4661$)	0.00936 ($N=4661$)
家族—非家族 T值	-12.257***	-12.013***	-3.182***	-8.630***	-9.422***	-11.821***

[①] 应该说明的是,本书各章中报告的分组检验(交叉分组检验)结果都是均值差异T检验。为稳健起见,笔者也曾进行中位数检验,由于研究结果基本一致,限于篇幅并未一一报告。下同。

(续表)

	Dumdiv	Cdumdiv	Payout	Cpayout	Dyield	Cdyield
Panel B. 按 Family5 分组检验						
家族公司	0.34674 (N=1 517)	0.34212 (N=1 517)	0.22548 (N=1 517)	0.14362 (N=1 517)	0.00651 (N=1 517)	0.00491 (N=1 517)
非家族公司	0.51082 (N=4 804)	0.50333 (N=4 804)	0.28808 (N=4 804)	0.24990 (N=4 804)	0.01032 (N=4 804)	0.00919 (N=4 804)
家族—非家族 T 值	-11.271***	-11.079***	-2.470**	-7.637***	-8.434***	-10.793***
Panel C. 按 Family10 分组检验						
家族公司	0.34853 (N=1 294)	0.34467 (N=1 294)	0.23314 (N=1 294)	0.14675 (N=1 294)	0.00652 (N=1 294)	0.00494 (N=1 294)
非家族公司	0.50308 (N=5 027)	0.49552 (N=5 027)	0.28333 (N=5 027)	0.24438 (N=5 027)	0.01015 (N=5 027)	0.00899 (N=5 027)
家族—非家族 T 值	-10.009***	-9.775***	-1.871*	-6.620***	-7.568***	-9.634***

注：***、**、*分别表示显著性水平为1%、5%、10%（双尾）。

笔者还进一步考察了家族公司子样本，对不同家族控制权特征下公司股利(现金股利)支付意愿与支付水平进行了分组均值检验(见表4-5)。综观表4-5，我们可以得到以下结论：(1)家族终极控制权显著影响家族上市公司股利政策。家族股东所有权与控制权比例较高的公司具有较高的股利(现金股利)支付意愿与支付水平，这与假设4-2和假设4-3一致。但是，两权分离程度对股利政策没有显著影响，假设4-4似乎没有得到支持。(2)家族影响力对公司股利政策具有正向的影响，表现为在家族参与管理、家族控制程度较高的家族公司中，股利(现金股利)支付意愿与支付水平显著较高，假设4-5、假设4-6得到了初步证据。(3)家族控制权结构也是影响家族公司股利政策的关键因素。直接上市、非金字塔控制方式、控制层级较少以及控制链数量较多的公司与对照组相比，具有显著更高的股利(现金股利)支付意愿与支付水平，从而初步验证了假设4-7—假设4-10。

表 4-5　不同家族控制权特征下公司股利（现金股利）支付意愿、
支付水平分组检验（家族公司子样本）

	Dumdiv	Cdumdiv	Payout	Cpayout	Dyield	Cdyield
Cfr 高组	0.40193 (N=831)	0.39832 (N=831)	0.29869 (N=831)	0.18167 (N=831)	0.00760 (N=831)	0.00587 (N=831)
Cfr 低组	0.28589 (N=829)	0.28106 (N=829)	0.13182 (N=829)	0.09533 (N=829)	0.00512 (N=829)	0.00376 (N=829)
高组—低组 T 值	5.011***	5.079***	2.568**	4.798***	3.751***	4.304***
Cr 高组	0.40385 (N=832)	0.39904 (N=832)	0.28390 (N=832)	0.18381 (N=832)	0.00737 (N=832)	0.00592 (N=832)
Cr 低组	0.28382 (N=828)	0.28019 (N=828)	0.14649 (N=828)	0.09308 (N=828)	0.00535 (N=828)	0.00371 (N=828)
高组—低组 T 值	5.186***	5.149***	2.114**	5.045***	3.043***	4.508***
Sratio 高组	0.34537 (N=831)	0.34296 (N=831)	0.26216 (N=831)	0.14982 (N=831)	0.00639 (N=831)	0.00463 (N=831)
Sratio 低组	0.34258 (N=829)	0.33655 (N=829)	0.16844 (N=829)	0.12726 (N=829)	0.00633 (N=829)	0.00500 (N=829)
高组—低组 T 值	0.119	0.276	1.440	1.246	0.094	-0.760
Famboard 高组	0.42152 (N=892)	0.41816 (N=892)	0.22883 (N=892)	0.17277 (N=892)	0.00754 (N=892)	0.00605 (N=892)
Famboard 低组	0.25391 (N=768)	0.24870 (N=768)	0.19971 (N=768)	0.09881 (N=768)	0.00499 (N=768)	0.00338 (N=768)
高组—低组 T 值	7.277***	7.383***	0.446	4.091***	3.857***	5.432***
Fammng 高组	0.41007 (N=1073)	0.40634 (N=1073)	0.21766 (N=1073)	0.16396 (N=1073)	0.00731 (N=1073)	0.00580 (N=1073)
Fammng 低组	0.22317 (N=587)	0.21806 (N=587)	0.21116 (N=587)	0.09212 (N=587)	0.00462 (N=587)	0.00301 (N=587)
高组—低组 T 值	7.798***	7.882***	0.095	3.807***	3.896***	5.439***
Cpower99 高组	0.38462 (N=884)	0.37783 (N=884)	0.28476 (N=884)	0.16750 (N=884)	0.00728 (N=884)	0.00530 (N=884)
Cpower99 低组	0.29870 (N=770)	0.29740 (N=770)	0.13712 (N=770)	0.10615 (N=770)	0.00535 (N=770)	0.00429 (N=770)
高组—低组 T 值	3.680***	3.454***	2.258**	3.377***	2.899***	2.038**
Dlist 高组	0.45833 (N=816)	0.45343 (N=816)	0.24429 (N=816)	0.19288 (N=816)	0.00836 (N=816)	0.00667 (N=816)
Dlist 低组	0.23536 (N=837)	0.23178 (N=837)	0.18896 (N=837)	0.08675 (N=837)	0.00447 (N=837)	0.00305 (N=837)
高组—低组 T 值	9.799***	9.768***	0.846	5.894***	5.903***	7.423***

（续表）

	Dumdiv	Cdumdiv	Payout	Cpayout	Dyield	Cdyield
Npyramid 高组	0.57944 (N=107)	0.57944 (N=107)	0.29975 (N=107)	0.25462 (N=107)	0.01059 (N=107)	0.00902 (N=107)
Npyramid 低组	0.32775 (N=1553)	0.32325 (N=1553)	0.20954 (N=1553)	0.13056 (N=1553)	0.00607 (N=1553)	0.00453 (N=1553)
高组—低组 T 值	5.343***	5.457***	0.681	3.374***	3.362***	4.491***
Clength 高组	0.30269 (N=707)	0.29844 (N=707)	0.23431 (N=707)	0.11773 (N=707)	0.00572 (N=707)	0.00432 (N=707)
Clength 低组	0.37461 (N=953)	0.37041 (N=953)	0.20130 (N=953)	0.15400 (N=953)	0.00684 (N=953)	0.00519 (N=953)
高组—低组 T 值	-3.057***	-3.068***	0.501	-1.982**	-1.678*	-1.742*
Cchain 高组	0.32905 (N=1556)	0.32455 (N=1556)	0.21093 (N=1556)	0.13101 (N=1556)	0.00613 (N=1556)	0.00455 (N=1556)
Cchain 低组	0.56731 (N=104)	0.56731 (N=104)	0.28161 (N=104)	0.25142 (N=104)	0.00978 (N=104)	0.00881 (N=104)
高组—低组 T 值	-4.986***	-5.097***	-0.526	-3.231***	-2.675***	-4.203***

注：***、**、* 分别表示显著性水平为 1%、5%、10%（双尾）。

三、相关分析

表 4-6、表 4-7 分别报告了全样本与家族上市公司子样本各变量的 Pearson 相关分析矩阵。表 4-6 显示，家族控制的三个代理变量与公司股利（现金股利）政策显著负相关，这与假设 4-1 相一致。表 4-7 则显示，在家族上市公司中，所有权与控制权比例较高、家族参与管理和家族控制程度较高、直接上市、非金字塔控制方式的家族上市公司具有显著更高的股利（现金股利）支付意愿与支付水平，而控制层级较多以及控制链数量较少的家族控制对公司股利政策有负向影响。此外，与分组检验类似，两权分离系数与公司股利政策没有显著相关关系。上述单变量分析结果进一步支持了除假设 4-4 以外的假设 4-2—假设 4-10。以下报告多元回归结果。

四、多元回归分析

（一）家族控制与公司股利政策

表 4-8、表 4-9 分别报告了对全样本进行 Logistic 回归和 Tobit 回归的结果，与理论预期相一致。表 4-8、表 4-9 显示，无论是以 Family、Family5

表 4-6 主要变量的 Pearson 相关分析（全样本）

	Family	Family5	Family10	Size	Roa	Lev	Growth	Ncfps	Board	Idpratio
Dumdiv	-0.152***	-0.140***	-0.125***	0.395***	0.399***	-0.237***	0.113***	0.247***	0.152***	-0.037***
Cdumdiv	-0.149***	-0.138***	-0.122***	0.390***	0.396***	-0.236***	0.115***	0.247***	0.154***	-0.037***
Payout	-0.040***	-0.031**	-0.024*	0.080***	0.089***	-0.088***	0.015	0.055***	0.037***	-0.013
Cpayout	-0.108***	-0.096***	-0.083***	0.148***	0.135***	-0.145***	0.024*	0.091***	0.090***	-0.031**
Dyield	-0.118***	-0.106***	-0.095***	0.318***	0.312***	-0.167***	0.081***	0.235***	0.132***	-0.034***
Cdyield	-0.147***	-0.135***	-0.120***	0.333***	0.308***	-0.176***	0.074***	0.246***	0.144***	-0.047***
Family	1									
Family5	0.942***	1								
Family10	0.850***	0.903***	1							
Size	-0.257***	-0.240***	-0.221***	1						
Roa	-0.035***	-0.025**	-0.011	0.236***	1					
Lev	0.121***	0.100***	0.080***	-0.172***	-0.288***	1				
Growth	0.018	0.031**	0.040***	0.098***	0.254***	-0.059***	1			
Ncfps	-0.109***	-0.110***	-0.093***	0.294***	0.288***	-0.074***	0.123***	1		
Board	-0.189***	-0.190***	-0.180***	0.290***	0.076***	-0.078***	0.028**	0.128***	1	
Idpratio	0.083***	0.081***	0.065***	-0.006	0.007	0.039***	-0.006	-0.040***	-0.244***	1

注：***、**、*分别表示显著性水平为1%、5%、10%（双尾）。

表 4-7 主要变量的 Pearson 相关分析（家族上市公司子样本）

	Cfr	Cr	Sratio	Famboard	Fammng	Cpower99	Dlist	Npyramid	Clength	Cchain
Dumdiv	0.104***	0.149***	0.022	0.176***	0.188***	0.090***	0.234***	0.130***	-0.055**	0.111***
Cdumdiv	0.107***	0.149***	0.026	0.178***	0.190***	0.085***	0.234***	0.133***	-0.058**	0.111***
Payout	0.051**	0.059**	0.024	0.011	0.002	0.055**	0.021	0.017	-0.004	0.025
Cpayout	0.100***	0.122***	0.041*	0.100***	0.093***	0.083***	0.144***	0.083***	-0.045*	0.103***
Dyield	0.081***	0.115***	0.021	0.094***	0.095***	0.071***	0.144***	0.082***	-0.018	0.101***
Cdyield	0.091***	0.146***	0.004	0.132***	0.132***	0.050**	0.180***	0.110***	-0.016	0.131***
Cfr	1									
Cr	0.788***	1								
Sratio	0.708***	0.200***	1							
Famboard	0.248***	0.169***	0.229***	1						
Fammng	0.224***	0.175***	0.183***	0.797***	1					
Cpower99	0.415***	0.480***	0.160***	0.182***	0.180***	1				
Dlist	0.083***	0.091***	0.022	0.174***	0.198***	0.104***	1			
Npyramid	0.105***	-0.081***	0.311***	0.160***	0.138***	0.009	0.257***	1		
Clength	-0.156***	0.142***	-0.423***	-0.255***	-0.217***	0.052**	-0.142***	-0.388***	1	
Cchain	0.120***	0.232***	-0.056**	0.063**	0.059**	0.166***	0.054**	-0.116***	0.450***	1

注：***、**、* 分别表示显著性水平为 1%、5%、10%（双尾）。

表 4-8 家族控制与公司股利政策（全样本）

	Logistic 回归(Dumdiv)			Tobit 回归(Payout)			Tobit 回归(Dyield)		
	模型 1	模型 2	模型 3	模型 4	模型 5	模型 6	模型 7	模型 8	模型 9
Family	-0.322*** (-4.05)			-0.083*** (-4.25)			-0.002** (-2.46)		
Family5		-0.295*** (-3.63)			-0.070*** (-3.49)			-0.002* (-1.82)	
Family10			-0.300*** (-3.49)			-0.072*** (-3.37)			-0.002* (-1.92)
Size	0.967*** (22.49)	0.972*** (22.64)	0.972*** (22.67)	0.158*** (19.77)	0.160*** (20.05)	0.160*** (20.05)	0.008*** (21.26)	0.009*** (21.45)	0.009*** (21.46)
Lev	-3.520*** (-17.62)	-3.536*** (-17.72)	-3.531*** (-17.71)	-0.748*** (-17.35)	-0.754*** (-17.52)	-0.754*** (-17.54)	-0.030*** (-16.06)	-0.030*** (-16.19)	-0.030*** (-16.20)
Roa	19.283*** (18.13)	19.186*** (18.16)	19.188*** (18.17)	2.698*** (21.03)	2.685*** (20.99)	2.687*** (21.02)	0.163*** (24.17)	0.162*** (24.17)	0.162*** (24.19)
Growth	-0.029 (-0.40)	-0.027 (-0.37)	-0.026 (-0.36)	0.003 (0.22)	0.004 (0.23)	0.004 (0.24)	-0.001 (-0.76)	-0.001 (-0.77)	-0.000 (-0.76)
Ncfps	0.166*** (2.94)	0.165*** (2.92)	0.165*** (2.93)	0.015 (1.31)	0.014 (1.29)	0.015 (1.30)	0.002*** (3.12)	0.002*** (3.12)	0.002*** (3.12)
Bdsize	0.044** (2.46)	0.044** (2.48)	0.045** (2.53)	0.010*** (2.59)	0.010*** (2.62)	0.010*** (2.65)	0.000** (2.57)	0.000*** (2.61)	0.000*** (2.60)
Idpratio	-1.615** (-2.36)	-1.630** (-2.39)	-1.658** (-2.43)	-0.236 (-1.44)	-0.243 (-1.48)	-0.250 (-1.52)	-0.007 (-0.96)	-0.007 (-0.98)	-0.007 (-1.01)
Year/Ind	控制	控制	控制	控制	控制	控制	控制	控制	控制

第四章 家族控制是否影响上市公司股利政策？ 133

（续表）

	Logistic 回归 (Dumdiv)			Tobit 回归 (Payout)			Tobit 回归 (Dyield)		
	模型 1	模型 2	模型 3	模型 4	模型 5	模型 6	模型 7	模型 8	模型 9
Constant	-19.350*** (-21.32)	-19.448*** (-21.45)	-19.479*** (-21.51)	-3.030*** (-17.15)	-3.069*** (-17.39)	-3.077*** (-17.47)	-0.172*** (-19.85)	-0.173*** (-20.02)	-0.173*** (-20.10)
Pseudo R^2	0.331	0.330	0.330	0.201	0.201	0.201	-0.334	-0.334	-0.334
F/Chi2	1113.79	1118.10	1117.61	57.16	57.13	57.04	46.58	46.57	46.41
N	6219	6219	6219	6219	6219	6219	6219	6219	6219

注：***、**、*分别表示显著性水平为1%、5%、10%（双尾）；T检验值经 White (1980) 异方差调整。

表4-9 家族控制与公司现金股利政策（全样本）

	Logistic 回归 (Cdumdiv)			Tobit 回归 (Cpayout)			Tobit 回归 (Cdyield)		
	模型 1	模型 2	模型 3	模型 4	模型 5	模型 6	模型 7	模型 8	模型 9
Family	-0.302*** (-3.82)			-0.093*** (-5.36)			-0.003*** (-4.15)		
Family5		-0.283*** (-3.50)			-0.083*** (-4.61)			-0.002*** (-3.50)	
Family10			-0.282*** (-3.29)			-0.077*** (-4.05)			-0.003*** (-3.33)
Size	0.942*** (22.21)	0.946*** (22.34)	0.947*** (22.39)	0.146*** (20.21)	0.148*** (20.52)	0.149*** (20.60)	0.008*** (23.16)	0.008*** (23.37)	0.008*** (23.42)
Lev	-3.508*** (-17.68)	-3.523*** (-17.78)	-3.519*** (-17.77)	-0.728*** (-18.04)	-0.734*** (-18.24)	-0.736*** (-18.25)	-0.029*** (-18.02)	-0.029*** (-18.16)	-0.029*** (-18.15)

(续表)

	Logistic 回归(Cdumdiv)			Tobit 回归(Cpayout)			Tobit 回归(Cdyield)		
	模型 1	模型 2	模型 3	模型 4	模型 5	模型 6	模型 7	模型 8	模型 9
Roa	18.808*** (18.23)	18.725*** (18.26)	18.721*** (18.26)	2.264*** (19.98)	2.251*** (19.94)	2.250*** (19.94)	0.139*** (23.61)	0.139*** (23.64)	0.139*** (23.63)
Growth	0.001 (0.01)	0.003 (0.04)	0.003 (0.05)	0.001 (0.07)	0.001 (0.09)	0.001 (0.08)	-0.001 (-0.90)	-0.001 (-0.89)	-0.001 (-0.88)
Ncfps	0.173*** (3.06)	0.171*** (3.04)	0.172*** (3.05)	0.018* (1.78)	0.018* (1.75)	0.018* (1.77)	0.002*** (3.65)	0.002*** (3.63)	0.002*** (3.64)
Bdsize	0.051*** (2.86)	0.051*** (2.87)	0.052*** (2.92)	0.011*** (3.10)	0.011*** (3.13)	0.012*** (3.20)	0.000*** (2.88)	0.000*** (2.91)	0.000*** (2.94)
Idpratio	-1.537** (-2.27)	-1.551** (-2.29)	-1.579** (-2.33)	-0.209 (-1.44)	-0.216 (-1.48)	-0.225 (-1.55)	-0.009 (-1.55)	-0.009 (-1.58)	-0.009 (-1.63)
Year/Ind	控制	控制	控制	控制	控制	控制	控制	控制	控制
Constant	-18.903*** (-21.07)	-18.988*** (-21.19)	-19.027*** (-21.26)	-2.794*** (-17.53)	-2.831*** (-17.81)	-2.853*** (-17.97)	-0.154*** (-21.98)	-0.156*** (-22.20)	-0.156*** (-22.33)
Pseudo R^2	0.325	0.325	0.325	0.219	0.218	0.218	-0.337	-0.336	-0.336
F/Chi2	1120.54	1124.26	1123.52	58.63	58.56	58.41	52.11	52.11	52.09
N	6219	6219	6219	6219	6219	6219	6219	6219	6219

注：***、**、*分别表示显著性水平为 1%、5%、10%(双尾)；T 检验值经 White(1980)异方差调整。

还是 Family10 作为家族控制的代理变量,家族控制都在 10% 水平上对上市公司股利支付意愿和支付水平具有显著的负向影响,而对于现金股利支付意愿和支付水平的负向影响都在 1% 水平上显著,这一结果显然有力地支持了本章的假设 4-1。

一些实证文献显示,在我国控制性大股东具有高派现以实现变相套现的动机(原红旗,2001;陈信元等,2003;马曙光等,2005;黄娟娟和沈艺峰,2007;Chen et al., 2009)。然而,本章的研究显示,家族控制作为大股东控制的一种形式并没有强烈的派现愿望,控股股东与公司股利分配行为的关系并不能一概而论。进一步地,家族股东与其他控股股东对公司股利政策的偏好差异,也有可能在一定程度上表明,股权性质不同的大股东可能偏好不同类型的利益侵占方式,但这需要我们对家族上市公司股利政策的动因作进一步的深入分析。

(二)家族控制权特征与公司股利政策

表 4-10、表 4-11 进一步报告了在家族上市公司子样本中,家族控制权特征对于公司股利政策具有何种影响。综观表 4-10 和表 4-11,我们发现,除了家族所有权、控制权以及两权分离比例对于公司股利政策影响不是非常显著之外,本章研究假设中的各类家族控制权特征与公司股利政策的关系都基本得到了验证。

具体而言:(1)家族终极控制权特征对股利政策具有微弱的影响。家族所有权、控制权比例对公司总股利支付没有显著影响,而对现金股利有一定的显著正向影响;令人稍感意外的是,两权分离比例对于总股利支付以及现金股利政策都不存在显著影响。因此,上述结果微弱地支持了假设 4-2 和假设 4-3,而没有支持假设 4-4。(2)家族影响力对公司股利政策具有显著正向影响。家族参与管理、家族高度控制的家族上市公司具有显著较高的股利(现金股利)支付意愿和支付水平,证实了假设 4-5 和假设 4-6。(3)家族控制权结构显著影响家族公司股利政策。直接上市、非金字塔控制方式、控制层级较少以及控制链数量较多的公司具有显著更高的股利(现金股利)支付意愿与支付水平,从而为假设 4-7—假设 4-10 提供了实证证据。

综观本章的实证结果,家族控制以及家族终极控制权特征都会显著影响上市公司股利政策。其中,家族控制对股利支付有明显的负向影响;

表 4-10 家族控制权特征与公司股利政策(家族上市公司子样本)

	Logistic 回归(Dumdiv)			Tobit 回归(Payout)			Tobit 回归(Dyield)		
	模型 1	模型 2	模型 3	模型 4	模型 5	模型 6	模型 7	模型 8	模型 9
Cfr	-0.362 (-0.67)			0.168 (1.25)			0.001 (0.23)		
Cr		0.160 (0.28)			0.249* (1.83)			0.007 (1.18)	
Sratio		-0.079 (-0.29)			0.020 (0.28)			-0.000 (-0.15)	
Famboard	0.503*** (3.31)				0.094** (2.46)			0.003 (1.64)	
Fammng	0.583*** (3.60)			0.101** (2.33)			0.003 (1.60)		
Cpower 99			0.313** (2.21)			0.113*** (3.14)			0.005*** (2.82)
Dlist		0.683*** (4.62)			0.158*** (4.25)			0.007*** (3.71)	
Npyramid	0.833*** (2.71)			0.200*** (2.92)			0.009*** (3.09)		
Clength			-0.300*** (-3.87)			-0.075*** (-3.73)			-0.002*** (-2.65)
Cchain			0.214** (2.24)			0.065*** (2.92)			0.002** (2.20)

第四章 家族控制是否影响上市公司股利政策？

（续表）

	Logistic 回归 (Dumdiv)			Tobit 回归 (Payout)			Tobit 回归 (Dyield)		
	模型 1	模型 2	模型 3	模型 4	模型 5	模型 6	模型 7	模型 8	模型 9
Size	1.079***	1.017***	1.112***	0.222***	0.204***	0.227***	0.011***	0.010***	0.011***
	(11.69)	(10.98)	(11.76)	(10.94)	(10.03)	(10.94)	(8.71)	(8.41)	(8.91)
Lev	-3.855***	-3.554***	-3.775***	-0.987***	-0.916***	-0.981***	-0.042***	-0.039***	-0.042***
	(-9.77)	(-9.39)	(-9.77)	(-10.08)	(-9.76)	(-10.22)	(-7.67)	(-7.74)	(-7.61)
Roa	16.151***	16.019***	16.045***	2.848***	2.766***	2.855***	0.155***	0.152***	0.154***
	(10.45)	(10.33)	(10.25)	(10.29)	(10.17)	(10.37)	(10.82)	(10.72)	(10.76)
Growth	-0.152	-0.105	-0.120	-0.026	-0.015	-0.017	-0.002	-0.001	-0.001
	(-1.39)	(-0.90)	(-1.08)	(-0.94)	(-0.54)	(-0.59)	(-1.31)	(-0.89)	(-1.03)
Ncfps	0.411***	0.388***	0.411***	0.078***	0.070**	0.066**	0.003**	0.003*	0.003*
	(3.05)	(2.85)	(3.12)	(2.58)	(2.37)	(2.21)	(2.14)	(1.96)	(1.88)
Bdsize	0.097**	0.099***	0.103***	0.021**	0.021**	0.021**	0.001**	0.001***	0.001***
	(2.47)	(2.60)	(2.67)	(2.08)	(2.12)	(2.11)	(2.48)	(2.59)	(2.63)
Idpratio	-2.807**	-3.012**	-3.044**	-0.816**	-0.825**	-0.803**	-0.032**	-0.032**	-0.031**
	(-2.07)	(-2.20)	(-2.23)	(-2.27)	(-2.29)	(-2.23)	(-2.10)	(-2.08)	(-2.06)
Year/Ind	控制	控制	控制	控制	控制	控制	控制	控制	控制
Pseudo R^2	0.362	0.370	0.359	0.259	0.265	0.261	-0.533	-0.539	-0.535
F/Chi2	329.92	347.09	339.69	—	—	—	—	—	—
N	1610	1604	1605	1627	1621	1622	1627	1621	1622

注：***、**、*分别表示显著性水平为 1%、5%、10%（双尾）；T 检验值经 White（1980）异方差调整；限于篇幅未报告常数项。

表 4-11 家族控制权特征与公司现金股利政策（家族上市公司子样本）

	Logistic 回归 (Cdumdiv)			Tobit 回归 (Cpayout)				Tobit 回归 (Cdyield)	
	模型 1	模型 2	模型 3	模型 4	模型 5	模型 6	模型 7	模型 8	模型 9
Cfr	-0.291 (-0.55)						0.003 (0.71)		
Cr		0.201 (0.36)		0.204* (1.80)	0.289** (2.53)			0.008* (1.87)	
Sratio		-0.065 (-0.23)			0.014 (0.24)			-0.001 (-0.44)	
Famboard	0.588*** (3.62)	0.513*** (3.36)		0.089** (2.48)	0.086*** (2.70)		0.003** (2.48)	0.003** (2.56)	
Fammng			0.269* (1.90)			0.083*** (2.74)			0.003** (2.38)
Cpower99		0.678*** (4.58)			0.149*** (4.83)			0.005*** (4.52)	
Dlist	0.841*** (2.72)			0.188*** (3.34)			0.008*** (3.67)		
Npyramid			-0.304*** (-3.92)			-0.069*** (-3.97)			-0.002*** (-2.68)
Clength			0.214** (2.27)			0.061*** (3.20)			0.002*** (2.82)
Cchain									

(续表)

	Logistic 回归 (Cdumdiv)			Tobit 回归 (Cpayout)			Tobit 回归 (Cdyield)		
	模型 1	模型 2	模型 3	模型 4	模型 5	模型 6	模型 7	模型 8	模型 9
Size	1.069*** (11.63)	1.007*** (10.92)	1.104*** (11.75)	0.183*** (10.92)	0.164*** (9.73)	0.189*** (10.89)	0.009*** (11.47)	0.008*** (10.56)	0.009*** (11.79)
Lev	−3.871*** (−9.77)	−3.570*** (−9.37)	−3.794*** (−9.77)	−0.857*** (−9.78)	−0.788*** (−9.52)	−0.855*** (−10.02)	−0.033*** (−9.26)	−0.031*** (−8.93)	−0.033*** (−9.37)
Roa	15.785*** (10.36)	15.648*** (10.26)	15.685*** (10.14)	2.032*** (9.43)	1.961*** (9.35)	2.057*** (9.57)	0.108*** (11.14)	0.105*** (11.04)	0.108*** (11.07)
Growth	−0.150 (−1.37)	−0.103 (−0.88)	−0.115 (−1.03)	−0.027 (−1.11)	−0.017 (−0.68)	−0.017 (−0.72)	−0.001 (−1.45)	−0.001 (−1.00)	−0.001 (−1.11)
Ncfps	0.430*** (3.18)	0.406*** (2.98)	0.430*** (3.25)	0.074*** (3.05)	0.066*** (2.78)	0.062*** (2.61)	0.003*** (3.54)	0.003*** (3.26)	0.003*** (3.18)
Bdsize	0.101** (2.55)	0.103*** (2.68)	0.105*** (2.70)	0.018** (2.09)	0.018** (2.15)	0.018** (1.99)	0.001*** (3.24)	0.001*** (3.37)	0.001*** (3.36)
Idpratio	−2.842** (−2.09)	−3.029** (−2.21)	−3.047** (−2.23)	−0.823*** (−2.82)	−0.818*** (−2.79)	−0.797*** (−2.72)	−0.029*** (−2.68)	−0.029*** (−2.60)	−0.028** (−2.56)
Year/Ind	控制	控制	控制	控制	控制	控制	控制	控制	控制
Pseudo R^2	0.360	0.368	0.356	0.289	0.298	0.288	−0.494	−0.500	−0.490
F/Chi2	328.89	346.81	340.80	—	—	—	—	—	—
N	1610	1604	1605	1627	1621	1622	1627	1621	1622

注:***、**、*分别表示显著性水平为1%、5%、10%(双尾);T检验值经White(1980)异方差调整;限于篇幅未报告常数项。

而在家族终极控制权特征中,家族影响力(家族管理、控制程度)、家族控制权结构(控制权取得途径、控制方式、控制层级、控制链数量)显著影响家族上市公司股利政策,而家族终极控制权(所有权、控制权、两权分离程度)的影响较弱。可以说,上述实证结果进一步丰富了 La Porta(1999)、Claessens et al.(2000)、Faccio and Lang(2002)等人对于上市公司终极控制权的研究。

五、稳健性检验

为了确保研究结论的可靠性,笔者主要进行了如下稳健性检验:

(一) 剔除中小板上市公司

考虑到 A 股中小板上市公司与 A 股主板上市公司在公司特征方面可能存在系统性差异,为确保研究结果稳健,笔者尝试删除样本中的中小板 A 股上市公司并重复前文的各项回归,实证结果基本一致(见表4-12、表4-13)。

表4-12 剔除中小板公司:家族控制与股利政策的估计结果

	Panel A. 家族控制与公司股利政策(全样本)		
	Family	Family5	Family10
Logistic 回归(Dumdiv)	-0.393*** (-4.75)	-0.361*** (-4.26)	-0.377*** (-4.18)
Tobit 回归(Payout)	-0.095*** (-4.70)	-0.081*** (-3.84)	-0.086*** (-3.85)
Tobit 回归(Dyield)	-0.002*** (-2.78)	-0.002** (-2.07)	-0.002** (-2.24)
	Panel B. 家族控制与公司现金股利政策(全样本)		
	Family	Family5	Family10
Logistic 回归(Cdumdiv)	-0.373*** (-4.52)	-0.350*** (-4.13)	-0.359*** (-4.00)
Tobit 回归(Cpayout)	-0.108*** (-5.98)	-0.096*** (-5.10)	-0.093*** (-4.64)
Tobit 回归(Cdyield)	-0.003*** (-4.68)	-0.003*** (-3.92)	-0.003*** (-3.82)

注:***、**、*分别表示显著性水平为1%、5%、10%(双尾);T 检验值经 White(1980)异方差调整;限于篇幅,未报告相关控制变量。

表 4-13 剔除中小板公司：家族控制权特征与股利政策的估计结果

Panel A. 家族控制权特征与公司股利政策（家族上市公司子样本）

	Cfr	Cr	Sratio	Famdual	Fammng	Cpower 99	Dlist	Npyramid	Clength	Cchain
Logistic 回归 (Dumdiv)	-0.485 (-0.84)	0.024 (0.04)	0.027 (0.09)	0.545*** (3.37)	0.602*** (3.51)	0.285* (1.90)	0.609*** (3.85)	1.473*** (3.71)	-0.297*** (-3.67)	0.146 (1.53)
Tobit 回归 (Payout)	0.139 (0.98)	0.260* (1.76)	0.033 (0.44)	0.098** (2.44)	0.103** (2.28)	0.112*** (2.90)	0.145*** (3.73)	0.316*** (3.89)	-0.075*** (-3.61)	0.053** (2.31)
Tobit 回归 (Dyield)	0.000 (0.04)	0.008 (1.28)	-0.000 (-0.01)	0.003* (1.66)	0.003 (1.54)	0.005*** (2.73)	0.006*** (3.27)	0.014*** (3.98)	-0.003** (-2.53)	0.002* (1.80)

Panel B. 家族控制权特征与公司现金股利政策（家族上市公司子样本）

	Cfr	Cr	Sratio	Famdual	Fammng	Cpower 99	Dlist	Npyramid	Clength	Cchain
Logistic 回归 (Cdumdiv)	-0.396 (-0.69)	0.078 (0.13)	0.043 (0.14)	0.555*** (3.43)	0.605*** (3.53)	0.236 (1.57)	0.601*** (3.80)	1.489*** (3.72)	-0.298*** (-3.70)	0.145 (1.54)
Tobit 回归 (Cpayout)	0.186 (1.56)	0.300** (2.42)	0.034 (0.57)	0.085*** (2.59)	0.090** (2.46)	0.083*** (2.61)	0.138*** (4.24)	0.316*** (4.63)	-0.070*** (-3.89)	0.050** (2.56)
Tobit 回归 (Cdyield)	0.002 (0.54)	0.008 (1.28)	-0.000 (-0.01)	0.003* (1.66)	0.003** (2.42)	0.003** (2.44)	0.006*** (3.27)	0.013*** (4.91)	-0.002** (-2.54)	0.002** (2.40)

注：***、**、* 分别表示显著性水平为 1%、5%、10%（双尾）；T 检验值经 White（1980）异方差调整；限于篇幅，未报告相关控制变量。

(二) 更换股利(现金股利)支付水平代理变量

借鉴 Grinstein and Michaely(2005)、La Porta et al.(2000)等,本章也采用总股利支付/总资产(Divast)、总股利支付/销售收入(Divsale)与每股股利(Dps),以及总现金股利/总资产(Cdivast)、总现金股利/销售收入(Cdivsale)与每股现金股利(Cdps)作为上市公司股利(现金股利)支付水平的代理变量,主要实证结果保持不变(见表4-14、表4-15)。

表4-14 替换股利支付水平代理变量:家族控制与股利政策的估计结果

	Panel A.家族控制与公司股利政策(全样本)		
	Family	Family5	Family10
Tobit 回归(Divast)	-0.007*** (-2.92)	-0.006** (-2.37)	-0.007*** (-2.61)
Tobit 回归(Divsale)	-0.003*** (-3.21)	-0.003*** (-2.60)	-0.003** (-2.49)
Tobit 回归(Dps)	-0.020** (-2.52)	-0.018** (-2.19)	-0.018** (-2.06)
	Panel B.家族控制与公司现金股利政策(全样本)		
	Family	Family5	Family10
Tobit 回归(Cdivast)	-0.009*** (-4.35)	-0.008*** (-3.79)	-0.008*** (-3.54)
Tobit 回归(Cdivsale)	-0.004*** (-5.44)	-0.004*** (-4.76)	-0.004*** (-4.13)
Tobit 回归(Cdps)	-0.026*** (-4.20)	-0.024*** (-3.76)	-0.023*** (-3.40)

注:***、**、*分别表示显著性水平为1%、5%、10%(双尾);T检验值经White(1980)异方差调整;限于篇幅,未报告相关控制变量。

(三) 增加相关控制变量

为了减轻遗漏重要变量导致回归模型估计结果的偏差,笔者也尝试在各回归方程中进一步增加其他公司特征与公司治理控制变量。首先,加入非流通股比例作为控制变量。考虑到上市公司尤其是国有上市公司高分红冲动的重要原因在于大股东可能持有大量非流通股,为了控制该影响,笔者加入非流通股占比这一变量,实证结果基本一致。其次,笔者在回归模型中增加公司年龄、流动比率、机构持股比例、董事长与总经理是否同为一人、管理层持股比例、高管薪酬等作为控制变量,实证结果基本一致,限于篇幅未一一报告该结果。

第四章　家族控制是否影响上市公司股利政策？

表 4-15　替换股利支付水平代理变量：家族控制权特征与股利政策的估计结果

Panel A. 家族控制权特征与股利政策（家族上市公司子样本）

	Cfr	Cr	Sratio	Famdual	Fammng	Cpower 99	Dlist	Npyramid	Clength	Cchain
Logistic 回归（Dumdiv）	0.007 (0.93)	0.009 (1.15)	0.002 (0.61)	0.003 (1.39)	0.004 (1.5)	0.005** (2.54)	0.007*** (3.68)	0.007** (2.00)	-0.003*** (-2.98)	0.003*** (2.96)
Tobit 回归（Payout）	0.016 (1.14)	0.022 (1.60)	0.002 (0.25)	0.006 (1.58)	0.010** (2.30)	0.011*** (2.94)	0.014*** (3.83)	0.017** (2.44)	-0.005** (-2.46)	0.006*** (2.56)
Tobit 回归（Dyield）	0.063 (1.17)	0.086 (1.63)	0.006 (0.23)	0.024 (1.63)	0.027* (1.65)	0.033** (2.44)	0.057*** (3.94)	0.043* (1.85)	-0.021*** (-2.73)	0.033*** (3.47)

Panel B. 家族控制权特征与公司现金股利政策（家族上市公司子样本）

	Cfr	Cr	Sratio	Famdual	Fammng	Cpower 99	Dlist	Npyramid	Clength	Cchain
Logistic 回归（Cdumdiv）	0.007 (1.38)	0.010* (1.94)	0.001 (0.36)	0.003* (1.81)	0.003** (2.04)	0.003** (2.24)	0.007*** (4.71)	0.007*** (2.83)	-0.003*** (-3.66)	0.003*** (3.43)
Tobit 回归（Cpayout）	0.015* (1.75)	0.023** (2.53)	0.000 (0.03)	0.006** (2.21)	0.009*** (3.14)	0.006** (2.50)	0.011*** (4.59)	0.013*** (3.03)	-0.004** (-2.40)	0.005*** (3.00)
Tobit 回归（Cdyield）	0.040 (1.09)	0.068* (1.75)	0.001 (0.06)	0.023** (2.10)	0.024** (2.00)	0.017* (1.74)	0.045*** (4.35)	0.046*** (2.67)	-0.020*** (-3.56)	0.026*** (3.79)

注：***，**，*分别表示显著性水平为 1%、5%、10%（双尾）；T 检验值经 White（1980）异方差调整；限于篇幅，未报告相关控制变量。

(四) 考虑股权分置改革的影响

由于本章的样本区间横跨 2004—2008 年,为了降低股权分置改革(简称"股改")可能产生的影响,笔者还将样本分为两个子样本,即股改前(2004—2006 年)和股改后(2007 年、2008 年),并重新回归前文各模型,主要研究结论不变。限于篇幅,笔者未报告该结果。

(五) 两阶段回归

由于我国家族上市公司是近二十年来成长并崛起的,相比非家族上市公司,家族上市公司在公司规模、负债水平、盈利能力、公司成长性、现金流创造能力、公司年龄、行业分布等方面可能存在系统性差异。因此,家族上市公司与非家族上市公司的股利政策差异可能主要是由于上述公司特征差异所决定的,而非家族控制这一因素所导致的,即可能存在一定的内生性问题。为此,笔者首先运用上述公司特征变量对家族控制(Family)进行回归并预测得到一个新的家族控制虚拟变量(Fampredict),然后用 Fampredict 代替 Family 并重新回归模型 4-1 和模型 4-2。实证结果显示,Fampredict 都在 1% 水平上显著为负,即表明内生性问题可能并不是决定家族与非家族上市公司股利政策差异的主要原因。限于篇幅,笔者未报告该结果。

(六) 半强制分红政策的影响

考虑到我国的半强制分红政策将上市公司再融资资格与股利分配水平相挂钩(李常青等,2010),这使得再融资需求可能会显著影响上市公司股利政策。① 为了控制半强制分红政策的影响,笔者设立了一个虚拟变量 SemiDiv,当上市公司的股利支付水平符合半强制分红规定的要求时取 1,否则取 0。② 笔者尝试采用 SemiDiv 作为控制变量并重复前文的各项回归,实证发现本章的主要研究结论不变,但是家族控制与家族控制权特征变量的显著程度都有所下降。此外,笔者注意到在所有回归模型中

---

① 关于半强制分红政策的相关规定可参考本书的表 3-10。

② 具体而言,对于 2004 年、2005 年样本,当上市公司最近三年有进行现金利润分配时 SemiDiv 取 1,否则取 0;对于 2006 年、2007 年样本,当上市公司最近三年以现金或股票方式累计分配的利润不少于最近三年实现的年均可分配利润的 20% 时 SemiDiv 取 1,否则取 0;对于 2008 年样本,当上市公司最近三年以现金方式累计分配的利润不少于最近三年实现的年均可分配利润的 30% 时 SemiDiv 取 1,否则取 0。

SemiDiv 都在 1% 水平上显著为正,并且明显提高了回归模型的整体解释能力。这一有趣现象可能反映了这样一个事实,即符合半强制分红政策要求的上市公司大多更乐意进行分红。限于篇幅,笔者也并未报告该结果。

六、进一步分析:家族控制、独立董事与公司股利政策

独立董事最重要的影响之一可能在于通过防止家族自我交易行为(Self-dealing)的发生从而保护外部股东的利益,尤其是董事会可以阻止低质量或缺乏竞争力的家族成员占据 CEO 职位(Shleifer and Vishny, 1997)。Dahya et al. (2008) 对 22 个国家的跨国比较研究表明,较高的独立董事比例与公司价值显著正相关,且这种正相关关系在投资者法律保护较弱的国家中尤为明显。Anderson and Reeb(2004)发现,在家族上市公司中独立董事可以减轻家族股东与外部股东之间的代理冲突,独立董事通过潜在地防止家族股东采用过高的薪酬、特殊股利或不必要的额外津贴等方式直接榨取公司资源,从而有助于提高公司绩效。

中国证监会于 2001 年 8 月颁布了《关于在上市公司建立独立董事制度的指导意见》,要求上市公司提高独立董事比例,这一政策的重要意义在于推动上市公司的治理结构设置渐趋规范。然而,在中国实践近十年来,独立董事制度体系也逐渐暴露了一系列结构性或制度性问题,如"不公正性""不独立性""不在状态""不匹配性"和"不明晰性"等(李海舰和魏恒,2006)。独立董事是否发挥了监督作用,受到了学术界的密切关注和广泛争议。一些研究显示,独立董事能够抑制大股东"掏空"、防范财务信息失真以及提升审计鉴证功能(叶康涛等,2007;程新生等,2009;赵子夜,2007)。但是,更多的实证研究发现,在我国独立董事并未发挥应有的作用,如独立董事未能对改善公司绩效发挥积极作用(李常青和赖建清,2004;于东智,2003;胡勤勤和沈艺峰,2002),也没有对提高公司信息披露质量和盈余质量起到正面作用(魏志华等,2009;萧维嘉等,2009;支晓强和童盼,2005)。

笔者认为,在我国独立董事的监督作用或许是"功能锁定"的,即独立董事并不能在上市公司的所有决策上都发挥重大影响,而主要是"锁

定"在某些决策上发挥作用。其原因在于,一方面,独立董事的主要职责是保护股东权益、防止管理层以及大股东的自利行为,独立董事渎职将需要承担一定的责任与风险;另一方面,受限于大股东的制约和干预、经济利益关系、对公司缺乏深入了解等因素,独立董事不可能对公司的所有决策都发挥影响力。上述两方面因素的博弈,使得独立董事可能选择在某些公司决策方面发挥监督作用,如股利分配、防止关联交易与资金占用等,这些决策直接关系到外部股东利益,也与独立董事责任、声誉有较大关系,独立董事可能会更多地进行监督;但对于公司人事任命、投资决策、经营管理或更进一步的公司绩效,独立董事的影响力较为有限,因为这些决策可能主要是由大股东主导下的董事会决定的。

为了考察独立董事是否影响公司股利政策,笔者在这一部分简单地考察了独立董事在家族与非家族上市公司中所具有的不同作用。理论上,较高比例的独立董事有助于减轻管理层以及控股股东的机会主义行为,降低公司代理成本。在代理理论的分析框架下,上市公司发放股利的目的在于降低公司代理成本(Easterbrook,1984;Jensen,1986)。一个有趣的问题是,较高的独立董事比例是会推动上市公司将自由现金流返还给外部股东并提高股利支付水平,还是独立董事监督可以在一定程度上替代通过股利支付降低代理成本的作用并反而抑制了公司股利发放?

综观表4-16、表4-17,在家族上市公司子样本中的实证结果似乎为后者提供了一定支持。独立董事比例(Idpratio)对股利政策的负向替代关系仅在家族公司子样本中成立,而在非家族公司子样本中没有通过显著性检验。注意到本书第三章表3-7中显示,家族上市公司的独立董事比例并没有明显低于非家族上市公司,因而上述结果受内生性影响的可能性较小。从代理理论的视角来看,这一有趣的实证结果可能表明,在家族公司中,第一类代理问题并非主要的代理矛盾,如果独立董事能够有效监督公司管理层的机会主义行为,家族公司更不愿意通过股利支付来降低第一类代理问题,尤其是家族上市公司还面临着更大的融资约束问题。相反,非家族公司则不倾向于使用独立董事来替代股利支付的监督作用。在非家族公司中,管理层与股东之间的第一类代理问题是主要的代理冲突,因而即便引入了独立董事监督也不能完全替代股利支付的作用,因而非家族公司中独立董事比例与股利政策不存在显著关系。

表 4-16　家族控制、独立董事与股利政策(分组回归)

	Panel A. 股利政策					
	Logistic 回归(Dumdiv)		Tobit 回归(Payout)		Tobit 回归(Dyield)	
	家族公司	非家族公司	家族公司	非家族公司	家族公司	非家族公司
Idpratio	-2.601*	-1.110	-0.718**	-0.049	-0.028*	0.001
	(-1.94)	(-1.36)	(-2.01)	(-0.26)	(-1.84)	(0.16)
Size	1.078***	0.926***	0.229***	0.141***	0.011***	0.008***
	(11.86)	(18.23)	(11.36)	(15.95)	(9.12)	(18.31)
Lev	-3.789***	-3.423***	-0.997***	-0.694***	-0.043***	-0.027***
	(-10.04)	(-13.38)	(-10.44)	(-13.80)	(-7.79)	(-13.06)
Roa	15.962***	21.460***	2.941***	2.589***	0.156***	0.165***
	(10.50)	(13.83)	(10.79)	(17.27)	(11.04)	(20.96)
Growth	-0.132	0.063	-0.020	0.019	-0.001	0.000
	(-1.23)	(0.623)	(-0.71)	(0.95)	(-1.16)	(0.08)
Ncfps	0.405***	0.088	0.072**	0.002	0.003**	0.001**
	(3.09)	(1.38)	(2.42)	(0.18)	(2.04)	(2.42)
Bdsize	0.107***	0.025	0.022**	0.007*	0.001***	0.000
	(2.78)	(1.26)	(2.19)	(1.65)	(2.66)	(1.35)
Pseudo R^2	0.350	0.326	0.250	0.184	-0.523	-0.290
N	1 611	4 590	1 628	4 591	1 628	4 591
	Panel B. 现金股利政策					
	Logistic 回归(Cdumdiv)		Tobit 回归(Cpayout)		Tobit 回归(Cdyield)	
	家族公司	非家族公司	家族公司	非家族公司	家族公司	非家族公司
Idpratio	-2.604*	-1.044	-0.718**	-0.031	-0.025**	-0.002
	(-1.94)	(-1.29)	(-2.46)	(-0.18)	(-2.31)	(-0.35)
Size	1.068***	0.898***	0.190***	0.134***	0.009***	0.007***
	(11.82)	(17.97)	(11.33)	(16.49)	(11.92)	(19.39)
Lev	-3.803***	-3.402***	-0.868***	-0.699***	-0.033***	-0.027***
	(-10.03)	(-13.47)	(-10.20)	(-14.72)	(-9.55)	(-14.59)
Roa	15.611***	20.858***	2.145***	2.235***	0.110***	0.146***
	(10.41)	(14.03)	(10.01)	(16.43)	(11.45)	(20.22)
Growth	-0.128	0.109	-0.020	0.016	-0.001	0.000
	(-1.19)	(1.08)	(-0.84)	(0.87)	(-1.25)	(0.02)
Ncfps	0.423***	0.093	0.068***	0.007	0.003***	0.001**
	(3.22)	(1.46)	(2.83)	(0.63)	(3.40)	(2.47)
Bdsize	0.111***	0.034*	0.019**	0.009**	0.001***	0.000
	(2.85)	(1.70)	(2.13)	(2.23)	(3.41)	(1.57)
Pseudo R^2	0.347	0.319	0.275	0.197	-0.479	-0.291
N	1 611	4 590	1 628	4 591	1 628	4 591

注:***、**、*分别表示显著性水平为 1%、5%、10%(双尾);T 检验值经 White(1980)异方差调整;各回归方程中行业与年份虚拟变量均已控制;限于篇幅,未报告常数项、模型的 F 值/Chi sq 值等。

表 4-17 家族控制、独立董事与股利政策(按不同的家族公司定义分组回归)

Panel A. 股利政策

		Logistic 回归(Dumdiv)		Tobit 回归(Payout)		Tobit 回归(Dyield)	
		家族公司	非家族公司	家族公司	非家族公司	家族公司	非家族公司
按 Family5 分组	Idpratio	-2.409* (-1.79)	-1.273 (-1.57)	-0.740** (-1.99)	-0.068 (-0.37)	-0.028* (-1.79)	0.001 (0.07)
按 Family10 分组	Idpratio	-3.538** (-2.24)	-1.232 (-1.57)	-1.153*** (-2.65)	-0.067 (-0.37)	-0.047*** (-2.61)	0.001 (0.15)

Panel B. 现金股利政策

		Logistic 回归(Cdumdiv)		Tobit 回归(Cpayout)		Tobit 回归(Cdyield)	
		家族公司	非家族公司	家族公司	非家族公司	家族公司	非家族公司
按 Family5 分组	Idpratio	-2.381* (-1.76)	-1.200 (-1.50)	-0.737** (-2.42)	-0.048 (-0.28)	-0.026** (-2.25)	-0.003 (-0.44)
按 Family10 分组	Idpratio	-3.637** (-2.29)	-1.124 (-1.45)	-1.028*** (-2.78)	-0.070 (-0.43)	-0.035** (-2.57)	-0.004 (-0.60)

注:***、**、*分别表示显著性水平为1%、5%、10%(双尾);T检验值经 White(1980)异方差调整;限于篇幅,未报告相关控制变量。

第四节 本 章 小 结

本章围绕家族控制与公司股利政策的关系进行了较为深入的研究。以 2004—2008 年度 A 股市场 6 321 个上市公司年度观察值为样本,本章主要考察了两个问题:第一,家族上市公司与非家族上市公司在股利政策方面是否存在显著差异?研究发现,我国家族上市公司的股利(现金股利)支付意愿与支付水平都显著低于非家族上市公司。平均而言,非家族上市公司的股利(现金股利)支付意愿与支付水平约比家族上市公司高 50%。第二,在家族上市公司中,哪些控制权特征会影响家族公司的股利政策?研究显示,家族终极控制权(所有权、控制权、两权分离程度)对家族上市公司股利政策影响较为微弱,而家族影响力(家族管理、控制程度)以及家族控制权结构(控制权取得途径、控制方式、控制层级、控制链数量)对家族上市公司股利政策则具有显著影响。同时,上述实证结果得到了后续一系列稳健性检验的证实。此外,进一步研究还发现,在家族上市公司中独立董事比例与公司股利政策显著负相关,而在非家族上市公司中独立董事的作用则并不显著,这表明家族上市公司可能更愿意采用独立董事监督的方式来替代股利政策对于降低股东与管理层之间第一类代理冲突的作用。为了更清晰地梳理本章的研究发现,笔者将相关实证结果汇总于表4-18。

表4-18 本章实证结果汇总

分类	研究假设	研究假设描述	实证结果
家族控制	假设4-1	与非家族上市公司相比,家族上市公司的股利支付意愿和支付水平显著较低	支持
家族控制权特征	假设4-2	在家族上市公司中,家族股东的所有权比例与公司股利支付意愿和支付水平显著正相关	微弱支持
	假设4-3	在家族上市公司中,家族股东的控制权比例与公司股利支付意愿和支付水平显著正相关	微弱支持
	假设4-4	在家族上市公司中,家族股东的两权分离程度与公司股利支付意愿和支付水平显著负相关	不支持
	假设4-5	在家族上市公司中,家族参与管理对公司股利支付意愿和支付水平有显著正向影响	支持
	假设4-6	在家族上市公司中,家族高度控制对公司股利支付意愿和支付水平有显著正向影响	支持
	假设4-7	在家族上市公司中,直接上市的家族公司具有显著更高的股利支付意愿和支付水平	支持
	假设4-8	在家族上市公司中,通过非金字塔结构控制的家族公司具有显著更高的股利支付意愿和支付水平	支持
	假设4-9	在家族上市公司中,家族控制上市公司的层级与公司股利支付意愿和支付水平显著负相关	支持
	假设4-10	在家族上市公司中,家族控制上市公司的控制链数量与公司股利支付意愿和支付水平显著正相关	支持

本章的重要研究意义在于:一方面,本章率先较为全面地研究了中国家族上市公司与非家族上市公司在股利政策方面的差异,从财务学视角丰富了家族企业的研究文献,并增进了对家族控制与公司股利政策关系的理解;另一方面,结合中国独特的制度背景考察了家族终极控制权特征对家族上市公司股利政策的影响,不仅丰富了La Porta等人提出的终极控制权理论,也有助于进一步拓展代理理论的适用范围。

值得注意的是,本章的实证结果也为本书的后续研究开启了一系列值得深入探讨的问题:(1)为什么家族上市公司相比非家族上市公司具有相对消极的股利政策？其背后隐藏的动因是什么？（2）哪些因素可能会改变家族上市公司的股利支付政策？机构投资者的引入抑或外部治理环境是否能够影响家族上市公司的股利政策？上述重要问题将在本书的后续章节逐一进行探讨。

第五章　中国家族上市公司相对消极股利政策的动因研究[①]

本书的前述章节证实,家族控制对于公司股利(现金股利)政策具有显著的负向影响,或者可将其称为"家族上市公司相对消极股利政策之谜"。那么,为什么家族上市公司更不愿意支付股利且支付水平较低?其背后隐藏的深层次动因是什么?本章试图围绕上述问题进行探讨,深入剖析家族上市公司股利政策相对消极的原因。依据已有的理论与实证研究,笔者提出了三种假说以探索这一现象——代理理论假说、税收假说以及融资约束假说。

本章的研究意义在于:第一,通过揭示我国"家族上市公司相对消极股利政策之谜",对于理解经典的"股利之谜"提供了一个新的视角。第二,深入剖析我国家族上市公

[①] 本章中的部分内容经修改后已正式发表。详见魏志华等.家族控制、双重委托代理冲突与现金股利政策——基于中国上市公司的实证研究[J].金融研究,2012(7)。

司股利政策动因,对于完善家族上市公司治理、优化资本市场资源配置以及完善外部制度环境提供了重要的实证依据。

本章的结构安排如下:第一节是文献回顾并提出本章的研究假设;第二节是研究设计;第三节是实证结果与分析;第四节是本章小结。

第一节 理论分析与研究假设

一、代理理论假说

(一)第二类代理冲突

基于代理理论的分析框架,家族控股股东侵害上市公司利益的行为或许可以为"家族上市公司相对消极股利政策之谜"提供一定的解释。Shleifer and Vishny(1997)指出,在大多数国家中主要的代理问题已不再是外部投资者与管理者之间的冲突,而是几乎完全控制了管理者的控制性大股东(包括家族股东)与外部中小股东之间的利益冲突。Johnson et al.(2000)用"掏空"(Tunneling)一词来描述资源从公司向控制性股东转移的现象,包括过高的管理者薪酬、贷款担保、稀释股权、内幕交易等多种形式。控股股东的"掏空"行为严重损害了其他股东的利益,并将对公司股利政策产生严重的负面影响,因为在公司资源被大量侵占的情况下公司要进行分红无疑是有心无力。在实证方面,Faccio et al.(2001)实证发现,在家族控制极为普遍的东亚公司中,控股股东通过投资于那些收益为负的项目来榨取高额的控制权私利,而不愿意将公司利润以股利的形式支付给外部股东。上海证券交易所研究中心(2005)研究指出,民营上市公司中广泛存在家族控制现象,由于缺乏有效的股东权利保护机制,民营上市公司控股股东滥用控制权的道德风险可能更加严重。刘伟和刘星(2007)则发现,中国家族上市公司财务违规与控制性家族的侵占行为存在密切联系。

在我国,大股东通过资金占用来获取控制权私利的行为是上市公司普遍存在的痼疾(李增泉等,2004;姜国华和岳衡,2005;邓建平等,2007;高雷和张杰,2009),其所导致的一个严重后果就是显著降低了公司股利支付水平(邓建平等,2007)。在家族上市公司中,家族股东在很大程度上掌握了公司管理权,这使得其具有相当便捷的条件来"掏空"上市公司,笔者试图基于资金占用这一具有代表性的视角来考察家族控制是否会加剧第二类代理冲突。理论上,如果家族控股股东相比其他大股东具有更明显的资金占用行为,那么家族控制将显著增强资金占用与公司股利政策之间的负相关关系。为此,本章提出如下研究假设:

假设 5-1a:如果家族控制存在"掏空效应",那么家族控制会加剧资金占用与公司股利政策之间的负相关关系。

(二) 第一类代理冲突

围绕第一类代理冲突,家族控制似乎扮演着相反的两种角色。一方面,家族控制的"利益协同效应"无疑也会对公司股利政策产生影响。由于家族股东更愿意将家族企业当成是可以永续传承的事业来经营(Birley, 1986; Ward, 1988; Heck and Trent, 1999),而相对集中的控制权也保证了其能够对公司决策施加足够的影响力(Jensen and Meckling, 1976; Shleifer and Vishny, 1986)。因此,家族股东要么自己担任公司领导,要么更积极地监督经理人,无论哪种方式都有助于降低公司代理成本。基于代理理论的视角,如果家族控制存在"利益协同效应",那么家族控制将有助于推动公司管理层将自由现金流返还给外部股东,从而给公司股利政策带来积极的影响[①],即我们可以预期家族控制可以增强自由现金流与公司股利政策之间的正相关关系。为此,本章提出如下研究假设:

假设 5-1b:如果家族控制存在"利益协同效应",那么家族控制会增强自由现金流与公司股利政策之间的正相关关系。

另一方面,家族上市公司也可能存在较为严重的第一类代理问题,在家族股东未参与管理或是"买壳"上市等代理冲突更为突出的家族公司中更是如此。由于缺乏有效的监督,作为内部人的家族股东有机会恣意

[①] 值得注意的是,家族控制的"利益协同效应"也可能会削弱家族上市公司的股利发放动机。因为根据代理理论,股利支付是降低股东与经理人之间的代理成本的重要手段(Easterbrook,1984; Jensen,1986),而既然家族股东有助于加强公司管理和对经理人的监督,那么家族上市公司可能更不需要通过发放股利来降低代理成本,何况股利支付是一种代价高昂的治理机制。不过,第四章的实证结果似乎并不支持上述观点,因为在"利益协同效应"更为明显的家族上市公司中,其股利支付水平显著更高。比如,家族参与管理、非金字塔控制以及直接上市的家族上市公司其股利支付意愿和支付水平都要显著高于其对照组。

挥霍公司资源,而缺乏竞争力的家族成员担任 CEO 也可能会加剧公司的第一类代理冲突,并导致公司股利支付水平的降低。因此,如果家族上市公司存在比非家族上市公司更为严重的"壕沟效应",那么家族控制也可能加剧代理冲突,并给公司股利政策带来负面影响。在实证上,我们可以预期家族控制会加剧代理冲突与公司股利政策之间的负相关关系。为此,本章提出如下研究假设:

假设 5-1c:如果家族控制存在"壕沟效应",家族控制会加剧代理成本与公司股利政策之间的负相关关系。

二、税收假说

在 Miller and Modigliani(1961)所假设的完美市场中,股利政策与公司价值是无关的。但是,Miller and Modigliani(1961)也指出,在现实中不同的投资者具有不同的个人股利所得税税率以及资本利得税税率,这使得股利对于投资者而言可能是重要的。由此引申出的股利税差理论指出,公司应少派现或不派现从而让投资者以资本利得的方式获得最大收益。上述理论其实隐含了一个前提条件,即作为股东的投资者难以直接影响公司股利政策。在家族上市公司中,家族控制性股东对于公司股利政策具有举足轻重的影响力,股利政策很可能反映了家族股东作为理性投资者对于股利的态度和偏好。

基于税收的考虑,家族股东可能具有对股利发放持消极态度的动机。这是因为,家族股东具有更长的投资期限而且投资风险不可分散(Anderson and Reeb,2003a;Villalonga and Amit,2006),家族股东(尤其是所有权比例较高的家族股东)对企业具有深厚的感情,更愿意将企业作为能够在家族中永续传承的一种事业来经营,因而家族股东通常会更注重公司的长期绩效,更愿意参与公司管理,并会对公司的损失更为敏感。相比较而言,国有企业可能并不那么关注股利税。一方面,国有企业的管理者大多是行政任命的,他们并不是企业的所有者,即便股利发放需要征税也不会对其产生直接的损失,因而国有企业管理者可能不会像家族股东一样在意股利税。另一方面,国有企业的分红行为在很大程度上是受上级行政命令或由地方政府的财政需要所主导(陈信元等,2003),在这种情况

第五章 中国家族上市公司相对消极股利政策的动因研究

下,国有企业的分红决策甚至可能根本不考虑股利税的问题。因此,即便面临同样的股利税税率,家族股东相比非家族股东可能会对股利税更为敏感,并进而对股利支付抱有更为消极的态度。① 换言之,考虑到分红将导致现金从公司流向税务部门,这对于家族股东而言是非常不利的,因而家族股东将有动机推动家族上市公司减少股利发放,相对消极的股利政策可能恰恰是家族股东一种理性的选择。② 更何况,规模相对较小的家族企业通常具有做强做大的强烈意愿,减少股利发放以避免股利税赋损失,这对家族股东而言无疑是实现公司价值最大化的上佳策略。

不过,上述理论分析要进行直接的实证检验并非易事,因为我们很难直接测度家族股东对于股利税的敏感程度。在本章中,笔者设计了一种间接的检验方法——利用股利税变动的背景考察家族公司分红行为。应该指出,已有一些独特的实证文献考察股利税变化对公司股利政策的影响,这类研究由于考虑了外部政策环境的震荡(Shock),可较好地规避其他研究中可能存在的内生性问题。譬如,Chetty and Saez(2005)以美国颁布《2003 年就业与增长税收减负调节法案》(*The Jobs and Growth Tax Relief Reconciliation Act of 2003*)为背景,研究削减股利税对上市公司股利政策的影响。研究发现,股利税削减法案出台后,首次发放股利、提高股利发放以及发放特殊股利的美国上市公司数量都有显著增加。类似地,Brown et al. (2007)研究了美国股利税削减背景下管理层持股与公司股利政策的关系。他们发现,高管持股比例较大的公司在股利税削减后更

---

① 应该指出,上述观点与国外的股利税差理论以及追随者效应的出发点是不一样的,后两者强调减少股利支付的税收优势以及边际税率不同的投资者具有不同的股利偏好。在我国,家族股东与其他大股东面临同样的税率,本章试图检验家族股东是否会对股利税带来的损失更为敏感,并使得其偏好低股利。

② "股利之谜"强调的是,在现实中资本利得税税率通常低于现金股利税税率,而且前者还具有递延缴税的优势,支付股利对于公司股东而言其实是不利的,但现实中却有大量的上市公司进行股利发放。在本章中,若能证实家族控股股东是出于税的考虑最终使得家族上市公司股利支付水平显著低于非家族上市公司,无疑会有助于我们思考"股利之谜"。一方面,之前的代理理论、信号理论、股利迎合理论实际上是从公司视角出发的,股利是公司解决代理冲突的治理机制、表征公司未来发展前景的信号或是管理层迎合投资者的举措,但在这个过程中投资者实际上是相对被动接受股利政策的。而在家族上市公司中,股利政策可能在很大程度上反映了家族控制性股东的股利偏好,因为家族股东有能力也有动机主动制定符合自身利益最大化的股利政策。另一方面,家族上市公司的股利支付不为零,这也说明家族上市公司在考虑家族股东股利偏好的同时,可能会兼顾股利政策的其他功能,如降低代理成本、发送信号或者迎合外部投资者。

有可能增加股利发放,而这种关系在股利税调整前并不存在;进一步地,股利支付还在一定程度上替代了股票回购。然而,Brav et al. (2008)认为,虽然股利税削减有助于提高公司股利支付水平,但这并不是最重要的因素(The First-order Factors),他们对328位公司高管进行问卷调查的结果显示,未来现金流的稳定性、现金持有以及历史股利支付水平等因素比股利税削减具有更为重要的影响。总体而言,外部税收变化似乎会对公司股利政策产生一定的影响,但研究结果尚无定论。

如果家族控制对于公司股利政策的负向影响是缘于存在股利税的话,那么一个合乎逻辑的推断就是,当股利税进行调整时,家族上市公司的股利政策变化会比非家族上市公司更为敏感。幸运的是,本章的样本期内我国正好出现了一个股利税调整的外部事件。2005年6月13日,中国财政部和国家税务总局联合颁布了财税[2005]102号《关于股息红利个人所得税有关政策的通知》,规定"对个人投资者从上市公司取得的股息红利所得,暂减按50%计入个人应纳税所得额,依照现行税法规定计征个人所得税"。该项法规意味着,中国证券市场投资者适用的股利所得税由20%降低为10%,这为检验家族公司股利政策动因提供了一个很好的"实验环境"。同时,更为有利的是,与以往许多国外的股利税调整政策不同,我国的财税[2005]102号文件只是单纯地降低股利税,并没有掺杂其他税率的变化。① 因此,如果股利税是家族股东进行股利分配的重要决定因素,那么可以预期,在财税[2005]102号文件降低股利税前后,相比非家族上市公司,家族上市公司的股利支付意愿与支付水平应有更为明显的增加。进一步地,在家族上市公司中,家族股东持股比例较高的公司相比家族股东持股比例较低的公司其股利支付意愿与支付水平也应有更为明显的增加。为此,本章提出如下研究假设:

假设5-2a:股利税降低会对上市公司的股利支付意愿与支付水平带来正向影响,相比非家族上市公司,这种正向影响在家族上市公司中更为明显。

---

① 以美国为例,里根总统任期内颁布的《1986年税收改革法案》对股利税、资本利得税、公司所得税以及个人所得税作了全面的调整(Bolster and Janjigian,1991),以此法案作为研究事件显然面临着诸多噪音。

假设 5-2b：股利税降低会给上市公司的股利支付意愿与支付水平带来正向影响，相比家族股东持股比例较低的家族上市公司，这种正向影响在家族股东持股比例较高的家族上市公司中更为明显。

三、融资约束假说

Mayers(1984)、Myers and Majluf(1984)基于信息不对称的视角，提出了著名的"优序融资理论"(The Pecking Order Theory)。该理论认为，公司管理层相对于外部投资者拥有信息优势，为了维护现有股东的利益，公司在进行融资决策时会严格依照信息成本由低到高的顺序，即"留存收益→债务融资→权益融资"进行。换言之，公司偏好内部融资，如果需要外部融资则偏好债务融资。Mayers(1984)认为，优序融资理论与现实中许多企业的做法一致。例如，一些公司会设定较低的目标股利支付率从而使得公司内源融资可以满足其未来投资机会所需的资金。值得注意的是，在我国，民营企业面临着比国有企业更大的融资约束，这使得其会更加偏好内源融资，从而更不愿意支付股利。①

事实上，改革开放以来，尽管我国的民营经济已逐渐发展成为国民经济的重要组成部分，但由于法规和制度的不健全，民营企业相比国有企业无论是在债务融资抑或权益融资方面都受到了更多的歧视（孙铮等，2005；孙铮等，2006；罗党论和甄丽明，2008）。可以说，民营企业融资难问题是一个不争的事实。②

---

① 在本书综述部分中显示，大量国外研究证实家族企业的融资行为与优序融资理论更为一致（如 Coleman and Carsky, 1999; Romano et al., 2000; Poutziouris, 2001; López-Gracia and Sánchez-Andújar, 2007）。值得注意的是，国外学者大多从规避风险、保持控制权以及降低融资成本等视角来阐释家族企业的内源融资偏好。与国外不同，笔者认为，面临更为严峻的融资约束，可能才是我国家族企业更青睐内部融资的主要原因。

② 当然，除了制度和体制因素外，民营企业自身存在的许多问题也是限制其获得外部融资的瓶颈。例如，上海证券交易所研究中心的研究报告将民营企业的融资困境归因于以下几个方面：(1) 中小型企业拥有的有形资产和无形资产（特别是商誉）较少，从银行获取抵押贷款和信用贷款的能力有限，而金融机构事实上还存在针对不同所有制企业的信贷政策偏好的差别；(2) 股票、债券等直接融资方式门槛过高，手续繁杂，耗时过长，使得大多数中小民营企业难以利用资本市场筹集发展资金；(3) 民间借贷风险大、成本高；(4) 信用担保体系尚未形成，担保机构少，品种单一，制度不健全，难以满足民营企业的发展需要；(5) 部分民营企业缺乏诚信，加之企业信用信息征集与评价体系缺失，造成金融机构对民营企业的"惜贷"和社会资金对民营企业的"惜投"现象［转引自李增泉等(2008, p. 126)］。

第一,民营企业在信贷市场上面临着不公平的待遇。中国四大国有商业银行牢牢掌握着我国绝大部分的信贷资金,在信贷市场上处于垄断地位。由于政府部门的行政干预、渐进改革对金融资源的需求以及国有商业银行自身的使命,国有商业银行主要的服务对象和贷款发放对象以国有企业为主。进一步地,国有商业银行大多对民营企业缺乏足够的资信评价信息,同时出于风险规避的意图①,民营企业与国有企业相比注定难以获得公平的信贷资金。在这样的制度背景下,即便银行愿意为民营企业提供信贷服务,民营企业在贷款手续、抵押条件等方面也面临着更为繁杂、苛刻的条件,其获得的贷款数额也较为有限。显然,银行贷款的种种"藩篱"无疑会使得民营企业望而却步。

第二,民营企业在资本市场上也存在一定的劣势。我国证券市场成立之初旨在为国有企业开辟一条新的融资途径,因此在20世纪90年代,政府部门在上市资格、额度、审批时间等方面都对国有企业进行了倾斜,民营企业在证券市场上处于次要的地位。虽然近年来证券市场对民营企业的歧视性对待已成为历史,然而,民营企业在证券市场上获得的融资机会、融资规模仍然属于从属地位。上海证券交易所研究中心(2005)的研究报告指出,"我国民营上市公司再融资总体比较困难,2000—2004年期间,再融资的公司数和筹集资金额都逐年下降……这样规模的再融资显然难以为民营企业的快速发展提供足够的股权资金支持"(见研究报告的第三章,p.38)。毫无疑问,民营企业在资本市场上没有任何优势可言,在很多情况下反而存在诸多掣肘。

可见,在我国无论是证券市场还是银行系统,显然都还无法为民营企业提供充足的外部融资(李增泉等,2008)。这使得民营企业面临着比国有企业更大的融资约束,也导致民营经济的产出增长更依赖于内源融资(张杰,2000;Bai et al.,2001)。另外,国有企业还存在"预算软约束"的

---

① 张杰(2000)对"国有银行不愿意给民营企业发放贷款而承担额外的风险"的原因进行了精辟的分析:第一,国有银行把钱贷给国有企业,即便还不了,责任在国有企业;若把钱贷给民营企业,如发生坏账,则要怀疑银行经理人员是否接受了贿赂等。第二,国有银行之所以宁愿把钱放在中央银行的超额准备金账户上,也不愿意贷给有效率的民营企业,是因为钱闲置在账上是体制原因,风险损失由国家承担;把钱贷出去,万一还不了,风险损失及相关责任则由自己兜着。

问题,即在面临资金紧张甚至财务困境时,国有企业可以期望政府施以援手,获取外部融资、政策优惠、债务豁免或补贴收入等,而民营企业则难以享受这种待遇。因而在相同的财务状况下,民营企业真实的融资约束程度可能要远远高于国有企业。如果说融资约束会影响公司的股利政策,那么这种影响对于民营企业而言无疑要大于国有企业。因此,在面临融资约束问题时,国有企业很可能会在股利分配方面表现得更为"阔绰"一些,而"自食其力"的民营企业则倾向于通过设定较低的股利支付率来缓解外部融资约束。应该说,上述推断对于占民营上市公司绝大部分的家族上市公司而言,依然成立。为此,本章提出如下研究假设:

假设5-3:融资约束会对公司股利政策产生负向影响,相比非家族上市公司,这种负向影响在家族上市公司中更为明显。

第二节 研究设计

一、样本选择与数据来源

与全书一致,本章选取2004—2008年沪、深两地的A股上市公司作为研究样本。为力求数据的准确性和可靠性,我们执行了以下筛选程序:(1)剔除金融行业上市公司,因为这些公司存在行业特殊性;(2)剔除终极控制人性质不详的公司;(3)剔除上市时间不满一年的公司,因为这些公司可能存在IPO效应;(4)剔除亏损当年仍发放股利的公司;(5)为了控制极端值对回归结果的影响,我们对解释变量中的连续变量1%以下和99%以上的分位数进行了缩尾处理(Winsorize)。最后,本章获得了1 378家上市公司五年共6 321个有效研究样本。本章的公司财务数据和公司治理数据来源于Wind资讯金融终端系统、CSMAR数据库。

二、变量定义

(一)因变量

与前面章节一致,笔者设置了两类变量来反映股利政策:一类是股利支付意愿虚拟变量,另一类是股利支付水平的连续变量。对于前者,采用

Dumdiv(Cdumdiv)来衡量公司股利(现金股利)支付意愿,当上市公司发放股利(现金股利)时 Dumdiv(Cdumdiv)取1,否则取0。对于后者,分别采用 Payout、Dyield 和 Cpayout、Cdyield 来衡量公司股利以及现金股利的支付水平。具体而言,Payout(Cpayout)取值为每股股利(每股现金股利)与每股净利润之比;Dyield(Cdyield)取值为每股股利(每股现金股利)与公司年末股票收盘价之比。

(二) 解释变量

1. 家族控制

与前面章节一致,采用虚拟变量 Family 来代表家族控制,当上市公司为家族上市公司时 Family 取1,否则取0。

2. 资金占用

大股东及其关联方占用上市公司资金(Accratio)可分为"正常占用"与"非正常占用"两类,而后者是大股东侵占上市公司利益的主要手段。在我国,上市公司年报的资产负债表中主要包括两个应收项目,即与销售有关的应收账款以及非经营性的其他应收款。其中,其他应收款多形成于非经营性业务往来,是大股东"非正常占用"上市公司资金最主要的体现。大股东直接对上市公司的资金占用一般以"暂借款"的名义包括在其他应收款中。姜国华和岳衡(2005)发现,大股东资金占用是其他应收款的重要组成部分,而且占用时间长、还款难度大。与姜国华和岳衡(2005)、岳衡(2006)、王克敏等(2009)一致,笔者采用上市公司其他应收款年末余额占年末总资产的比例作为大股东资金占用(Accratio)或者说第二类代理成本的衡量指标。

3. 自由现金流

本章采用每股自由现金流(Fcfps)作为衡量指标,具体而言,每股自由现金流量 = [(净利润 + 利息费用 + 非现金支出) − 营运资本追加 − 资本性支出]/总股本,该值越大表示公司自由现金流越充沛。

4. 代理成本

已有文献中,Ang et al.(2000)采用管理费用率、营业费用率、财务费用率和总资产周转率来计量代理成本(Msr),但宋力和韩亮亮(2005)、张兆国等(2008)认为,财务费用率和营业费用率与代理成本联系并不紧密,他们倾向于采用管理费用率和总资产周转率来测度代理成本。考虑到总资产周转率虽然在一定程度上反映了代理成本,但却受公司规模、经营风险、行业特性等诸多噪音因素影响,而管理费用率则可以揭示包括在职消费在内的经营费用控制效率,可能是更合适的代理变量。因而,本章采用管理费用与公司主营业务收入之比来衡量管理费用率或者说第一类代理成本,管理费用率越高意味着公司的代理冲突可能越严重。

5. 股利税调整

中国财政部和国家税务总局于 2005 年 6 月 13 日颁布财税[2005]102 号规定降低股息红利个人所得税,本章试图用年份虚拟变量来捕捉这一事件的影响。① 具体而言,本章设置了 Yearafter 05 这一虚拟变量来代表股利税调整,当公司年报的会计年度是 2005 年及之后时 Yearafter 05 取 1,否则取 0。

6. 融资约束

融资约束程度的度量一直是财务学者争议颇多的问题,笔者试图采用两种方式来测度融资约束:其一,是借鉴 Lamont et al. (2001)、Baker et al. (2003)、Almeida et al. (2004)等人构建 KZ 指数的思想,笔者根据研究需要构建了符合中国实际的 KZ 指数。其二,借鉴 Gilchrist and Himmelberg(1995)、Almeida et al. (2004),笔者采用公司规模(Size)作为融资约束的一种代理度量,这是因为大公司相比小公司通常成立时间更长,拥有更充足的抵押品,更容易获得外部融资。

(三) 控制变量

与本书前述章节类似,笔者选取公司规模(Size)、盈利能力(Roa)、负债水平(Lev)、公司成长机会(Growth)和现金流创造能力(Ncfps)作为公司特征控制变量(Fama and French, 2001; Denis and Osobov, 2008; Jensen et al., 1992; Fenn and Liang, 2001; John et al., 2008),同时选取董事会规模(Bsize)和独立董事占比(Idpratio)作为董事会治理结构特征控制变量(Anderson and Reeb, 2004; Schellenger et al., 1989)。变量的定义归纳于表 5-1。

---

① 应该承认,这种度量方式是有些粗糙的。毕竟历年政策法规变动很大而且外部经济环境也风云变幻,用年份虚拟变量来反映股利税调整对公司造成的影响,不可避免地存在较大噪音。不过,采用年份虚拟变量来考察某一年份颁布的法规政策事件对公司行为的冲击,也是国外此类研究中常用的一种方法,如 Nam et al. (2004)、Hu et al. (2007)等人的研究。

表 5-1 变量定义一览表

变量类型	变量名称		变量符号	变量描述	文献支持
因变量	股利支付意愿（Y1）		Dumdiv	公司发放股利时取1，否则取0	Fama and French (2001)、DeAngelo et al. (2006)、La Porta et al. (2000)、Boudoukh et al. (2007)
			Cdumdiv	公司发放现金股利时取1，否则取0	
	股利支付水平（Y2）		Payout	每股股利/每股收益	
			Dyield	每股股利/年末股价	
			Cpayout	每股现金股利/每股收益	
			Cdyield	每股现金股利/年末股价	
解释变量	家族控制		Family	当公司为家族公司时取1，否则取0	苏启林和朱文(2003)、Ding et al. (2008)、Ang et al. (2000)、姜国华和岳衡(2005)、岳衡(2006)、王克敏(2009)、宋力和韩亮亮(2005)、张兆国等(2008)、Lamont et al. (2001)、Baker et al. (2003)、Almeida et al. (2004)、Gilchrist and Himmelberg(1995)
	家族所有权		Cfr	家族股东持有家族上市公司的所有权比例	
	代理理论检验	资金占用	Accratio	上市公司其他应收款年末余额占年末总资产的比例	
		自由现金流	Fcfps	每股自由现金流=[（净利润+利息费用+非现金支出）－营运资本追加－资本性支出]/总股本	
		代理成本	Msr	管理费用占公司主营业务收入的比例	
	股利税检验		Yearafter05	当会计年度是2005年后时取1，否则取0	
	融资约束检验		KZ	根据构建的融资约束模型计算KZ指数	
			Size	公司规模（总资产的自然对数）①	

① 当公司规模（Size）作为融资约束的代理变量时，控制变量中不再包含Size，以免重复进入模型。

(续表)

变量类型	变量名称	变量符号	变量描述	文献支持
控制变量	公司规模	Size	总资产的自然对数	Fama and French(2001) Denis and Osobov(2008) Jensen et al.(1992) Fenn and Liang(2001) John et al.(2008) Boone et al.(2007) Anderson and Reeb(2004) Schellenger et al.(1989)
	盈利能力	Roa	总资产收益率	
	负债水平	Lev	总负债与总资产之比	
	成长性	Growth	主营业务收入增长率	
	现金流创造能力	Ncfps	每股经营性净现金流量	
	董事会规模	Board	董事会人数	
	独立董事比例	Idpratio	独立董事数量与董事会人数之比	
	时间效应	Year	5个研究年度取4个年份虚拟变量	
	行业效应	Ind	按中国证监会行业分类标准进行划分,其中制造业进一步划分了二级子行业,共设置20个行业虚拟变量	

三、研究模型

为考察家族控制是否增强了资金占用、自由现金流、代理成本、股利税调整、融资约束等对公司股利政策影响的敏感性,笔者构建了如下实证模型:

$$\text{Logit}(Y1) = \beta_0 + \beta_1 \text{Family} + \beta_2 \text{Motivation} + \beta_3 \text{Family} \times \text{Motivation} + \sum_{i=4}^{n} \beta_i \text{CV}_i + \varepsilon \quad (5\text{-}1)$$

$$\text{Tobit}(Y2) = \beta_0 + \beta_1 \text{Family} + \beta_2 \text{Motivation} + \beta_3 \text{Family} \times \text{Motivation} + \sum_{i=4}^{n} \beta_i \text{CV}_i + \varepsilon \quad (5\text{-}2)$$

$$\text{Logit}(Y1) = \beta_0 + \beta_1 \text{Cfr} + \beta_2 \text{Yearafter05} + \beta_3 \text{Cfr} \times \text{Yearafter05} + \sum_{i=4}^{n} \beta_i \text{CV}_i + \varepsilon \quad (5\text{-}3)$$

$$\text{Tobit}(Y2) = \beta_0 + \beta_1 \text{Cfr} + \beta_2 \text{Yearafter05} + \beta_3 \text{Cfr} \times \text{Yearafter05} + \sum_{i=4}^{n} \beta_i \text{CV}_i + \varepsilon \quad (5\text{-}4)$$

其中,模型 5-1、模型 5-2 用于检验假设 5-1、模型 5-3、模型 5-3、模型 5-4 用于检验假设 5-2。$Y1$ 分别代表股利支付意愿的两个因变量 Dumdiv、Cdumdiv,$Y2$ 分别代表股利支付水平的四个因变量 Payout、Dyield、Cpayout、Cdyield,当因变量为股利支付意愿 $Y1$ 时,笔者采用 Logistic 模型进行估计;而对于股利支付水平 $Y2$,则采用 Tobit 模型进行估计。此外,Motivation 则分别代表资金占用(Accratio)、自由现金流(Fcfps)、代理成本(Msr)、股利税调整(Yearafter05)、融资约束(KZ 和 Size)等五类变量。此外,CV 代表各类控制变量,ε 为残差项,下同。在检验各假设时,上述变量及其与 Family 的交乘项分别进入回归。应该指出,在上述模型中我们主要关注回归系数 β_3。可以预期,如果假设 5-1a 成立,那么 Family × Accratio 的回归系数应显著为负,即家族控制会加剧第二类代理冲突并增强资金占用与公司股利政策之间的负相关关系。其他的交叉项分析类似,如果假设 5-1b 成立,那么 Family × Fcfps 的回归系数应显著为正;如果假设 5-1c 成立,那么 Family × Msr 的回归系数应显著为负;如果假设 5-2a、假设 5-2b 成立,那么 Family × Yearafter 05 和 Cfr × Yearafter 05 的回归系数应显著为正;如果假设 5-3 成立,那么 Family × KZ 和 Family × Size 的回归系数应分别显著为负和显著为正。

第三节 实证结果与分析

一、描述性统计与分析

表 5-2 报告了全样本上市公司主要变量的描述性统计以及差异分析。从两类公司的差异检验来看:(1) 与前文章节的研究一致,家族公司的股利支付意愿与支付水平都显著低于非家族公司;(2) 与非家族公司相比,家族公司的资金占用程度(Accratio)、代理成本(Msr)和面临的融资约束程度(KZ)都显著高于非家族上市公司,但具有显著更低的自由现金流(Fcfps);(3) 家族公司与非家族公司在公司特征以及治理结构方面也存在一定的差异。

二、分组检验

为深入考察中国家族上市公司相对消极股利政策背后潜藏的深层次动因,笔者进一步对全样本进行了分组均值检验(见表 5-3)。

表 5-3 中,Panel A 显示了在不同的资金占用(Accratio)水平子样本组下,家族公司与非家族公司的股利政策差异。不难发现,在资金占用水平较高时,家族公司与非家族公司在股利政策方面的差异要明显高于当资金水平较低时两者的差异。仍然以股利支付意愿为例,在高(低)资金占用子样本中,家族公司与非家族公司的股利支付意愿分别为 19.9%(57.7%)和 34.2%(66.7%),后者是前者的 1.72(1.16)倍。可见,家族控制增强了资金占用对公司股利政策的负向影响,可能扮演了"掏空"的角色,这为假设 5-1a 提供了初步支持。

Panel B 统计了在不同的自由现金流(Fcfps)子样本组下,家族公司与非家族公司的股利政策差异。可以看到,在不同子样本中,家族公司的股利(现金股利)支付意愿与支付水平都要显著低于非家族公司,尤其是

表 5-2 主要变量的描述性统计与差异检验

	全样本($N=6321$)		家族公司($N=1660$)		非家族公司($N=4661$)		差异检验	
	均值	中值	均值	中值	均值	中值	T检验	Z检验
Dumdiv	0.47144	0.00000	0.34398	0.00000	0.51684	1.00000	-12.257***	-12.115***
Cdumdiv	0.46464	0.00000	0.33976	0.00000	0.50912	1.00000	-12.013***	-11.879***
Payout	0.27305	0.00000	0.21536	0.00000	0.29360	0.11111	-3.182***	-12.509***
Cpayout	0.22439	0.00000	0.13855	0.00000	0.25497	0.05815	-8.630***	-13.557***
Dyield	0.00941	0.00000	0.00636	0.00000	0.01049	0.00288	-9.422***	-12.363***
Cdyield	0.00816	0.00000	0.00482	0.00000	0.00936	0.00155	-11.821***	-13.313***
Family	0.26262	0.00000	1.00000	1.00000	0.00000	0.00000	—	—
Accratio	0.08030	0.02469	0.12512	0.03803	0.06434	0.02149	12.580***	-12.332***
Fcfps	0.21559	0.14870	0.08846	0.06275	0.26091	0.17630	-6.048***	-6.981***
Msr	0.12839	0.07222	0.17761	0.08075	0.11088	0.06981	10.061***	-7.316***
Yearafter05	0.82044	1.00000	0.85241	1.00000	0.80905	1.00000	3.956***	-3.952***
KZ	1.76995	1.68097	2.44821	2.05083	1.54170	1.56820	12.498***	-10.888***
Size	21.36687	21.31354	20.89125	20.90665	21.53615	21.46358	-21.154***	-19.931***
Roa	0.04678	0.04880	0.04144	0.05064	0.04868	0.04842	-2.767***	-0.107
Lev	0.56996	0.53520	0.64447	0.55941	0.54345	0.52817	9.728***	-5.723***
Growth	0.20655	0.14222	0.22286	0.11567	0.20074	0.14919	1.464	-3.734***
Board	9.38485	9.00000	8.74174	9.00000	9.61344	9.00000	-15.213***	-15.629***
Idpratio	0.35235	0.33333	0.35934	0.33333	0.34987	0.33333	6.589***	-5.422***

注:***、**、*分别表示显著性水平为1%、5%、10%(双尾)。

表 5-3 中国家族上市公司相对消极股利政策:基于动因的交叉分组均值检验

			Dumdiv	Cdumdiv	Payout	Cpayout	Dyield	Cdyield
			Panel A. 按资金占用(Accratio)分组					
资金占用 (Accratio)	高	家族公司	0.199	0.194	0.175	0.081	0.004	0.002
		非家族公司	0.342	0.335	0.190	0.164	0.006	0.005
		T 检验	-8.383***	-8.263***	-0.378	-6.318***	-4.540***	-7.246***
	低	家族公司	0.577	0.574	0.280	0.231	0.011	0.009
		非家族公司	0.667	0.659	0.383	0.333	0.015	0.013
		T 检验	-4.262***	-4.033***	-3.445***	-4.108***	-5.162***	-6.450***
			Panel B. 按自由现金流(Fcfps)分组					
自由现金流 (Fcfps)	高	家族公司	0.477	0.470	0.254	0.197	0.009	0.007
		非家族公司	0.600	0.592	0.338	0.304	0.013	0.011
		T 检验	-5.891***	-5.822***	-3.327***	-4.557***	-5.290***	-6.707***
	低	家族公司	0.244	0.242	0.186	0.095	0.004	0.003
		非家族公司	0.425	0.417	0.245	0.201	0.008	0.007
		T 检验	-9.771***	-9.517***	-1.420	-7.447***	-6.945***	-9.106***
			Panel C. 按代理成本(Msr)分组					
代理成本 (Msr)	高	家族公司	0.215	0.213	0.134	0.101	0.004	0.003
		非家族公司	0.424	0.413	0.277	0.235	0.008	0.007
		T 检验	-11.296***	-10.895***	-5.357***	-6.229***	-9.308***	-9.353***
	低	家族公司	0.507	0.501	0.319	0.186	0.010	0.007
		非家族公司	0.605	0.600	0.311	0.275	0.013	0.012
		T 检验	-4.734***	-4.793***	0.196	-5.505***	-3.866***	-6.890***

(续表)

			Dumdiv	Cdumdiv	Payout	Cpayout	Dyield	Cdyield
					Panel D. 按股利税调整（Yearafter05）分组			
股利税调整 (Yearafter05)	前	家族公司	0.335	0.331	0.173	0.143	0.007	0.006
		非家族公司	0.543	0.537	0.340	0.320	0.012	0.011
		T检验	-5.847***	-5.803***	-3.289***	-3.566***	-4.985***	-5.497***
	后	家族公司	0.346	0.341	0.223	0.138	0.006	0.005
		非家族公司	0.511	0.503	0.283	0.240	0.010	0.009
		T检验	-10.736***	-10.483***	-2.159***	-7.991***	-7.913***	-10.245***
					Panel E. 按融资约束（KZ）分组			
融资约束 (KZ)	高	家族公司	0.229	0.225	0.185	0.082	0.004	0.002
		非家族公司	0.371	0.364	0.207	0.168	0.006	0.005
		T检验	-7.421***	-7.336***	-0.516	-6.522***	-4.681***	-7.265***
	低	家族公司	0.520	0.516	0.266	0.209	0.010	0.008
		非家族公司	0.668	0.658	0.372	0.337	0.014	0.013
		T检验	-6.716***	-6.396***	-3.861***	-5.143***	-5.433***	-6.760***
					Panel F. 按融资约束（Size）分组			
融资约束 (Size)	高	家族公司	0.251	0.248	0.200	0.116	0.004	0.003
		非家族公司	0.346	0.341	0.236	0.196	0.006	0.005
		T检验	-5.543***	-5.430***	-0.863	-4.365***	-3.706***	-5.619***
	低	家族公司	0.541	0.534	0.248	0.187	0.011	0.008
		非家族公司	0.649	0.639	0.338	0.301	0.014	0.013
		T检验	-4.715***	-4.586***	-3.929***	-5.386***	-4.042***	-5.785***

注：***、**、* 分别表示显著性水平为1%、5%、10%（双尾）。

这种差异在自由现金流低时较为明显。仍然以股利支付意愿为例,在高(低)自由现金流子样本中,家族公司与非家族公司的股利支付意愿分别为47.7%(24.4%)和60.0%(42.5%),后者是前者的1.26(1.74)倍。可见,当公司拥有较高的自由现金流时,家族控制可以发挥一定的"利益协同效应"推动公司提高股利发放。这一统计结果为假设5-1b提供了初步证据。

Panel C 报告了在不同的代理成本(Msr)子样本组下,家族公司与非家族公司的股利政策差异。不难发现,在代理成本较高时,家族公司与非家族公司在股利政策方面的差异要明显高于代理成本较低时两者的差异。以股利支付意愿为例,在高(低)代理成本子样本中,家族公司与非家族公司的股利支付意愿分别为21.5%(50.7%)和42.4%(60.5%),后者是前者的1.97(1.19)倍。可见,家族控制可能会加剧代理冲突对公司股利政策的负向影响,并扮演"壕沟效应"的角色,从而为假设5-1c提供了初步支持。

Panel D 列示了股利税调整(Yearafter05)前后,家族公司与非家族公司的股利政策差异。综观统计结果可知,两类公司的股利政策似乎并没有因为股利税大幅削减发生明显变化。还是以股利支付意愿为例,在股利税调整前(后)子样本中,家族公司与非家族公司的股利支付意愿分别为33.5%(34.6%)和54.3%(51.1%),后者是前者的1.62(1.48)倍。由此可见,中国上市公司在考虑股利政策时几乎没有考虑股利税因素,因而家族公司较为消极的股利政策或许并非存在股利税使然,因而分组检验并没有支持假设5-2a。

Panel E、Panel F 是融资约束(KZ和Size)与家族控制的交叉分组检验。概括而言,融资约束的确给公司股利政策带来了显著的负面影响,而且这种影响对家族公司而言似乎尤为突出。无论是以KZ还是Size来衡量融资约束,家族公司与非家族公司在股利政策方面的差异在融资约束程度较高时都更为明显。因此,融资约束可能是家族公司股利政策相对消极的主要动因之一,从而初步支持了假设5-3。

三、相关分析

表5-4报告了本章主要研究变量的Pearson相关分析矩阵。与预期

相一致,上市公司股利政策的各个代理变量在1%水平上与家族控制(Family)显著负相关、与资金占用(Accratio)显著负相关、与自由现金流(Fcfps)显著正相关、与代理成本(Msr)显著负相关、与融资约束程度(KZ)显著负相关,而与融资约束程度(Size)显著正相关。可以看到,股利政策与股利税调整的虚拟变量显著负相关,这表明2005年股利税降低之后,我国上市公司的股利支付意愿与支付水平总体而言不仅没有提高反而有所下降。这从侧面再次印证了上市公司股利政策较少考虑股利税因素。此外,表5-4还显示,家族控制与资金占用、代理成本以及融资约束程度显著正相关,而与自由现金流显著负相关。

表5-4 主要变量的Pearson相关分析(全样本)

	Family	Accratio	Fcfps	Msr	Yearafter05	KZ	Size
Dumdiv	-0.152***	-0.304***	0.166***	-0.279***	-0.025**	-0.330***	0.395***
Cdumdiv	-0.149***	-0.301***	0.165***	-0.283***	-0.026**	-0.329***	0.390***
Payout	-0.040***	-0.088***	0.035***	-0.236***	-0.017	-0.098***	0.080***
Cpayout	-0.108***	-0.149***	0.085***	-0.240***	-0.057***	-0.188***	0.148***
Dyield	-0.118***	-0.203***	0.127***	-0.275***	-0.048***	-0.268***	0.318***
Cdyield	-0.147***	-0.205***	0.134***	-0.276***	-0.068***	-0.285***	0.333***
Family	1.000						
Accratio	0.157***	1.000					
Fcfps	-0.076***	-0.154***	1.000				
Msr	0.092***	0.501***	-0.167***	1.000			
Yearafter05	0.050***	-0.035***	-0.034***	-0.059***	1.000		
KZ	0.163***	0.585***	0.011	0.417***	0.100***	1.000	
Size	-0.257***	-0.395***	0.236***	-0.428***	0.053***	-0.279***	1.000

注:***、**、*分别表示显著性水平为1%、5%、10%(双尾)。

四、多元回归分析

(一)代理理论假说检验

1. 家族控制、资金占用与公司股利政策

理论上,资金占用是大股东获取控制权私利的主要方式之一,而大量的资金占用通常会导致公司采用较低的股利分配政策,那么家族上市公司相对消极的股利政策是否是家族股东具有比非家族股东更为强烈的资金占用"掏空效应"使然呢?实证结果似乎没有支持上述观点。表5-5考察了家族控制、资金占用与公司股利政策的关系。综观表 5-5,家族控制以及资金占用都在 5% 的水平上对公司股利政策具有显著的负向影响,而两者的交叉乘项(Family × Accratio)为正但并不显著。这表明,虽然前文统计显示家族上市公司资金占用水平显著高于非家族上市公司,但是家族控制并不会显著增强资金占用对公司股利政策的负向影响,从而假设 5-1a 没有得到支持。换言之,家族控制通过资金占用来"掏空"上市公司的负面效应可能并不是解释家族公司股利政策相对消极的主要原因。①

表 5-5 家族控制、资金占用与公司股利政策

	Logistic 回归		Tobit 回归		Tobit 回归	
	Dumdiv	Cdumdiv	Payout	Cpayout	Dyield	Cdyield
	模型 1	模型 2	模型 3	模型 4	模型 5	模型 6
Family	-0.308*** (-2.85)	-0.281*** (-2.59)	-0.079*** (-2.99)	-0.087*** (-3.62)	-0.002** (-2.10)	-0.003*** (-2.99)
Accratio	-10.437*** (-10.03)	-10.519*** (-9.92)	-2.654*** (-10.61)	-2.410*** (-10.20)	0.113*** (-10.08)	0.100*** (-10.10)
Family × Accratio	0.239 (0.12)	0.101 (0.05)	0.225 (0.43)	0.122 (0.25)	0.020 (0.91)	0.008 (0.45)
Size	0.835*** (18.79)	0.811*** (18.53)	0.122*** (14.97)	0.115*** (15.65)	0.007*** (18.28)	0.007*** (19.84)
Lev	-2.856*** (-13.05)	-2.848*** (-13.10)	-0.584*** (-12.35)	-0.589*** (-13.47)	-0.023*** (-11.49)	-0.023*** (-13.54)
Roa	19.335*** (17.58)	18.824*** (17.64)	2.436*** (18.73)	2.015*** (17.45)	0.158*** (23.45)	0.135*** (22.38)
Growth	-0.075 (-1.00)	-0.043 (-0.57)	-0.006 (-0.36)	-0.007 (-0.46)	-0.001 (-1.28)	-0.001 (-1.38)
Bdsize	0.038** (2.10)	0.045** (2.52)	0.009** (2.22)	0.010*** (2.76)	0.000*** (2.29)	0.000*** (2.59)
Idpratio	-1.607** (-2.29)	-1.525** (-2.19)	-0.231 (-1.40)	-0.208 (-1.41)	-0.007 (-0.95)	-0.009 (-1.57)

---

① 不过,笔者也注意到上述研究可能具有一定的局限性。理论上,大股东"掏空"手段形形色色、层出不穷,诸如资金占用、担保、关联交易、股权转让以及其他潜在的利益输送手段,等等(刘峰和贺建刚,2004)。本章仅研究了资金占用这一种具有代表性的"掏空"手段,因而尚不能断言家族控制不会产生严重的利益侵害行为并给公司股利政策带来负面影响,未来的研究可以进一步考察其他"掏空"方式。

（续表）

	Logistic 回归		Tobit 回归		Tobit 回归	
	Dumdiv	Cdumdiv	Payout	Cpayout	Dyield	Cdyield
	模型1	模型2	模型3	模型4	模型5	模型6
Year/Ind	控制	控制	控制	控制	控制	控制
Constant	-16.069*** (-17.04)	-15.635*** (-16.81)	-2.131*** (-11.71)	-2.006*** (-12.25)	-0.140*** (-16.28)	-0.127*** (-17.93)
Pseudo R^2	0.359	0.353	0.230	0.250	-0.363	-0.365
F/Chi2	1 087.16	1 083.08	55.61	56.63	45.23	49.40
N	6 189	6 189	6 189	6 189	6 189	6 189

注：***、**、*分别表示显著性水平为1%、5%、10%（双尾）；T 检验值经 White(1980)异方差调整。

2. 家族控制、自由现金流与公司股利政策

表 5-6 报告了对家族控制、自由现金流与公司股利政策相关关系进行 Logistic 回归和 Tobit 回归的实证结果。与预期相一致，表 5-6 显示，家族控制对公司股利政策有显著的负向影响，而拥有较高自由现金流的上市公司具有更为积极的股利政策。进一步地，家族控制与自由现金流的交叉乘项（Family × Fcfps）显著为正，这表明家族控制可以增强自由现金流与公司股利政策之间的正相关关系。换言之，家族控制可以推动上市公司将自由现金流以股利支付的形式返还给外部股东，发挥了积极的"利益协同效应"，因而本章的假设 5-1b 得到了证实。

表 5-6　家族控制、自由现金流与公司股利政策

	Logistic 回归		Tobit 回归		Tobit 回归	
	Dumdiv	Cdumdiv	Payout	Cpayout	Dyield	Cdyield
	模型1	模型2	模型3	模型4	模型5	模型6
Family	-0.348*** (-4.25)	-0.325*** (-3.98)	-0.087*** (-4.35)	-0.097*** (-5.46)	-0.002*** (-2.64)	-0.003*** (-4.43)
Fcfps	0.252*** (5.94)	0.251*** (5.97)	0.056*** (6.92)	0.053*** (7.19)	0.002*** (5.90)	0.002*** (6.06)
Family × Fcfps	0.170* (1.91)	0.151* (1.73)	0.034* (1.76)	0.031* (1.90)	0.002* (1.85)	0.002** (2.40)
Size	0.926*** (21.34)	0.900*** (21.02)	0.147*** (18.30)	0.136*** (18.77)	0.008*** (20.26)	0.007*** (22.16)
Lev	-3.820*** (-18.55)	-3.803*** (-18.60)	-0.816*** (-18.40)	-0.794*** (-19.13)	-0.032*** (-16.96)	-0.031*** (-19.06)

(续表)

	Logistic 回归		Tobit 回归		Tobit 回归	
	Dumdiv	Cdumdiv	Payout	Cpayout	Dyield	Cdyield
	模型1	模型2	模型3	模型4	模型5	模型6
Roa	19.150*** (18.10)	18.660*** (18.16)	2.598*** (20.19)	2.165*** (19.01)	0.159*** (23.64)	0.136*** (22.99)
Growth	-0.018 (-0.25)	0.012 (0.16)	0.006 (0.41)	0.004 (0.25)	-0.000 (-0.61)	-0.000 (-0.73)
Ncfps	0.227*** (3.86)	0.233*** (3.97)	0.025** (2.25)	0.028*** (2.77)	0.002*** (3.78)	0.002*** (4.38)
Bdsize	0.045** (2.53)	0.052*** (2.93)	0.011*** (2.81)	0.012*** (3.35)	0.000*** (2.76)	0.000*** (3.11)
Idpratio	-1.476** (-2.14)	-1.398** (-2.04)	-0.198 (-1.20)	-0.173 (-1.19)	-0.005 (-0.74)	-0.008 (-1.30)
Year/Ind	控制	控制	控制	控制	控制	控制
Constant	-18.511*** (-20.20)	-18.060*** (-19.92)	-2.811*** (-15.84)	-2.591*** (-16.18)	-0.164*** (-18.97)	-0.147*** (-20.99)
Pseudo R^2	0.339	0.334	0.208	0.227	-0.341	-0.344
F/Chi2	1110.34	1120.81	54.68	56.39	43.91	49.56
N	6215	6215	6215	6215	6215	6215

注：***、**、*分别表示显著性水平为1%、5%、10%（双尾）；T检验值经White(1980)异方差调整。

3. 家族控制、代理成本与公司股利政策

表5-7考察了家族控制、代理成本与公司股利政策的相关关系。

表5-7 家族控制、代理成本与公司股利政策

	Logistic 回归		Tobit 回归	Tobit 回归		
	Dumdiv	Cdumdiv	Payout	Dumdiv	Cdumdiv	Payout
	模型1	模型2	模型3	模型4	模型5	模型6
Family	-0.068 (-0.50)	-0.070 (-0.51)	-0.001 (-0.04)	-0.037 (-1.32)	0.001 (0.64)	-0.001 (-1.26)
Msr	-5.341*** (-7.88)	-5.448*** (-7.93)	-1.172*** (-7.72)	-1.119*** (-7.82)	-0.056*** (-8.28)	-0.052*** (-8.55)
Family × Mrs	-3.430** (-2.35)	-3.157** (-2.17)	-0.957*** (-2.82)	-0.643** (-2.10)	-0.037** (-2.64)	-0.018 (-1.52)
Size	0.847*** (19.08)	0.821*** (18.77)	0.130*** (15.68)	0.122*** (16.07)	0.007*** (18.16)	0.007*** (19.69)

(续表)

	Logistic 回归		Tobit 回归		Tobit 回归	
	Dumdiv	Cdumdiv	Payout	Dumdiv	Cdumdiv	Payout
	模型1	模型2	模型3	模型4	模型5	模型6
Lev	-3.668*** (-17.10)	-3.651*** (-17.18)	-0.769*** (-16.89)	-0.754*** (-17.81)	-0.030*** (-15.51)	-0.030*** (-17.77)
Roa	19.783*** (17.70)	19.284*** (17.78)	2.520*** (18.80)	2.081*** (17.53)	0.159*** (23.09)	0.136*** (22.32)
Growth	-0.191*** (-2.60)	-0.159** (-2.17)	-0.031* (-1.91)	-0.029* (-1.95)	-0.002*** (-2.96)	-0.002*** (-2.99)
Ncfps	0.163*** (2.90)	0.169*** (3.03)	0.017 (1.52)	0.020** (2.03)	0.002*** (3.26)	0.002*** (3.82)
Bdsize	0.044** (2.46)	0.051*** (2.87)	0.011*** (2.69)	0.012*** (3.21)	0.000*** (2.74)	0.000*** (3.06)
Idpratio	-1.537** (-2.18)	-1.454** (-2.08)	-0.197 (-1.20)	-0.182 (-1.24)	-0.005 (-0.68)	-0.008 (-1.35)
Year/Ind	控制	控制	控制	控制	控制	控制
Constant	-16.172*** (-16.81)	-15.709*** (-16.54)	-2.295*** (-12.22)	-2.130*** (-12.49)	-0.140*** (-16.07)	-0.127*** (-17.46)
Pseudo R^2	0.347	0.341	0.216	0.234	-0.351	-0.351
F/Chi2	1 093.23	1 093.85	54.47	55.96	44.37	49.75
N	6 208	6 208	6 208	6 208	6 208	6 208

注:***、**、*分别表示显著性水平为1%、5%、10%(双尾);T检验值经White(1980)异方差调整。

综观表5-7,代理冲突的确会对公司股利政策产生显著负向影响,面临更高代理成本(Msr)的上市公司更不愿意支付股利。进一步地,除模型6以外,我们最为关注的家族控制与代理成本的交叉乘项(Family×Msr)都在5%的水平上显著为负。这表明,在上市公司面临代理冲突并对公司股利政策产生显著负向影响的情况下,家族控制作为一种内部控制权安排未必能够发挥积极的治理效应,反而可能加剧这种代理冲突,并导致公司股利政策更加消极。有趣的是,笔者注意到表5-7中家族控制(Family)的回归系数虽然为负但不再显著。这意味着,倘若家族公司与非家族公司的代理成本都接近于零,那么家族公司的股利政策不会明显比非家族公司更为消极(因为此时Msr与Family×Msr都接近于零,而Family基本上是不显著的),这也反过来印证了第一类代理冲突在家族公

第五章　中国家族上市公司相对消极股利政策的动因研究

司中较为突出的事实。总体而言,实证结果显示家族控制的确存在"壕沟效应",这或许是导致家族上市公司相对消极股利政策的主要原因之一,从而验证了假设5-1c。

4. 家族控制与公司股利政策:基于代理理论的进一步分析

本章的上述研究证实:(1)在第二类代理冲突中,控制性家族股东利用资金占用"掏空"上市公司并负向影响公司股利政策的效应并不明显。(2)在第一类代理冲突中,家族控制既在一定程度上有助于推动公司将自由现金流以股利方式支付给外部股东从而扮演"利益协同"的角色,也有可能加剧代理冲突并产生"壕沟效应"。考虑到第四章已发现家族上市公司具有不同的家族控制权特征,由此,自然而然地产生了两个疑问:第一,不同类型的家族控制是否具有不同的资金占用"掏空效应"?此外,哪类家族控制更有可能发挥"壕沟效应"或者"利益协同效应"?第二,既然家族股东并没有表现出更明显的"掏空效应",而作为内部人却同时存在"壕沟效应"和"利益协同效应",那为什么我们观察到的家族上市公司总体而言股利支付意愿和支付水平要显著低于非家族上市公司?

对于第一个问题,笔者试图结合第四章的实证发现提出一个初步的解释。笔者认为,不同家族终极控制权特征所隐藏的代理冲突在很大程度上决定了家族控制的"壕沟效应"抑或"利益协同效应",并最终影响公司股利政策。为验证这一观点,笔者选取家族管理(Famboard/NonFamboard)与控制权取得途径(Dlist/NonDlist)这两种控制权特征作进一步分析(见表5-8)。[①]

[①] 与第四章相同,当家族上市公司中有家族成员担任公司领导人(董事长、副董事长或总经理)时Famboard取1,否则取0;当家族上市公司中没有家族成员担任公司领导人时NonFamboard取1,否则取0;当家族上市公司是直接上市时,Dlist取1,否则取0;当家族上市公司是通过"买壳"等方式进入资本市场时,NonDlist取1,否则取0。简言之,就是将家族上市公司虚拟变量(Family)分解为Famboard和NonFamboard两个变量或者Dlist和NonDlist两个变量。

表 5-8 两种家族终极控制权特征、非家族控制与公司股利政策

		Dumdiv	Cdumdiv	Payout	Cpayout	Dyield	Cdyield
(1) 家族参与管理 (Famboard)		0.42152	0.41816	0.22883	0.17277	0.00754	0.00605
(2) 家族未参与管理 (NonFamboard)		0.25391	0.2487	0.19971	0.09881	0.00499	0.00338
(3) 直接上市家族公司 (Dlist)		0.45833	0.45343	0.24429	0.19288	0.00836	0.00667
(4) 非直接上市家族公司 (NonDlist)		0.23536	0.23178	0.18896	0.08675	0.00447	0.00305
(5) 非家族上市公司 (NonFamily)		0.51684	0.50912	0.29360	0.25497	0.01049	0.00936
均值 T 检验	(1) VS. (5)	-5.228***	-4.988***	-2.920***	-4.577***	-5.215***	-6.480***
	(2) VS. (5)	-13.745***	-13.619***	-2.680***	-8.368***	-8.996***	-11.137***
	(3) VS. (5)	-3.086***	-2.937***	-2.148***	-3.307***	-3.562***	-5.037***
	(4) VS. (5)	-15.331***	-15.110***	-3.105***	-9.420***	-10.440***	-12.289***

注：***、**、* 分别表示显著性水平为 1%、5%、10%（双尾）。

理论上,家族参与管理以及直接上市的家族公司相比其对照公司具有更低的第一类代理冲突,但可能具有潜在更严重的第二类代理冲突。根据表 5-8,各类家族上市公司的股利支付意愿和支付水平都显著低于非家族上市公司,尤其是家族未参与管理、"买壳"上市的家族公司其股利支付意愿和支付水平大约仅为非家族上市公司的一半。相比而言,家族参与管理、直接上市的家族公司与非家族上市公司的股利政策差异则要小很多。这一事实显示:(1)在第二类代理冲突可能更为明显的家族上市公司(如家族参与管理、直接上市)中,家族控制并没有严重地削弱其股利支付。(2)在第一类代理冲突可能更为明显的家族上市公司(如家族未参与管理、"买壳"上市)中,家族控制反而最不愿意发放股利。

换言之,这一统计结果进一步印证了前文的发现,即第一类代理冲突或许才是家族控制影响公司股利政策的主要因素,而第二类代理冲突的影响并不是非常突出。基于代理理论的视角,家族控股股东作为内部人所带来的"壕沟效应"而非"掏空效应",可能是导致家族上市公司股利政策相对消极的一个主要动因。

为更深入考察,笔者还进一步将家族控制(Family)分解为家族管理(Famboard)与非家族管理(NonFamboard)、直接上市(Dlist)与非直接上市(NonDlist)两类,并重复表 5-5、表 5-7 的回归,检验不同家族终极控制权特征对于资金占用与股利政策、代理成本与股利政策之间关系的影响(见表 5-9、表 5-10)。

表 5-9 家族终极控制权特征、资金占用与股利政策

	Panel A. 是否家族管理(Famboard、NonFamboard)					
	Logistic 回归		Tobit 回归		Tobit 回归	
	Dumdiv	Cdumdiv	Payout	Cpayout	Dyield	Cdyield
	模型 1	模型 2	模型 3	模型 4	模型 5	模型 6
Accratio	-10.355*** (-9.95)	-10.404*** (-9.83)	-2.660*** (-10.61)	-3.823*** (-11.85)	-0.112*** (-9.98)	-0.099*** (-10.03)
Famboard	-0.130 (-0.95)	-0.109 (-0.80)	-0.038 (-1.20)	-0.077* (-1.83)	-0.001 (-1.06)	-0.002 (-1.57)
Famboard × Accratio	0.877 (0.32)	0.978 (0.36)	0.393 (0.57)	1.058* (1.70)	0.029 (0.99)	0.022 (0.97)

(续表)

Panel A. 是否家族管理(Famboard、NonFamboard)						
	Logistic 回归		Tobit 回归		Tobit 回归	
	Dumdiv	Cdumdiv	Payout	Cpayout	Dyield	Cdyield
	模型1	模型2	模型3	模型4	模型5	模型6
NonFamboard	-0.611***	-0.577***	-0.015***	-0.225***	-0.004**	-0.005***
	(-4.11)	(-3.84)	(-4.02)	(-4.06)	(-2.26)	(-3.38)
NonFamboard × Accratio	0.702	0.315	0.219	0.324	0.015	-0.006
	(0.33)	(0.14)	(0.36)	(0.41)	(0.54)	(-0.26)
控制变量	是	是	是	是	是	是
Pseudo R^2	0.360	0.355	0.232	0.160	-0.364	-0.367
F/Chi2	1 114.37	1 111.94	51.67	1 776.11	42.65	46.00
N	6 189	6 189	6 189	6 189	6 189	6 189
Panel B. 是否直接上市(Dlist、NonDlist)						
	Logistic 回归		Tobit 回归		Tobit 回归	
	Dumdiv	Cdumdiv	Payout	Cpayout	Dyield	Cdyield
	模型1	模型2	模型3	模型4	模型5	模型6
Accratio	-10.366***	-10.440***	-2.666***	-3.834***	-0.112***	-0.099***
	(-9.99)	(-9.87)	(-10.63)	(-11.89)	(-9.99)	(-10.05)
Dlist	0.038	0.066	-0.002	-0.018	0.000	-0.000
	(0.27)	(0.46)	(-0.07)	(-0.41)	(0.26)	(-0.20)
Dlist × Accratio	0.318	0.053	0.181	0.510	0.028	0.013
	(0.12)	(0.02)	(0.23)	(0.72)	(0.89)	(0.49)
NonDlist	-0.819***	-0.794***	-0.207***	-0.323***	-0.007***	-0.007***
	(-5.72)	(-5.51)	(-5.58)	(-6.10)	(-4.37)	(-5.60)
NonDlist × Accratio	2.249	2.271	0.764	1.468**	0.034	0.024
	(1.06)	(1.04)	(1.35)	(2.28)	(1.33)	(1.19)
控制变量	是	是	是	是	是	是
Pseudo R^2	0.363	0.357	0.234	0.161	-0.366	-0.369
F/Chi2	1 115.16	1 113.82	52.06	1 791.02	41.66	45.99
N	6 189	6 189	6 189	6 189	6 189	6 189

注:(1)***、**、*分别表示显著性水平为1%、5%、10%(双尾);(2)各回归模型中已包括相关控制变量,如公司规模(Size)、盈利能力(Roa)、负债水平(Lev)、公司成长机会(Growth)、现金流创造能力(Ncfps)、董事会规模(Bsize)、独立董事比例(Idpratio),限于篇幅未报告控制变量和常数项的回归结果;(3)T检验值经 White(1980)异方差调整。

表 5-10 家族终极控制权特征、代理成本与股利政策

Panel A. 是否家族管理(Famboard、NonFamboard)

	Logistic 回归		Tobit 回归		Tobit 回归	
	Dumdiv	Cdumdiv	Payout	Cpayout	Dyield	Cdyield
	模型1	模型2	模型3	模型4	模型5	模型6
Mrs	-5.384***	-5.488***	-1.187***	-1.496***	-0.056***	-0.052***
	(-7.92)	(-7.97)	(-7.81)	(-6.45)	(-8.35)	(-8.63)
Famboard	0.048	0.063	0.007	0.002	0.001	-0.001
	(0.30)	(0.40)	(0.18)	(0.04)	(0.44)	(-0.73)
Famboard × Mrs	-1.776	-1.670	-0.360	-0.484	-0.013	-0.000
	(-1.09)	(-1.03)	(-0.98)	(-0.96)	(-0.88)	(-0.02)
NonFamboard	-0.155	-0.190	0.010	0.005	0.002	-0.001
	(-0.72)	(-0.90)	(0.19)	(0.06)	(0.99)	(-0.66)
NonFamboard × Mrs	-7.089***	-6.484***	-2.218***	-3.180***	-0.093***	-0.060***
	(-2.87)	(-2.65)	(-3.72)	(-3.73)	(-3.50)	(-2.64)
控制变量	是	是	是	是	是	是
Pseudo R^2	0.350	0.344	0.219	0.149	-0.353	-0.354
F/Chi2	1 096.48	1 099.13	51.69	1 662.77	42.83	47.10
N	6 208	6 208	6 208	6 208	6 208	6 208

Panel B. 是否直接上市(Dlist、NonDlist)

	Logistic 回归		Tobit 回归		Tobit 回归	
	Dumdiv	Cdumdiv	Payout	Cpayout	Dyield	Cdyield
	模型1	模型2	模型3	模型4	模型5	模型6
Mrs	-5.356***	-5.461***	-1.178***	-1.484***	-0.056***	-0.052***
	(-7.89)	(-7.94)	(-7.79)	(-6.42)	(-8.33)	(-8.59)
Dlist	0.363*	0.356*	0.083**	0.099*	0.044**	0.001
	(1.96)	(1.94)	(2.15)	(1.78)	(2.15)	(0.89)
Dlist × Mrs	-3.359*	-3.078*	-0.802**	-1.055*	-0.025	-0.009
	(-1.79)	(-1.65)	(-2.00)	(-1.91)	(-1.55)	(-0.62)
NonDlist	-0.486**	-0.485**	-0.100**	-0.137**	-0.002	-0.004***
	(-2.52)	(-2.53)	(-1.98)	(-1.97)	(-1.01)	(-2.60)
NonDlist × Mrs	-4.828**	-4.539**	-1.326**	-2.095***	-0.064***	-0.040*
	(-2.09)	(-1.97)	(-2.25)	(-2.79)	(-2.59)	(-1.93)
控制变量	是	是	是	是	是	是
Pseudo R^2	0.352	0.347	0.221	0.151	-0.356	-0.357
F/Chi2	1 095.68	1 100.09	51.92	1 679.64	41.78	46.98
N	6 208	6 208	6 208	6 208	6 208	6 208

注:(1) ***、**、*分别表示显著性水平为1%、5%、10%(双尾);(2) 各回归模型中已包括相关控制变量,如公司规模(Size)、盈利能力(Roa)、负债水平(Lev)、公司成长机会(Growth)、现金流创造能力(Ncfps)、董事会规模(Bsize)、独立董事比例(Idpratio),限于篇幅未报告控制变量和常数项的回归结果;(3) T检验值经 White(1980)异方差调整。

表 5-9 显示,Famboard × Accratio 与 NonFamboard × Accratio、Dlist × Accratio 与 NonDlist × Accratio 在各个回归模型中几乎都不显著。这表明,不管在家族上市公司中家族是否参与管理或者公司是否直接上市,不同类型的家族控制都没有显著增强资金占用"掏空效应"对公司股利政策的负面影响。换言之,基于资金占用的"掏空"视角,不同终极控制权特征下的家族控制似乎都没有表现出严重的第二类代理冲突并进而给公司股利政策带来负向作用。可见,这一结果进一步支持了前文的研究发现。

在表 5-10 Panel A 中,Famboard × Mrs 虽然为负但并不显著,显示家族参与管理的公司并不会明显地加剧第一类代理冲突对公司股利政策的负向影响。相反,NonFamboard × Mrs 都在 1% 的水平上显著为负,表明非家族管理的家族上市公司具有明显的"壕沟效应",可能加剧第一类代理冲突并降低公司股利支付水平。类似地,在 Panel B 中,Dlist × Mrs 和 NonDlist × Mrs 都显著为负,但前者回归系数的绝对值都小于后者,而且注意到 Dlist 回归系数显著为正,可在一定程度上抵消 Dlist × Mrs 对股利支付的负向作用。这显示,家族控制直接上市相比"买壳"上市的控制权取得途径,无疑具有更低的"壕沟效应",因而直接上市的家族公司要比"买壳"上市的家族公司具有明显更高的股利支付水平。可以说,表 5-10 的实证结果进一步验证了家族控制的第一类代理冲突显著影响公司股利政策的观点。

综上,笔者认为,基于代理理论的视角,家族终极控制权特征在很大程度上决定了公司的第一类代理冲突(即家族控制是发挥"壕沟效应"抑或"利益协同效应"),进而影响了公司股利政策。基于资金占用这种"掏空"方式的研究则显示,家族控制并没有加剧第二类代理冲突并对公司股利政策产生显著的负向影响。

对于第二个问题,笔者认为,代理理论似乎难以完全澄清"家族上市公司相对消极股利政策之谜",或者说,代理理论只讲了故事的一半。基于代理理论视角似乎不能解释,为什么即便是"利益协同效应"占据主导地位的家族上市公司(如家族参与管理、直接上市),其股利支付意愿与支付水平也要显著低于非家族上市公司。本章的后续研究试图对上述问题作进一步探讨。

(二) 税收假说检验

1. 家族控制、股利税调整与公司股利政策

除了代理理论,股利税收是不是决定家族上市公司股利政策的关键因素呢? 本章试图以 2005 年财税[2005]102 号法规大幅削减股利税为背景,间接检验上述问题。表 5-11 报告了对股利税假说的实证检验结果。综观表 5-11,与前文中的相关分析、交叉分组检验结果相似,年份虚拟变量 Yearafte05 的回归系数显著为负。换言之,2005 年股利税降低之后,我国上市公司股利支付意愿与支付水平总体而言不升反降。这可能意味着,股利税并不是上市公司制定股利政策时所关注的主要因素。进一步地,股利税调整并没有给家族上市公司的股利政策带来更明显的影响,两者交叉乘项(Family × Yearafter05)的回归系数为正,但没有通过显著性检验,从而假设 5-2a 没有得到支持。可见,股利税可能不是压抑我国家族上市公司股利政策的主要动因。笔者认为,在我国投资者普遍不关注股利税的背景下,家族股东没有表现出比非家族股东更为强烈的股利税规避行为似乎情有可原,更何况我国实行的还是统一的股利税税率,这也进一步削弱了家族股东因为股利税原因而降低公司股利支付的动机。

表 5-11 家族控制、股利税调整与公司股利政策(全样本)

	Logistic 回归			Tobit 回归		
	Dumdiv	Cdumdiv	Payout	Dumdiv	Cdumdiv	Payout
	模型 1	模型 2	模型 3	模型 4	模型 5	模型 6
Family	-0.440** (-2.51)	-0.434** (-2.46)	-0.143*** (-3.13)	-0.140*** (-3.36)	-0.004** (-2.26)	-0.005*** (-2.71)
Yearafter05	-0.449*** (-5.00)	-0.457*** (-5.10)	-0.104*** (-4.81)	-0.111*** (-5.52)	-0.006*** (-6.56)	-0.006*** (-7.37)
Family × Yearafter05	0.133 (0.69)	0.152 (0.78)	0.066 (1.32)	0.050 (1.10)	0.002 (1.00)	0.001 (0.79)
Size	0.947*** (22.24)	0.923*** (21.99)	0.15*** (19.26)	0.142*** (19.66)	0.008*** (20.17)	0.008*** (21.88)
Lev	-3.507*** (-17.72)	-3.496*** (-17.79)	-0.755*** (-17.48)	-0.738*** (-18.19)	-0.031*** (-16.40)	-0.030*** (-18.14)
Roa	18.372*** (17.84)	17.884*** (17.93)	2.568*** (20.28)	2.122*** (18.99)	0.148*** (21.97)	0.126*** (21.19)

（续表）

	Logistic 回归		Tobit 回归		Tobit 回归	
	Dumdiv	Cdumdiv	Payout	Dumdiv	Cdumdiv	Payout
	模型1	模型2	模型3	模型4	模型5	模型6
Growth	-0.009 (-0.12)	0.015 (0.21)	0.010 (0.66)	0.006 (0.43)	-0.000 (-0.40)	-0.000 (-0.57)
Ncfps	0.186*** (3.30)	0.193*** (3.42)	0.020* (1.77)	0.024** (2.34)	0.002*** (4.09)	0.002*** (4.68)
Bdsize	0.046*** (2.60)	0.052*** (2.98)	0.011*** (2.85)	0.012*** (3.38)	0.001*** (3.03)	0.000*** (3.37)
Idpratio	-1.872*** (-2.75)	-1.785*** (-2.65)	-0.319* (-1.95)	-0.292** (-2.00)	-0.015** (-2.06)	-0.017*** (-2.74)
Ind	控制	控制	控制	控制	控制	控制
Constant	-18.814*** (-21.00)	-18.405*** (-20.77)	-2.905*** (-16.54)	-2.681*** (-16.86)	-0.164*** (-18.66)	-0.148*** (-20.51)
Pseudo R^2	0.326	0.321	0.197	0.213	-0.299	-0.298
F/Chi2	1104.13	1115.52	59.79	61.47	45.20	49.40
N	6219	6219	6219	6219	6219	6219

注：***、**、* 分别表示显著性水平为1%、5%、10%（双尾）；T 检验值经 White(1980) 异方差调整。

2. 家族所有权、股利税调整与公司股利政策

为了进一步检验股利税调整对家族股东所有权与股利政策两者关系可能带来的不同影响，接下来对家族上市公司的子样本进行实证分析（见表 5-12）。

表 5-12　家族所有权、股利税调整与公司股利政策（家族上市公司子样本）

	Logistic 回归		Tobit 回归		Tobit 回归	
	Dumdiv	Cdumdiv	Payout	Dumdiv	Cdumdiv	Payout
	模型1	模型2	模型3	模型4	模型5	模型6
Cfr	-0.263 (-0.21)	-0.271 (-0.22)	0.384 (1.19)	0.358 (1.31)	0.011 (0.79)	0.009 (0.83)
Yearafter05	-0.341 (-1.05)	-0.361 (-1.11)	-0.013 (-0.17)	-0.046 (-0.69)	-0.002 (-0.61)	-0.004 (-1.35)
Cfr × Yearafter05	0.460 (0.34)	0.549 (0.41)	-0.162 (-0.46)	-0.095 (-0.32)	-0.007 (-0.48)	-0.003 (-0.25)
Size	1.057*** (11.81)	1.049*** (11.75)	0.219*** (10.82)	0.181*** (10.69)	0.011*** (8.62)	0.009*** (11.16)
Lev	-3.741*** (-9.93)	-3.759*** (-9.93)	-0.978*** (-10.24)	-0.855*** (-10.07)	-0.042*** (-7.61)	-0.034*** (-9.46)

(续表)

	Logistic 回归		Tobit 回归		Tobit 回归	
	Dumdiv	Cdumdiv	Payout	Dumdiv	Cdumdiv	Payout
	模型1	模型2	模型3	模型4	模型5	模型6
Roa	14.881*** (10.43)	14.604*** (10.37)	2.665*** (10.12)	1.885*** (9.30)	0.138*** (10.07)	0.095*** (10.31)
Growth	-0.100 (-0.94)	-0.098 (-0.91)	-0.015 (-0.54)	-0.018 (-0.75)	-0.001 (-1.02)	-0.001 (-1.19)
Ncfps	0.428*** (3.32)	0.443*** (3.42)	0.084*** (2.89)	0.079*** (3.36)	0.004** (2.55)	0.004*** (4.04)
Bdsize	0.109*** (2.84)	0.112*** (2.90)	0.024** (2.45)	0.021** (2.42)	0.001*** (2.88)	0.001*** (3.65)
Idpratio	-2.800** (-2.07)	-2.788** (-2.05)	-0.820** (-2.27)	-0.816*** (-2.75)	-0.034** (-2.18)	-0.031*** (-2.65)
Ind	控制	控制	控制	控制	控制	控制
Constant	-21.754*** (-10.88)	-21.601*** (-10.82)	-4.390*** (-9.51)	-3.618*** (-9.30)	-0.230*** (-7.79)	-0.178*** (-10.38)
Pseudo R^2	0.344	0.342	0.246	0.270	-0.486	-0.441
F/Chi2	347.59	348.91	—	—	—	—
N	1 610	1 610	1 627	1 627	1 627	1 627

注:***、**、*分别表示显著性水平为1%、5%、10%(双尾);T检验值经White(1980)异方差调整。

理论上,在股利税变动前后,所有权比例不同的家族股东对公司股利政策的偏好会相应地发生明显的变化,并对公司股利政策产生影响。然而,与全样本分析类似,在表5-12的实证结果中,我们同样没有找到股利税变动会对不同所有权比例下家族上市公司股利政策造成影响的证据,两者交叉乘项(Cfr × Yearafter05)在各回归模型中都不显著,因此假设5-2b也没有得到支持。

3. 进一步分析:增量回归

上述对税收假说的检验主要考察了同一时点下不同公司股利政策对于股利税调整具有的不同反应,即水平分析。然而,股利税对上市公司股利政策的影响也可能是从同一个公司不同年份之间股利政策的纵向变化来反映。为此,笔者从增量回归的角度进一步检验了股利税变动前后一年(2004年与2005年)家族控制与上市公司股利支付水平变动的关系(见表5-13)。

表 5-13　家族控制、股利税税调整与股利支付水平变动

	ΔPayout 模型1	ΔCpayout 模型2	ΔDyield 模型3	ΔCdyield 模型4	ΔPayout 模型5	ΔCpayout 模型6	ΔDyield 模型7	ΔCdyield 模型8
Family	0.048 (1.20)	0.042 (1.19)	−0.000 (−0.41)	−0.001 (−1.44)				
Cfr					−0.012 (−0.06)	−0.004 (−0.03)	0.007 (1.15)	0.003 (0.53)
Size	0.017 (0.90)	0.023 (1.28)	0.001 (1.00)	0.001 (1.63)	−0.014 (−0.69)	−0.012 (−0.79)	0.000 (0.41)	0.000 (0.46)
Lev	0.108*** (2.64)	0.091** (2.31)	0.002*** (2.67)	0.002** (2.15)	0.025 (0.87)	0.003 (0.12)	0.002* (1.90)	0.001 (1.12)
Roa	0.260 (1.25)	0.149 (0.74)	0.024*** (4.65)	0.019*** (4.28)	0.103 (0.59)	−0.098 (−1.10)	0.004 (0.57)	−0.005 (−1.27)
Growth	−0.049 (−1.21)	−0.031 (−0.85)	0.001 (0.79)	0.001 (1.16)	0.003 (0.06)	0.029 (1.12)	0.000 (0.28)	0.001 (1.10)
Ncfps	−0.013 (−0.58)	−0.035 (−1.62)	0.002 (1.49)	−0.000 (−0.06)	0.031 (0.71)	−0.011 (−0.31)	0.003* (1.75)	0.001 (0.45)
Bdsize	0.021*** (2.70)	0.019*** (2.76)	0.000 (0.32)	0.000 (0.74)	0.009 (0.97)	0.017** (2.34)	0.000 (0.67)	0.001** (2.03)
Idpratio	0.552 (1.45)	0.213 (0.71)	0.017 (1.52)	0.007 (0.85)	0.202 (0.28)	−0.142 (−0.22)	0.019 (0.83)	0.008 (0.41)
Ind	控制	控制	控制	控制	控制	控制	控制	控制
Constant	−0.778 (−1.61)	−0.746 (−1.61)	−0.018 (−1.40)	−0.017* (−1.72)	0.109 (0.19)	0.130 (0.25)	−0.021 (−0.96)	−0.018 (−0.97)
Pseudo R^2	−0.00	−0.00	0.03	0.03	−0.028	0.080	0.029	0.113
F/Chi2	1.28	1.23	2.72	2.35	0.92	4.10	1.26	4.85
N	1 127	1 127	1 127	1 127	260	260	260	260

注：***、**、* 分别表示显著性水平为1%、5%、10%（双尾）；T 检验值经 White(1980) 异方差调整。

如果股利税的确是控制性家族股东更不愿意发放股利的主要动因,那么股利税降低对家族股东(尤其是所有权比例较高的家族股东)而言无疑是一个利好消息。在股利税削减的背景下,家族上市公司股利支付水平的边际增量应该明显高于非家族上市公司。同时,在家族上市公司中,家族股东所有权比例较高的公司其股利支付水平的增加也应该更为明显。然而,表5-13的实证结果同样没有证实上述推断,Family和Cfr的回归系数都不显著,而且回归系数的符号也不一致,从而再次拒绝了本章的股利税收假设5-2a、假设5-2b。

4. 稳健性检验

与增量回归类似,考虑到股利税调整可能主要影响股利税调整前后一年的股利分配行为,为此,笔者尝试仅将2004年和2005年两年的样本纳入研究并重复表5-11和表5-12的回归,实证结果报告见表5-14。可以看到,研究结果与前文基本一致。与非家族公司相比,股利税降低并没有对家族公司的股利政策带来更明显的正向影响;同时,在家族上市公司子样本中,家族股东所有权比例较高的家族公司并未因为股利税降低而具有显著更高的股利支付意愿与支付水平。

表5-14 不同样本选择下税收假说的稳健性检验结果

	Logistic 回归		Tobit 回归		Tobit 回归	
Panel A.家族控制、股利税调整与公司股利政策(全样本)						
	Dumdiv	Cdumdiv	Payout	Dumdiv	Cdumdiv	Payout
	模型1	模型2	模型3	模型4	模型5	模型6
Family	-0.634*** (-3.19)	-0.630*** (-3.16)	-0.155*** (-3.20)	-0.157*** (-3.47)	-0.004** (-2.08)	-0.005** (-2.56)
Yearafter05	-0.263** (-2.12)	-0.243** (-1.97)	-0.038 (-1.311)	-0.037 (-1.34)	0.002* (1.85)	0.002 (1.59)
Family × Yearafter05	0.266 (0.97)	0.190 (0.69)	0.053 (0.80)	0.025 (0.40)	0.000 (0.15)	-0.001 (-0.23)
Panel B.家族所有权、股利税调整与公司股利政策(家族上市公司子样本)						
	Logistic 回归		Tobit 回归		Tobit 回归	
	Dumdiv	Cdumdiv	Payout	Dumdiv	Cdumdiv	Payout
	模型1	模型2	模型3	模型4	模型5	模型6
Cfr	0.146 (0.10)	0.186 (0.12)	0.425 (1.31)	0.430 (1.56)	0.016 (1.10)	0.014 (1.23)

(续表)

	Logistic 回归		Tobit 回归		Tobit 回归	
	Dumdiv	Cdumdiv	Payout	Dumdiv	Cdumdiv	Payout
	模型 1	模型 2	模型 3	模型 4	模型 5	模型 6
Yearafter05	-0.325 (-0.68)	-0.411 (-0.86)	-0.008 (-0.09)	-0.035 (-0.39)	0.001 (0.30)	-0.000 (-0.01)
Cfr × Yearafter05	1.741 (0.82)	1.840 (0.88)	0.191 (0.45)	0.138 (0.36)	0.010 (0.52)	0.006 (0.38)

注：***、**、*分别表示显著性水平为1%、5%、10%（双尾）；T 检验值经 White(1980) 异方差调整；限于篇幅，未报告相关控制变量、常数项以及模型统计量。

（三）融资约束假说检验

在面临较为严重的融资约束时,家族控制对于上市公司股利政策的负向影响可能会更加明显,因为在这种情况下家族股东更倾向于通过减少股利发放的方式来应对外部融资约束。为了验证上述命题,首先必须对融资约束进行合理的度量。Fazzari et al.(1988)的经典文献开启了公司融资约束研究的先河,他们通过构建投资—内部现金流量敏感度作为融资约束的代理变量来分离融资约束公司和非融资约束公司。作为融资约束研究的代表性文献之一,Fazzari et al.(1988)的衡量方法随后被学术界广泛使用。然而,以 Kaplan and Zingales(1997)为代表的学者则对 Fazzari et al.(1988)一文提出了批评,他们认为,融资约束与投资—内部现金流量敏感度之间并没有存在必然的联系。可以说,如何准确地度量融资约束迄今为止仍是财务学领域争议颇多的一个问题。根据已有文献以及本章的研究意图,笔者尝试采用两种方法来测度融资约束。

1. KZ 指数

Kaplan and Zingales(1997)将公司划分为不同的融资约束类别,然后采用排序逻辑回归(Ordered Logit)对公司经营性净现金流、股利、现金持有、资产负债率和 Tobin's Q 进行回归,最后用回归参数构建 KZ 指数,KZ 指数越高说明公司面临越高的融资约束。随后,不少实证文献都采用了这种度量方法来测度融资约束(Lamont et al, 2001; Baker et al., 2003; Almeida et al., 2004)。类似地,笔者借鉴上述文献构建 KZ 指数的思想来估计中国上市公司融资约束的 KZ 指数。

具体而言,笔者按以下步骤构建 KZ 指数:(1)对全样本各个年度都按经营性净现金流/上期总资产(CF_{it}/A_{it-1})、现金持有/上期总资产

(C_{it}/A_{it-1})、资产负债率(LEV_{it})和Tobin's Q_{it}(Q_{it})进行分类。① 如果CF_{it}/A_{it-1}低于中位数,KZ1 取 1,否则取 0;如果C_{it}/A_{it-1}低于中位数,KZ2 取 1,否则取 0;如果资产负债率高于中位数 KZ3 取 1,否则取 0;如果 Tobin's Q 高于中位数 KZ4 取 1,否则取 0。(2)计算 KZ 指数,令 KZ = KZ1 + KZ2 + KZ3 + KZ4。(3)采用排序 Logistic(Ordered Logistic)模型对 CF_{it}/A_{it-1}、C_{it}/A_{it-1}、LEV_{it} 和 Tobin's Q_{it} 进行回归,估计出各个特征的系数。(4)运用上述估计模型计算每家上市公司的 KZ 指数。笔者采用我国上市公司样本进行估计,得到 KZ 指数计算公式如下:

$$KZ_{it} = -9.145CF_{it}/A_{it-1} - 7.287C_{it}/A_{it-1} + 4.191LEV_{it} + 0.703Q_{it}$$
(5-5)

根据上述公式,笔者计算出每一家上市公司融资约束程度的 KZ 指数,KZ 指数越高表明上市公司面临的融资约束程度越高(表 5-2 提供了 KZ 指数的统计数据)。

表 5-15 报告了家族控制、融资约束与公司股利政策三者关系的实证结果。与预期一致,家族控制、融资约束都对公司股利政策有显著负面作用,两者的交叉乘项(Family × KZ)对股利支付水平有显著负向影响,而对股利支付意愿和股息率也具有负向影响(虽然并不显著)。应该说,融资约束可能是解释家族上市公司相对消极股利政策的一个重要动因,实证结果部分支持了假设 5-3。换言之,融资约束是决定上市公司股利政策的关键因素之一,尤其是与存在"预算软约束"的国有上市公司相比,家族上市公司在面临较高的融资约束时,更有可能通过削减股利支付来进行内部融资。

---

① 考虑到本节实证研究中的因变量是股利政策,因而在构建 KZ 指数时未纳入股利支付变量,以免出现内生性问题。不过为稳健起见,笔者也尝试将股利支付变量包含在 KZ 指数的计算模型中,实证结果基本一致。此外,笔者还尝试直接套用被广泛引用的 Lamont et al.(2001)一文中算得的 KZ 指数计算公式($KZ_{it} = -1.002CF_{it}/A_{it-1} - 39.368DIV_{it}/A_{it-1} - 1.315C_{it}/A_{it-1} + 3.139LEV_{it} + 0.283Q_{it}$)来计算中国上市公司的 KZ 指数,进而按 KZ 指数的高低设置一个虚拟变量来反映上市公司融资约束情况,实证结果保持稳健。

表 5-15 家族控制、融资约束与公司股利政策

	Logistic 回归		Tobit 回归		Tobit 回归	
	Dumdiv	Cdumdiv	Payout	Cpayout	Dyield	Cdyield
	模型1	模型2	模型3	模型4	模型5	模型6
Family	-0.322*** (-2.69)	-0.290** (-2.45)	-0.046* (-1.85)	-0.067*** (-2.92)	-0.001 (-1.24)	-0.003*** (-2.69)
KZ	-0.130*** (-3.00)	-0.127*** (-2.99)	-0.018** (-2.26)	-0.021*** (-2.97)	-0.001*** (-2.61)	-0.001*** (-3.33)
Family × KZ	-0.015 (-0.28)	-0.019 (-0.36)	-0.028*** (-2.69)	-0.021** (-2.18)	-0.001 (-1.27)	-0.000 (-0.93)
Size	1.016*** (21.70)	0.986*** (21.44)	0.164*** (19.59)	0.152*** (19.96)	0.009*** (20.84)	0.008*** (22.80)
Lev	-2.714*** (-8.95)	-2.696*** (-8.98)	-0.575*** (-9.42)	-0.552*** (-9.88)	-0.022*** (-8.44)	-0.021*** (-9.27)
Roa	18.605*** (17.17)	18.114*** (17.25)	2.500*** (18.76)	2.079*** (17.60)	0.153*** (22.63)	0.132*** (21.91)
Growth	-0.078 (-1.01)	-0.044 (-0.58)	-0.008 (-0.47)	-0.010 (-0.64)	-0.001 (-1.60)	-0.001* (-1.73)
Ncfps	-0.034 (-0.45)	-0.026 (-0.36)	-0.021 (-1.51)	-0.020 (-1.64)	0.000 (0.18)	-0.000 (-0.00)
Bdsize	0.042** (2.21)	0.049*** (2.60)	0.009** (2.10)	0.010*** (2.76)	0.000* (1.94)	0.000** (2.37)
Idpratio	-1.786** (-2.44)	-1.717** (-2.37)	-0.284 (-1.64)	-0.258 (-1.68)	-0.007 (-0.97)	-0.011* (-1.74)
Year/Ind	控制	控制	控制	控制	控制	控制
Constant	-20.274*** (-20.68)	-19.749*** (-20.42)	-3.122*** (-16.90)	-2.873*** (-17.18)	-0.176*** (-19.54)	-0.159*** (-21.58)
Pseudo R^2	0.329	0.322	0.199	0.219	-0.316	-0.323
F/Chi2	1 030.81	1 035.07	49.19	50.16	42.46	44.96
N	5 620	5 620	5 620	5 620	5 620	5 620

注：***、**、*分别表示显著性水平为1%、5%、10%（双尾）；T检验值经 White(1980)异方差调整。

2. 公司规模

财务学理论认为,大公司与小公司之间在融资约束方面存在诸多差异。大公司通常由于成立时间更长、拥有更充足的抵押品,其在金融市场上的摩擦成本更低,进而所受到的融资约束更小。因而在一些文献中,公司规模也被用作融资约束的度量指标(Gilchrist and Himmelberg, 1995; Almeida et al., 2004)。为增加研究结果的可靠性,笔者也尝试采用公司

规模来衡量上市公司面临的融资约束程度,其中公司规模与融资约束呈反向关系,实证结果报告见表 5-16。

表 5-16 家族控制、融资约束与公司股利政策

	Logistic 回归		Tobit 回归		Tobit 回归	
	Dumdiv	Cdumdiv	Payout	Cpayout	Dyield	Cdyield
	模型 1	模型 2	模型 3	模型 4	模型 5	模型 6
Family	-5.384** (-2.57)	-5.617*** (-2.71)	-1.941*** (-4.80)	-1.601*** (-4.40)	-0.064*** (-3.60)	-0.054*** (-3.50)
Size	0.915*** (19.31)	0.888*** (19.01)	0.142*** (16.27)	0.133*** (16.90)	0.008*** (18.90)	0.007*** (20.30)
Family × Size	0.238** (2.42)	0.250** (2.57)	0.087*** (4.63)	0.071*** (4.18)	0.003*** (3.48)	0.002*** (3.31)
Lev	-3.498*** (-17.34)	-3.486*** (-17.39)	-0.747*** (-17.13)	-0.729*** (-17.88)	-0.030*** (-15.89)	-0.029*** (-17.86)
Roa	19.376*** (18.12)	18.904*** (18.22)	2.700*** (20.94)	2.263*** (19.89)	0.163*** (24.13)	0.140*** (23.58)
Growth	-0.024 (-0.33)	0.006 (0.08)	0.005 (0.32)	0.002 (0.16)	-0.000 (-0.68)	-0.000 (-0.82)
Ncfps	0.166*** (2.95)	0.172*** (3.08)	0.014 (1.28)	0.018* (1.76)	0.002*** (3.10)	0.002*** (3.63)
Bdsize	0.046*** (2.58)	0.053*** (2.98)	0.011*** (2.79)	0.012*** (3.27)	0.000*** (2.71)	0.000*** (3.02)
Idpratio	-1.501** (-2.19)	-1.419** (-2.09)	-0.192 (-1.17)	-0.175 (-1.20)	-0.005 (-0.75)	-0.008 (-1.35)
Year/Ind	控制	控制	控制	控制	控制	控制
Constant	-18.299*** (-18.49)	-17.814*** (-18.23)	-2.700*** (-14.25)	-2.532*** (-14.81)	-0.161*** (-17.96)	-0.146*** (-19.48)
Pseudo R^2	0.332	0.326	0.203	0.220	-0.336	-0.338
F/Chi2	1115.68	1123.12	55.73	56.86	45.13	50.72
N	6219	6219	6219	6219	6219	6219

注:***、**、* 分别表示显著性水平为 1%、5%、10%(双尾);T 检验值经 White(1980)异方差调整。

表 5-16 的实证结果显示,如果将公司规模视为融资约束的代理变量,随着公司规模的增加即融资约束的放松,上市公司股利政策将是更为积极的。进一步地,Family × Size 都在 5% 的水平上显著为正,这表明融资约束的放松有助于推动家族上市公司提高股利发放水平。换言之,在融资约束程度较高时,家族上市公司的股利政策可能是受到压抑的,它们

不得不通过缩减股利支付来进行内部融资;而一旦融资约束得到放松,那么家族上市公司被压抑的股利政策将得到释放,因而我们看到融资约束的放松会对家族上市公司的股利政策带来显著的正向影响。因此,上述实证结果进一步验证了融资约束是家族上市公司相对消极股利政策的重要动因,证实了假设5-3。

3. 进一步分析:家族终极控制权特征、融资约束与股利政策

笔者还考察了不同家族终极控制权特征下家族上市公司与非家族上市公司面临的融资约束差异(见表5-17)。从表5-17来看,相比非家族上市公司,不管家族是否参与管理、是否直接上市,家族上市公司都面临着显著更大的融资约束问题,而融资约束恰好解释了为什么即便是存在"利益协同效应"的家族上市公司其股利支付意愿与支付水平也要显著低于非家族上市公司。

表5-17 两种家族终极控制权特征、非家族控制与融资约束

	非家族上市公司 (0)	家族上市公司		均值T检验	
		家族管理(1)	非家族管理(2)	(1) vs. (0)	(2) vs. (0)

Panel A. 按是否家族管理分类

| KZ | 1.54170 | 2.14758 | 2.78753 | 7.101*** | 12.753*** |

Panel B. 按家族公司是否直接上市分类

	非家族上市公司 (0)	家族上市公司		均值T检验	
		直接上市(1)	"买壳"上市(2)	(1) vs. (0)	(2) vs. (0)
KZ	1.54170	2.11159	2.75659	6.239***	13.301***

注:*** 表示显著性水平为1%(双尾)。

(四)三大假说的综合检验

为了进一步确认本章中三个研究假说是否能够在控制其他假说的情况下成立,笔者将前文中的相关研究变量放入一个模型中进行回归,实证结果报告见表5-18—表5-20。可以看到,三个综合回归模型的实证结果与前文基本一致。因此,概括本章的实证结果可以认为,代理理论和融资约束是解释"中国家族上市公司相对消极股利政策之谜"的主要动因,而股利税则似乎并不是其中的关键因素。

第五章 中国家族上市公司相对消极股利政策的动因研究

表 5-18　三大研究假说的综合检验(1)

	Logistic 回归		Tobit 回归		Tobit 回归	
	Dumdiv	Cdumdiv	Payout	Cpayout	Dyield	Cdyield
	模型 1	模型 2	模型 3	模型 4	模型 5	模型 6
Family	-0.293 (-1.19)	-0.292 (-1.18)	-0.078 (-1.36)	-0.093* (-1.80)	-0.002 (-0.97)	-0.004* (-1.75)
Accratio	-9.037*** (-8.78)	-9.077*** (-8.66)	-2.360*** (-9.41)	-2.108*** (-8.91)	-0.098*** (-8.66)	-0.085*** (-8.56)
Family × Accratio	1.532 (0.81)	1.326 (0.68)	0.593 (1.15)	0.372 (0.76)	0.032 (1.45)	0.014 (0.77)
Fcfps	0.208*** (4.84)	0.209*** (4.91)	0.047*** (5.88)	0.045*** (6.23)	0.002*** (5.17)	0.002*** (5.35)
Family × Fcfps	0.174* (1.93)	0.154* (1.75)	0.033* (1.78)	0.031* (1.93)	0.002** (2.22)	0.002*** (2.78)
Msr	-3.779*** (-5.85)	-3.885*** (-5.76)	-0.762*** (-5.32)	-0.753*** (-5.37)	-0.039*** (-5.91)	-0.037*** (-6.05)
Family × Msr	-3.225** (-2.37)	-2.883** (-2.12)	-0.986*** (-2.95)	-0.651** (-2.15)	-0.039*** (-2.74)	-0.017 (-1.46)
Yearafter05	-0.576*** (-5.98)	-0.584*** (-6.08)	-0.126*** (-5.88)	-0.131*** (-6.60)	-0.007*** (-7.56)	-0.007*** (-8.34)
Family × Yearafter05	0.161 (0.73)	0.170 (0.78)	0.064 (1.23)	0.048 (1.03)	0.002 (0.96)	0.001 (0.76)
Size	0.703*** (15.55)	0.679*** (15.26)	0.095*** (11.31)	0.090*** (11.81)	0.006*** (14.16)	0.005*** (15.42)
Lev	-3.381*** (-14.55)	-3.373*** (-14.62)	-0.706*** (-14.03)	-0.712*** (-15.28)	-0.030*** (-13.42)	-0.029*** (-15.57)
Roa	18.386*** (16.84)	17.814*** (16.82)	2.122*** (15.70)	1.676*** (13.89)	0.135*** (19.25)	0.113*** (18.06)
Growth	-0.155** (-2.07)	-0.125* (-1.68)	-0.017 (-1.09)	-0.018 (-1.20)	-0.002** (-2.25)	-0.001** (-2.28)
Ncfps	0.179*** (3.02)	0.186*** (3.15)	0.019* (1.68)	0.023** (2.35)	0.002*** (3.97)	0.002*** (4.62)
Bdsize	0.042** (2.33)	0.049*** (2.73)	0.011*** (2.82)	0.012*** (3.38)	0.001*** (3.09)	0.001*** (3.48)
Idpratio	-1.646** (-2.29)	-1.550** (-2.18)	-0.248 (-1.50)	-0.235 (-1.59)	-0.012 (-1.58)	-0.014** (-2.35)
Ind	控制	控制	控制	控制	控制	控制
Constant	-12.792*** (-13.08)	-12.371*** (-12.80)	-1.444*** (-7.66)	-1.362*** (-7.94)	-0.104*** (-11.71)	-0.096*** (-12.65)

(续表)

	Logistic 回归		Tobit 回归		Tobit 回归	
	Dumdiv	Cdumdiv	Payout	Cpayout	Dyield	Cdyield
	模型1	模型2	模型3	模型4	模型5	模型6
Pseudo R^2	0.369	0.363	0.238	0.256	-0.339	-0.336
F/Chi2	1 094.79	1 096.97	51.58	52.74	38.13	41.24
N	6 175	6 175	6 175	6 175	6 175	6 175

注：***、**、*分别表示显著性水平为1%、5%、10%（双尾）；T检验值经 White(1980)异方差调整。

表5-19 三大研究假说的综合检验（2）

	Logistic 回归		Tobit 回归		Tobit 回归	
	Dumdiv	Cdumdiv	Payout	Cpayout	Dyield	Cdyield
	模型1	模型2	模型3	模型4	模型5	模型6
Family	-0.267 (-1.05)	-0.269 (-1.06)	-0.015 (-0.25)	-0.050 (-0.97)	-0.000 (-0.13)	-0.003 (-1.34)
Fcfps	0.271*** (6.00)	0.269*** (6.06)	0.057*** (7.03)	0.055*** (7.47)	0.002*** (6.57)	0.002*** (6.62)
Family × Fcfps	0.204** (2.12)	0.187** (1.99)	0.047** (2.37)	0.039** (2.26)	0.002*** (2.61)	0.002*** (3.05)
Msr	-4.854*** (-6.81)	-4.966*** (-6.86)	-1.033*** (-6.78)	-0.999*** (-6.86)	-0.049*** (-7.10)	-0.047*** (-7.40)
Family × Msr	-2.332 (-1.53)	-2.118 (-1.40)	-0.866** (-2.48)	-0.538* (-1.70)	-0.032** (-2.20)	-0.011 (-0.91)
Yearafter05	-0.537*** (-5.49)	-0.544*** (-5.57)	-0.123*** (-5.61)	-0.127*** (-6.23)	-0.006*** (-7.12)	-0.006*** (-7.74)
Family × Yearafter05	0.072 (0.31)	0.097 (0.42)	0.035 (0.65)	0.024 (0.49)	0.001 (0.35)	0.001 (0.30)
KZ	-0.180*** (-4.12)	-0.180*** (-4.17)	-0.027*** (-3.45)	-0.032*** (-4.62)	-0.002*** (-6.29)	-0.002*** (-7.11)
Family × KZ	-0.010 (-0.19)	-0.014 (-0.24)	-0.030*** (-2.62)	-0.021** (-2.09)	-0.000 (-0.97)	-0.000 (-0.71)
Size	0.844*** (17.44)	0.816*** (17.15)	0.124*** (14.32)	0.116*** (14.60)	0.007*** (16.15)	0.007*** (17.53)
Lev	-2.891*** (-8.98)	-2.864*** (-9.01)	-0.628*** (-9.78)	-0.597*** (-10.19)	-0.021*** (-7.29)	-0.020*** (-8.07)
Roa	18.116*** (16.24)	17.552*** (16.26)	2.136*** (15.53)	1.690*** (13.81)	0.130*** (18.75)	0.110*** (17.63)
Growth	-0.209*** (-2.63)	-0.179** (-2.26)	-0.030* (-1.79)	-0.031** (-2.04)	-0.003*** (-3.53)	-0.002*** (-3.64)

(续表)

	Logistic 回归		Tobit 回归		Tobit 回归	
	Dumdiv	Cdumdiv	Payout	Cpayout	Dyield	Cdyield
	模型1	模型2	模型3	模型4	模型5	模型6
Ncfps	-0.018 (-0.23)	-0.012 (-0.16)	-0.014 (-1.04)	-0.016 (-1.28)	-0.000 (-0.31)	-0.000 (-0.59)
Bdsize	0.045** (2.37)	0.053*** (2.76)	0.011*** (2.66)	0.013*** (3.37)	0.000*** (2.74)	0.000*** (3.25)
Idpratio	-1.755** (-2.32)	-1.670** (-2.22)	-0.274 (-1.58)	-0.268* (-1.73)	-0.012 (-1.57)	-0.016** (-2.52)
Ind	控制	控制	控制	控制	控制	控制
Constant	-16.091*** (-15.46)	-15.572*** (-15.16)	-2.150*** (-10.99)	-1.981*** (-11.08)	-0.133*** (-14.28)	-0.121*** (-15.29)
Pseudo R^2	0.349	0.342	0.216	0.235	-0.305	-0.308
F/Chi2	1 011.07	1 019.66	47.96	49.45	38.25	39.77
N	5 609	5 609	5 609	5 609	5 609	5 609

注：***、**、*分别表示显著性水平为1%、5%、10%（双尾）；T检验值经White(1980)异方差调整。

表5-20 三大研究假说的综合检验(3)

	Logistic 回归		Tobit 回归		Tobit 回归	
	Dumdiv	Cdumdiv	Payout	Dumdiv	Cdumdiv	Payout
	模型1	模型2	模型3	模型4	模型5	模型6
Family	-3.171 (-1.43)	-3.610* (-1.65)	-1.280*** (-2.84)	-1.104*** (-2.71)	-0.039* (-1.95)	-0.038** (-2.14)
Accratio	-9.077*** (-8.79)	-9.124*** (-8.67)	-2.384*** (-9.45)	-2.128*** (-8.94)	-0.099*** (-8.68)	-0.086*** (-8.58)
Family×Accratio	1.766 (0.93)	1.596 (0.81)	0.728 (1.41)	0.485 (1.00)	0.036 (1.63)	0.018 (0.97)
Fcfps	0.212*** (4.93)	0.212*** (5.01)	0.048*** (6.05)	0.046*** (6.40)	0.002*** (5.29)	0.002*** (5.48)
Family×Fcfps	0.165* (1.82)	0.143 (1.62)	0.028 (1.50)	0.026* (1.66)	0.002** (2.03)	0.002** (2.57)
Msr	-3.889*** (-5.89)	-4.016*** (-5.83)	-0.808*** (-5.47)	-0.794*** (-5.51)	-0.040*** (-6.00)	-0.039*** (-6.17)
Family×Msr	-2.819** (-2.01)	-2.409* (-1.72)	-0.803** (-2.35)	-0.498 (-1.60)	-0.033** (-2.29)	-0.012 (-1.00)
Yearafter05	-0.570*** (-5.93)	-0.578*** (-6.02)	-0.124*** (-5.79)	-0.129*** (-6.52)	-0.007*** (-7.49)	-0.007*** (-8.27)

(续表)

	Logistic 回归		Tobit 回归		Tobit 回归	
	Dumdiv	Cdumdiv	Payout	Dumdiv	Cdumdiv	Payout
	模型1	模型2	模型3	模型4	模型5	模型6
Family×Yearafter05	0.149 (0.67)	0.157 (0.71)	0.059 (1.14)	0.044 (0.94)	0.002 (0.88)	0.001 (0.68)
Size	0.675*** (13.49)	0.647*** (13.15)	0.085*** (9.29)	0.081*** (9.82)	0.006*** (12.48)	0.005*** (13.38)
Family×Size	0.134 (1.30)	0.154 (1.52)	0.056*** (2.70)	0.047** (2.52)	0.002* (1.84)	0.002* (1.94)
Lev	−3.379*** (−14.53)	−3.371*** (−14.60)	−0.709*** (−14.07)	−0.715*** (−15.31)	−0.030*** (−13.44)	−0.029*** (−15.61)
Roa	18.427*** (16.83)	17.858*** (16.82)	2.118*** (15.63)	1.672*** (13.83)	0.135*** (19.21)	0.113*** (18.03)
Growth	−0.152** (−2.02)	−0.122 (−1.63)	−0.016 (−1.01)	−0.017 (−1.13)	−0.002** (−2.20)	−0.001** (−2.22)
Ncfps	0.179*** (3.03)	0.186*** (3.17)	0.018* (1.67)	0.023** (2.34)	0.002*** (3.97)	0.002*** (4.62)
Bdsize	0.044** (2.39)	0.051*** (2.80)	0.011*** (2.94)	0.012*** (3.49)	0.001*** (3.17)	0.001*** (3.56)
Idpratio	−1.597** (−2.22)	−1.494** (−2.09)	−0.229 (−1.38)	−0.220 (−1.49)	−0.011 (−1.50)	−0.014** (−2.27)
Ind	控制	控制	控制	控制	控制	控制
Constant	−14.122*** (−13.44)	−13.617*** (−13.12)	−1.714*** (−8.50)	−1.613*** (−8.81)	−0.116*** (−12.36)	−0.106*** (−13.05)
Pseudo R^2	0.369	0.363	0.239	0.256	−0.339	−0.337
F/Chi2	1 093.46	1 095.29	50.31	51.33	37.11	40.26
N	6 175	6 175	6 175	6 175	6 175	6 175

注：***、**、*分别表示显著性水平为1%、5%、10%（双尾）；T检验值经White(1980)异方差调整。

第四节 本章小结

本章较为深入地探讨了家族上市公司股利（现金股利）支付意愿与支付水平都显著低于非家族上市公司背后潜藏的动因。以2004—2008年A股市场6 321家上市公司年度观察值为样本，笔者基于代理理论、税收假说以及融资约束三个视角提出了相关研究假设并进行了逐一检验。本章研究发现,代理理论与融资约束相结合可以为"家族上市公司相对消极股利政策之谜"提供相对完整、合理的解释,而税收假说则没有得到有力的支持。具体而言,家族上市公司相比非家族上市公司具有相对消极的股利政策,其主要原因可能在于两个方面:第一,家族控制的"壕沟效应"而非"掏空效应"显著加剧了家族上市公司的代理冲突,并给公司股利政策带来了负面影响。进一步分析显示,非家族参与管理以及"买壳"上市的家族上市公司可能存在着更为严重的"壕沟效应",此类家族上市公司的股利支付意愿与支付水平都相当低。值得注意的是,本章还发现家族控制也存在一定程度的"利益协同效应",有助于推动上市公司将自由现金流返还给外部股东。第二,代理理论不能完全解释家族上市公司股利政策的选择动因,而这个问题若结合融资约束假说则将迎刃而解。实证显示,不同类型的家族上市公司(家族参与管理或未参与管理、直接上市或"买壳"上市)都或多或少地面临着比非家族上市公司更为严峻的融资约束问题,因而其更有可能倾向于进行内部融资,并最终导致了相对消极的股利政策。不过,仅融资约束假说似乎也难以解释为什么家族终极控制权特征不同的家族上市公司之间其股利政策存在巨大差异。因此,笔者认为代理理论与融资约束两者合二为一,可以为厘清中国家族上市公司相对消极股利政策的动因提供较好的解释。值得注意的是,上述结论在三大假说进入同一回归模型时依然成立。为了更清晰地梳理本章的研究发现,笔者将相关实证结果汇总于表 5-21。

表 5-21 本章实证结果汇总

分类	研究假设	研究假设描述	实证结果
代理理论假说	假设 5-1a	如果家族控制存在"掏空效应",那么家族控制会加剧资金占用与公司股利政策之间的负相关关系	不支持
	假设 5-1b	如果家族控制存在"利益协同效应",那么家族控制会增强自由现金流与公司股利政策之间的正相关关系	支持
	假设 5-1c	如果家族控制存在"壕沟效应",家族控制会加剧代理成本与公司股利政策之间的负相关关系	支持

(续表)

分类	研究假设	研究假设描述	实证结果
税收假说	假设 5-2a	股利税降低会给上市公司的股利支付意愿与支付水平带来正向影响,相比非家族上市公司,这种正向影响在家族上市公司中更为明显	不支持
	假设 5-2b	股利税降低会给上市公司的股利支付意愿与支付水平带来正向影响,相比家族股东持股比例较低的家族上市公司,这种正向影响在家族股东持股比例较高的家族上市公司中更为明显	不支持
融资约束假说	假设 5-3	融资约束会对公司股利政策产生负向影响,相比非家族上市公司,这种负向影响在家族上市公司中更为明显	支持

本章的重要研究意义在于：一方面,本章首次运用已有理论对中国资本市场中存在的"家族上市公司相对消极股利政策之谜"背后潜藏的动因进行了深入探讨,有助于增进对公司股利政策以及家族企业行为的理解。同时,本章对于家族控制、两类代理冲突与公司股利政策的实证分析也丰富了代理理论的已有研究文献。另一方面,本章的研究具有一定的现实指导意义。很多学者阐述强调融资约束对于民营企业具有负面影响,但相关理论缺乏足够的实证支持。本章的研究证实,面临较高的融资约束会在一定程度上扭曲家族上市公司的股利分配行为,并可能进一步损害外部投资者的利益。因此,如何构建良好的外部融资环境,使得以家族企业为代表的民营企业获得和国有企业一样公正的融资资格,从而真正推动民营企业的健康发展,仍是相关监管部门任重道远的工作。

值得注意的是,本章的实证结果也为本书的后续研究提出了值得进一步探讨的问题,即内、外部公司治理机制是否会影响家族上市公司的股利政策。具体而言,如引入内部公司治理机制(如机构投资者)是否会影响家族上市公司的股利支付意愿和支付水平？在不同的外部治理环境(尤其是融资环境)之下,家族上市公司是否会采取不同的股利政策？上述重要问题将在本书后续章节逐一进行探讨。

第六章　家族控制、机构投资者与上市公司股利政策[①]

　　机构投资者是美国主要的投资者类型,1996 年机构投资者已持有美国公司半数以上的股权(Grinstein and Michaely,2005)。近年来,我国机构投资者在资本市场中也占据着越来越重要的位置[②],机构投资者进入十大股东的现象已经十分常见,对公司治理逐渐发挥着积极的作用(吴晓晖和姜彦福,2006)。机构投资者是否会对上市公司股利政策产生影响？ 机构投资者是否会根据公司股利政策构建投资组合？ 进一步地,机构投资者是否会影响家族上市公司的股利政策？ 此外,异质性机构投资者是否具有不同的影响和股利政策偏好？ 本章试图围绕上述问题展开研

---

　　① 本章中的部分内容经修改后已正式发表。详见魏志华等.机构投资者持股与中国上市公司现金股利政策[J].证券市场导报.2012(10).
　　② 《上海证券报》2009 年 9 月 25 日题为"超常规发展,机构投资者成证券市场主导力量"的报道称:"截至 2009 年 7 月底,各类机构持股市值占流通市值的比重超过六成,机构投资者成为证券市场主导力量……截至 2009 年 7 月底,107 家证券公司总资产 2.02 万亿元,净资本 3 322 亿元,管理客户资产 9.66 万亿元,1—7 月证券公司累计实现净利润 578 亿元;截至 7 月底,61 家基金管理公司共管理 502 只基金,基金总份额 2.29 万亿份,基金净值 2.55 万亿元。"

究,深入剖析机构投资者的股利政策偏好及其对家族上市公司产生的影响,并进一步考察不同类型机构投资者的股利政策偏好差异及其影响的差异。本章的研究对于增进对机构投资者治理效应的理解、丰富和拓展家族企业研究,以及股利政策研究具有重要的意义。

本章的结构安排如下:第一节是文献回顾,并提出本章的研究假设;第二节是研究设计;第三节是实证结果与分析;第四节是本章小结。

第一节　理论分析与研究假设

机构投资者如何影响公司财务决策进而影响公司价值,是近年来学术界与实务界备受关注的热点问题(Grinstein and Michaely, 2005)。在中国证监会超常规发展机构投资者的战略指导下[①],机构投资者逐渐在中国资本市场崛起并开始扮演着举足轻重的角色。在我国,机构投资者作为一种内部公司治理机制是否会影响公司决策、发挥公司治理作用也受到了各界的广泛关注。在本章中,笔者试图考察上述问题的一个方面,即机构投资者与上市公司股利政策的关系,并进一步探讨其对家族上市公司股利政策的影响。

一、机构投资者与上市公司股利政策

(一) 机构投资者监督与公司股利政策

长期以来,机构投资者被认为是证券市场的主导力量。机构投资者对于提高证券市场体系的运行效率、遏制投机和稳定资本市场波动发挥了重要作用。同时,在成熟资本市场中,机构投资者往往能对被投资公司的公司治理施加重要影响,成为解决公司治理问题的可靠机制(Black, 1992)。与个人投资者相比,机构投资者对上市公司具有更强的监督动力而且具有更大的信息优势,使得其可以扮演有力的监督角色。一方面,机构投资者持股比例要大大高于个人投资者,更大的收益要求权使得机构

---

① 参见新华社2001年3月25日电"中国证监会表示,将超常规发展机构投资者"。

投资者更有动力来监管公司的行为和绩效,而且,拥有较高比例的投票权也可以确保其实现有效的监督(Grossman and Hart, 1980; Shleifer and Vishny, 1986)。另一方面,机构投资者拥有更多的渠道收集信息,甚至可以获得个人投资者难以获取的私有信息(Michaely and Shaw, 1994),加之机构投资者具备更强的专业分析能力、更多的资源,因而机构投资者往往比个人投资者具有更大的信息优势,可以更有效地实现对公司的监督。[①] 一些实证研究表明,机构投资者监督对公司绩效有显著的正向影响。McConnell and Servaes(1990)发现,机构投资者持股比例与公司 Tobin' Q 值显著正相关。此后,Nesbitt(1994)、Smith(1996)以及 Guercio and Hawkins(1999)采用不同的公司绩效指标都证实,机构投资者持股比例越高,则公司绩效越好。最近,Elyasiani and Jia(2010)、Bhattacharya and Graham(2009)对美国和芬兰的研究也显示,机构投资者持股比例与公司绩效显著正相关。针对我国的研究,吴晓晖和姜彦福(2006)发现,我国机构投资者持股比例和企业价值存在显著的正相关关系;Yuan et al. (2008)证实,在中国,较高的基金持股比例对公司绩效有显著的正向影响。

基于代理理论的分析框架,股利支付可以有效降低股东与经理人之间的代理成本(Easterbrook, 1984; Jensen, 1986)。如果机构投资者是良好的监督者并且其监督动机与能力随其持股比例的增加而增加,那么机构投资者持股比例与公司股利政策之间应该存在显著的正向关系。但是,实证研究的结果似乎尚存争议。例如,Eckbo and Verma(1994)对加拿大上市公司的研究显示,现金股利随着公司股东以及机构投资者投票权的增加而增加,随着管理层投票权的增加而显著降低。Moh'd et al. (1995)也发现,机构持股与公司股利支付之间存在显著的正向关系。类似地,Short et al. (2002)对英国上市公司的研究证实,机构投资者持股比例的增加可以显著提高公司股利支付水平。Renneboog and Trojanowski (2008)实证发现,当免税的机构投资者持有公司较高比例的股权时,公司更有可能发放股利或回购股票。但是,Zeckhauser and Pound(1990)、

[①] 最近,Cheng et al. (2010)还证实,证券诉讼也是机构投资者对上市公司进行监督的重要手段之一。他们发现,机构投资者作为证券集体诉讼原告的领导者时,相比个人作为原告的领导者,该诉讼被驳回的可能性较低,而且诉讼之后被起诉公司董事会独立性的改进较为明显。

Grinstein and Michaely(2005)对美国上市公司进行研究却表明,并没有证据支持机构投资者持股影响公司股利政策。针对中国的研究,胡旭阳和吴秋瑾(2004)、翁洪波和吴世农(2007)研究认为,虽然机构投资者持股比例较高的公司具有较高的股利支付水平,但他们将这种现象归因于机构投资者把上市公司的股利政策作为构建投资组合的重要标准,而非因为机构投资者可以影响公司股利政策。

笔者认为,随着机构投资者在我国资本市场扮演着越来越重要的角色,其公司治理作用也将逐渐显现。一般来说,较高的机构投资者持股比例有助于增强机构投资者对上市公司发挥积极的治理效应,尤其是敦促上市公司提高股利发放水平,从而抑制公司管理层以及控股股东的自利行为。为此,本章提出如下研究假设:

假设6-1a: 相同条件下,机构投资者持股比例较高的公司,其股利支付意愿和支付水平也较高。

(二)股利政策与机构投资者持股

机构投资者是否会受上市公司股利政策吸引而进行投资是另一个值得深入探讨的问题。Miller and Modigliani(1961)提出的股利政策"顾客效应"(Clientele Effect)首先为我们提供了理论阐释,他们指出,由于不同类型投资者面临着不同的边际税率,公司的股利支付水平可以吸引某一类特定的"顾客"进行投资。Shleifer and Vishny(1986)也认为,公司可以通过改变其股利政策来吸引特定的客户。Allen et al.(2000)则分析指出,由于机构章程和谨慎人规则(Prudent Man Rule)的限制[①],机构投资者更不可能投资于低股利支付水平的公司,理由在于:第一,机构投资者如果投资于股利支付水平更高的公司将更不可能被投资者起诉,因为法院会考虑到投资于这类公司符合谨慎投资的原则。第二,在美国机构投资者具有较低的股利税税率,由于股利税优势的缘故,发放股利的公司可以吸引机构投资者进行投资。Allen et al.(2000)构建了一个理论模型,证实机构投资者偏好高股利支付的公司。

---

① 所谓谨慎人规则,亦称谨慎投资者规则(Prudent Investor Rule),是英美法系指导受托人投资的基本原则,其衍生于受托人的谨慎义务(Duty of Care,也可称为注意义务),该义务要求受托人管理信托事务必须采取合理的谨慎原则。一般来说,受托人的行为符合谨慎标准的,受托人对受益人不承担责任,否则就应当承担责任。更详细的讨论可参考张敏(2007)。

值得注意的是,代理理论与信号理论也预测机构投资者可能会偏好持有股利支付水平较高的公司股票。代理理论认为,股利支付减少了管理层可自由支配的现金资源,可迫使公司进入资本市场进行融资从而接受较为严格的市场监督;同时,也有助于避免管理层的过度投资行为,降低了股东与管理者之间的代理成本(Easterbrook,1984;Jensen,1986)。信号理论则提出,股利支付是公司内部人向外界投资者传递关于公司未来发展前景的信息,较高的股利支付水平有助于外部投资者甄别上市公司质量(Bhattacharya,1979;Miller and Rock,1985)。因此,理论上机构投资者更有可能选择高股利支付水平的公司进行投资。

在实证研究方面,Brav and Heaton(1998)、Binay(2001)发现,机构投资者确实存在股利"顾客效应"。Grinstein and Michaely(2005)虽然没有支持机构投资者对股利支付存在"顾客效应",但他们发现,在美国,机构投资者避免投资于不发放股利的公司,尤其是那些具有相对税收优势(如养老基金)或更严格执行谨慎人规则(如养老基金和银行信托)的机构投资者。在我国,各类投资者均按相同的税率扣缴股利所得税,因而可能不存在美国那样的税收追随者效应(李常青,1999b)。尽管如此,机构投资者可能出于谨慎投资的考虑而持有高分红公司的股票。譬如,胡旭阳和吴秋瑾(2004)、翁洪波和吴世农(2007)的研究就显示,机构投资者会选择较高股利支付水平的上市公司来构建其投资组合。根据上述分析,本章提出如下研究假设:

假设6-1b:相同条件下,股利支付意愿与支付水平较高的公司,机构投资者的持股比例也较高。

二、家族控制、机构投资者与上市公司股利政策

先前的文献显示,机构投资者对于解决家族公司的代理问题扮演了重要的角色。譬如,Gomez-Mejia et al.(2003)实证发现,在家族上市公司中,随着家族股东股权集中度的增加,家族成员担任 CEO 的报酬随之增加。但是,当机构投资者持股比例较高时,家族成员担任 CEO 所获得的报酬明显降低了。他们认为,机构投资者在公司决策中发挥了重要作用,降低了家族公司的代理成本。Anderson and Reeb(2004)对 S&P 500 公司

的研究则发现,增加独立董事比例有助于提高家族上市公司绩效。但是,家族股东通常试图寻求降低独立董事的比例,相反,机构投资者持股比例的增加则可以显著提高独立董事比例并削弱家族股东的机会主义行为。因此,机构投资者可以在家族公司中发挥积极的治理效应。

据笔者对文献的检索,尚无文献直接考察机构投资者对于家族上市公司股利政策的影响,本章试图对这一问题进行初步探讨。本书的前述章节证实,家族上市公司相比非家族上市公司具有显著更低的股利(现金股利)支付意愿和支付水平。笔者认为,随着机构投资者的日益成熟以及在中国资本市场占据越来越主导性的地位,机构投资者将对上市公司的治理效应以及公司决策产生不可忽视的作用。有理由推断,如果机构投资者对于敦促上市公司发放股利具有正向的影响,那么,随着持股比例的增加,机构投资者也将对家族上市公司股利政策产生明显的正向影响。为此,我们提出如下研究假设:

假设6-2:相同条件下,机构投资者持股比例较高的家族上市公司,其股利支付意愿和支付水平也较高。

三、机构投资者异质性的影响

大股东异质性对于公司政策的影响差异不容忽视。理论上,不同类型的大股东在投资偏好、目标以及对公司管理层的影响力上都存在明显差异,因而会对公司股利政策具有不同影响(Gugler and Yurtoglu, 2003)。Cronqvist and Fahlenbrach(2009)实证则发现,大股东异质性对于投资、融资、管理层薪酬等公司财务决策具有统计上显著且经济上重要的影响,并可能进而带来不同的公司绩效。其中,养老基金、共同基金对公司股利政策有显著的正向影响,但保险公司、对冲基金、信托公司似乎对公司股利政策的影响并不显著。作为证券市场主导力量的股东类型,各类机构投资者在持股比例、持股期限、利益冲突和信息获取能力等方面不尽相同(Coffee, 1991),而且在公司治理、文化、监督动机等方面也存在差异(Pinto, 2006),因此机构投资者对上市公司进行监督的效果可能会大相径庭。

另外,机构投资者持股比例的差异也是不可忽视的因素。Maug(1998)注意到,机构投资者影响公司决策的能力在一定程度上取决于其股权比例。当机构投资者持股比例较高时,其股份的市场流动性较差,此时机构投资者将有较大的动力去监督上市公司管理层。相反,当机构持股比例相对较低时,较高的市场流动性降低了股权退出的成本,可能会削弱机构投资者进行内部监督的动力(Bhide,1993)。Chen et al. (2007)证实了上述观点,他们对美国1984—2001年间2 150起兼并收购事件进行研究发现,只有长期投资的机构投资者对上市公司发挥着监督作用,其他机构投资者并没有扮演监督者的角色。

近年来,在监管部门超常规发展机构投资者的战略指导下,中国证券市场的机构投资者队伍迅速壮大,初步形成了证券投资基金、券商(证券公司)、保险公司、社保基金以及QFII(Qualified Foreign Institutional Investors,合格境外机构投资者)等各类机构投资者协调发展的格局。值得注意的是,我国各类机构投资者存在明显的异质性,尤其是表现在各类机构投资者的持股比例以及投资目标的差异上。一方面,作为我国最早出现的机构投资者之一,证券投资基金已发展成为我国证券市场的中坚力量。证券投资基金约占机构投资者市场份额的80%,在我国无疑是最具影响力的机构投资者类型,其对上市公司治理具有相当重要的影响力。[1] 相反,由于进入时间较晚[2],以及存在一定的市场限制、风险控制和监督管理的要求等因素[3],其他机构投资者在我国证券市场占据的份额较低,对

---

[1] 根据《上海证券报》2009年9月25日题为"超常规发展,机构投资者成证券市场主导力量"的报道:1997年11月,国务院颁布《证券投资基金管理暂行办法》,为证券投资基金的规范发展奠定了法律基础。1998年3月,基金金泰、基金开元设立,由此证券投资基金业进入崭新的发展阶段,证券投资基金、基金管理公司的数量和规模都迅速增加。一组数据提供了佐证:1998年,我国基金管理公司仅有5家,发起设立基金5只,管理基金份额100亿份;到2009年7月底,基金管理公司达61家,设立基金502只,管理的基金份额为2.29万亿份,分别是1998年的12.2倍、100.4倍和229倍。基金与流通市值的比重由1998年的1.81%提高到2008年的28.83%。

[2] 比如,1999年10月,中国保监会颁布《保险公司投资证券投资基金暂行管理办法》,允许保险资金可以通过投资证券投资基金间接入市。2002年11月,中国证监会和中国人民银行联合发布了《合格境外机构投资者境内证券投资管理暂行办法》,这标志着外资进入中国A股市场的大门正式打开。

[3] 以中国保监会2003年1月17日发布的《关于重新修订〈保险公司投资证券投资基金管理暂行办法〉的通知》为例,在"风险控制和监督管理"一章中明确规定:第八条——保险公司投资基金的比例应符合如下要求:(一)各保险公司投资基金的余额按成本价格计算不得超过本公司上月末总资产的15%;(二)保险公司投资于单一基金的余额按成本价格计算,不得超过上月末总资产的3%;(三)保险公司投资于单一封闭式基金的份额,不得超过该基金份额的10%。第九条——保险公司不得以任何理由超过规定的比例投资基金。

上市公司的影响力可能较为有限。另一方面,各类机构投资者的投资目标也不尽相同。比如,证券投资基金是市场化运行的基金管理公司,其主要目标是为投资者保本增值,因而基金管理公司更有动力去关注和监督上市公司的生产运营情况、公司治理结构;而社保基金则明显存在一定的政治目标,其对上市公司的监督可能不如证券投资基金有力。范海峰等(2009)对我国机构投资者的监督效果进行实证研究发现,上市公司价值与证券投资基金持股比例显著正相关,而与社保基金持股比例显著负相关。他们认为,政治和社会压力及管理者薪酬机制等方面的差异是导致上述差异的主要原因。

综上,笔者认为在我国各类机构投资者中存在明显的异质性,由于在持股比例和投资目标方面都存在巨大差异,其监督能力进而对上市公司决策的影响也各不相同。为此,本章提出如下研究假设:

假设6-3a:异质性机构投资者对于上市公司股利政策具有不同的影响。

假设6-3b:异质性机构投资者对于上市公司股利政策具有不同的偏好。

假设6-3c:异质性机构投资者对于家族上市公司股利政策具有不同的影响。

第二节 研究设计

一、样本选择与数据来源

本章选取2004—2008年沪、深两地的 A 股上市公司作为研究样本。为力求数据的准确性和可靠性,我们执行了以下筛选程序:(1)剔除金融行业上市公司,因为这些公司存在行业特殊性;(2)剔除终极控制人性质不详的公司;(3)剔除上市时间不满一年的公司,因为这些公司可能存在 IPO 效应;(4)剔除亏损当年仍发放股利的公司;(5)为了控制极端值对回归结果的影响,我们对解释变量中的连续变量在1%以下和99%以上的分位数进行了缩尾处理(Winsorize)。最后,本章获得了1378家上市公司五年共 6 321 个有效研究样本。本章的公司财务数据和公司治理数据来源于 Wind 资讯金融终端系统、CSMAR 数据库。

二、变量定义

（一）研究变量

1. 股利政策

与前面章节一致，笔者设置了两类变量来反映股利政策：一类是股利支付意愿虚拟变量，另一类是股利支付水平的连续变量。对于前者，本章采用 Dumdiv(Cdumdiv) 来衡量公司股利(现金股利)支付意愿，当上市公司发放股利(现金股利)时，Dumdiv(Cdumdiv) 取 1，否则取 0。对于后者，本章分别采用 Payout、Dyield 和 Cpayout、Cdyield 来衡量公司股利以及现金股利支付水平。具体而言，Payout(Cpayout) 取值为每股股利(每股现金股利)与每股净利润之比；Dyield(Cdyield) 取值为每股股利(每股现金股利)与公司年末股票收盘价之比。

2. 机构投资者

借鉴 Grinstein and Michaely(2005)、Elyasiani and Jia(2010)，我们以机构投资者持股比例(Inst，机构投资者持股数量占上市公司总股本的比例)来衡量机构投资者的投资和影响。与薄仙慧和吴联生(2009)一致，本章的机构投资者主要包括证券投资基金、券商、券商理财产品、QFII、保险公司、社保基金、企业年金、信托公司和财务公司。为了反映机构投资者异质性的影响，借鉴何佳等(2007)，笔者将机构投资者划分为五类，即证券投资基金(Instfund)、券商(Instbroker)、QFII(Instqfii)、社保基金(Instssf)和其他(Instother)。

3. 家族控制

与前面章节一致，本章采用虚拟变量 Family 来代表家族控制，当上市公司为家族上市公司时，Family 取 1，否则取 0。

（二）控制变量

1. 研究股利政策时的控制变量

除机构投资者持股比例变量之外，与前述章节一致，笔者选取公司规模(Size)、盈利能力(Roa)、负债水平(Lev)、公司成长机会(Growth)、现金流创造能力(Ncfps)作为公司特征控制变量(Fama and French,2001;Denis and Osobov,2008;Jensen et al.,1992;Fenn and Liang,2001;John et al.,2008),同时选取董事会规模(Bsize)和独立董事占比(Idpratio)作为董事会治理结构特征控制变量(Boone et al.,2007;Anderson and Reeb,2004;Schellenger et al.,1989)。

2. 研究机构投资者持股比例时的控制变量

除公司股利政策变量之外,借鉴 Grinstein and Michaely(2005),笔者主要选取公司规模(Size)、盈利能力(Roa)、负债水平(Lev)、公司成长机会(Growth)、市场风险(Beta,回溯前24个月的公司股票日收益率与市场指数日收益率的相关系数)作为控制变量。

此外,笔者还控制了行业与年份效应,本章变量定义如表6-1所示。

三、研究模型

(一)假设6-1a、假设6-3a 的检验

为考察机构投资者持股是否影响上市公司股利政策,同时考虑到机构投资者股权的滞后影响,笔者以上市公司当期股利政策为因变量,以上一期机构投资者持股比例为解释变量,构建如下实证模型:

$$\text{Logit}(Y1_t) = \beta_0 + \sum_{i=1}^{n}\beta_i \text{INST}_{it-1} + \sum_{j=n+1}^{m}\beta_j \text{CV}_{jt} + \varepsilon \quad (6\text{-}1)$$

$$\text{Tobit}(Y2_t) = \beta_0 + \sum_{i=1}^{n}\beta_i \text{INST}_{it-1} + \sum_{j=n+1}^{m}\beta_j \text{CV}_{jt} + \varepsilon \quad (6\text{-}2)$$

其中,Y1 分别代表股利支付意愿的两个因变量 Dumdiv、Cdumdiv,Y2 分别代表股利支付水平的四个因变量 Payout、Dyield、Cpayout、Cdyield。当因变量为股利支付意愿 Y1 时,我们采用 Logistic 模型进行估计;而对于股利支付水平 Y2,则将采用 Tobit 模型进行估计。INST 代表机构投资者持股比例(Inst)或者异质性机构投资者持股比例(Inst、Instfund、Instbroker、Instqfii、Instssf、Instother)等变量。此外,CV 代表各类控制变量,ε 为残差项,下同。

表 6-1 变量定义一览表

变量类型	变量名称	变量符号	变量描述	文献支持
研究变量	股利支付意愿（Y1）	Dumdiv	公司发放股利时取1，否则取0	Fama and French(2001) DeAngelo et al.(2006) La Porta et al.(2000) Boudoukh et al.(2007)
		Cdumdiv	公司发放现金股利时取1，否则取0	
	股利支付水平（Y2）	Payout	每股股利/每股收益	
		Dyield	每股股利/年末股价	
		Cpayout	每股现金股利/每股收益	
		Cdyield	每股现金股利/年末股价	
	机构持股总比例	Inst	所有机构投资者持股数量占公司总股本的比例	Grinstein and Michaely(2005) Elyasiani and Jia(2010) 薄仙慧和吴联生(2009) 何佳等(2007)
	异质性机构投资者持股比例	Instfund	证券投资基金持股数量占公司总股本的比例	
		Instbroker	券商持股数量占公司总股本的比例	
		Instqfii	QFII持股数量占公司总股本的比例	
		Instssf	社保基金持股数量占公司总股本的比例	
		Instother	其他机构投资者持股数量占公司总股本的比例	
	家族控制	Family	当上市公司为家族控制时取1，否则取0	苏启林和朱文(2003) Ding et al.(2008)
控制变量	公司规模	Size	总资产的自然对数	Fama and French(2001) Denis and Osobov(2008) Jensen et al.(1992) Fenn and Liang(2001) John et al.(2008) Boone et al.(2007) Anderson and Reeb(2004) Schellenger et al.(1989) Grinstein and Michaely(2005)
	盈利能力	Roa	总资产收益率	
	负债水平	Lev	总负债与总资产之比	
	成长性	Growth	主营业务收入增长率	
	现金流创造能力	Ncfps	每股经营性净现金流量	
	董事会规模	Board	董事会人数	
	独立董事比例	Idpratio	独立董事数量与董事会人数之比	
	市场风险	Beta	回溯前24个月的公司股票日收益率与市场指数日收益率的相关系数	
	时间效应	Year	5个研究年度取4个年份虚拟变量	
	行业效应	Ind	按中国证监会行业分类标准进行划分，其中制造业进一步划分了二级子行业，共设置20个行业虚拟变量	

（二）假设6-1b、假设6-3b的检验

为考察机构投资者是否根据上市公司股利政策来构建投资组合，笔者以上市公司当期机构投资者持股比例为因变量，以公司上一期股利政策为解释变量，构建如下实证方程：

$$\text{Tobit}(\text{INST}_t) = \beta_0 + \beta_1 Y1_{t-1} + \sum_{i=2}^{n} \beta_i \text{CV}_{it} + \varepsilon \qquad (6\text{-}3)$$

$$\text{Tobit}(\text{INST}_t) = \beta_0 + \beta_1 Y2_{t-1} + \sum_{i=2}^{n} \beta_i \text{CV}_{it} + \varepsilon \qquad (6\text{-}4)$$

其中，INST、Y1、Y2、CV等变量的定义同上。由于机构投资者持股比例介于0与1之间，是一种"删失数据"（Censored Data），我们采用Tobit模型进行估计。

（三）假设6-2、假设6-3c的检验

为考察机构投资者持股是否影响家族上市公司的股利政策，笔者以上市公司当期股利政策为因变量，以当期家族控制、上一期机构投资者持股比例以及两者交乘项为解释变量，构建如下实证方程：

$$\text{Logit}(Y1_t) = \beta_0 + \beta_1 \text{Family}_t + \sum_{i=2}^{n} \beta_i \text{INST}_{it-1} + \sum_{j=n+1}^{m} \beta_j \text{Family}_t \times \text{INST}_{jt-1}$$
$$+ \sum_{k=m+1}^{l} \beta_k \text{CV}_{kt} + \varepsilon \qquad (6\text{-}5)$$

$$\text{Tobit}(Y2_t) = \beta_0 + \beta_1 \text{Family}_t + \sum_{i=2}^{n} \beta_i \text{INST}_{it-1} + \sum_{j=n+1}^{m} \beta_j \text{Family}_t \times \text{INST}_{jt-1}$$
$$+ \sum_{k=m+1}^{l} \beta_k \text{CV}_{kt} + \varepsilon \qquad (6\text{-}6)$$

其中，INST、Y1、Y2、CV等变量的定义同上。Family代表家族控制公司，Family×INST用来考察机构投资者持股是否影响家族上市公司股利政策。在模型6-5、模型6-6中，我们主要关注回归系数β_j，如果假设6-2成立，我们可以预期机构投资者总持股比例的回归系数β_j应显著为正；如果假设6-3c成立，我们可以预期不同类型机构投资者的回归系数β_j应大多显著为正。

第三节 实证结果与分析

一、描述性统计与分析

表 6-2 统计了全样本上市公司主要变量的描述性统计。可以看到：（1）机构投资者持股占上市公司总股本的比例尚不到 5%。与美国机构投资者持有上市公司半数以上的股权相比（Grinstein and Michaely，2005），我国的机构投资者发展滞后许多，这无疑是中国证监会近年来超常规发展机构投资者的主要原因。（2）机构投资者在不同公司的持股比例有巨大差异，全样本中机构投资者在 22.4% 的上市公司中并不持股，但在投资的上市公司中最高持股比例达到 67.6%。（3）与国外不同，我国各类机构投资者发展很不均衡，证券基金公司发展呈"一枝独秀"趋势。根据笔者的统计，证券投资基金持股比例约占机构投资者持股比例的 82.4%，券商、社保基金、QFII 以及其他机构投资者的持股比例相当低。可见，进一步繁荣和发展各类机构投资者，促进机构投资者的多元化格局仍然有待时日。

表 6-2 全样本描述性统计

	样本数	均值	中值	最小值	最大值	标准差	25% 分位	75% 分位
Dumdiv	6 321	0.47144	0.00000	0.00000	1.00000	0.49922	0.00000	1.00000
Cdumdiv	6 321	0.46464	0.00000	0.00000	1.00000	0.49879	0.00000	1.00000
Payout	6 320	0.27305	0.00000	0.00000	50.50909	0.86085	0.00000	0.41996
Cpayout	6 320	0.22439	0.00000	0.00000	14.28571	0.47468	0.00000	0.36229
Dyield	6 321	0.00941	0.00000	0.00000	0.20952	0.01545	0.00000	0.01444
Cdyield	6 321	0.00816	0.00000	0.00000	0.14523	0.01358	0.00000	0.01199
Inst	6 321	0.04500	0.00376	0.00000	0.67574	0.08404	0.00000	0.04890
Instfund	6 321	0.03768	0.00037	0.00000	0.66520	0.07736	0.00000	0.03405
Instbroker	6 321	0.00193	0.00000	0.00000	0.14427	0.00724	0.00000	0.00000
Instqfii	6 321	0.00136	0.00000	0.00000	0.12194	0.00643	0.00000	0.00000
Instssf	6 321	0.00145	0.00000	0.00000	0.08476	0.00567	0.00000	0.00000

(续表)

	样本数	均值	中值	最小值	最大值	标准差	25%分位	75%分位
Instother	6 321	0.00217	0.00000	0.00000	0.44947	0.01010	0.00000	0.00000
Family	6 321	0.26262	0.00000	0.00000	1.00000	0.44009	0.00000	1.00000
Size	6 320	21.36687	21.31354	18.67574	24.76032	1.10339	20.65293	22.02584
Roa	6 321	0.04678	0.04880	-0.35481	0.32077	0.09158	0.02359	0.08390
Lev	6 319	0.56996	0.53520	0.07706	3.01233	0.36582	0.39514	0.65999
Growth	6 312	0.20655	0.14222	-0.80905	3.28239	0.52840	-0.01105	0.32225
Ncfps	6 321	0.36451	0.27000	-1.72000	2.93000	0.65874	0.03620	0.61115
Board	6 231	9.38485	9.00000	1.00000	19.00000	2.02588	9.00000	11.00000
Idpratio	6 228	0.35235	0.33333	0.00000	0.66667	0.05004	0.33333	0.36364
Beta	6 321	0.95641	0.95420	0.05870	1.95130	0.38398	0.69140	1.21870

二、分组检验

为深入考察机构投资者与上市公司股利政策之间的相互影响关系，笔者进一步对全样本进行了分组均值检验（见表6-3）。

表6-3的Panel A统计了不同类型机构投资者持股比例高低对上市公司股利政策的影响。总体而言，机构投资者持股比例较高的公司在1%水平上具有显著较高的股利（现金股利）支付意愿与支付水平。譬如，Inst高组与Inst低组相比，前者的股利（现金股利）支付意愿为68.9%（68.07%），后者仅为25.4%（24.9%），前者约为后者的2.7倍。在股利（现金股利）支付水平方面亦然，机构投资者持股比例较高的公司其股利支付水平基本上是对照组的2倍以上。上述分析为假设6-1a提供了初步证据，即机构投资者持股比例会影响公司股利政策。

Panel B报告了在不同的公司股利政策下，上市公司各类机构投资者的持股比例差异。可以看到，在股利（现金股利）支付意愿较高的上市公司中，机构投资者持股比例都在1%水平上显著高于其对照组。以股利支付意愿为例，在发放股利的上市公司中，机构投资者持股比例约为7.6%，而在不发放股利的公司中机构投资者持股比例仅为1.8%，前者是后者的4倍还多。毋庸置疑，上市公司积极的股利政策有助于吸引机构投资者持股,这为假设 6-1b 提供了初步证据。

进一步地,综观表 6-3 我们发现,各类机构投资者持股比例较高的公司几乎都要比其对照组公司具有显著更高的股利(现金股利)支付意愿和支付水平,这似乎表明异质性机构投资者对公司股利政策的影响没有明显差异。类似地,股利政策对于不同类型机构投资者的影响也是如此,股利(现金股利)支付意愿和支付水平较高的公司可以吸引各类机构投资者持有较高比例的股票。总体而言,我国机构投资者在股利政策方面的异质性似乎并不明显,假设 6-3a、假设 6-3b 并没有得到分组检验的支持。不过,上述单变量分组检验尚需进行多元回归以进一步确认。

表 6-4 则初步考察了假设 6-2,主要是对家族控制、机构投资者与上市公司股利政策进行交叉分组均值检验。综观表 6-4,我们可以得到如下几个发现:(1) 家族上市公司具有明显较低的股利(现金股利)支付意愿与支付水平,这与前文研究结果一致,此处不再赘述。(2) 较高的机构投资者持股比例有助于推动上市公司提高股利(现金股利)支付意愿与支付水平,而且这种推动作用在家族上市公司中尤为明显。以股利支付意愿为例,从 Inst 低组到 Inst 高组,家族公司的股利发放意愿由 17.2% 增加到 57.8%,后者为前者的 3.3 倍;从 Inst 低组到 Inst 高组,虽然非家族公司的股利发放意愿也由 28.9% 增加到 72.1%,但后者仅为前者的 2.5 倍。同样地,对股利支付水平的统计结果进行分析,也可以得到类似的发现。(3) 机构投资者异质性的影响并不明显。在家族上市公司中,各类机构投资者持股比例的增加似乎都对家族上市公司的股利政策具有显著正向的影响。概括来说,表 6-4 为假设 6-2 提供了初步的证据,而没有支持假设 6-3c。

表 6-3 机构投资者与上市公司股利政策的分组均值检验

Panel A. 机构投资者监督与公司股利政策

		样本数	Dumdiv	Cdumdiv	Payout	Cpayout	Dyield	Cdyield
Inst	高组	3160	0.68924	0.68070	0.36640	0.30940	0.01415	0.01237
	低组	3161	0.25372	0.24866	0.17971	0.13939	0.00467	0.00396
	高—低 T 检验	6321	38.537***	38.199***	8.671***	14.469***	25.650***	25.866***
Instfund	高组	3161	0.69535	0.68649	0.37548	0.31768	0.01433	0.01257
	低组	3160	0.24747	0.24272	0.17055	0.13105	0.00449	0.00376
	高—低 T 检验	6321	39.902***	39.488***	9.530***	15.938***	26.690***	27.251***
Instbroker	高组	928	0.64440	0.63470	0.34227	0.30156	0.01395	0.01217
	低组	5393	0.44168	0.43538	0.26114	0.21111	0.00863	0.00747
	高—低 T 检验	6321	11.545***	11.358***	2.653***	5.373***	9.775***	9.791***
Instqfii	高组	579	0.78411	0.77720	0.38910	0.34329	0.01705	0.01537
	低组	5741	0.43992	0.43312	0.26135	0.21240	0.00864	0.00744
	高—低 T 检验	6321	16.133***	16.142***	3.406***	6.343***	12.645***	13.596***
Instssf	高组	707	0.78501	0.78076	0.43654	0.38313	0.01850	0.01671
	低组	5614	0.43196	0.42483	0.25246	0.20440	0.00826	0.00709
	高—低 T 检验	6321	18.177***	18.350***	5.370***	9.501***	16.978***	18.212***
Instother	高组	997	0.69107	0.68205	0.36383	0.31206	0.01467	0.01300
	低组	5324	0.43032	0.42393	0.25605	0.20797	0.00842	0.00726
	高—低 T 检验	6321	15.417***	15.269***	3.631***	6.374***	11.836***	12.389***

(续表)

Panel B. 公司股利政策与机构投资者持股

		样本数	Inst	Instfund	Instbroker	Instqfii	Instssf	Instother
Dumdiv	高组	2 980	0.07558	0.06452	0.00272	0.00230	0.00234	0.00307
	低组	3 341	0.01773	0.01373	0.00123	0.00053	0.00066	0.00136
	高一低 T 检验	6 321	29.084***	27.576***	8.230***	11.034***	11.946***	6.748***
Cdumdiv	高组	2 937	0.07624	0.06511	0.00271	0.00231	0.00238	0.00310
	低组	3 384	0.01789	0.01386	0.00125	0.00054	0.00065	0.00136
	高一低 T 检验	6 321	29.345***	27.833***	8.047***	11.058***	12.188***	6.834***
Payout	高组	2 981	0.07555	0.06450	0.00272	0.00230	0.00234	0.00307
	低组	3 340	0.01774	0.01374	0.00123	0.00053	0.00066	0.00136
	高一低 T 检验	6 321	29.067***	27.561***	8.223***	11.028***	11.939***	6.743***
Cpayout	高组	2 938	0.07622	0.06509	0.00271	0.00231	0.00237	0.00310
	低组	3 383	0.01790	0.01387	0.00125	0.0054	0.00065	0.00136
	高一低 T 检验	6 321	29.328***	27.818***	8.040***	11.052***	12.181***	6.828***
Dyield	高组	2 980	0.07558	0.06452	0.00272	0.00230	0.00234	0.00307
	低组	3 341	0.01773	0.01373	0.00123	0.00053	0.00066	0.00136
	高一低 T 检验	6 321	29.084***	27.576***	8.230***	11.034***	11.946***	6.748***
Cdyield	高组	2 938	0.07622	0.06509	0.00271	0.00231	0.00237	0.00310
	低组	3 383	0.01790	0.01387	0.00125	0.0054	0.00065	0.00136
	高一低 T 检验	6 321	29.328***	27.818***	8.040***	11.052***	12.181***	6.828***

注：***、**、*分别表示显著性水平为 1%、5%、10%（双尾）。

表 6-4 家族控制、机构投资者与上市公司股利政策的交叉分组均值检验

		Dumdiv		Cdumdiv		Payout		Cpayout		Dyield		Cdyield	
		家族	非家族	家族	非家族	家族	非家族	家族	非家族	家族	非家族	家族	非家族
Inst	高组	0.57752	0.72120	0.57326	0.71144	0.27480	0.39260	0.21779	0.33561	0.01056	0.01518	0.00847	0.01348
	低组	0.17241	0.28902	0.16823	0.28358	0.17169	0.18310	0.08035	0.16496	0.00328	0.0527	0.00213	0.00475
	高一低 T 检验	18.920***	32.676***	18.983***	32.260***	1.566	11.794***	7.626***	11.720***	11.271***	22.282***	13.325***	21.592***
Instfund	高组	0.61562	0.71663	0.60961	0.70701	0.30142	0.39525	0.23523	0.33969	0.01128	0.01514	0.00904	0.01351
	低组	0.16197	0.28670	0.15895	0.28116	0.15769	0.17638	0.07378	0.15727	0.00306	0.0515	0.00198	0.00457
	高一低 T 检验	21.568***	32.426***	21.467***	32.035***	2.167**	12.326***	8.942***	12.542***	12.736***	22.455***	14.905***	22.139***
Instbroker	高组	0.54726	0.67125	0.54726	0.65887	0.25377	0.36674	0.20861	0.32725	0.01015	0.01501	0.00811	0.01329
	低组	0.31597	0.48831	0.31117	0.48144	0.21007	0.28001	0.12890	0.24155	0.00584	0.0966	0.00436	0.00863
	高一低 T 检验	6.551***	9.148***	6.711***	8.864***	0.438	3.051***	2.877***	4.224***	4.266***	8.364***	4.978***	8.044***
Instqfii	高组	0.67925	0.80761	0.67925	0.79915	0.24519	0.42135	0.18303	0.37920	0.01063	0.01849	0.00894	0.01682
	低组	0.32111	0.48400	0.31660	0.47636	0.21332	0.27910	0.13552	0.24088	0.00607	0.0959	0.00453	0.00851
	高一低 T 检验	7.637***	13.610***	7.760***	13.569***	0.239	4.784***	1.283	5.683***	3.377***	11.669***	4.388***	12.028***
Instssf	高组	0.71429	0.80139	0.71429	0.79617	0.32810	0.46166	0.25540	0.41273	0.01406	0.01953	0.01129	0.01797
	低组	0.31172	0.47688	0.30714	0.46880	0.20554	0.26993	0.12838	0.23275	0.00569	0.0922	0.00425	0.00815
	高一低 T 检验	9.626***	14.909***	9.772***	15.040***	1.022	7.038***	3.823***	8.074***	6.954***	14.834***	7.872***	15.644***
Instother	高组	0.54902	0.72762	0.53922	0.71879	0.28506	0.38409	0.19993	0.34091	0.01049	0.01574	0.00778	0.01434
	低组	0.32525	0.47363	0.31181	0.46613	0.20559	0.27498	0.12995	0.23729	0.00578	0.0942	0.00440	0.0083
	高一低 T 检验	6.666***	13.280***	6.500***	13.203***	0.802	4.566***	2.540**	5.295***	4.697***	10.281***	4.515***	10.794***

注:***、**、*分别表示显著性水平为 1%、5%、10%(双尾);限于篇幅,未报告各交叉分组的样本数量。

三、相关分析

表 6-5 报告了本章主要研究变量的 Pearson 相关分析矩阵。与预期相一致,上市公司股利政策的各个代理变量在 1% 水平上与家族控制显著负相关,而与各类机构投资者持股比例变量大都显著正相关。此外,注意到家族控制在 1% 水平上与机构投资者持股比例、证券投资基金持股比例显著负相关,显示家族上市公司相比非家族上市公司较少吸引机构投资者持股。为了控制其他变量的影响,我们接下来进行多元回归分析以得到更稳健的实证证据。

表 6-5 主要变量的 Pearson 相关分析

	Family	Inst	Instfund	Instbroker	Instqfii	Instssf	Instother
Dumdiv	-0.152***	0.344***	0.328***	0.103***	0.137***	0.149***	0.085***
Cdumdiv	-0.149***	0.346***	0.330***	0.101***	0.138***	0.152***	0.086***
Payout	-0.040***	0.056***	0.051***	0.020	0.034**	0.048***	0.009
Cpayout	-0.108***	0.085***	0.077***	0.038***	0.058***	0.072***	0.017
Dyield	-0.118***	0.172***	0.156***	0.092***	0.092***	0.118***	0.036***
Cdyield	-0.147***	0.161***	0.145***	0.095***	0.093***	0.118***	0.034***
Family	1						
Inst	-0.056***	1					
Instfund	-0.057***	0.983***	1				
Instbroker	-0.009	0.147***	0.057***	1			
Instqfii	-0.020	0.240***	0.162***	0.009	1		
Instssf	-0.023*	0.367***	0.304***	0.028**	0.105***	1	
Instother	-0.011	0.263***	0.142***	0.043***	0.046***	0.057***	1

注:***、**、* 分别表示显著性水平为 1%、5%、10%(双尾)。

四、多元回归分析

(一) 机构投资者监督与公司股利政策

表 6-6、表 6-7 分别报告了机构投资者持股比例对上市公司股利政策影响的 Logistic 回归和 Tobit 回归结果。由于表 6-6、表 6-7 的实证结果基本一致,我们这里主要围绕表 6-6 的实证结果进行讨论。根据表 6-6 所示,无论是从股利支付意愿还是股利支付率来看,上市公司上期机构投资者持股比例(Inst)都会对当期公司股利政策产生显著的正向影响,即机

构投资者对上市公司股利决策发挥了积极的监督作用。虽然采用股息率作为因变量时,机构投资者持股的回归系数大多不显著,但也基本上为正。总体而言,假设 6-1a 基本上得到了证实。

表 6-6 机构投资者监督与公司股利政策

	Logistic 回归(Dumdiv)		Tobit 回归(Payout)		Tobit 回归(Dyield)	
	模型 1	模型 2	模型 3	模型 4	模型 5	模型 6
$Inst_{t-1}$	3.408*** (4.55)		0.273*** (2.64)		0.003 (0.68)	
$Instfund_{t-1}$		2.625*** (3.12)		0.105 (0.91)		-0.002 (-0.42)
$Instbroker_{t-1}$		17.431*** (3.14)		2.998*** (3.20)		0.160*** (3.78)
$Instqfii_{t-1}$		22.024*** (2.73)		2.875** (2.43)		0.054 (1.30)
$Instssf_{t-1}$		-3.408 (-0.46)		1.508 (1.11)		0.037 (0.64)
$Instother_{t-1}$		17.142** (2.16)		1.103 (1.20)		0.018 (0.49)
Size	0.982*** (19.79)	0.980*** (19.80)	0.175*** (19.20)	0.174*** (19.11)	0.009*** (19.34)	0.009*** (19.25)
Lev	-3.416*** (-15.47)	-3.400*** (-15.34)	-0.735*** (-15.17)	-0.732*** (-15.09)	-0.030*** (-13.86)	-0.029*** (-13.82)
Roa	16.265*** (15.48)	16.143*** (15.48)	2.429*** (17.06)	2.410*** (16.98)	0.151*** (19.89)	0.150*** (19.81)
Growth	-0.050 (-0.60)	-0.045 (-0.55)	0.001 (0.01)	0.002 (0.12)	-0.001 (-1.19)	-0.001 (-1.14)
Ncfps	0.101 (1.55)	0.106 (1.62)	0.010 (0.78)	0.009 (0.71)	0.001** (2.24)	0.001** (2.20)
Bdsize	0.044** (2.10)	0.042** (2.04)	0.011** (2.31)	0.011*** (2.34)	0.000* (1.95)	0.000** (2.01)
Idpratio	-1.994** (-2.47)	-1.949** (-2.42)	-0.342* (-1.78)	-0.325* (-1.70)	-0.009 (-1.02)	-0.008 (-0.94)
Year/Ind	控制	控制	控制	控制	控制	控制
Constant	-19.948*** (-18.99)	-19.938*** (-19.00)	-3.449*** (-16.95)	-3.441*** (-16.91)	-0.189*** (-18.48)	-0.188*** (-18.43)
Pseudo R^2	0.336	0.339	0.208	0.210	-0.340	-0.342
F/Chi2	946.91	970.16	47.01	42.20	34.56	30.90
N	4 848	4 848	4 848	4 848	4 848	4 848

注:***、**、*分别表示显著性水平为 1%、5%、10%(双尾);T 检验值经 White(1980)异方差调整。

表 6-7 机构投资者监督与公司现金股利政策

	Logistic 回归(Cdumdiv)		Tobit 回归(Cpayout)		Tobit 回归(Cdyield)	
	模型 1	模型 2	模型 3	模型 4	模型 5	模型 6
$Inst_{t-1}$	3.478*** (4.76)		0.199** (2.16)		0.001 (0.35)	
$Instfund_{t-1}$		2.775*** (3.34)		0.053 (0.52)		-0.002 (-0.53)
$Instbroker_{t-1}$		14.187*** (2.62)		2.499*** (2.94)		0.140*** (3.74)
$Instqfii_{t-1}$		17.763** (2.33)		2.131** (2.08)		0.034 (0.94)
$Instssf_{t-1}$		-0.828 (-0.11)		1.219 (1.05)		0.016 (0.34)
$Instother_{t-1}$		16.145** (2.09)		1.372* (1.69)		0.019 (0.62)
Size	0.952*** (19.45)	0.950*** (19.46)	0.164*** (19.79)	0.163*** (19.70)	0.008*** (21.31)	0.008*** (21.23)
Lev	-3.424*** (-15.56)	-3.407*** (-15.45)	-0.724*** (-15.92)	-0.721*** (-15.84)	-0.029*** (-15.89)	-0.029*** (-15.84)
Roa	15.920*** (15.55)	15.811*** (15.56)	2.015*** (16.18)	1.999*** (16.10)	0.128*** (19.64)	0.127*** (19.60)
Growth	-0.023 (-0.29)	-0.020 (-0.24)	-0.003 (-0.18)	-0.002 (-0.14)	-0.001 (-1.38)	-0.001 (-1.34)
Ncfps	0.101 (1.56)	0.105 (1.61)	0.012 (1.05)	0.011 (0.98)	0.001*** (2.71)	0.001*** (2.68)
Bdsize	0.051** (2.48)	0.051** (2.44)	0.013*** (3.10)	0.013*** (3.15)	0.000** (2.53)	0.000*** (2.61)
Idpratio	-1.882** (-2.35)	-1.845** (-2.31)	-0.314* (-1.85)	-0.299* (-1.77)	-0.012* (-1.81)	-0.012* (-1.74)
Year/Ind	控制	控制	控制	控制	控制	控制
Constant	-19.441*** (-18.74)	-19.414*** (-18.74)	-3.226*** (-17.63)	-3.219*** (-17.61)	-0.171*** (-20.71)	-0.171*** (-20.68)
Pseudo R^2	0.331	0.334	0.227	0.229	-0.343	-0.346
F/Chi2	945.55	968.15	47.73	42.94	38.97	35.03
N	4 848	4 848	4 848	4 848	4 848	4 848

注:***、**、*分别表示显著性水平为 1%、5%、10%(双尾);T 检验值经 White(1980)异方差调整。

对比已有文献,本章的实证结果与 Short et al.(2002)、Renneboog and Trojanowski(2008)等人的研究一致,但与胡旭阳和吴秋瑾(2004)对

1999—2002年我国基金公司的研究、翁洪波和吴世农(2007)对2001—2004年我国机构投资者的研究结果不同,后两者发现机构投资者持股对上市公司政策没有显著影响。

笔者认为,研究结果的上述差异主要原因可能在于,机构投资者近年来在我国资本市场日益强大,对上市公司的影响也随之增强。21世纪初期,我国机构投资者持股比例较低,由于话语权不足,他们对公司决策的影响可能更多的是"用脚投票";而近年来我国机构投资者市场份额大大提高,他们有动力也有能力参与监督公司决策,即"用手投票",从而有助于推动上市公司分红派息。

值得注意的是,本章首次考察了我国异质性机构投资者对于上市公司股利政策的影响。根据表6-6,从股利支付意愿来看,机构投资者异质性并不明显。除社保基金外,各类机构投资者较高的持股比例都将对上市公司分红意愿产生显著的正向影响。从股利支付水平来看,投资者异质性带来的差异也较为有限。我们发现,券商、QFII对公司股利支付水平具有显著的正向影响,证券投资基金、社保基金以及其他机构投资者的作用虽然不明显,但符号基本都为正。综合前文的统计检验分析,笔者认为,我国各类异质性机构投资者对上市公司股利政策的影响并不存在明显差异。各类机构投资者对上市公司股利政策(尤其是股利支付意愿)都具有类似的正向影响。因而,本章的假设6-3a并没有得到支持。

(二)股利政策与机构投资者持股

表6-8、表6-9分别报告了上市公司股利政策对于机构投资者持股比例影响的Tobit回归结果。类似地,我们主要围绕表6-8的实证结果进行讨论。综观表6-8,上市公司上期股利政策会对当期机构投资者持股产生显著的影响。总体而言,股利支付意愿和支付水平较高的上市公司,可以吸引较高比例的机构投资者持股。换言之,我国的机构投资者在构建投资组合时很可能会将上市公司股利政策作为投资决策的关键要素。因此,本章的实证结果证实了研究假设6-1b,这与胡旭阳和吴秋瑾(2004)、翁洪波和吴世农(2007)对我国机构投资者的研究结果一致。

表 6-8 股利政策与机构投资者持股

	Tobit 回归 (Instt)			Tobit 回归 (Instfundt)			Tobit 回归 (Instbrokert)		
	模型 1	模型 2	模型 3	模型 4	模型 5	模型 6	模型 7	模型 8	模型 9
$Dumdiv_{t-1}$	0.038*** (11.81)			0.037*** (11.62)			0.006*** (4.26)		
$Payout_{t-1}$		0.003 (1.25)			0.003 (1.40)			0.000 (0.73)	
$Dyield_{t-1}$			0.186* (1.79)			0.077 (0.81)			0.124*** (3.23)
Size	0.033*** (20.51)	0.039*** (25.25)	0.039*** (23.19)	0.034*** (20.84)	0.040*** (25.10)	0.039*** (23.40)	0.003*** (4.10)	0.004*** (5.82)	0.003*** (4.88)
Lev	-0.029*** (-5.19)	-0.038*** (-6.13)	-0.037*** (-6.09)	-0.031*** (-5.32)	-0.040*** (-6.21)	-0.041*** (-6.18)	-0.009*** (-3.86)	-0.010*** (-4.41)	-0.010*** (-4.27)
Roa	0.289*** (12.66)	0.342*** (14.59)	0.336*** (14.03)	0.280*** (12.08)	0.332*** (14.03)	0.331*** (13.58)	0.024*** (2.58)	0.033*** (3.70)	0.028*** (3.10)
Growth	0.001 (0.37)	-0.000 (-0.16)	-0.000 (-0.04)	0.002 (0.66)	0.000 (0.10)	0.000 (0.16)	0.001 (0.85)	0.001 (0.66)	0.001 (0.84)
Beta	-0.018*** (-3.69)	-0.021*** (-4.14)	-0.021*** (-4.08)	-0.016*** (-3.41)	-0.019*** (-3.88)	-0.019*** (-3.86)	0.001 (0.33)	0.000 (0.06)	0.000 (0.21)
Year/Ind	控制	控制	控制	控制	控制	控制	控制	控制	控制
Constant	-0.676*** (-19.80)	-0.784*** (-23.47)	-0.771*** (-21.95)	-0.692*** (-20.40)	-0.796*** (-23.71)	-0.791*** (-22.46)	-0.096*** (-5.93)	-0.114*** (-7.10)	-0.103*** (-6.45)
Pseudo R^2	-0.505	-0.467	-0.467	-0.548	-0.508	-0.508	-0.503	-0.457	-0.478
F/Chi2	42.43	35.15	36.29	38.61	32.51	33.24	5.11	4.66	4.95
N	4 932	4 932	4 932	4 932	4 932	4 932	4 932	4 932	4 932

（续表）

	Tobit 回归 (Instt)			Tobit 回归 (Instfundt)			Tobit 回归 (Instbrokert)		
	模型 10	模型 11	模型 12	模型 13	模型 14	模型 15	模型 16	模型 17	模型 18
Dumdiv$_{t-1}$	0.010*** (5.19)			0.006*** (4.15)			0.007*** (3.61)		
Payout$_{t-1}$		0.001** (2.08)			0.000 (0.67)			0.000 (0.88)	
Dyield$_{t-1}$			0.136** (2.51)			0.058 (1.53)			0.170*** (3.84)
Size	0.007*** (8.38)	0.009*** (10.35)	0.008*** (9.42)	0.008*** (13.02)	0.009*** (15.69)	0.009*** (14.43)	0.007*** (6.06)	0.008*** (6.40)	0.008*** (6.08)
Lev	-0.014*** (-3.72)	-0.018*** (-4.68)	-0.016*** (-4.42)	-0.005** (-2.20)	-0.008*** (-3.05)	-0.007*** (-2.90)	-0.006* (-1.84)	-0.008** (-2.23)	-0.007** (-2.11)
Roa	0.084*** (6.51)	0.099*** (7.49)	0.092*** (7.05)	0.073*** (6.14)	0.082*** (7.07)	0.079*** (6.68)	0.052*** (4.39)	0.063*** (4.93)	0.055*** (4.50)
Growth	-0.002 (-0.99)	-0.002 (-1.28)	-0.002 (-1.05)	0.001 (0.92)	0.001 (0.72)	0.001 (0.83)	-0.002 (-1.24)	-0.002 (-1.40)	-0.002 (-1.21)
Beta	-0.007*** (-2.74)	-0.008*** (-3.07)	-0.008*** (-2.93)	-0.003 (-1.20)	-0.003 (-1.42)	-0.003 (-1.33)	-0.007*** (-2.88)	-0.008*** (-3.03)	-0.007*** (-2.90)
Year/Ind	控制	控制	控制	控制	控制	控制	控制	控制	控制
Constant	-0.192*** (-9.96)	-0.219*** (-11.19)	-0.206*** (-10.68)	-0.204*** (-13.87)	-0.220*** (-15.62)	-0.215*** (-14.79)	-0.195*** (-6.18)	-0.214*** (-6.34)	-0.202*** (-6.15)
Pseudo R^2	11.702	11.053	11.174	-3.074	-2.978	-2.988	-0.512	-0.486	-0.503
F/Chi2				14.20	13.72	13.89	3.17	3.06	3.33
N	4932	4932	4932	4932	4932	4932	4932	4932	4932

注：***、**、* 分别表示显著性水平为1%、5%、10%（双尾）；T检验值经 White(1980) 异方差调整。

表 6-9 现金股利政策与机构投资者持股

	Tobit 回归 (Instt)			Tobit 回归 (Instfundt)			Tobit 回归 (Instbrokert)		
	模型 1	模型 2	模型 3	模型 4	模型 5	模型 6	模型 7	模型 8	模型 9
$Cdumdiv_{t-1}$	0.039*** (11.96)			0.037*** (11.74)			0.006*** (3.96)		
$Cpayout_{t-1}$		0.007** (2.54)			0.007*** (2.60)			0.001 (1.11)	
$CdCyield_{t-1}$			0.173 (1.47)			0.030 (0.27)			0.146*** (3.24)
Size	0.033*** (20.65)	0.039*** (25.01)	0.039*** (23.22)	0.034*** (20.97)	0.040*** (24.91)	0.040*** (23.51)	0.003*** (4.22)	0.004*** (5.74)	0.003*** (4.77)
Lev	-0.029*** (-5.18)	-0.037*** (-6.01)	-0.037*** (-6.08)	-0.031*** (-5.31)	-0.040*** (-6.10)	-0.041*** (-6.18)	-0.009*** (-3.91)	-0.010*** (-4.35)	-0.010*** (-4.26)
Roa	0.288*** (12.64)	0.339*** (14.45)	0.338*** (14.03)	0.279*** (12.06)	0.330*** (13.89)	0.333*** (13.60)	0.024*** (2.64)	0.033*** (3.64)	0.027*** (3.10)
Growth	0.001 (0.39)	-0.000 (-0.14)	-0.000 (-0.05)	0.002 (0.68)	0.000 (0.12)	0.000 (0.13)	0.001 (0.83)	0.001 (0.66)	0.001 (0.86)
Beta	-0.018*** (-3.68)	-0.021*** (-4.09)	-0.021*** (-4.07)	-0.016*** (-3.41)	-0.019*** (-3.83)	-0.019*** (-3.87)	0.001 (0.33)	0.000 (0.09)	0.001 (0.25)
Year/Ind	控制	控制	控制	控制	控制	控制	控制	控制	控制
Constant	-0.677*** (-19.94)	-0.781*** (-23.34)	-0.773*** (-22.02)	-0.693*** (-20.53)	-0.793*** (-23.60)	-0.795*** (-22.59)	-0.098*** (-6.00)	-0.113*** (-7.05)	-0.102*** (-6.37)
Pseudo R^2	-0.506	-0.468	-0.467	-0.549	-0.509	-0.508	-0.497	-0.459	-0.480
F/Chi2	42.50	35.62	36.11	38.67	32.92	32.94	5.07	4.71	4.97
N	4932	4932	4932	4932	4932	4932	4932	4932	4932

（续表）

	Tobit 回归 (Instqfiit)			Tobit 回归 (Instsfit)			Tobit 回归 (Instothert)		
	模型 10	模型 11	模型 12	模型 13	模型 14	模型 15	模型 16	模型 17	模型 18
Cdumdiv$_{t-1}$	0.010*** (5.25)			0.007*** (4.54)			0.007*** (3.53)		
Cpayout$_{t-1}$		0.004** (2.33)			0.001 (1.07)			0.002 (1.51)	
CdCyield$_{t-1}$			0.179*** (2.91)			0.073* (1.74)			0.183*** (3.63)
Size	0.007*** (8.41)	0.009*** (10.22)	0.008*** (9.17)	0.008*** (12.96)	0.009*** (15.57)	0.009*** (14.27)	0.007*** (6.10)	0.008*** (6.39)	0.008*** (6.08)
Lev	-0.014*** (-3.71)	-0.017*** (-4.47)	-0.016*** (-4.31)	-0.005** (-2.11)	-0.007*** (-2.96)	-0.007*** (-2.86)	-0.006* (-1.85)	-0.008** (-2.21)	-0.007** (-2.10)
Roa	0.083*** (6.50)	0.097*** (7.42)	0.091*** (7.01)	0.072*** (6.06)	0.081*** (7.03)	0.078*** (6.68)	0.052*** (4.41)	0.062*** (4.90)	0.056*** (4.54)
Growth	-0.001 (-0.98)	-0.002 (-1.30)	-0.001 (-1.01)	0.001 (0.94)	0.001 (0.72)	0.001 (0.85)	-0.002 (-1.24)	-0.002 (-1.39)	-0.002 (-1.20)
Beta	-0.007*** (-2.72)	-0.008*** (-2.99)	-0.007*** (-2.86)	-0.003 (-1.18)	-0.003 (-1.39)	-0.003 (-1.31)	-0.007*** (-2.89)	-0.008*** (-3.01)	-0.007*** (-2.88)
Year/Ind	控制	控制	控制	控制	控制	控制	控制	控制	控制
Constant	-0.192*** (-9.99)	-0.217*** (-11.14)	-0.202*** (-10.53)	-0.203*** (-13.83)	-0.219*** (-15.56)	-0.214*** (-14.69)	-0.196*** (-6.21)	-0.213*** (-6.34)	-0.202*** (-6.15)
Pseudo R^2	11.719	11.171	11.258	-3.092	-2.981	-2.991	-0.510	-0.488	-0.502
F/Chi2				14.28	13.76	13.91	3.16	3.07	3.31
N	4 932	4 932	4 932	4 932	4 932	4 932	4 932	4 932	4 932

注：***、**、*分别表示显著性水平为1%、5%、10%（双尾）；T检验值经 White（1980）异方差调整。

在机构投资者异质性方面,我们发现,上市公司股利政策对于各类机构投资者持股比例的影响似乎也不存在明显差异。从股利支付意愿来看,机构投资者异质性几乎没有任何影响。股利支付意愿与各类机构投资者持股比例都在1%的水平上显著正相关,显示我国各类机构投资者都避免投资于不支付股利的上市公司,这一结果与 Grinstein and Michaely (2005)对美国的研究完全一致。从股利支付水平来看,机构投资者异质性的影响也并不明显。较高的股利支付水平对券商、QFII 以及其他机构投资者具有明显的吸引力,而对证券投资基金、社保基金的持股比例也具有正向影响,虽然并不显著(值得注意的是,在表6-9中现金股利支付水平对二者具有显著的正向影响)。因此,总体而言,假设6-3b 没有得到证实。

概括上述实证发现可以认为,现阶段我国各类机构投资者对上市公司股利政策的偏好和影响方面异质性较小。除传统的股利政策理论之外,笔者认为,目前我国机构投资者缺乏异质性还有一种可能的解释是,机构投资者在我国是一种新兴的资本市场力量,无论是在制度建设还是市场运行机制方面都尚不成熟,同质化问题难免会出现。一个明证就是,在我国各类机构投资者"扎堆"投资、"抱团取暖"的现象常常见诸报端,引起了各界的广泛关注。

综上,笔者认为,在我国机构投资者与上市公司股利政策是相互影响、相互作用的关系。机构投资者持股的确会影响上市公司股利政策,尤其是在其持股比例较高时会对公司股利政策具有显著的正向影响。反过来,上市公司股利政策也是机构投资者构建投资组合的重要指标,积极的股利支付政策可以吸引机构投资者对上市公司进行投资。

(三)家族控制、机构投资者与公司股利政策

本书的第四章研究发现,我国家族上市公司具有显著较低的股利(现金股利)支付意愿与支付水平。那么,在家族上市公司中引入机构投资者监督是否可以推动家族公司增加股利发放呢?我们接下来对这一问题进行回归分析。表6-10、表6-11分别报告了家族控制、机构投资者及其相互作用关系对于上市公司股利(现金股利政策)的影响。

表 6-10　家族控制、机构投资者与公司股利政策

	Logistic 回归(Dumdiv)					
	模型 1	模型 2	模型 3	模型 4	模型 5	模型 6
Family	-0.452*** (-4.27)	-0.442*** (-4.28)	-0.350*** (-3.69)	-0.333*** (-3.61)	-0.390*** (-4.15)	-0.332*** (-3.54)
$Inst_{t-1}$	2.847*** (3.41)					
Family × $Inst_{t-1}$	2.794* (1.75)					
$Instfund_{t-1}$		2.485*** (2.83)				
Family × $Instfund_{t-1}$		3.316* (1.84)				
$Instbroker_{t-1}$			20.348*** (3.09)			
Family × $Instbroker_{t-1}$			-1.094 (-0.09)			
$Instqfii_{t-1}$				27.927*** (2.73)		
Family × $Instqfii_{t-1}$				-6.442 (-0.39)		
$Instssf_{t-1}$					-0.004 (-0.00)	
Family × $Instssf_{t-1}$					38.149** (2.15)	
$Instother_{t-1}$						23.490** (2.49)
Family × $Instother_{t-1}$						-5.482 (-0.34)
控制变量	控制	控制	控制	控制	控制	控制
Pseudo R^2	0.339	0.338	0.336	0.336	0.335	0.335
F/Chi2	955.03	949.58	942.90	930.99	942.22	924.63
N	4 848	4 848	4 848	4 848	4 848	4 848
	Tobit 回归(Payout)					
	模型 7	模型 8	模型 9	模型 10	模型 11	模型 12
Family	-0.125*** (-4.76)	-0.120*** (-4.64)	-0.094*** (-4.04)	-0.086*** (-3.81)	-0.099*** (-4.29)	-0.090*** (-3.94)

（续表）

	Tobit 回归(Payout)					
	模型7	模型8	模型9	模型10	模型11	模型12
$Inst_{t-1}$	0.125 (1.15)					
Family × $Inst_{t-1}$	0.809*** (3.28)					
$Instfund_{t-1}$		0.045 (0.39)				
Family × $Instfund_{t-1}$		0.860*** (3.06)				
$Instbroker_{t-1}$			2.582** (2.37)			
Family × $Instbroker_{t-1}$			2.272 (1.12)			
$Instqfii_{t-1}$				3.077** (2.24)		
Family × $Instqfii_{t-1}$				-0.055 (-0.02)		
$Instssf_{t-1}$					0.471 (0.32)	
Family × $Instssf_{t-1}$					7.676** (2.57)	
$Instother_{t-1}$						1.144 (1.15)
Family × $Instother_{t-1}$						2.432 (0.95)
控制变量	控制	控制	控制	控制	控制	控制
Pseudo R^2	0.212	0.211	0.211	0.211	0.211	0.210
F/Chi2	44.34	44.07	44.31	44.10	44.17	43.92
N	4 848	4 848	4 848	4 848	4 848	4 848
	Tobit 回归(Dyield)					
	模型13	模型14	模型15	模型16	模型17	模型18
Family	-0.003*** (-3.01)	-0.003*** (-2.90)	-0.003** (-2.50)	-0.002** (-2.14)	-0.003*** (-2.64)	-0.002** (-2.31)
$Inst_{t-1}$	-0.001 (-0.29)					

(续表)

	Tobit 回归(Dyield)					
	模型 13	模型 14	模型 15	模型 16	模型 17	模型 18
Family × $Inst_{t-1}$	0.025** (2.43)					
$Instfund_{t-1}$		-0.004 (-0.83)				
Family × $Instfund_{t-1}$		0.025** (2.21)				
$Instbroker_{t-1}$			0.138*** (2.82)			
Family × $Instbroker_{t-1}$			0.095 (1.03)			
$Instqfii_{t-1}$				0.061 (1.22)		
Family × $Instqfii_{t-1}$				-0.030 (-0.38)		
$Instssf_{t-1}$					-0.021 (-0.32)	
Family × $Instssf_{t-1}$					0.271** (2.25)	
$Instother_{t-1}$						0.017 (0.45)
Family × $Instother_{t-1}$						0.083 (0.74)
控制变量	控制	控制	控制	控制	控制	控制
Pseudo R^2	-0.342	-0.342	-0.343	-0.341	-0.342	-0.341
F/Chi2	33.06	33.01	33.05	32.97	33.07	32.93
N	4 848	4 848	4 848	4 848	4 848	4 848

注:(1) ***、**、*分别表示显著性水平为1%、5%、10%(双尾);(2) 各回归模型中已包括相关控制变量,如公司规模(Size)、盈利能力(Roa)、负债水平(Lev)、公司成长机会(Growth)、现金流创造能力(Ncfps)、董事会规模(Bsize)、独立董事比例(Idpratio),限于篇幅未报告控制变量和常数项的回归结果;(3) T检验值经White(1980)异方差调整。

表6-11　家族控制、机构投资者与公司现金股利政策

	Logistic 回归(Cdumdiv)					
	模型1	模型2	模型3	模型4	模型5	模型6
Family	-0.430*** (-4.06)	-0.418*** (-4.06)	-0.339*** (-3.58)	-0.318*** (-3.47)	-0.367*** (-3.92)	-0.304*** (-3.25)
$Inst_{t-1}$	2.924*** (3.60)					
Family × $Inst_{t-1}$	2.762* (1.76)					
$Instfund_{t-1}$		2.668*** (3.08)				
Family × $Instfund_{t-1}$		3.216* (1.80)				
$Instbroker_{t-1}$			15.426** (2.39)			
Family × $Instbroker_{t-1}$			4.168 (0.36)			
$Instqfii_{t-1}$				21.938** (2.28)		
Family × $Instqfii_{t-1}$				0.439 (0.03)		
$Instssf_{t-1}$					2.973 (0.39)	
Family × $Instssf_{t-1}$					37.250** (2.08)	
$Instother_{t-1}$						23.289** (2.53)
Family × $Instother_{t-1}$						-9.493 (-0.61)
控制变量	控制	控制	控制	控制	控制	控制
Pseudo R^2	0.334	0.333	0.330	0.330	0.329	0.330
F/Chi2	954.64	947.95	937.43	933.85	940.95	924.58
N	4 848	4 848	4 848	4 848	4 848	4 848
	Tobit 回归(Cpayout)					
	模型7	模型8	模型9	模型10	模型11	模型12
Family	-0.127*** (-5.41)	-0.123*** (-5.39)	-0.104*** (-5.09)	-0.095*** (-4.78)	-0.107*** (-5.24)	-0.100*** (-4.95)

(续表)

	Tobit 回归(Cpayout)					
	模型7	模型8	模型9	模型10	模型11	模型12
$Inst_{t-1}$	0.090 (0.93)					
Family × $Inst_{t-1}$	0.603*** (2.79)					
$Instfund_{t-1}$		0.017 (0.17)				
Family × $Instfund_{t-1}$		0.649*** (2.64)				
$Instbroker_{t-1}$			2.176** (2.21)			
Family × $Instbroker_{t-1}$			2.059 (1.13)			
$Instqfii_{t-1}$				2.556** (2.10)		
Family × $Instqfii_{t-1}$				-1.029 (-0.57)		
$Instssf_{t-1}$					0.402 (0.32)	
Family × $Instssf_{t-1}$					5.675** (2.18)	
$Instother_{t-1}$						1.399 (1.58)
Family × $Instother_{t-1}$						1.701 (0.77)
控制变量	控制	控制	控制	控制	控制	控制
Pseudo R^2	0.231	0.231	0.231	0.231	0.231	0.230
F/Chi2	45.00	44.79	45.25	44.98	44.87	44.87
N	4 848	4 848	4 848	4 848	4 848	4 848
	Tobit 回归(Cdyield)					
	模型13	模型14	模型15	模型16	模型17	模型18
Family	-0.004*** (-4.49)	-0.004*** (-4.42)	-0.003*** (-4.17)	-0.003*** (-3.83)	-0.004*** (-4.32)	-0.003*** (-4.01)
$Inst_{t-1}$	-0.002 (-0.49)					

(续表)

	Tobit 回归(Cdyield)					
	模型 13	模型 14	模型 15	模型 16	模型 17	模型 18
Family × $Inst_{t-1}$	0.020** (2.29)					
$Instfund_{t-1}$		-0.005 (-0.97)				
Family × $Instfund_{t-1}$		0.021** (2.08)				
$Instbroker_{t-1}$			0.126*** (2.83)			
Family × $Instbroker_{t-1}$			0.073 (0.94)			
$Instqfii_{t-1}$				0.038 (0.86)		
Family × $Instqfii_{t-1}$				-0.022 (-0.34)		
$Instssf_{t-1}$					-0.034 (-0.62)	
Family × $Instssf_{t-1}$					0.220** (2.28)	
$Instother_{t-1}$						0.016 (0.50)
Family × $Instother_{t-1}$						0.077 (0.82)
控制变量	控制	控制	控制	控制	控制	控制
Pseudo R^2	-0.346	-0.346	-0.348	-0.346	-0.346	-0.346
F/Chi2	36.92	36.94	37.03	36.75	36.65	36.55
N	4 848	4 848	4 848	4 848	4 848	4 848

注:(1) ***、**、*分别表示显著性水平为 1%、5%、10%(双尾);(2) 各回归模型中已包括相关控制变量,如公司规模(Size)、盈利能力(Roa)、负债水平(Lev)、公司成长机会(Growth)、现金流创造能力(Ncfps)、董事会规模(Bsize)、独立董事比例(Idpratio),限于篇幅未报告控制变量和常数项的回归结果;(3) T 检验值经 White(1980)异方差调整。

综观表 6-10、表 6-11 可以看到,Family × $Inst_{t-1}$都在 10%的水平上显著为正,即上期机构投资者持股比例越高,家族上市公司当期的股利(现金股利)支付意愿与支付水平也显著越高。可见,机构投资者总体而言对家族上市公司的股利政策具有显著的正向影响,因此研究假设 6-2 得到了证实。

同时,我们看到异质性机构投资者对于家族上市公司的股利政策的影响具有一定的差异。可以看到,证券投资基金以及社保基金进入家族上市公司可以对其股利(现金股利)支付意愿和支付水平产生显著的正向影响;然而,券商、QFII以及其他机构投资者对家族上市公司的股利政策则似乎没有显著的影响,而且回归系数的符号也不统一。总体而言,假设6-3c仅得到了部分支持。

五、稳健性检验

为了确保研究结论的可靠性,笔者主要进行了如下稳健性检验:

(一)更换股利(现金股利)支付水平代理变量

借鉴 Grinstein and Michaely(2005)、La Porta et al.(2000)等,本章也采用总股利支付/总资产(Divast)、总股利支付/销售收入(Divsale)与每股股利(Dps)以及总现金股利/总资产(Cdivast)、总现金股利/销售收入(Cdivsale)与每股现金股利(Cdps)作为上市公司股利(现金股利)支付水平的代理变量,并重新检验假设6-1a和假设6-1b,实证结果具有较高的稳健性(见表6-12、表6-13)。

表6-12 替换股利支付水平代理变量:机构投资者监督与公司股利政策

Panel A. 替换总股利支付水平代理变量						
	Tobit回归($Divast_t$)		Tobit回归($Divsale_t$)		Tobit回归(Dps_t)	
$Inst_{t-1}$	0.033*** (5.17)		0.049*** (3.49)		0.315*** (6.38)	
$Instfund_{t-1}$		0.031*** (4.44)		0.038** (2.41)		0.285*** (5.17)
$Instbroker_{t-1}$		0.152*** (3.19)		0.375*** (2.80)		0.969** (2.50)
$Instqfii_{t-1}$		0.077 (1.45)		0.200 (1.38)		1.332** (2.57)
$Instssf_{t-1}$		−0.000 (−0.00)		0.034 (0.20)		0.264 (0.42)
$Instother_{t-1}$		0.004 (0.08)		0.122 (0.87)		0.237 (0.54)

(续表)

	Panel B. 替换现金股利支付水平代理变量		
	Tobit 回归($Cdivast_t$)	Tobit 回归($Cdivsale_t$)	Tobit 回归($Cdps_t$)
$Inst_{t-1}$	0.024*** (4.53)	0.039*** (3.30)	0.239*** (5.68)
$Instfund_{t-1}$	0.021*** (3.68)	0.026* (1.90)	0.226*** (4.77)
$Instbroker_{t-1}$	0.118*** (2.78)	0.279** (2.33)	0.764** (2.24)
$Instqfii_{t-1}$	0.043 (0.97)	0.161 (1.21)	0.951** (2.28)
$Instssf_{t-1}$	0.027 (0.42)	0.108 (0.71)	−0.186 (−0.37)
$Instother_{t-1}$	0.036 (0.84)	0.201 (1.53)	0.351 (0.96)

注：***、**、*分别表示显著性水平为1%、5%、10%（双尾）；T检验值经White(1980)异方差调整。

表 6-13 替换股利支付水平代理变量：公司股利政策与机构投资者持股

	Panel A. 替换总股利支付水平代理变量					
	$Inst_t$	$Instfund_t$	$Instbroker_t$	$Instqfii_t$	$Instssf_t$	$Instother_t$
$Divast_{t-1}$	0.927*** (9.06)	0.902*** (9.04)	0.035 (1.13)	0.101** (2.46)	0.039 (1.18)	0.100*** (3.04)
$Divsale_{t-1}$	0.134*** (3.68)	0.127*** (3.51)	0.029** (2.43)	0.013 (1.21)	0.008 (0.74)	0.014 (1.53)
Dps_{t-1}	0.130*** (4.62)	0.125*** (4.66)	0.001 (0.25)	0.014** (2.27)	0.005 (1.19)	0.009* (1.70)
	Panel B. 替换现金股利支付水平代理变量					
	$Inst_t$	$Instfund_t$	$Instbroker_t$	$Instqfii_t$	$Instssf_t$	$Instother_t$
$Cdivast_{t-1}$	0.896*** (7.67)	0.849*** (7.50)	0.048 (1.30)	0.126*** (2.64)	0.025 (0.67)	0.147*** (3.93)
$Cdivsale_{t-1}$	0.116*** (3.06)	0.102*** (2.77)	0.031** (2.27)	0.015 (1.27)	0.006 (0.54)	0.020** (2.10)
$Cdps_{t-1}$	0.145*** (5.14)	0.137*** (5.14)	0.001 (0.29)	0.019*** (2.62)	0.005 (1.10)	0.012** (2.10)

注：(1) ***、**、*分别表示显著性水平为1%、5%、10%（双尾）；T检验值经White(1980)异方差调整。(2)上述表格中每一个单元格代表一个回归方程的结果，为节约篇幅而报告在同一列中。

(二) 联立方程的进一步论证

前文的实证结果显示,机构投资者监督会影响上市公司股利政策;同时,上市公司股利政策也是机构投资者构建持股的重要标准。为了进一步控制机构投资者持股与上市公司股利政策之间可能存在的内生性问题,笔者分别对模型 6-7 和模型 6-8、模型 6-9 和模型 6-10 采用如下 2SLS 和 3SLS 联立方程回归来重新检验研究假设 6-1a 和假设 6-1b:

$$Y1_t = \beta_0 + \beta_1 \text{INST}_{t-1} + \sum_{i=2}^{n} \beta_i \text{CV}_{it} + \varepsilon \qquad (6\text{-}7)$$

$$\text{INST}_t = \beta_0 + \beta_1 Y1_{t-1} + \sum_{i=2}^{n} \beta_i \text{CV}_{it} + \varepsilon \qquad (6\text{-}8)$$

$$Y2_t = \beta_0 + \beta_1 \text{INST}_{t-1} + \sum_{i=2}^{n} \beta_i \text{CV}_{it} + \varepsilon \qquad (6\text{-}9)$$

$$\text{INST}_t = \beta_0 + \beta_1 Y2_{t-1} + \sum_{i=2}^{n} \beta_i \text{CV}_{it} + \varepsilon \qquad (6\text{-}10)$$

其中,INST、Y1、Y2、CV 等变量的定义同前文。笔者将实证结果汇总并报告于表 6-14。综观表 6-14 中 2SLS 和 3SLS 联立方程的实证结果,总体而言可以说与前文基本一致。

(三) 替换家族控制代理变量

借鉴 Miller 等(2007)、Maury(2006)以及 La Porta 等(1999),笔者在现有家族控制(Family)定义的基础上,进一步将家族控股股东所有权比例在 5% 或 10% 以上的上市公司界定为家族上市公司,分别用 Family5、Family10 表示,并重复回归前文家族控制、机构投资者与公司股利政策的各模型(见表 6-15),虽然部分实证结果的显著程度有所降低,但总体而言并不改变本章的研究结论。

表6-14　2SLS和3SLS联立方程检验：机构投资者持股比例与公司股利政策的相互影响

	Dumdiv_t 联立方程1a	Inst_t 联立方程1b	Payout_t 联立方程2a	Inst_t 联立方程2b	Dyield_t 联立方程3a	Inst_t 联立方程3b
Panel A. 2SLS 联立方程回归结果						
$Inst_{t-1}$	0.959*** (10.81)		0.251 (1.35)		0.009*** (3.01)	
$Dumdiv_{t-1}$		0.030*** (11.58)				
$Payout_{t-1}$				0.002 (1.23)		
$Dyield_{t-1}$						0.279*** (3.36)
	$Cdumdiv_t$ 联立方程4a	$Inst_t$ 联立方程4b	$Cpayout_t$ 联立方程5a	$Inst_t$ 联立方程5b	$Cdyield_t$ 联立方程6a	$Inst_t$ 联立方程6b
$Inst_{t-1}$	0.982*** (11.05)		0.187** (2.57)		0.006** (2.64)	
$Cdumdiv_{t-1}$		0.031*** (11.95)				
$Cpayout_{t-1}$				0.005** (2.14)		
$Cdyield_{t-1}$						0.314*** (3.36)
Panel B. 3SLS 联立方程回归结果						
	$Dumdiv_t$ 联立方程1a	$Inst_t$ 联立方程1b	$Payout_t$ 联立方程2a	$Inst_t$ 联立方程2b	$Dyield_t$ 联立方程3a	$Inst_t$ 联立方程3b
$Inst_{t-1}$	1.052*** (11.91)		0.242 (1.31)		0.014*** (4.93)	
$Dumdiv_{t-1}$		0.032*** (12.34)				
$Payout_{t-1}$				0.002 (1.23)		
$Dyield_{t-1}$						0.361*** (4.36)
	$Cdumdiv_t$ 联立方程4a	$Inst_t$ 联立方程4b	$Cpayout_t$ 联立方程5a	$Inst_t$ 联立方程5b	$Cdyield_t$ 联立方程6a	$Inst_t$ 联立方程6b
$Inst_{t-1}$	1.071*** (12.10)		0.201*** (2.77)		0.013*** (5.51)	
$Cdumdiv_{t-1}$		0.033*** (12.68)				
$Cpayout_{t-1}$				0.005** (2.21)		
$Cdyield_{t-1}$						0.490*** (5.25)

注：***、**、*分别表示显著性水平为1%、5%、10%（双尾）；限于篇幅未报告控制变量的统计量。

表 6-15　替换家族控制代理变量:家族控制、机构投资者与公司股利政策

Panel A. 替换家族控制代理变量 Family5

	Family5 × $Inst_{t-1}$	Family5 × $Instfund_{t-1}$	Family5 × $Instbroker_{t-1}$	Family5 × $Instqfii_{t-1}$	Family5 × $Instssf_{t-1}$	Family5 × $Instother_{t-1}$
Logit($Dumdiv_t$)	2.279 (1.41)	2.268 (1.46)	12.391 (0.92)	-13.852 (-0.85)	30.017* (1.71)	-5.761 (-0.35)
Tobit($Payout_t$)	0.767*** (2.95)	0.796*** (2.70)	3.737* (1.80)	-1.243 (-0.52)	8.116** (2.44)	2.199 (0.86)
Tobit($Dyield_t$)	0.024** (2.22)	0.023** (1.96)	0.173* (1.81)	-0.082 (-1.05)	0.292** (2.21)	0.073 (0.64)
Logit($Cdumdiv_t$)	2.290 (1.44)	2.601 (1.45)	16.515 (1.24)	-6.612 (-0.42)	29.519* (1.66)	-9.386 (-0.60)
Tobit($Cpayout_t$)	0.581** (2.56)	0.606** (2.35)	3.157* (1.70)	-1.732 (-0.96)	6.969** (2.42)	1.533 (0.69)
Tobit($Cdyield_t$)	0.020** (2.13)	0.019* (1.87)	0.132* (1.68)	-0.054 (-0.85)	0.266*** (2.58)	0.070 (0.75)

Panel B. 替换家族控制代理变量 Family10

	Family10 × $Inst_{t-1}$	Family10 × $Instfund_{t-1}$	Family10 × $Instbroker_{t-1}$	Family10 × $Instqfii_{t-1}$	Family10 × $Instssf_{t-1}$	Family10 × $Instother_{t-1}$
Logit($Dumdiv_t$)	1.985 (1.20)	2.334 (1.26)	10.282 (0.68)	-8.540 (-0.52)	31.371* (1.71)	-8.324 (-0.52)
Tobit($Payout_t$)	0.716*** (2.67)	0.736** (2.43)	3.541 (1.59)	-0.724 (-0.29)	8.883*** (2.63)	1.823 (0.72)
Tobit($Dyield_t$)	0.019* (1.73)	0.019 (1.53)	0.119 (1.29)	-0.067 (-0.86)	0.297** (2.22)	0.063 (0.56)
Logit($Cdumdiv_t$)	1.894 (1.17)	2.168 (1.18)	13.482 (0.92)	-2.330 (-0.145)	30.431* (1.65)	-12.069 (-0.79)
Tobit($Cpayout_t$)	0.492** (2.11)	0.511* (1.93)	2.609 (1.32)	-1.451 (-0.80)	7.148** (2.44)	0.858 (0.39)
Tobit($Cdyield_t$)	0.014 (1.52)	0.014 (1.30)	0.101 (1.25)	-0.048 (-0.75)	0.252** (2.42)	0.050 (0.54)

注:(1) ***、**、* 分别表示显著性水平为 1%、5%、10%(双尾);(2) T 检验值经 White(1980) 异方差调整;(3) 上述表格中每一个单元格代表一个回归方程的结果,每个回归方程中都加入了家族控制虚拟变量、机构投资者持股比例及二者的交乘项和相关公司特征、董事会结构、年份与行业等控制变量,为节约篇幅此处仅报告交乘项的回归结果。

六、股利政策与机构投资者持股:信号理论抑或代理理论?

本章的实证结果显示,上市公司股利政策是我国的机构投资者构建

投资组合的重要标准,国外学者主要是从股利政策"顾客效应"、信号理论以及代理理论等视角进行解释。考虑到在我国机构投资者与个人投资者具有相同的股利税税率,"顾客效应"在我国可能难以成立(李常青,1999),而且本书第五章也显示在我国投资者似乎并没有非常关注股利税问题。由此产生的一个问题是,机构投资者是将上市公司的股利政策看作上市公司自我甄别的信号机制还是上市公司试图降低内部代理成本的一种外在表现?换言之,在我国机构投资者受上市公司股利政策的吸引其原因主要是信号理论还是代理理论在起作用?在本部分,笔者试图对这一问题进行初步的探讨。

为考察上市公司股利政策影响机构投资者持股比例是否可以基于信号理论来解释,笔者设计了一个简单的检验方法:将上市公司按照公司规模大小划分为两组,分别对上期公司股利政策与当期机构投资者持股比例进行回归。理论上,规模较大的上市公司信息透明度较高,而小公司则面临着较严重的信息不对称。

因此,如果机构投资者将上市公司的股利政策视为一个有效的"信号",那么我们可以预期上期公司股利支付水平与当期机构投资者持股比例的正相关关系将在信息不对称程度较为严重的小规模上市公司子样本中更强烈。为此,笔者将相关实证结果报告于表6-16、表6-17。

表6-16 信号理论的检测:公司股利政策与机构投资者持股

	大公司子样本 Tobit($Inst_t$)			小公司子样本 Tobit($Inst_t$)		
	模型1	模型2	模型3	模型4	模型5	模型6
$Dumdiv_{t-1}$	0.028*** (6.47)			0.043*** (9.50)		
$Payout_{t-1}$		0.005 (1.27)			0.002 (1.04)	
$Dyield_{t-1}$			-0.177 (-1.46)			1.231*** (6.20)
Size	0.028*** (9.88)	0.032*** (11.28)	0.033*** (11.21)	0.033*** (9.00)	0.042*** (11.10)	0.037*** (9.83)
Lev	0.023* (1.79)	0.013 (0.98)	0.009 (0.67)	-0.032*** (-5.36)	-0.040*** (-5.79)	-0.036*** (-5.67)
Roa	0.544*** (13.51)	0.585*** (14.46)	0.597*** (14.36)	0.176*** (6.95)	0.227*** (8.35)	0.197*** (7.45)

（续表）

	大公司子样本 Tobit($Inst_t$)			小公司子样本 Tobit($Inst_t$)		
	模型1	模型2	模型3	模型4	模型5	模型6
Growth	0.006 (1.24)	0.006 (1.15)	0.005 (1.08)	-0.006* (-1.91)	-0.008*** (-2.60)	-0.007** (-2.32)
Beta	-0.030*** (-4.24)	-0.032*** (-4.57)	-0.033*** (-4.71)	-0.013** (-2.06)	-0.015** (-2.25)	-0.015** (-2.23)
Year/Ind	控制	控制	控制	控制	控制	控制
Constant	-0.607*** (-9.80)	-0.663*** (-10.74)	-0.677*** (-10.70)	-0.653*** (-8.77)	-0.833*** (-10.68)	-0.740*** (-9.50)
Pseudo R^2	-0.307	-0.293	-0.294	-0.492	-0.422	-0.454
F/Chi2	27.85	25.33	25.02	11.31	8.48	10.29
N	2 573	2 573	2 573	2 539	2 539	2 539

注：***、**、*分别表示显著性水平为1%、5%、10%（双尾）；T检验值经White(1980)异方差调整。

表6-17 信号理论的检测：公司现金股利政策与机构投资者持股

	大公司子样本 Tobit($Inst_t$)			小公司子样本 Tobit($Inst_t$)		
	模型1	模型2	模型3	模型4	模型5	模型6
$Cdumdiv_{t-1}$	0.029*** (6.62)			0.044*** (9.61)		
$Cpayout_{t-1}$		0.004 (1.06)			0.009** (2.42)	
$Cdyield_{t-1}$			-0.201 (-1.46)			1.429*** (6.35)
Size	0.028*** (9.91)	0.032*** (11.26)	0.033*** (11.18)	0.033*** (9.03)	0.042*** (10.99)	0.037*** (9.87)
Lev	0.023* (1.82)	0.012 (0.96)	0.008 (0.64)	-0.032*** (-5.36)	-0.039*** (-5.70)	-0.036*** (-5.62)
Roa	0.542*** (13.49)	0.586*** (14.49)	0.596*** (14.41)	0.175*** (6.93)	0.223*** (8.19)	0.197*** (7.34)
Growth	0.006 (1.24)	0.006 (1.15)	0.005 (1.08)	-0.006* (-1.87)	-0.008** (-2.57)	-0.007** (-2.17)
Beta	-0.030*** (-4.23)	-0.032*** (-4.58)	-0.033*** (-4.71)	-0.013** (-2.08)	-0.015** (-2.23)	-0.014** (-2.16)
Year/Ind	控制	控制	控制	控制	控制	控制
Constant	-0.608*** (-9.83)	-0.662*** (-10.72)	-0.679*** (-10.68)	-0.654*** (-8.80)	-0.824*** (-10.58)	-0.740*** (-9.55)

(续表)

	大公司子样本 Tobit($Inst_t$)			小公司子样本 Tobit($Inst_t$)		
	模型1	模型2	模型3	模型4	模型5	模型6
Pseudo R^2	-0.307	-0.293	-0.294	-0.494	-0.425	-0.453
F/Chi2	27.88	25.20	24.95	11.35	8.68	10.61
N	2 573	2 573	2 573	2 539	2 539	2 539

注：＊＊＊、＊＊、＊分别表示显著性水平为1%、5%、10%（双尾）；T检验值经White(1980)异方差调整。

综观表6-16、表6-17，在大公司子样本中，上期股利（现金股利）支付水平对当期机构投资者持股比例并没有显著的解释力，而且回归系数的符号也不一致；相反，在小公司子样本中，上期股利（尤其是现金股利）支付水平对当期机构投资者持股比例则具有显著的正向影响。因此，笔者认为，在我国上市公司股利政策具有的"信号"作用可能是机构投资者构建投资组合时考虑的重要因素。

为考察上市公司股利政策影响机构投资者持股比例是否可以基于代理理论来解释，笔者也设计了一个类似的简易检验方法：将上市公司按照公司成长性高低与自由现金流高低进行交叉分组[①]，得到高成长低自由现金流组以及低成长高自由现金流组两类公司子样本，再分别对上期公司股利政策与当期机构投资者持股比例进行回归。理论上，高成长低自由现金流组公司面临较低的代理冲突，更不需要通过股利发放来降低代理问题，较高的股利支付很有可能是大股东的变相套现行为；相反，低成长高自由现金流组公司由于存在较严重的代理问题，发放股利有助于提高公司价值。因此，我们预期上期公司股利支付水平与当期机构投资者持股比例的正相关关系在低成长高自由现金流组公司子样本中要比在高成长低自由现金流组公司子样本中更为强烈。根据以上思路，笔者进行了相关实证分析并将实证结果报告于表6-18、表6-19。

---

① 笔者分别将每股自由现金流、公司主营业务收入同比增长率作为自由现金流和公司成长性的代理变量。其中，每股自由现金流＝[（净利润＋利息费用＋非现金支出）－营运资本追加－资本性支出]/总股本。

表 6-18　代理理论的检测：公司股利政策与机构投资者持股

	高成长低自由现金流子样本 Tobit($Inst_t$)			低成长高自由现金流子样本 Tobit($Inst_t$)		
	模型1	模型2	模型3	模型4	模型5	模型6
$Dumdiv_{t-1}$	0.053*** (6.90)			0.019*** (3.62)		
$Payout_{t-1}$		0.004 (1.25)			-0.003 (-0.71)	
$Dyield_{t-1}$			0.312 (1.20)			-0.151 (-0.93)
Size	0.042*** (10.14)	0.051*** (12.53)	0.050*** (11.62)	0.028*** (9.88)	0.030*** (11.20)	0.031*** (10.48)
Lev	-0.053*** (-3.76)	-0.071*** (-4.16)	-0.070*** (-4.15)	-0.041*** (-3.81)	-0.048*** (-4.28)	-0.049*** (-4.24)
Roa	0.361*** (5.71)	0.439*** (6.50)	0.433*** (6.38)	0.274*** (6.24)	0.306*** (6.94)	0.313*** (6.72)
Growth	-0.021*** (-3.98)	-0.028*** (-4.99)	-0.027*** (-4.92)	0.024 (1.62)	0.029* (1.84)	0.029* (1.85)
Beta	-0.011 (-0.99)	-0.015 (-1.32)	-0.011 (-1.29)	-0.031*** (-3.45)	-0.032*** (-3.67)	-0.033*** (-3.70)
Year/Ind	控制	控制	控制	控制	控制	控制
Constant	-0.887*** (-9.98)	-1.033*** (-11.73)	-1.016*** (-11.01)	-0.561*** (-9.44)	-0.600*** (-10.37)	-0.611*** (-9.91)
Pseudo R^2	-0.867	-0.786	-0.787	-0.328	-0.319	-0.319
F/Chi2	13.84	11.53	11.90	9.50	8.90	9.14
N	1 081	1 081	1 081	1 154	1 154	1 154

注：***、**、*分别表示显著性水平为1%、5%、10%（双尾）；T检验值经White(1980)异方差调整。

表 6-19　代理理论的检测：公司现金股利政策与机构投资者持股

	高成长低自由现金流子样本 Tobit($Inst_t$)			低成长高自由现金流子样本 Tobit($Inst_t$)		
	模型1	模型2	模型3	模型4	模型5	模型6
$Cdumdiv_{t-1}$	0.054*** (7.04)			0.020*** (3.75)		
$Cpayout_{t-1}$		0.003 (0.93)			-0.001 (-0.30)	
$Cdyield_{t-1}$			0.342 (1.01)			-0.154 (-0.89)

（续表）

	高成长低自由现金流子样本 Tobit($Inst_t$)			低成长高自由现金流子样本 Tobit($Inst_t$)		
	模型1	模型2	模型3	模型4	模型5	模型6
Size	0.042*** (10.11)	0.051*** (12.54)	0.050*** (11.37)	0.028*** (9.99)	0.030*** (11.18)	0.031*** (10.57)
Lev	-0.053*** (-3.78)	-0.071*** (-4.17)	-0.070*** (-4.16)	-0.040*** (-3.77)	-0.048*** (-4.26)	-0.049*** (-4.23)
Roa	0.359*** (5.70)	0.441*** (6.53)	0.434*** (6.39)	0.272*** (6.21)	0.305*** (6.93)	0.312*** (6.74)
Growth	-0.020*** (-3.93)	-0.028*** (-5.01)	-0.027*** (-4.93)	0.025* (1.66)	0.028* (1.82)	0.028* (1.82)
Beta	-0.011 (-0.99)	-0.015 (-1.32)	-0.011 (-1.29)	-0.030*** (-3.41)	-0.032*** (-3.66)	-0.033*** (-3.70)
Year/Ind	控制	控制	控制	控制	控制	控制
Constant	-0.883*** (-9.94)	-1.036*** (-11.76)	-1.014*** (-10.83)	-0.563*** (-9.55)	-0.600*** (-10.36)	-0.611*** (-9.99)
Pseudo R^2	-0.871	-0.786	-0.787	-0.329	-0.318	-0.319
F/Chi2	13.90	11.50	11.80	9.47	8.87	9.00
N	1 081	1 081	1 081	1 154	1 154	1 154

注：***、**、*分别表示显著性水平为1%、5%、10%（双尾）；T检验值经White(1980)异方差调整。

综观表6-18、表6-19，在高成长低自由现金流组公司子样本中，上期股利（现金股利）支付水平对当期机构投资者持股比例并没有显著的解释力；但是，在低成长高自由现金流组公司子样本中，股利（现金股利）支付水平同样对机构投资者持股比例没有影响。上述结果与我们的预期似乎并不一致，因为如果机构投资者将股利视为降低代理成本的一种有效机制，那么在低成长高自由现金流组公司子样本中，较高的股利支付水平应对机构投资者具有更强的吸引力，但是我们并没有得到有力的实证支持。因此，笔者认为，在我国上市公司股利政策解决代理问题的作用可能并非机构投资者构建投资组合时考虑的重要因素。

综合上述实证分析结果，笔者认为，在我国机构投资者将上市公司股利政策作为一种向外界传递的好的"信号"，即发放股利的公司相比不发放股利的公司可能具有更高的投资价值。但是，机构投资者并没有把股利政策看成解决管理者与股东之间代理问题的一种有效机制，尤其是在我国大股东在股权实现全流通之前本来就具有大量现金分红以变相套现的动机（原红旗，2001；陈信元等，2003；马曙光等，2005；Chen et al.，2009），股利政策主要是为了迎合大股东的需求，并没有反映中小投资者的股利偏好（黄娟娟和沈艺峰，2007）。因此，在我国机构投资者可能更愿意将上市公司的股利政策视为一种"信号"机制，并以之构建投资组合。

值得注意的是，本章中关于公司股利政策影响机构投资者持股比例的各个回归模型几乎都证实，是否支付股利始终是机构投资者关注公司股利政策的焦点问题。在发放股利（现金股利）的公司中，机构投资者持股比例显著高于其对照组公司。换言之，股利支付意愿是一个优质的"信号"，中国的机构投资者与美国的机构投资者一样都避免投资于不支付股利的上市公司（Grinstein and Michaely，2005）。毋庸置疑，这一实证结果为我国许多"铁公鸡"上市公司敲响了警钟，因为只有真正愿意以回报股东为己任的公司才能得到市场和投资者的青睐。

第四节 本章小结

本章围绕家族控制、机构投资者与公司股利政策的关系进行了较为深入的研究。以2004—2008年度A股市场6321个上市公司年度观察值为样本，本章主要考察了四个问题：第一，机构投资者是否会对上市公司股利政策产生影响？本章研究发现，在我国机构投资者对上市公司股利决策具有重要影响，上期机构投资者持股比例对当期上市公司股利支付具有显著的正向影响。第二，机构投资者是否根据公司股利政策构建投资组合？研究显示，我国机构投资者偏好具有积极股利政策的上市公司，上期股利支付意愿和支付水平对当期机构投资者持股比例具有显著的解释力。进一步地，笔者还发现机构投资者可能将股利政策视为上市公司传递的一种"信号"而进行投资决策。第三，机构投资者是否会影响家族上市公司的股利政策？实证结果表明，机构投资者持股会对家族上市公司股利政策产生正向影响，较高的机构投资者持股比例有助于推动家族上市公司采用更为积极的股利政策。第四，在我国机构投资者对于上市公司股利政策的影响、偏好是否存在异质性?对于家族上市公司股利政策的影响是否存在异质性?研究结果倾向于认为,我国机构投资者在股利政策偏好方面的异质性并不明显。具体而言,不同类型的机构投资者对于上市公司股利政策大多具有显著的正向影响,而且同时受到公司股利政策的吸引来构建投资组合。而在家族上市公司中,机构投资者对股利政策的正向效应具有一定的异质性,但也只是部分支持。为了更清晰地梳理本章的研究结果,笔者将本章实证结果汇总于表 6-20。

表 6-20 本章实证结果汇总

分类	研究假设	研究假设描述	实证结果
机构投资者监督与公司股利政策	6-1a	机构投资者持股比例较高的公司,具有较高的股利支付意愿与支付水平	支持
	6-1b	股利支付意愿与支付水平较高的公司中,机构投资者持股比例较高	支持
家族控制、机构投资者与公司股利政策	6-2	随着机构投资者持股比例的增加,家族上市公司的股利支付意愿与支付水平显著增加	支持
机构投资者异质性的影响	6-3a	不同类型的机构投资者对于上市公司股利政策具有不同的影响	不支持
	6-3b	不同类型的机构投资者对于上市公司股利政策具有不同的偏好	不支持
	6-3c	不同类型的机构投资者对于家族上市公司的股利政策具有不同的影响	部分支持

本章的重要研究意义在于:一方面,我们增进了对机构投资者与股利政策关系的理解,同时笔者首次考察了中国机构投资者异质性对股利政策的影响差异;另一方面,我们首次考察了机构投资者及其异质性对于家族上市公司股利政策的影响,有助于进一步丰富家族企业研究的相关文献。

本章的实证结果为本书的后续研究开启了一个值得深入探讨的问题:在我国,除了引入机构投资者改善公司股权结构和治理效率之外,外部治理环境的改善是否会对家族上市公司股利政策产生影响?上述问题将在下一章进行深入探讨。

第七章　家族控制、治理环境与上市公司股利政策[①]

在我国,家族企业或者说更为广泛的民营企业与国有企业相比面临着更为不公正的市场环境,即所谓"翘起的竞技场"(A titled playing field)问题(Bai et al., 2001;杨德明等,2009)。一个自然而然的疑问就是,在我国,除了内部公司治理机制之外,外部治理环境是否也会影响上市公司行为并发挥公司治理效应?联系本章的研究主题,特别让我们感兴趣的三个问题是:第一,外部治理环境(市场化水平、法律保护水平、金融发展水平)对于上市公司股利政策有什么影响?第二,在不同的外部治理环境下,家族控制与上市公司股利政策之间的关系有什么不同?第三,外部治理环境通过哪些作用机制影响家族公司的股利政策?本章试图围绕上述问题展开研究,深入剖析外部治理环境在家族控

[①] 本章中的部分内容经修改后已正式发表。详见 Wei et al. Family Control, Institutional Environment and Cash Dividend Policy: Evidence from China[J]. China Journal of Accounting Research,2011,4(1—2)。部分内容则发表在魏志华等.家族控制、金融发展与上市公司现金股利政策[J].投资研究,2012(8)。

制与上市公司股利政策之间的关系中扮演着怎样的角色,以及外部环境是通过哪些传导机制来发挥治理效应的。

本章的结构安排如下:第一节是文献回顾,并提出本章的研究假设;第二节是研究设计;第三节是实证结果与分析;第四节是本章小结。

第一节 理论分析与研究假设

外部环境作为公司治理的外部制度安排无疑会对公司治理产生作用,并进而影响公司股利政策。遗憾的是,以往国内学者对于上市公司股利政策的研究似乎或多或少地忽视了对上市公司外部治理环境的分析。[①]

一、外部治理环境与上市公司股利政策

公司治理环境是一个相对宽泛的概念,但至少应包括产权保护、政府治理、法治水平、市场竞争、信用体系、契约文化等方面(夏立军和方轶强,2005)。相对于股权结构安排、独立董事制度、信息披露制度、独立审计制度、经理人市场机制、接管和购并市场机制等公司治理机制,公司治理环境往往被认为是更为基础性的层面,因为若没有良好的治理环境,上述内外部公司治理机制便难以发挥作用。近年来大量跨国研究证实,外部治理环境决定了公司控制权的安排进而影响到上市公司行为,如上市公司股利政策。

基于"法与金融"的研究视角,La Porta et al. (2000)率先考察了外部环境中的投资者法律保护对于公司股利政策的影响。他们对全世界33个国家的4 000家上市公司进行研究发现,在投资者法律保护较为完善的普通法系国家,上市公司的股利支付率要显著高于投资者法律保护较差的大陆法系国家,验证了股利政策是良好的投资者法律保护的"结果"模型。La Porta et al. (2000)的研究随后得到了一系列跨国研究的支持。例

---

① 根据笔者对国内文献的检索和阅读来看,基于治理环境的视角对上市公司股利政策进行研究的文献较少,如雷光勇和刘慧龙(2007)、王毅辉(2009)、Wei et al. (2011)等。

如,Faccio et al. (2001)实证发现,欧洲上市公司的股利支付水平要高于亚洲公司,他们将其归因于欧洲强有力的立法保护。Bartram et al. (2008)也证实,在法律保护较好的国家,投资者能够运用法律权利来获取股利以降低公司代理成本。类似地,Kalcheva and Lins(2007)考察了31个国家5 000多家上市公司的现金持有水平发现,在外部股东保护较弱的国家,当管理层发放股利时公司具有较高的价值,而保留较多的现金则将降低公司价值。最近,Brockman and Unlu(2009)则认为,除了La Porta等学者关注的权益股东保护外,治理环境中的债权人保护对于上市公司股利政策扮演了更为决定性的角色。他们对全球52个国家约12万个公司样本进行研究表明,在债权人保护较弱的国家,上市公司股利发放意愿和发放水平都显著较低,而且债权人保护水平对于上市公司股利政策的影响要比股东保护水平的影响更为强烈。另外,Pan (2009)则考察了金融发展与上市公司股利政策的关系。他对1996—2005年40个国家的超过11万个公司样本进行实证研究发现,股票市场发展水平与上市公司股利支付水平正相关。进一步地,在股票市场发达的国家,良好的上市公司治理能够增强股票市场发展对于公司股利政策的正向影响。

然而,上述跨国研究隐含的假设是可以忽略一国之内不同地区间存在的差异,这一假设对于国土面积较小、地区发展较平衡的国家来说可能无关紧要,但在我国或许并不适用。原因在于,尽管我国各个地区具有相同的基本政治制度、司法体系以及公有产权制度,但渐进式和分权式的改革以及行政区划之间的分割性使得我国各个省市之间存在的治理环境差异不容忽视。譬如,各地区在市场化水平、法律环境、金融发展等方面极不平衡(樊纲等,2007)。如果说La Porta等人提出的"世界各国不同的法律保护环境对公司股利政策的影响存在差异"之观点成立,那么一个合理的逻辑延伸就是:一国之内同一法源下各地区的治理环境不同也将对所在地区上市公司的股利政策产生不同的影响。

本章试图从市场化、法律环境、金融发展等三个维度衡量外部治理环境,并基于我国特殊的经济背景来探讨其对上市公司股利政策的影响,以下分述之。

第一,较高的市场化程度具有约束与激励效应。在市场化机制下,上市公司通常面临着较为激烈的产品市场、要素市场、劳动力市场和资本市场的竞争,而市场竞争对于约束和激励上市公司按照市场规律运行、约束和激励公司经理人为股东利益最大化服务具有重要作用。Shleifer and Vishny(1997)认为,公司治理的根本问题是如何确保投资者获取投资回报。对上市公司而言,实现股东利益最大化应是其经营目标。有效的市场机制无疑可以约束和激励上市公司不断为股东创造价值并持续回报股东,股利支付就是回报投资者的主要方式之一。那些不能为投资者创造价值或者不能回报股东的公司,无疑会被市场竞争优胜劣汰的机制所湮没。对公司经理人而言,要想在残酷的市场竞争中站稳脚跟并赢得声誉,就必须全力以赴改进管理水平和提高公司价值[①];当公司缺乏良好的投资机会时,将公司自由现金流以股利方式支付给股东从而接受外部市场的监督(Easterbrook,1984;Jensen,1986)。诚如 Fama(1980)所言,完善的竞争市场是一种有效的外部公司治理机制,能够有效约束所有权与控制权分离引起的管理者代理行为。

第二,较为完善的法律环境可以发挥监督与惩罚效应。La Porta et al.(2000)指出,法律制度的本质就在于实现对外部投资者权利的保护,防止企业内部人(主要是公司经理人和大股东)对他们权利的剥夺。良好的法律环境通常意味着上市公司、公司经理人都必须接受较为完善的法律制度环境的约束以及执法效率较高的外部监管机构的监管。一方面,对于上市公司尤其是控制上市公司的大股东而言,在良好的法律环境中,大股东进行掠夺(Expropriation)或是"掏空"上市公司以攫取个人私利的成本将明显增加——大股东转移利润的边际成本及其被监管机构发现和惩罚的可能性将大大增加。另一方面,法律还可以有效遏制公司经理人的自利行为,如直接从公司"盗窃"、获得超额薪酬或是给自己或亲戚派送额外的证券(Shleifer and Vishny,1997),从而降低内部人控制(包括家族控制)所带来的"壕沟效应"。综上,良好的法律环境无疑在推动

---

① Holmstrom(1982)建立的"代理人市场声誉"模型表明,经理人的市场声誉可以作为显性激励契约的替代物。这一模型强调经理人市场对经理人行为的约束作用,即在竞争性经理人市场上,经理人的市场价值(从而收入)决定于以往的经营绩效。

上市公司将利润以股利方式返还给外部股东的过程中扮演着至关重要的角色,法律的监督与惩罚效应则是其发挥公司治理效应、保护投资者利益的重要途径。

第三,金融发展有助于缓解公司融资约束难题。Guiso et al.(2004)认为,地区金融市场的发展是地区经济成功的重要决定因素,即便在没有资本流动摩擦的环境中依然如是。已有文献显示,在金融市场不发达的国家中,公司将面临着较高的外部融资成本(Rajan and Zingales,1998;Demirguc-Kunt and Maksimovic,1998)。Love(2003)则发现,金融发展可以通过影响公司的外部融资来改变公司投资行为。具体而言,在金融发展欠佳的国家中,公司通常面临更严重的融资约束并将扭曲其投资行为(如将投资推迟到下一期),而外部金融发展有助于放松融资约束进而给公司成长性带来正向的影响。Khurana et al.(2006)研究证实,金融市场的欠发达将迫使公司倾向于通过内部融资来获取资金以避免进行代价高昂的外部融资。概言之,发达的金融市场能够使企业更容易和以更低的成本进行外部融资,减少了公司将利润留在企业内部的压力;相反,在较差的金融市场环境中,公司更倾向于将利润进行留存而不是用于股利支付。因此,金融发展显然有助于降低公司融资约束,并对公司股利政策产生正向影响。

根据上述分析,笔者提出如下研究假设:

假设7-1:外部治理环境越好,上市公司的股利支付意愿和支付水平越高。

假设7-1a:市场化水平越高,上市公司的股利支付意愿和支付水平越高。

假设7-1b:法律环境越好,上市公司的股利支付意愿和支付水平越高。

假设7-1c:金融发展水平越高,上市公司的股利支付意愿和支付水平越高。

二、家族控制、外部治理环境与上市公司股利政策

鉴于意识形态等因素,与国有企业相比,民营企业不得不面临着不公

正的市场环境,即所谓"翘起的竞技场"问题(Bai et al.,2003;杨德明等,2009)。根据 Bai et al.(2001)的分析[①],至少有三个方面对民营企业是"翘起"或不公正的,而这些因素导致了民营企业成长性的大幅下降。第一,存在法律与行政的准入限制。非国有企业在某些行业被禁止进入,如电信、商业和投资银行、保险业、进出口贸易和批发贸易等。第二,信贷约束。银行信贷资金主要流向国有企业,民营企业由于面临银行的信贷歧视因而普遍存在贷款难的问题。第三,法律保护薄弱。国有企业与行政部门关系密切,更容易得到法律保护;而非国有企业在相对不公平的游戏规则之下,其利益更难得到应有的法律保护。

理论上,外部治理环境的改善——市场化程度、法律环境以及金融发展水平的提高对于家族企业或者更广泛的民营企业而言,其影响很可能要远甚于国有企业。其一,从市场化、法律环境的角度看,相比非国有企业,市场的约束激励效应以及法律的监督惩罚效应对于国有企业及其管理层的作用无疑要微弱得多。究其原因在于,国有企业行为(包括分红行为)在一定程度上受上级行政命令或地方政府需要所左右[②],而国有企业管理层的任命、考核都是充满行政色彩的。同时,国有企业还存在"所有者虚位"的问题。凡此种种,在我国现实经济背景下,无论是市场机制还是法律机制显然都不可能像约束非国有企业一样充分发挥其应有的效率。其二,从金融发展的角度看,在发达的金融市场中,非国有企业无疑应是受益更大的一方。国有企业拥有得天独厚的"预算软约束"[③],这使得其在获得外部融资方面享有明显的政策优惠和倾斜,而民营企业则不可避免地受到一定的信贷歧视。[④] 因此,相比存在预算软约束的国有企

[①] Bai C., D.D. Li, Y. Wang. Thriving in titled playing field: A analysis of Chinese non-state sector [Z]. Working Paper, Qinghua University, 2001:13—19.

[②] 譬如,陈信元等(2003)研究佛山照明的股利政策时就发现,佛山照明连年的高派现并非纯粹的市场行为,而是在很大程度上受地方政府的影响。他们发现,在地方财政比较紧张的时候,国资办控股的上市公司可能更倾向于选择发放现金股利补充地方财政,即便成本比较高昂。

[③] 预算软约束描述的是社会主义经济中一个普遍存在的现象,即政府不能承诺不去解救亏损的国有企业,这些解救措施包括财政补贴、贷款支持等。更详细的论述,可见林毅夫等(1994,1999)、林毅夫和李志赟(2004)等一系列论著的精彩分析。

[④] 卢峰和姚洋(2004)指出,虽然非国有部门对中国 GDP 的贡献超过了70%,但是它在过去十几年里获得的银行正式贷款却不到20%,银行正式贷款的80%以上都流向了国有部门。

业而言,金融市场的发展(尤其是信贷资金分配的市场化)对于民营企业而言无疑是一个重要的发展契机,金融发展对于降低民营企业融资约束的作用显然要大大强于其对国有企业的助力。根据以上分析,笔者认为,治理环境对于家族企业行为的影响要比非家族企业更明显。进一步地,治理环境对于上市公司股利政策的正向影响可能在家族上市公司中更为突出。

根据上述分析,笔者提出如下研究假设:

假设 7-2:良好的外部治理环境更有助于推动家族上市公司提高股利支付意愿和支付水平。

假设 7-2a:市场化水平越高,家族上市公司的股利支付意愿和支付水平越高。

假设 7-2b:法律环境越好,家族上市公司的股利支付意愿和支付水平越高。

假设 7-2c:金融发展水平越高,家族上市公司的股利支付意愿和支付水平越高。

三、家族控制、外部治理环境与上市公司股利政策:传导机制

如果说,治理环境的治理效应将给家族上市公司的股利政策带来正向影响,那么接下来值得考察的一个问题是:治理环境通过哪些途径影响家族上市公司的股利政策?换言之,外部环境发挥治理效应的传导机制是怎样的?

根据前文对市场化、法律环境、金融发展等三个维度与上市公司股利政策相互关系的讨论,同时结合本书第五章中对家族上市公司股利政策动因的考察,我们不难作出如下符合逻辑的推断:其一,市场化可能在一定程度上替代家族控制的"利益协同效应",因为市场化机制本身就可以对公司管理层形成一定的约束和监督,进而推动上市公司将自由现金流返还给外部股东。如果市场化可以替代"利益协同效应",那么在较高的市场化水平下,家族上市公司将更愿意进行股利分配。其二,法律环境的监督惩罚机制可能对家族控制的"掏空效应"和"壕沟效应"产生遏制作用。家族股东如果企图通过资金占用、关联交易等方式攫取公司利益,可

能不得不面对严厉的法律惩处。因此,在较好的法律环境下,家族控制的"掏空效应"以及"壕沟效应"对股利政策的负向影响将明显降低。在实证上,我们可以预期法律环境可以减轻家族控制所带来的两类代理冲突,并对股利政策起到正向作用。其三,金融发展可能缓解家族公司的融资约束难题。[①] 在金融市场较为发达的地区,家族公司将有更多的渠道获得更为公平的外部融资,从而面临较低的融资约束,这就降低了家族公司将利润留在企业内部的压力。可见,治理环境的上述三个维度可能从三个不同的角度对家族公司产生积极的治理效应,并进而给家族上市公司的股利政策带来显著的正向影响。

根据上述分析,笔者提出如下研究假设:

假设7-3:良好的外部治理环境通过发挥公司治理效应,更有助于推动家族上市公司提高股利支付意愿和支付水平。

假设7-3a:市场化水平越高,越有可能替代家族控制的"利益协同效应",从而家族上市公司的股利支付意愿和支付水平越高。

假设7-3b:法律环境越好,越有助于削弱家族控制的"掏空效应"和"壕沟效应",从而家族上市公司的股利支付意愿和支付水平越高。

假设7-3c:金融发展水平越高,越有助于减轻家族公司的融资约束,从而家族上市公司的股利支付意愿和支付水平越高。

本章的研究假设可以用图7-1来概括。

[①] Pan(2009)认为,金融发展至少可以通过四种途径对上市公司股利政策产生正向影响:第一,金融发展为公司提供了更好的外部融资途径,从而减轻了其留存资金的压力。第二,金融发展有助于增加公司的投资效率,并带来更高的财务柔性进而更多的股利支付。第三,发达的金融市场使得公司面临着更为严格的监督,从而减轻了事前代理冲突并将带来更高的事后分红派息。第四,金融发展增强了上市公司采用好的公司治理机制的动机,而好的公司治理机制有助于推动上市公司支付股利。笔者认为,对于上市公司尤其是家族上市公司而言,我国金融发展在降低融资约束方面的作用可能是最为重要的。

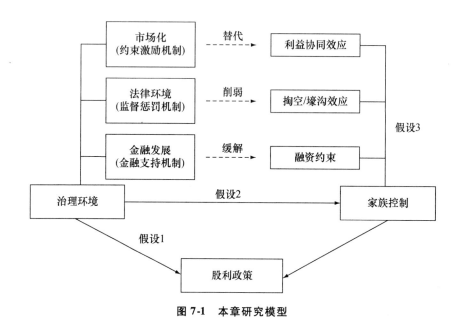

图 7-1　本章研究模型

第二节　研究设计

一、样本选择与数据来源

本章选取 2004—2008 年沪、深两地 A 股上市公司作为研究样本。为力求数据的准确性和可靠性,我们执行了以下筛选程序:(1) 剔除金融行业上市公司,因为这些公司存在行业特殊性;(2) 剔除终极控制人性质不详的公司;(3) 剔除上市时间不满一年的公司,因为这些公司可能存在 IPO 效应;(4) 剔除亏损当年仍发放股利的公司;(5) 为了控制极端值对回归结果的影响,我们对解释变量中的连续变量在 1% 以下和 99% 以上的分位数进行了缩尾处理(Winsorize)。最后,本章获得了 1 378 家上市公司五年共 6 321 个有效研究样本。本章的公司财务数据和公司治理数据来源于 Wind 资讯金融终端系统、CSMAR 数据库。

二、变量定义

(一) 因变量

因变量为股利政策。与前面章节一致,笔者设置了两类变量来反映股利政策:一类是股利支付意愿的虚拟变量,另一类是股利支付水平的连续变量。对于前者,本章采用 Dumdiv(Cdumdiv)来衡量公司股利(现金股利)支付意愿,当上市公司发放股利(现金股利)时,Dumdiv(Cdumdiv)取1,否则取0。对于后者,本章分别采用 Payout、Dyield 和 Cpayout、Cdyield 来衡量公司股利以及现金股利支付水平。具体而言,Payout(Cpayout)取值为每股股利(每股现金股利)与每股净利润之比;Dyield(Cdyield)取值为每股股利(每股现金股利)与公司年末股票收盘价之比。

(二) 解释变量

1. 家族控制

与前面章节一致,采用虚拟变量 Family 来代表家族控制。当上市公司为家族上市公司时,Family 取1,否则取0。

2. 治理环境

与研究假设相一致,笔者主要从市场化进程、法律环境(法治水平与法律执行)以及金融发展(金融发展水平与金融生态环境)等三个方面来衡量治理环境。

(1) 市场化指数(Market)。樊纲等(2007)报告了2001—2005年中国31个地区的市场化指数,该指数涉及五个方面,分别是政府与市场的关系、非国有经济的发展、产品市场的发育程度、要素市场的发育程度、市场中介组织的发育和法律制度环境。借鉴夏立军和方轶强(2005),笔者选取樊纲等(2007)提供的中国各地区市场化进程综合得分作为市场化指数来衡量各地区市场化进程的差异。[①]

[①] 由于樊纲(2007)仅提供了截至2005年的中国各地区市场化指数数据,考虑到数据的可获得性以及同一地区短期内市场化水平变化不大,笔者采用2004年的相关数据来衡量2004—2008年各地区的市场化水平,这与夏立军和方轶强(2005)、高雷和宋顺林(2007)、魏志华和李常青(2009)的处理类似。与此相仿,本章中涉及的法治水平指数、金融发展水平2004—2008年数据是用2004年的相关数据来衡量的;金融生态环境指数2004—2008年数据是用2008年的相关数据来衡量的。

（2）法治水平（Law1）。借鉴魏志华和李常青（2009）、夏立军和方轶强（2005），笔者选取樊纲等（2007）提供的各地区市场中介组织的发育和法律制度环境得分来衡量各地区法治水平的差异。

（3）法律执行（Law2）。国内学者研究投资者法律保护与公司财务行为的关系主要是基于法律制度构建的视角，比如沈艺峰等（2004）的经典研究[①]，但很少关注投资者保护法律执行可能对公司财务行为的影响。其主要原因可能在于，缺乏一个能够有效度量法律执行且被学界广泛接受的指标。借鉴 Fidrmuc and Jacob（2008）、王毅辉（2009），在本章中笔者采用的投资者保护法律执行质量的代理变量来自世界银行网站[②]公布的"世界范围公司治理指数项目"（The Worldwide Governance Indicators Project），该数据亦可参见 Kaufmann et al.（2009）的研究。"世界范围公司治理指数"涵盖了传统以及制度意义上的六个维度的指标[③]，包括言论自由与政府责任（Voice and Accountability）、政治稳定性与无暴力（Political Stability and Absence of Violence）、政府效率（Government Effectiveness）、监管质量（Regulatory Quality）、法律法规（Rule of Law）以及对腐败的控制（Control of Corruption）。[④] 其中，"法律法规"衡量人们对于社会法规制度的信心及遵守程度，特别是反映了契约执行的质量、警察、法院以及犯罪和暴力的可能性等方面。因此笔者选用"世界范围公司治理指数"中的"法律法规"作为执法效率的替代变量。已有文献中，Fidrmuc and Jacob（2008）、王毅辉（2009）分别基于文化与产权视角研究公司股利政策时，均采用"法律法规"作为执法效率的度量指标。

---

① 沈艺峰等（2004）从股东权利和其他制度与政策两个方面设定与中小投资者法律保护有关的16项条款，并根据中国证监会发行的《投资者维权教育手册》中列出的"维护证券投资者权益的主要法律、法规、规章和其他规范性文件目录索引"及其他有关的法律法规文本，首次构建了一套比较完整的中小投资者法律保护分值。随后的许多研究都引用这一分值作为度量我国中小投资者法律保护程度的指标，比如沈艺峰等（2005）、邓建平等（2007）。

② 见 http://info.worldbank.org/governance/wgi/index.asp。

③ 相关数据下载地址，http://info.worldbank.org/governance/wgi/pdf/wgidataset.xls。

④ "言论自由与政府责任"指标衡量了一个国家的公民是否可以参与选举政府，是否具有言论自由、结社自由以及媒体自由的权利；"政治稳定性与无暴力"指标衡量了一国政府被某些非法或暴力手段（包括具有政治动机的暴力和恐怖主义）动摇或颠覆的可能性；"政府效率"指标衡量了一国的公共服务质量、行政部门服务质量及其承受政治压力的独立性、政策制定与执行质量以及政府对政策进行承诺的可信度；"监管质量"指标衡量了一国政府制定和执行那些允许并促进私营经济发展的健全政策法规的能力；"对腐败的控制"指标衡量了一国权利部门以权谋私的程度，包括轻微和严重的腐败以及国家利益被某些精英阶层和私人利益所侵占。

(4) 金融发展水平(Fin1):朱红军等(2006)认为,在我国由于预算软约束和政府干预的存在,银行的贷款数并不能反映真正的市场需求,国外文献中经常采用的以银行当年年末总贷款余额与当年 GDP 的比值作为衡量金融发展的指标并不一定适合我国。与朱红军等(2006)相似,笔者选取樊纲等(2007)提供的各地区金融业的市场化得分来衡量各地区金融发展差异。金融业的市场化得分涵盖了金融业的竞争、信贷资金分配的市场化、引进外资的程度等三大指标,可以在很大程度上衡量一个地区的金融发展水平。

(5) 金融生态环境(Fin2):金融生态是指微观层面的金融环境,包括法律、社会信用体系、会计与审计准则、中介服务体系、企业改革的进展及银企关系等方面的内容。[①] 一个良好的金融生态环境,可以降低社会信息的搜寻成本,增强资金的使用效率,借助正、负反馈信息促进主体之间的有序竞争,在给予动力的同时规避体系风险,激发金融生态中的主体活性。因此,金融生态环境无疑可以作为地区金融发展水平的一个有效度量指标。李扬和张涛(2009)通过研究金融生态环境的构成要素(包括政府治理、经济基础、金融发展、制度与信用文化等四大类共 16 类分项指标),并对这些构成要素进行量化评价,最终形成了评价中国各地区金融生态环境质量的综合指数。借鉴谢德仁和张高菊(2007)、谢德仁和陈运森(2009),我们选取李扬和张涛(2009)报告的各地区金融生态环境综合指数作为度量各地区金融发展水平的另外一个代理变量。

(三) 控制变量

与前述章节类似,笔者选取公司规模(Size)、盈利能力(Roa)、负债水平(Lev)、公司成长机会(Growth)、现金流创造能力(Ncfps)作为公司特征控制变量(Fama and French, 2001; Denis and Osobov, 2008; Jensen et al., 1992; Fenn and Liang, 2001; John et al., 2008),同时选取董事会规模(Bsize)和独立董事占比(Idpratio)作为董事会治理结构特征控制变量(Anderson and Reeb, 2004; Schellenger et al., 1989)。此外,笔者还控制了行业与年份效应。本章变量的定义归纳于表 7-1。

[①] 前中国人民银行行长周小川是"金融生态"概念的发明者。2004 年 12 月初,在"中国经济 50 人论坛"上,周小川首次提出"改进金融生态",并运用它对中国金融运行中的深层次体制和机制矛盾作了深入分析,随后他在多种场合阐述了这个概念。

表 7-1 变量定义一览表

变量类型	变量名称		变量符号	变量描述	文献支持
因变量	股利支付意愿（Y1）		Dumdiv	公司发放股利时取1，否则取0	Fama and French(2001)
			Cdumdiv	公司发放现金股利时取1，否则取0	De Angelo et al.(2006)
	股利支付水平（Y2）		Payout	每股股利/每股收益	La Porta et al.(2000)
			Dyield	每股股利/年末股价	Boudoukh et al.(2007)
			Cpayout	每股现金股利/每股收益	
			Cdyield	每股现金股利/年末股价	
家族控制			Family	当上市公司为家族公司时取1，否则取0	苏启林和朱文(2003) Ding et al.(2008)
解释变量	市场化	市场化指数	Market	樊纲等(2007)报告的中国各地区市场化进程得分	夏立军和方轶强(2005) 魏志华和李常青(2009)
	法律环境	法治水平	Law1	樊纲等(2007)报告的中国各地区法治水平得分	Fidrmuc and Jacob(2008) 王毅辉(2009)
		法律执行	Law2	世界银行，Kaufmann et al.(2009)报告的"世界范围公司治理指数"子维度"法律法规"中披露的指数	朱红军等(2006)
	金融环境	金融发展水平	Fin1	樊纲等(2007)报告的中国各地区金融业市场化得分	谢德仁和张高菊(2007)
		金融生态环境	Fin2	李扬和张涛(2009)报告的中国各地区金融生态环境综合指数	谢德仁和陈运森(2009)
控制变量	公司规模		Size	总资产的自然对数	Fama and French(2001)
	盈利能力		Roa	总资产收益率	Denis and Osobov(2008)
	负债水平		Lev	总负债与总资产之比	Jensen et al.(1992)
	成长性		Growth	主营业务收入增长率	Fenn and Liang(2001)
	现金流创造能力		Ncfps	每股经营性净现金流量	John et al.(2008)
	董事会规模		Board	董事会人数	Boone et al.(2007)
	独立董事比例		Idpratio	独立董事数量与董事会人数之比	Anderson and Reeb(2004)
	时间效应		Year	5个研究年度取4个年份虚拟变量	Schellenger et al.(1989)
	行业效应		Ind	按中国证监会行业分类标准进行划分，其中制造业进一步划分了二级子行业，共设置20个行业虚拟变量	

三、研究模型

(一) 假设 7-1、假设 7-2 的检验

为考察外部治理环境是否影响上市公司股利政策,并进而可能影响家族上市公司的股利政策,笔者构建了如下实证方程:

$$\text{Logit}(Y1) = \beta_0 + \beta_1 \text{Family} + \beta_2 \text{Environment} + \beta_3 \text{Family} \times \text{Environment} + \sum_{i=4}^{n} \beta_i \text{CV}_i + \varepsilon \quad (7-1)$$

$$\text{Tobit}(Y2) = \beta_0 + \beta_1 \text{Family} + \beta_2 \text{Environment} + \beta_3 \text{Family} \times \text{Environment} + \sum_{i=4}^{n} \beta_i \text{CV}_i + \varepsilon \quad (7-2)$$

其中,$Y1$ 分别代表股利支付意愿的两个因变量 Dumdiv、Cdumdiv,$Y2$ 分别代表股利支付水平的四个因变量 Payout、Dyield、Cpayout、Cdyield,当因变量为股利支付意愿 $Y1$ 时,我们采用 Logistic 模型进行估计;而对于股利支付水平 $Y2$,则将采用 Tobit 模型进行估计。Family 是家族控制虚拟变量,Environment 分别代表治理环境的三类五个代理变量 Market、Law1、Law2、Fin1、Fin2,CV 代表各类控制变量,ε 为残差项,下同。在上述模型中,我们加入了 Family 与 Environment 的交叉乘项,以检验假设 7-2 及其子假设。可以预期,如果假设 7-2 及其子假设成立,那么 Family × Environment 的各个回归系数应显著为正,即在好的治理环境下家族上市公司将更乐意支付股利并支付较高水平的股利。

(二) 假设 7-3 的检验

为考察外部治理环境是否发挥治理效应及其影响家族上市公司股利政策的传导机制,本章进一步对第五章中涉及的家族公司股利政策动因进行了检验,笔者构建了如下实证方程:

$$\text{Logit}(Y1) = \beta_0 + \beta_1 \text{Family} + \beta_2 \text{Motivation} + \beta_3 \text{Family} \times \text{Motivation} + \beta_4 \text{Environment} + \beta_5 \text{Family} \times \text{Motivation} \times \text{Environment} + \sum_{i=6}^{n} \beta_i \text{CV}_i + \varepsilon \quad (7-3)$$

$$\text{Tobit}(Y2) = \beta_0 + \beta_1 \text{Family} + \beta_2 \text{Motivation} + \beta_3 \text{Family} \times \text{Motivation} + \beta_4 \text{Environment} + \beta_5 \text{Family} \times \text{Motivation} \times \text{Environment}$$

$$+ \sum_{i=6}^{n} \beta_i CV_i + \varepsilon \qquad (7-4)$$

其中，Y1、Y2、Family、Environment、CV 等变量的定义同上。Motivation 代表第四章中代理冲突和融资约束的五个代理变量 Accratio、Fcfps、Msr、KZ 和 Size。当 Motivation 为 Fcfps 时，Environment 代表变量 Market，用以检验假设 7-3a；当 Motivation 为 Accratio 或 Msr 时，Environment 代表变量 Law1、Law2，用以检验假设 7-3b；当 Motivation 为 KZ、Size 时，Environment 代表变量 Fin1、Fin2，用以检验假设 7-3c。在模型 7-3、模型 7-4 中，我们最为关注的是回归系数 β_5，如果假设 7-3 成立，我们可以预期良好的治理环境能够替代家族控制的"利益协同效应"，削弱家族控制的"掏空效应"和"壕沟效应"，以及缓解家族上市公司的融资约束问题，进而有助于推动家族上市公司支付股利，即 Family × Motivation × Environment 的回归系数 β_5 应显著为正。

第三节 实证结果与分析

一、描述性统计与分析

表 7-2 统计了全样本上市公司主要变量的描述性统计。从我们主要关注的治理环境代理变量来看，我国各地区的治理环境差异非常明显。以市场化指数为例，得分最高地区达到 9.81，得分最低地区仅为 1.55，前者是后者的 6 倍之多。值得注意的是，我国各地区法治水平、金融发展水平、金融生态环境的差异似乎有过之而无不及，而不同时期我国的法律执行程度也存在明显差异。

表 7-2 样本描述性统计

	样本数	均值	中值	最小值	最大值	标准差	25% 分位	75% 分位
Dumdiv	6 321	0.47144	0.00000	0.00000	1.00000	0.49922	0.00000	1.00000
Cdumdiv	6 321	0.46464	0.00000	0.00000	1.00000	0.49879	0.00000	1.00000
Payout	6 320	0.27305	0.00000	0.00000	50.50909	0.86085	0.00000	0.41996
Cpayout	6 320	0.22439	0.00000	0.00000	14.28571	0.47468	0.00000	0.36229
Dyield	6 321	0.00941	0.00000	0.00000	0.20952	0.01545	0.00000	0.01444

(续表)

	样本数	均值	中值	最小值	最大值	标准差	25%分位	75%分位
Cdyield	6 321	0.00816	0.00000	0.00000	0.14523	0.01358	0.00000	0.01199
Family	6 321	0.26262	0.00000	0.00000	1.00000	0.44009	0.00000	1.00000
Market	6 321	7.35361	7.52000	1.55000	9.81000	1.88757	5.76000	9.36000
Law1	6 321	6.03122	5.13000	1.53000	11.06000	2.69825	3.81000	11.06000
Law2	6 321	2.50169	2.43013	2.06710	3.00174	0.34759	2.24361	2.76893
Fin1	6 321	7.81936	7.33000	1.58000	11.07000	2.23393	6.52000	10.31000
Fin2	6 321	0.55104	0.57700	0.11600	0.92200	0.20243	0.39100	0.63200
Size	6 320	21.36687	21.31354	18.67574	24.76032	1.10339	20.65293	22.02584
Roa	6 321	0.04678	0.04880	−0.35481	0.32077	0.09158	0.02359	0.08390
Lev	6 319	0.56996	0.53520	0.07706	3.01233	0.36582	0.39514	0.65999
Growth	6 312	0.20655	0.14222	−0.80905	3.28239	0.52840	−0.01105	0.32225
Ncfps	6 321	0.36451	0.27000	−1.72000	2.93000	0.65874	0.03620	0.61115
Board	6 231	9.38485	9.00000	1.00000	19.00000	2.02588	9.00000	11.00000
Idpratio	6 228	0.35235	0.33333	0.00000	0.66667	0.05004	0.33333	0.36364

概言之,描述性统计充分反映了我国各地区的治理环境发展水平很不平衡,不同时期的法律执行水平也是参差不齐,其对公司行为的影响不容忽视。

二、分组检验

为深入考察家族控制和外部治理环境对于上市公司现金股利政策的影响,接下来对全样本进行了交叉分组均值检验。

表7-3 Panel A 统计了在不同的市场化程度子样本组下家族公司与非家族公司的股利政策差异。可以看到,在不同的子样本中,家族公司的股利(现金股利)支付意愿与支付水平都要显著低于非家族公司,尤其是这种差异在市场化程度低时较为明显。以股利支付意愿为例,在高(低)市场化程度子样本中,家族公司与非家族公司的股利支付意愿分别为43.5%(25.4%)和58.5%(46.1%),后者是前者的1.34(1.81)倍。上述数据表明,随着地区市场化程度的提高,上市公司尤其是家族上市公司的股利支付意愿和支付水平有明显提高。这一统计结果为假设7-1a、假设7-2a提供了初步证据。

表7-3 家族控制、治理环境与公司股利政策的交叉分组均值检验

			Dumdiv	Cdumdiv	Payout	Cpayout	Dyield	Cdyield
市场化程度 (Market)	高	家族公司	0.435	0.433	0.231	0.184	0.008	0.007
		非家族公司	0.585	0.570	0.328	0.284	0.011	0.010
		T检验	-7.372***	-6.768***	-4.113***	-5.524***	-5.331***	-6.140***
	低	家族公司	0.254	0.249	0.200	0.094	0.005	0.003
		非家族公司	0.461	0.459	0.265	0.231	0.010	0.009
		T检验	-10.725***	-10.933***	-1.578	-6.952***	-8.163***	-10.850***
			Panel B. 按法律环境(Law1)分组					
法治水平 (Law1)	高	家族公司	0.418	0.414	0.278	0.181	0.008	0.006
		非家族公司	0.564	0.553	0.316	0.271	0.011	0.010
		T检验	-7.737***	-7.336***	-0.968	-5.416***	-5.429***	-6.477***
	低	家族公司	0.250	0.246	0.135	0.085	0.004	0.003
		非家族公司	0.458	0.456	0.266	0.235	0.010	0.009
		T检验	-10.062***	-10.138***	-5.093***	-6.844***	-8.035***	-10.566***
			Panel C. 按法律环境(Law2)分组					
法律执行 (Law2)	高	家族公司	0.364	0.361	0.189	0.152	0.007	0.006
		非家族公司	0.529	0.525	0.308	0.276	0.011	0.010
		T检验	-7.321***	-7.292***	-3.934***	-4.714***	-5.308***	-6.868***
	低	家族公司	0.331	0.326	0.232	0.130	0.006	0.004
		非家族公司	0.509	0.499	0.284	0.241	0.010	0.009
		T检验	-9.828***	-9.536***	-1.459	-7.817***	-7.810***	-9.625***

（续表）

			Dumdiv	Cdumdiv	Payout	Cpayout	Dyield	Cdyield
金融发展水平 (Fin1)	高	家族公司	0.418	0.413	0.279	0.177	0.008	0.006
		非家族公司	0.543	0.530	0.312	0.266	0.011	0.009
		T检验	-6.318***	-5.861***	-0.763	-4.896***	-4.520***	-5.558***
	低	家族公司	0.263	0.259	0.146	0.096	0.005	0.003
		非家族公司	0.493	0.490	0.277	0.245	0.010	0.009
		T检验	-11.562***	-11.641***	-5.593***	-7.445***	-8.813***	-11.208***
Panel D. 按金融发展（Fin1）分组								
金融生态环境 (Fin2)	高	家族公司	0.423	0.419	0.280	0.184	0.008	0.007
		非家族公司	0.565	0.552	0.318	0.272	0.011	0.010
		T检验	-7.323***	-6.896***	-0.917	-5.128***	-5.339***	-6.164***
	低	家族公司	0.249	0.245	0.138	0.084	0.004	0.003
		非家族公司	0.466	0.463	0.268	0.236	0.010	0.009
		T检验	-10.653***	-10.732***	-5.258***	-7.216***	-8.123***	-10.852***
Panel E. 按金融发展（Fin2）分组								

注：***，**，*分别表示显著性水平为1%、5%、10%（双尾）。

Panel B、Panel C 报告了法律环境与家族控制的交叉分组检验。不难发现,在法律环境较好时,上市公司的股利(现金股利)支付意愿和支付水平都明显更高。进一步地,当法律环境较好时,家族公司与非家族公司在股利政策方面的差异要明显小于当法律环境较差时两者的差异。以 Panel B 中的股利支付意愿为例,在地区法治水平较高(低)时,家族公司与非家族公司的股利支付意愿分别为 41.8%(25.0%)和 56.4%(45.8%),后者是前者的 1.35(1.83)倍。可见,在法律环境较好的地区,上市公司尤其是家族上市公司更有可能实行积极的股利政策。这一统计结果为假设 7-1b、假设 7-2b 提供了初步证据。

Panel D、Panel E 是金融发展与家族控制的交叉分组检验。概括而言,金融发展的确给公司股利政策带来了显著的正面影响,而且这种影响对家族公司而言似乎尤为突出。无论是以金融发展水平抑或金融生态环境来衡量金融发展,家族公司与非家族公司在股利政策方面的差异在金融发展较为落后的地区都更为明显。以 Panel D 中的股利支付意愿为例,在地区金融发展较好(差)时,家族公司与非家族公司的股利支付意愿分别为 41.8%(26.3%)和 54.3%(49.3%),后者是前者的 1.30(1.87)倍。可见,在金融发展较好的地区,上市公司尤其是家族上市公司将更愿意进行股利分配,这一统计结果为假设 7-1c、假设 7-2c 提供了初步证据。

三、相关分析

表 7-4 报告了本章主要研究变量的 Pearson 相关分析矩阵。与预期相一致,上市公司股利政策的各个代理变量在 1% 的水平上与家族控制显著负相关,而与治理环境的三类五个代理变量大都显著正相关。此外,注意到除了法律执行(Law2)以外,治理环境的各个代理变量均高度相关,这表明较高的地区市场化程度通常也伴随着较高的地区法治水平、地区金融发展水平或地区金融生态环境。为了控制其他变量的影响,我们接下来进行多元回归分析以得到更稳健的实证证据。

表 7-4 主要变量的 Pearson 相关分析

	Family	Market	Law1	Law2	Fin1	Fin2
Dumdiv	-0.152***	0.133***	0.116***	0.010	0.107***	0.128***
Cdumdiv	-0.149***	0.123***	0.101***	0.017	0.097***	0.112***
Payout	-0.040***	0.044***	0.027**	-0.004	0.038***	0.039***
Cpayout	-0.108***	0.066***	0.043***	0.021*	0.054***	0.060***
Dyield	-0.118***	0.072***	0.049***	0.043***	0.061***	0.062***
Cdyield	-0.147***	0.073***	0.050***	0.055***	0.061***	0.061***
Family	1					
Market	0.035***	1				
Law1	0.008	0.914***	1			
Law2	-0.004	0.005	0.004	1		
Fin1	0.038***	0.880***	0.801***	0.004	1	
Fin2	0.002	0.913***	0.908***	0.003	0.707***	1

注：***、**、* 分别表示显著性水平为1%、5%、10%(双尾)。

四、多元回归分析

(一)家族控制、治理环境与公司股利政策

1. 家族控制、市场化进程与公司股利政策

表 7-5 报告了对家族控制、市场化进程与公司股利政策相关关系进行 Logistic 回归和 Tobit 回归的实证结果。与预期相一致,表 7-5 显示,家族控制对公司股利政策有显著的负向影响,而较高的市场化程度(Market)对公司股利政策有显著的正向影响。进一步地,家族控制与市场化进程的交叉乘项(Family × Market)都在5%的水平上显著为正,这表明在良好的地区市场化环境下,家族公司更愿意采取积极的公司股利政策。由此,本章的研究假设 7-1a、假设 7-2a 得到了证实。

表 7-5 家族控制、市场化进程与公司股利政策

	Logistic 回归		Tobit 回归		Tobit 回归	
	Dumdiv	Cdumdiv	Payout	Cpayout	Dyield	Cdyield
	模型 1	模型 2	模型 3	模型 4	模型 5	模型 6
Family	-1.084***	-1.250***	-0.343***	-0.393***	-0.013***	-0.016***
	(-3.32)	(-3.84)	(-4.43)	(-5.70)	(-4.06)	(-5.98)
Market	0.124***	0.101***	0.024***	0.019***	0.001***	0.000***
	(5.67)	(4.66)	(4.60)	(4.03)	(3.20)	(2.68)

(续表)

	Logistic 回归		Tobit 回归		Tobit 回归	
	Dumdiv	Cdumdiv	Payout	Cpayout	Dyield	Cdyield
	模型1	模型2	模型3	模型4	模型5	模型6
Family × Market	0.098** (2.36)	0.123*** (2.97)	0.033*** (3.40)	0.038*** (4.41)	0.001*** (3.58)	0.002*** (5.01)
Size	0.935*** (21.27)	0.913*** (21.05)	0.149*** (18.21)	0.138*** (18.69)	0.008*** (20.19)	0.007*** (21.98)
Lev	-3.514*** (-17.51)	-3.501*** (-17.55)	-0.731*** (-16.98)	-0.714*** (-17.68)	-0.029*** (-15.78)	-0.028*** (-17.67)
Roa	19.182*** (17.77)	18.713*** (17.90)	2.624*** (20.49)	2.195*** (19.38)	0.160*** (23.78)	0.137*** (23.23)
Growth	0.001 (0.01)	0.027 (0.37)	0.011 (0.67)	0.007 (0.49)	-0.000 (-0.42)	-0.000 (-0.57)
Ncfps	0.183*** (3.21)	0.186*** (3.26)	0.017 (1.50)	0.019* (1.94)	0.002*** (3.21)	0.002*** (3.72)
Bdsize	0.051*** (2.81)	0.057*** (3.16)	0.011*** (2.86)	0.012*** (3.37)	0.000*** (2.77)	0.000*** (3.11)
Idpratio	-1.691** (-2.44)	-1.599** (-2.33)	-0.251 (-1.53)	-0.216 (-1.49)	-0.007 (-0.98)	-0.009 (-1.53)
Year/Ind	控制	控制	控制	控制	控制	控制
Constant	-19.446*** (-21.15)	-18.917*** (-20.83)	-2.978*** (-16.79)	-2.736*** (-17.11)	-0.170*** (-19.49)	-0.152*** (-21.67)
Pseudo R^2	0.339	0.332	0.208	0.226	-0.339	-0.343
F/Chi2	1 146.34	1 144.93	56.13	57.15	46.03	50.56
N	6 219	6 219	6 219	6 219	6 219	6 219

注：***、**、*分别表示显著性水平为1%、5%、10%（双尾）；T检验值经White(1980)异方差调整。

2. 家族控制、法律环境与公司股利政策

表7-6、表7-7考察了家族控制、法律环境及其相互关系对上市公司股利政策的影响。无论是以法治水平抑或法律执行作为法律环境的代理变量，我们都发现，良好的法律环境（Law1 和 Law2）大多对公司股利政策有显著的正向作用。进一步地，法律环境与家族控制的交叉乘项（Family × Law1 与 Family × Law2）几乎都在5%的水平上显著为正，这表明在良好的外部法律环境下，家族公司更愿意进行股利分配以回报股东。综观上述发现，本章假设7-1b、假设7-2b无疑得到了验证。

表 7-6 家族控制、法治水平与公司股利政策

	Logistic 回归		Tobit 回归		Tobit 回归	
	Dumdiv	Cdumdiv	Payout	Cpayout	Dyield	Cdyield
	模型 1	模型 2	模型 3	模型 4	模型 5	模型 6
Family	-0.602***	-0.720***	-0.178***	-0.228***	-0.006***	-0.009***
	(-3.01)	(-3.62)	(-3.74)	(-5.45)	(-2.96)	(-5.49)
Law1	0.064***	0.041***	0.011***	0.006**	0.000	0.000
	(4.33)	(2.78)	(3.19)	(2.00)	(1.15)	(0.15)
Family × Law1	0.046	0.068**	0.015**	0.021***	0.001**	0.001***
	(1.54)	(2.32)	(2.19)	(3.52)	(2.27)	(4.12)
Size	0.939***	0.921***	0.152***	0.142***	0.008***	0.008***
	(21.34)	(21.20)	(18.44)	(19.07)	(20.39)	(22.29)
Lev	-3.485***	-3.483***	-0.734***	-0.719***	-0.030***	-0.029***
	(-17.41)	(-17.49)	(-16.96)	(-17.71)	(-15.81)	(-17.77)
Roa	19.219***	18.760***	2.666***	2.235***	0.162***	0.139***
	(17.89)	(18.05)	(20.79)	(19.73)	(23.97)	(23.45)
Growth	-0.002	0.021	0.008	0.005	-0.000	-0.000
	(-0.03)	(0.30)	(0.54)	(0.33)	(-0.61)	(-0.78)
Ncfps	0.179***	0.179***	0.016	0.018*	0.002***	0.002***
	(3.13)	(3.16)	(1.40)	(1.79)	(3.13)	(3.58)
Bdsize	0.048***	0.054***	0.011***	0.012***	0.000***	0.000***
	(2.70)	(3.04)	(2.76)	(3.26)	(2.66)	(2.99)
Idpratio	-1.682**	-1.586**	-0.253	-0.217	-0.007	-0.009
	(-2.44)	(-2.32)	(-1.54)	(-1.49)	(-0.98)	(-1.52)
Year/Ind	控制	控制	控制	控制	控制	控制
Constant	-19.087***	-18.663***	-2.943***	-2.722***	-0.170***	-0.153***
	(-20.82)	(-20.60)	(-16.48)	(-16.92)	(-19.37)	(-21.57)
Pseudo R^2	0.335	0.338	0.204	0.222	-0.335	-0.339
F/Chi2	1 143.34	1 139.17	54.97	56.08	45.42	40.93
N	6 219	6 219	6 219	6 219	6 219	6 219

注：***、**、* 分别表示显著性水平为 1%、5%、10%（双尾）；T 检验值经 White(1980) 异方差调整。

表 7-7 家族控制、法律执行与公司股利政策

	Logistic 回归		Tobit 回归		Tobit 回归	
	Dumdiv	Cdumdiv	Payout	Cpayout	Dyield	Cdyield
	模型 1	模型 2	模型 3	模型 4	模型 5	模型 6
Family	-0.915***	-0.881***	-0.238***	-0.260***	-0.008***	-0.010***
	(-5.22)	(-5.05)	(-5.62)	(-6.98)	(-4.05)	(-6.36)

(续表)

	Logistic 回归		Tobit 回归		Tobit 回归	
	Dumdiv	Cdumdiv	Payout	Cpayout	Dyield	Cdyield
	模型1	模型2	模型3	模型4	模型5	模型6
Law2	0.097 (1.04)	0.161* (1.72)	-0.023 (-1.08)	0.003 (0.18)	0.003*** (2.94)	0.003*** (3.88)
Family × Law2	0.037*** (3.71)	0.036*** (3.65)	0.009*** (3.96)	0.010*** (4.78)	0.000*** (3.03)	0.000*** (4.44)
Size	0.920*** (21.64)	0.896*** (21.35)	0.149*** (18.81)	0.137*** (19.06)	0.008*** (19.51)	0.007*** (21.01)
Lev	-3.514*** (-18.08)	-3.503*** (-17.85)	-0.764*** (-17.58)	-0.746*** (-18.27)	-0.032*** (-16.51)	-0.031*** (-18.25)
Roa	18.082*** (17.73)	17.619*** (17.84)	2.508*** (19.76)	2.063*** (18.43)	0.146*** (21.52)	0.123*** (20.79)
Growth	0.046 (0.63)	0.073 (1.00)	0.021 (1.30)	0.019 (1.29)	0.000 (0.63)	0.000 (0.72)
Ncfps	0.185*** (3.26)	0.193*** (3.40)	0.019* (1.70)	0.023** (2.25)	0.002*** (4.03)	0.002*** (4.60)
Bdsize	0.053*** (2.98)	0.059*** (3.36)	0.013*** (3.19)	0.014*** (3.79)	0.001*** (3.44)	0.001*** (3.89)
Idpratio	-2.172** (-3.19)	-2.090** (-3.10)	-0.382** (-2.32)	-0.363** (-2.48)	-0.019*** (-2.59)	-0.021*** (-3.40)
Ind	控制	控制	控制	控制	控制	控制
Constant	-18.775*** (-20.29)	-18.508*** (-20.23)	-2.811*** (-15.26)	-2.641*** (-15.79)	-0.168*** (-18.20)	-0.152*** (-20.53)
Pseudo R^2	0.325	0.320	0.196	0.211	-0.297	-0.295
F/Chi2	1 107.40	1 115.96	60.08	61.27	44.63	48.61
N	6 219	6 219	6 219	6 219	6 219	6 219

注：***、**、*分别表示显著性水平为1%、5%、10%（双尾）；T检验值经White(1980)异方差调整。

值得说明的是，笔者还对本部分进行了稳健性检验。王鹏(2008)用投资者法律保护条款与法律执行力度的乘积表示法律条款带来的影响，他认为这样构造的法律综合指标有以下特点：(1)同一地区从纵向来看，体现了不同年度法律条款带来的影响；(2)将两者相乘构造法律指标，将使结果更加合理，即各地区的执行力度影响了法律条款的实际效果；(3)从计量回归的角度来看，由于股权结构等数据的限制，法律条款为上市公司各年底所对应的数值。借鉴王鹏(2008)的研究，笔者将法治水平与法律执行相乘(Law1×Law2)的值作为地区法律环境的代理变量,并重复进行前文的各个实证回归。结果发现,研究结论基本一致,限于篇幅笔者并未报告该结果。

3. 家族控制、金融发展与公司股利政策

接下来,我们对金融发展在家族控制与公司股利政策之间的关系中扮演了什么角色进行实证检验,回归结果报告见表7-8、表7-9。综观实证结果,无论是以金融发展水平(Fin1)抑或金融生态环境(Fin2)作为金融发展的代理变量,良好的外部金融环境对公司股利政策有显著的正向作用。进一步地,金融发展与家族控制的交叉乘项(Family×Fin1与Family×Fin2)都在5%的水平上显著为正,证实在良好的地区金融环境下,家族公司的股利(现金股利)支付意愿和支付水平较高。因此,实证结果为研究假设7-1c、假设7-2c提供了支持。

表7-8 家族控制、金融发展水平与公司股利政策

	Logistic 回归		Tobit 回归		Tobit 回归	
	Dumdiv	Cdumdiv	Payout	Cpayout	Dyield	Cdyield
	模型1	模型2	模型3	模型4	模型5	模型6
Family	-0.926*** (-3.14)	-1.105*** (-3.76)	-0.262*** (-3.71)	-0.326*** (-5.18)	-0.011*** (-3.47)	-0.014*** (-5.50)
Fin1	0.086*** (4.76)	0.064*** (3.57)	0.017*** (3.99)	0.012*** (3.02)	0.000** (2.49)	0.000* (1.73)
Family×Fin1	0.073** (2.10)	0.098*** (2.83)	0.021*** (2.59)	0.028*** (3.80)	0.001*** (2.94)	0.001*** (4.46)
Size	0.952*** (21.72)	0.929*** (21.49)	0.153*** (18.84)	0.142*** (19.35)	0.008*** (20.58)	0.008*** (22.46)
Lev	-3.537*** (-17.53)	-3.519*** (-17.57)	-0.738*** (-17.10)	-0.720*** (-17.80)	-0.029*** (-15.82)	-0.028*** (-17.74)
Roa	19.222*** (17.81)	18.743*** (17.94)	2.632*** (20.50)	2.202*** (19.40)	0.161*** (23.75)	0.137*** (23.25)
Growth	0.000 (0.00)	0.027 (0.37)	0.011 (0.67)	0.007 (0.49)	-0.000 (-0.42)	-0.000 (-0.55)
Ncfps	0.175*** (3.06)	0.178*** (3.13)	0.015 (1.34)	0.018* (1.76)	0.002*** (3.10)	0.002*** (3.58)
Bdsize	0.047*** (2.64)	0.054*** (3.01)	0.011*** (2.73)	0.012*** (3.26)	0.000*** (2.68)	0.000*** (3.01)

(续表)

	Logistic 回归		Tobit 回归		Tobit 回归	
	Dumdiv	Cdumdiv	Payout	Cpayout	Dyield	Cdyield
	模型1	模型2	模型3	模型4	模型5	模型6
Idpratio	-1.726** (-2.49)	-1.622** (-2.36)	-0.261 (-1.59)	-0.221 (-1.52)	-0.007 (-1.01)	-0.009 (-1.55)
Year/Ind	控制	控制	控制	控制	控制	控制
Constant	-19.526*** (-21.19)	-18.984*** (-20.86)	-3.010*** (-16.97)	-2.764*** (-17.30)	-0.171*** (-19.59)	-0.153*** (-21.79)
Pseudo R^2	0.337	0.331	0.206	0.224	-0.338	-0.341
F/Chi2	1118.60	1118.59	55.10	56.09	45.53	49.88
N	6219	6219	6219	6219	6219	6219

注：***、**、*分别表示显著性水平为1%、5%、10%（双尾）；T检验值经White(1980)异方差调整。

表7-9　家族控制、金融生态环境与公司股利政策

	Logistic 回归		Tobit 回归		Tobit 回归	
	Dumdiv	Cdumdiv	Payout	Cpayout	Dyield	Cdyield
	模型1	模型2	模型3	模型4	模型5	模型6
Family	-0.798*** (-3.37)	-0.938*** (-3.98)	-0.237*** (-4.20)	-0.298*** (-5.99)	-0.009*** (-3.90)	-0.013*** (-6.42)
Fin2	1.035*** (5.28)	0.725*** (3.71)	0.191*** (4.27)	0.128*** (3.21)	0.004** (2.48)	0.002 (1.39)
Family×Fin2	0.863** (2.19)	1.147*** (2.93)	0.272*** (2.97)	0.362*** (4.41)	0.013** (2.38)	0.017*** (5.27)
Size	0.936*** (21.24)	0.916*** (21.09)	0.149*** (18.16)	0.139*** (18.76)	0.008*** (20.19)	0.008*** (22.07)
Lev	-3.490*** (-17.36)	-3.482*** (-17.44)	-0.727*** (-16.82)	-0.713*** (-17.57)	-0.029*** (-15.65)	-0.028*** (-17.58)
Roa	19.220*** (17.80)	18.756*** (17.94)	2.643*** (20.67)	2.213*** (19.54)	0.161*** (23.90)	0.138*** (23.32)
Growth	-0.005 (-0.07)	0.019 (0.26)	0.009 (0.54)	0.005 (0.33)	-0.000 (-0.53)	-0.000 (-0.72)
Ncfps	0.179*** (3.14)	0.180*** (3.18)	0.016 (1.44)	0.019* (1.86)	0.002*** (3.15)	0.002*** (3.63)
Bdsize	0.052*** (2.87)	0.057*** (3.20)	0.011*** (2.87)	0.012*** (3.40)	0.000*** (2.81)	0.000*** (3.17)
Idpratio	-1.621** (-2.33)	-1.521** (-2.21)	-0.236 (-1.44)	-0.198 (-1.36)	-0.006 (-0.91)	-0.008 (-1.43)

(续表)

	Logistic 回归		Tobit 回归		Tobit 回归	
	Dumdiv	Cdumdiv	Payout	Cpayout	Dyield	Cdyield
	模型 1	模型 2	模型 3	模型 4	模型 5	模型 6
Year/Ind	控制	控制	控制	控制	控制	控制
Constant	-19.196*** (-20.87)	-18.712*** (-20.59)	-2.923*** (-16.43)	-2.698*** (-16.83)	-0.168*** (-19.31)	-0.151*** (-21.46)
Pseudo R^2	0.336	0.329	0.205	0.223	-0.334	-0.338
F/Chi2	1 140.55	1 134.99	55.20	56.29	45.19	49.70
N	6 182	6 182	6 182	6 182	6 182	6 182

注：***、**、* 分别表示显著性水平为 1%、5%、10%（双尾）；T 检验值经 White(1980) 异方差调整。

因此，综观前文对家族控制、治理环境与公司股利政策三者关系的实证检验，无论基于市场化（Market）、法律环境（Law1 和 Law2）抑或金融发展（Fin1 和 Fin2）视角的研究都证实，在良好的外部治理环境下，上市公司的股利（现金股利）支付意愿和支付水平较高。同时，良好的外部治理环境也有助于推动家族上市公司进行股利发放。因此，总体而言，实证结果支持本章的研究假设 7-1 和假设 7-2。

（二）家族控制与公司股利政策：治理环境的作用

1. 家族控制、自由现金流与公司股利政策：市场化进程的作用

第五章研究发现，家族控制有助于推动自由现金流以股利方式返还给外部股东，从而家族控制可能发挥着一定的"利益协同效应"。在本章中，笔者试图进一步考察市场化进程在其中扮演的角色。具体而言，市场化较为发达的地区通常具有较为激烈的产品市场、要素市场、劳动力市场和资本市场的竞争，可以对公司内部人形成激励与约束机制。一个合理的逻辑推断就是，良好的市场化环境可能会替代家族控制的"利益协同效应"，进而推动家族公司采用更为积极的股利政策。表 7-10 报告了对上述问题进行检验的实证结果。

表 7-10 家族控制、自由现金流与公司股利政策：市场化进程的作用

	Logistic 回归		Tobit 回归		Tobit 回归	
	Dumdiv	Cdumdiv	Payout	Cpayout	Dyield	Cdyield
	模型 1	模型 2	模型 3	模型 4	模型 5	模型 6
Family	-0.367***	-0.342***	-0.094***	-0.103***	-0.003***	-0.003***
	(-4.44)	(-4.16)	(-4.71)	(-5.87)	(-2.92)	(-4.79)
Fcfps	0.264***	0.262***	0.057***	0.054***	0.002***	0.002***
	(6.15)	(6.15)	(7.02)	(7.30)	(6.00)	(6.15)
Family × Fcfps	-0.467	-0.490	-0.062	-0.083	-0.003	-0.004
	(-1.58)	(-1.68)	(-0.89)	(-1.35)	(-1.00)	(-1.61)
Market	0.151***	0.135***	0.032***	0.028***	0.001***	0.001***
	(8.01)	(7.16)	(7.23)	(7.08)	(5.72)	(5.74)
Family × Fcfps × Market	0.082**	0.082**	0.012	0.014*	0.001	0.001**
	(2.05)	(2.10)	(1.33)	(1.80)	(1.46)	(2.17)
Size	0.891***	0.868***	0.137***	0.127***	0.008***	0.007***
	(20.24)	(19.98)	(16.69)	(17.17)	(19.13)	(20.92)
Lev	-3.827***	-3.803***	-0.795***	-0.776***	-0.032***	-0.031***
	(-18.37)	(-18.44)	(-18.00)	(-18.77)	(-16.63)	(-18.72)
Roa	18.963***	18.470***	2.528***	2.102***	0.157***	0.134***
	(17.72)	(17.83)	(19.72)	(18.51)	(23.32)	(22.66)
Growth	0.016	0.043	0.014	0.011	-0.000	-0.000
	(0.23)	(0.60)	(0.94)	(0.77)	(-0.18)	(-0.28)
Ncfps	0.253***	0.256***	0.029***	0.032***	0.002***	0.002***
	(4.28)	(4.34)	(2.61)	(3.14)	(4.00)	(4.63)
Bdsize	0.052***	0.058***	0.012***	0.013***	0.000***	0.000***
	(2.85)	(3.21)	(3.05)	(3.57)	(2.94)	(3.30)
Idpratio	-1.560**	-1.474**	-0.227	-0.197	-0.006	-0.008
	(-2.21)	(-2.11)	(-1.38)	(-1.36)	(-0.85)	(-1.42)
Year/Ind	控制	控制	控制	控制	控制	控制
Constant	-18.735***	-18.224***	-2.795***	-2.575***	-0.164***	-0.147***
	(-20.20)	(-19.88)	(-15.69)	(-16.01)	(-18.86)	(-20.85)
Pseudo R^2	0.347	0.340	0.214	0.233	-0.345	-0.348
F/Chi2	1140.37	1144.27	53.73	55.14	43.35	48.46
N	6215	6215	6215	6215	6215	6215

注：***、**、*分别表示显著性水平为1%、5%、10%（双尾）；T 检验值经 White(1980) 异方差调整。

综观表 7-10，Family × Fcfps × Market 在多数回归模型中显著为正，这表明在良好的市场化环境下，家族公司更愿意将自由现金流以股利方式返还给外部股东，显示外部治理环境扮演了积极的公司治理角色。值得注意的是，在第四章中显著为正的 Family × Fcfps 在引入 Family × Fcfps ×

Market 之后变得不再显著了。这一有趣的实证结果可能说明,地区市场化水平在家族控制与股利政策两者之间的关系中扮演了关键角色——在发达的市场环境中,更有可能是市场约束的作用使得上市公司将自由现金流支付给股东,而不是家族控制的"利益协同效应"使然,这恰好印证了较高的市场化水平可以在一定程度上替代家族控制的"利益协同效应"的推断。因此,本章的研究假设 7-3a 得到了支持。

2. 家族控制、法律环境与公司股利政策

(1) 家族控制、资金占用与公司股利政策:法律环境的作用

大量文献显示,控制性家族股东可能通过一系列的"掏空"手段来侵害外部股东利益,如资金占用、关联交易、违规担保等(Johnson et al., 2000;Faccio et al., 2001;李增泉等,2004;姜国华和岳衡,2005;邓建平等,2007),而良好的外部投资者法律保护环境可以在一定程度上保护外部投资者免受大股东的盘剥。基于资金占用的视角,第五章中我们并未发现家族控制会加剧第二类代理冲突,在本章中我们试图进一步考察我国的法律环境是否在其中发挥了治理效应,并有助于推动家族上市公司发放股利。实证结果报告见表 7-11、表 7-12。

综观表 7-11、表 7-12,尽管资金占用程度(Accratio)给公司股利政策带来了显著的负向影响,但是家族控制并不会加剧这种"掏空效应",表现为 Family × Accratio 并不显著。注意到,法律环境(Law1 和 Law2)对股利政策有较为显著的正向影响,但是我们最为关注的 Family × Accratio × Law1、Family × Accratio × Law2 都不显著。这一结果可能意味着,虽然在良好的法律环境下家族上市公司更愿意采取积极的股利政策,但是法律环境的治理作用未必是通过削弱家族股东资金占用的"掏空效应"进而增加股利支付这一传导途径来实现的,而是可能存在其他的传导机制。[①] 譬如,在下文中我们研究发现法律环境可在一定程度上削弱家族控制的"壕沟效应"并给公司股利政策带来正向影响。

---

① 值得指出的是,上述实证结果或许有其他的解释。譬如,由于我们在第五章中并没有发现家族控制并不会显著加剧资金占用对于公司股利支付的负向影响,因而即便外部法律环境确实能够发挥其约束作用可能也难以体现出来。进一步地,外部法律环境可能对其他的"掏空"方式更有约束力,但是本书仅考察了资金占用这种具有代表性的"掏空"方式。我们似乎很难排除上述这些可能性,这值得未来进一步研究。

此外,在稳健性检验中,笔者再次借鉴王鹏(2008)的做法,将法治水平与法律执行相乘(Law1 × Law2)的值作为地区法律环境的代理变量,并重复表7-11、表7-12的各个实证回归。实证结果类似,限于篇幅笔者并未报告该结果。

表7-11 家族控制、资金占用与公司股利政策:法治水平的作用

	Logistic 回归		Tobit 回归		Tobit 回归	
	Dumdiv	Cdumdiv	Payout	Cpayout	Dyield	Cdyield
	模型1	模型2	模型3	模型4	模型5	模型6
Family	-0.329*** (-3.07)	-0.295*** (-2.73)	-0.084*** (-3.21)	-0.089*** (-3.74)	-0.002** (-2.17)	-0.003*** (-2.99)
Accratio	-10.441*** (-10.07)	-10.463*** (-9.91)	-2.664*** (-10.69)	-2.414*** (-10.25)	-0.112*** (-10.01)	-0.099*** (-10.06)
Family × Accratio	3.369 (1.08)	1.471 (0.44)	0.360 (0.40)	-0.422 (-0.48)	0.026 (0.71)	-0.019 (-0.63)
Law1	0.081*** (5.71)	0.059*** (4.15)	0.013*** (4.31)	0.009*** (3.24)	0.000** (2.21)	0.000 (1.43)
Family × Accratio × Law1	-0.440 (-0.99)	-0.167 (-0.37)	-0.009 (-0.08)	0.096 (0.89)	-0.001 (-0.16)	0.005 (1.19)
Size	0.793*** (17.31)	0.775*** (17.21)	0.115*** (13.59)	0.109*** (14.38)	0.007*** (17.00)	0.006*** (18.73)
Lev	-2.834*** (-12.88)	-2.835*** (-12.99)	-0.566*** (-11.87)	-0.577*** (-13.11)	-0.023*** (-11.37)	-0.023*** (-13.46)
Roa	18.995*** (16.91)	18.465*** (16.96)	2.417*** (18.18)	1.988*** (16.82)	0.155*** (22.49)	0.131*** (21.66)
Growth	-0.049 (-0.66)	-0.025 (-0.34)	-0.000 (-0.02)	-0.003 (-0.21)	-0.001 (-1.20)	-0.001 (-1.36)
Ncfps	0.112* (1.92)	0.113* (1.96)	0.001 (0.09)	0.005 (0.52)	0.001** (2.06)	0.001** (2.49)
Bdsize	0.043** (2.35)	0.048*** (2.68)	0.009** (2.38)	0.010*** (2.89)	0.000** (2.33)	0.000*** (2.64)
Idpratio	-1.667** (-2.36)	-1.560** (-2.23)	-0.256 (-1.54)	-0.223 (-1.51)	-0.007 (-0.94)	-0.009 (-1.53)
Year/Ind	控制	控制	控制	控制	控制	控制
Constant	-15.628*** (-16.25)	-15.207*** (-16.06)	-2.052*** (-11.10)	-1.935*** (-11.64)	-0.136*** (-15.56)	-0.123*** (-17.32)
Pseudo R^2	0.363	0.356	0.232	0.251	-0.364	-0.366
F/Chi2	1 136.68	1 122.08	52.46	53.15	43.13	46.74
N	6 189	6 189	6 189	6 189	6 189	6 189

注:***、**、*分别表示显著性水平为1%、5%、10%(双尾);T检验值经White(1980)异方差调整。

第七章 家族控制、治理环境与上市公司股利政策

表7-12 家族控制、资金占用与公司股利政策：法律执行的作用

	Logistic 回归		Tobit 回归		Tobit 回归	
	Dumdiv	Cdumdiv	Payout	Cpayout	Dyield	Cdyield
	模型1	模型2	模型3	模型4	模型5	模型6
Family	-0.340*** (-3.21)	-0.314*** (-2.94)	-0.091*** (-3.50)	-0.100*** (-4.20)	-0.003*** (-2.71)	-0.004*** (-3.69)
Accratio	-9.680*** (-9.61)	-9.759*** (-9.50)	-2.536*** (-10.18)	-2.286*** (-9.72)	-0.106*** (-9.45)	-0.093*** (-9.37)
Family × Accratio	0.111 (0.01)	1.380 (0.13)	0.721 (0.24)	0.205 (0.07)	0.097 (0.81)	0.027 (0.29)
Law2	0.167* (1.66)	0.237** (2.36)	-0.006 (-0.28)	0.020 (0.97)	0.004*** (3.80)	0.004*** (4.63)
Family × Accratio × Law2	0.020 (0.00)	-0.538 (-0.13)	-0.209 (-0.18)	-0.039 (-0.04)	-0.033 (-0.70)	-0.008 (-0.22)
Size	0.779*** (17.64)	0.755*** (17.33)	0.114*** (13.99)	0.107*** (14.42)	0.007*** (16.15)	0.006*** (17.39)
Lev	-2.912*** (-13.51)	-2.907*** (-13.57)	-0.612*** (-12.81)	-0.620*** (-14.00)	-0.026*** (-12.41)	-0.026*** (-14.36)
Roa	17.798*** (16.71)	17.295*** (16.75)	2.267*** (17.18)	1.828*** (15.59)	0.139*** (19.97)	0.117*** (18.99)
Growth	-0.002 (-0.03)	0.028 (0.37)	0.013 (0.80)	0.012 (0.80)	0.000 (0.11)	0.000 (0.21)
Ncfps	0.125** (2.18)	0.132** (2.32)	0.006 (0.51)	0.011 (1.12)	0.002*** (3.13)	0.002*** (3.71)
Bdsize	0.047*** (2.64)	0.054*** (3.05)	0.011*** (2.87)	0.012*** (3.47)	0.001*** (3.18)	0.001*** (3.62)
Idpratio	-2.261*** (-3.24)	-2.172*** (-3.13)	-0.409** (-2.46)	-0.392*** (-2.65)	-0.020*** (-2.65)	-0.022*** (-3.56)
Ind	控制	控制	控制	控制	控制	控制
Constant	-15.643*** (-16.19)	-15.386*** (-16.13)	-2.016*** (-10.55)	-1.948*** (-11.24)	-0.138*** (-14.93)	-0.126*** (-16.75)
Pseudo R^2	0.350	0.344	0.221	0.237	-0.321	-0.318
F/Chi2	1 070.87	1 073.45	54.83	55.58	40.58	43.82
N	6 189	6 189	6 189	6 189	6 189	6 189

注：***、**、*分别表示显著性水平为1%、5%、10%（双尾）；T检验值经White(1980)异方差调整。

(2) 家族控制、代理成本与公司股利政策：法律环境的作用

我们接下来考察外部法律环境对于解决家族上市公司中第一类代理冲突的作用，实证结果报告见表7-13、表7-14。

表 7-13 家族控制、代理成本与公司股利政策：法治水平的作用

	Logistic 回归		Tobit 回归		Tobit 回归	
	Dumdiv	Cdumdiv	Payout	Cpayout	Dyield	Cdyield
	模型 1	模型 2	模型 3	模型 4	模型 5	模型 6
Family	-0.061 (-0.45)	-0.047 (-0.35)	0.006 (0.19)	-0.024 (-0.85)	0.001 (0.89)	-0.001 (-0.79)
Msr	-5.446*** (-8.08)	-5.526*** (-8.06)	-1.186*** (-7.82)	-1.132*** (-7.91)	-0.056*** (-8.34)	-0.052*** (-8.62)
Family × Msr	-7.454*** (-3.10)	-8.575*** (-3.52)	-2.318*** (-4.20)	-2.336*** (-4.46)	-0.096*** (-4.11)	-0.088*** (-4.13)
Law1	0.065*** (4.60)	0.043*** (3.07)	0.010*** (3.26)	0.006*** (2.24)	0.000 (1.14)	0.000 (0.49)
Family × Msr × Law1	0.634** (2.22)	0.827*** (2.97)	0.198*** (3.26)	0.237*** (4.43)	0.009*** (3.27)	0.010*** (4.52)
Size	0.815*** (18.00)	0.797*** (17.86)	0.123*** (14.48)	0.116*** (15.07)	0.007*** (17.31)	0.007*** (18.88)
Lev	-3.642*** (-16.96)	-3.636*** (-17.05)	-0.755*** (-16.50)	-0.745*** (-17.49)	-0.030*** (-15.25)	-0.029*** (-17.54)
Roa	19.730*** (17.58)	19.237*** (17.65)	2.486*** (18.55)	2.049*** (17.24)	0.158*** (22.89)	0.135*** (22.13)
Growth	-0.166** (-2.25)	-0.140* (-1.91)	-0.026 (-1.62)	-0.025* (-1.72)	-0.002*** (-2.82)	-0.002*** (-2.89)
Ncfps	0.176*** (3.10)	0.177*** (3.15)	0.018 (1.61)	0.020** (2.07)	0.002*** (3.26)	0.002*** (3.79)
Bdsize	0.050*** (2.76)	0.056*** (3.10)	0.011*** (2.92)	0.012*** (3.43)	0.000*** (2.89)	0.000*** (3.24)
Idpratio	-1.605** (-2.26)	-1.513** (-2.15)	-0.218 (-1.32)	-0.195 (-1.34)	-0.005 (-0.73)	-0.008 (-1.38)
Year/Ind	控制	控制	控制	控制	控制	控制
Constant	-15.813*** (-16.32)	-15.386*** (-16.10)	-2.194*** (-11.59)	-2.044*** (-11.92)	-0.138*** (-15.62)	-0.125*** (-17.04)
Pseudo R^2	0.351	0.345	0.219	0.237	-0.353	-0.354
F/Chi2	1 131.20	1 126.06	52.62	53.77	43.30	47.86
N	6 208	6 208	6 208	6 208	6 208	6 208

注：***、**、* 分别表示显著性水平为 1%、5%、10%（双尾）；T 检验值经 White(1980) 异方差调整。

表 7-14 家族控制、代理成本与公司股利政策：法律执行的作用

	Logistic 回归		Tobit 回归		Tobit 回归	
	Dumdiv	Cdumdiv	Payout	Cpayout	Dyield	Cdyield
	模型1	模型2	模型3	模型4	模型5	模型6
Family	-0.098 (-0.72)	-0.100 (-0.74)	-0.011 (-0.34)	-0.047* (-1.66)	0.000 (0.07)	-0.002* (-1.87)
Msr	-5.118*** (-7.73)	-5.217*** (-7.78)	-1.144*** (-7.61)	-1.091*** (-7.68)	-0.054*** (-8.01)	-0.050*** (-8.21)
Family × Msr	-9.700* (-1.70)	-8.034 (-1.42)	-2.994** (-2.11)	-2.452* (-1.91)	-0.107* (-1.83)	-0.073 (-1.51)
Law2	0.149 (1.46)	0.223** (2.19)	-0.017 (-0.75)	0.012 (0.56)	0.003*** (3.19)	0.004*** (4.23)
Family × Msr × Law2	2.509 (1.14)	1.954 (0.89)	0.803 (1.51)	0.712 (1.49)	0.028 (1.28)	0.022 (1.22)
Size	0.803*** (18.42)	0.778*** (18.09)	0.123*** (14.86)	0.114*** (15.11)	0.007*** (16.51)	0.006*** (17.65)
Lev	-3.651*** (-17.35)	-3.637*** (-17.43)	-0.787*** (-17.21)	-0.774*** (-18.12)	-0.033*** (-16.13)	-0.032*** (-18.17)
Roa	18.533*** (17.32)	18.042*** (17.41)	2.354*** (17.73)	1.907*** (16.21)	0.142*** (20.54)	0.120*** (19.63)
Growth	-0.125 (-1.69)	-0.095 (-1.28)	-0.015 (-0.94)	-0.013 (-0.85)	-0.001 (-1.57)	-0.001 (-1.40)
Ncfps	0.187*** (3.33)	0.194*** (3.46)	0.023** (2.03)	0.026*** (2.63)	0.003*** (4.27)	0.002*** (4.86)
Bdsize	0.051*** (2.89)	0.058*** (3.28)	0.013*** (3.22)	0.014*** (3.80)	0.001*** (3.54)	0.001*** (3.97)
Idpratio	-2.136*** (-3.05)	-2.050*** (-2.95)	-0.356** (-2.16)	-0.351** (-2.38)	-0.018** (-2.42)	-0.020*** (-3.33)
Ind	控制	控制	控制	控制	控制	控制
Constant	-15.83*** (-16.26)	-15.607*** (-16.19)	-2.132*** (-10.91)	-2.041*** (-11.46)	-0.139*** (-14.94)	-0.127*** (-16.46)
Pseudo R^2	0.339	0.334	0.209	0.224	-0.311	-0.307
F/Chi2	1 077.69	1 082.90	56.58	57.89	41.70	46.15
N	6 208	6 208	6 208	6 208	6 208	6 208

注：***、**、*分别表示显著性水平为1%、5%、10%（双尾）；T 检验值经 White(1980)异方差调整。

综观表7-13，对于法治水平的作用，Family × Msr 在1%的水平上显著为负，而我们关注的 Family × Msr × Law1 则都在5%的水平上显著为正。这表明，尽管家族控制可能会加剧第一类代理冲突并给公司股利政策带

来负向影响,但是良好的外部法治水平可以削弱家族控制的上述"壕沟效应",并对推动家族上市公司支付股利政策产生积极的作用。不过在表 7-14 中,Family × Msr × Law2 在各回归模型中回归系数虽然都为正,但均不显著。换言之,在我国,法律执行似乎尚不够完善,并没有对降低公司的代理冲突产生显著的正向作用。应该说,这与我国的现实情况是相符的。自资本市场诞生至今的二十多年中,我国不断借鉴国外经验快速建立了一套符合我国实际的相关法律法规。然而,上市公司"掏空"现象屡禁不绝,管理层自利行为也时有发生,其原因可能不在于法律不健全,而更多的是因为法律执行尚不到位,以及未能形成足够的威慑力。

为稳健性起见,笔者也将法治水平与法律执行相乘(Law1 × Law2)的值作为地区法律环境的代理变量,并重复表 7-13、表 7-14 的各个实证回归。实证结果显示,Family × Msr × Law1 × Law2 都在 5% 的水平上显著为正,限于篇幅笔者并未报告该结果。

综观对法律环境治理作用的实证检验,本章的研究假设 7-3b 似乎得到了部分支持。根据前文的研究结果,法律环境目前在我国可能主要是通过削弱第一类代理冲突来实现其对公司股利政策的积极推动作用。对于家族上市公司而言,良好的法律环境有助于削弱家族股东的"壕沟效应",从而对家族上市公司的股利政策产生显著正向影响。基于资金占用的研究视角,本章并没有发现法律环境可以显著降低第二类代理冲突并推动家族上市公司发放股利。

3. 家族控制、融资约束与公司股利政策:金融发展的作用

在面临较为严重的融资约束时,公司通常倾向于通过内部融资来获取资金以避免进行代价高昂的外部融资。金融市场的发展无疑为解决上述难题提供了一剂良药,理论上,良好的外部金融环境将使得上市公司拥有更多的机会获得外部融资,从而降低融资约束。正因如此,外部金融发展可能在一定程度上会增强公司进行股利支付的动力,因为此时公司会更少依赖留存利润来避免融资约束问题。对于家族上市公司而言,金融发展是否可以缓解其融资约束并推动公司发放股利呢?笔者对这一问题进行了实证检验,实证结果报告见表 7-15—表 7-18。

表 7-15 家族控制、融资约束(KZ)与公司股利政策:金融发展的作用

	Logistic 回归		Tobit 回归		Tobit 回归	
	Dumdiv	Cdumdiv	Payout	Cpayout	Dyield	Cdyield
	模型 1	模型 2	模型 3	模型 4	模型 5	模型 6
Family	-0.326***	-0.296**	-0.051**	-0.071***	-0.001	-0.003***
	(-2.71)	(-2.49)	(-2.04)	(-3.09)	(-1.39)	(-2.84)
KZ	-0.124***	-0.123***	-0.017**	-0.021***	-0.001**	-0.001***
	(-2.85)	(-2.86)	(-2.19)	(-2.91)	(-2.57)	(-3.29)
Family × KZ	-0.047	-0.114	-0.053*	-0.068**	-0.001	-0.002**
	(-0.37)	(-0.88)	(-1.85)	(-2.53)	(-1.05)	(-2.21)
Fin1	0.093***	0.073***	0.018***	0.014***	0.001***	0.000***
	(5.31)	(4.22)	(4.47)	(3.76)	(3.21)	(2.66)
Family × KZ × Fin1	0.003	0.011	0.003	0.006*	0.000	0.000**
	(0.23)	(0.77)	(0.94)	(1.94)	(0.69)	(2.11)
Size	1.001***	0.972***	0.159***	0.147***	0.009***	0.008***
	(21.11)	(20.88)	(18.75)	(19.17)	(20.16)	(22.16)
Lev	-2.749***	-2.714***	-0.569***	-0.545***	-0.022***	-0.021***
	(-8.97)	(-8.98)	(-9.31)	(-9.75)	(-8.31)	(-9.13)
Roa	18.547***	18.073***	2.459***	2.049***	0.152***	0.131***
	(16.97)	(17.07)	(18.43)	(17.27)	(22.45)	(21.66)
Growth	-0.053	-0.023	-0.001	-0.005	-0.001	-0.001
	(-0.68)	(-0.30)	(-0.09)	(-0.31)	(-1.33)	(-1.49)
Ncfps	-0.018	-0.014	-0.019	-0.019	0.000	0.000
	(-0.24)	(-0.20)	(-1.39)	(-1.55)	(0.24)	(0.04)
Bdsize	0.045**	0.051***	0.009**	0.011***	0.000**	0.000**
	(2.36)	(2.72)	(2.21)	(2.88)	(2.02)	(2.46)
Idpratio	-1.904***	-1.815**	-0.314*	-0.282*	-0.008	-0.011*
	(-2.58)	(-2.48)	(-1.82)	(-1.83)	(-1.09)	(-1.86)
Year/Ind	控制	控制	控制	控制	控制	控制
Constant	-20.503***	-19.880***	-3.117***	-2.860***	-0.176***	-0.159***
	(-20.68)	(-20.36)	(-16.79)	(-17.04)	(-19.30)	(-21.46)
Pseudo R^2	0.333	0.326	0.203	0.222	-0.317	-0.325
F/Chi2	1 032.44	1 031.73	47.07	47.62	41.28	43.05
N	5 620	5 620	5 620	5 620	5 620	5 620

注:***、**、* 分别表示显著性水平为 1%、5%、10%(双尾);T 检验值经 White(1980)异方差调整。

表 7-16 家族控制、融资约束（Size）与公司股利政策：金融发展的作用

	Logistic 回归		Tobit 回归		Tobit 回归	
	Dumdiv	Cdumdiv	Payout	Cpayout	Dyield	Cdyield
	模型1	模型2	模型3	模型4	模型5	模型6
Family	-5.209** (-2.45)	-5.358** (-2.55)	-1.826*** (-4.47)	-1.453*** (-3.96)	-0.059*** (-3.27)	-0.048*** (-3.07)
Size	0.902*** (18.79)	0.878*** (18.57)	0.137*** (15.55)	0.130*** (16.28)	0.008*** (18.40)	0.007*** (19.78)
Family × Size	0.203** (2.01)	0.202** (2.02)	0.075*** (3.80)	0.054*** (3.05)	0.002*** (2.64)	0.002** (2.17)
Fin1	0.088*** (4.90)	0.066*** (3.71)	0.018*** (4.23)	0.013*** (3.21)	0.000*** (2.67)	0.000* (1.88)
Family × Size × Fin1	0.003* (1.94)	0.004*** (2.67)	0.001** (2.13)	0.001*** (3.41)	0.000*** (2.57)	0.000*** (4.14)
Lev	-3.520*** (-17.30)	-3.503*** (-17.34)	-0.737*** (-16.93)	-0.721*** (-17.69)	-0.029*** (-15.70)	-0.028*** (-17.64)
Roa	19.307*** (17.83)	18.829*** (17.96)	2.635*** (20.43)	2.203*** (19.34)	0.161*** (23.72)	0.138*** (23.23)
Growth	0.005 (0.06)	0.031 (0.43)	0.012 (0.76)	0.008 (0.57)	-0.000 (-0.35)	-0.000 (-0.48)
Ncfps	0.174*** (3.07)	0.178*** (3.14)	0.015 (1.34)	0.018* (1.76)	0.002*** (3.09)	0.002*** (3.57)
Bdsize	0.049*** (2.75)	0.056*** (3.13)	0.011*** (2.92)	0.012*** (3.41)	0.000*** (2.81)	0.000*** (3.14)
Idpratio	-1.612** (-2.32)	-1.502** (-2.18)	-0.220 (-1.34)	-0.190 (-1.30)	-0.006 (-0.82)	-0.008 (-1.37)
Year/Ind	控制	控制	控制	控制	控制	控制
Constant	-18.533*** (-18.54)	-17.971*** (-18.24)	-2.706*** (-14.27)	-2.532*** (-14.81)	-0.161*** (-17.91)	-0.146*** (-19.46)
Pseudo R^2	0.338	0.331	0.208	0.225	-0.339	-0.342
F/Chi2	1118.94	1119.74	53.70	54.43	44.17	48.68
N	6219	6219	6219	6219	6219	6219

注：***、**、* 分别表示显著性水平为1%、5%、10%（双尾）；T检验值经White(1980)异方差调整。

表 7-17 家族控制、融资约束(KZ)与公司股利政策:金融生态环境的作用

	Logistic 回归		Tobit 回归		Tobit 回归	
	Dumdiv	Cdumdiv	Payout	Cpayout	Dyield	Cdyield
	模型 1	模型 2	模型 3	模型 4	模型 5	模型 6
Family	-0.297**	-0.268**	-0.041	-0.061***	-0.001	-0.002**
	(-2.45)	(-2.23)	(-1.64)	(-2.68)	(-1.10)	(-2.50)
KZ	-0.118***	-0.119***	-0.016**	-0.020***	-0.001**	-0.001***
	(-2.72)	(-2.79)	(-2.10)	(-2.83)	(-2.52)	(-3.24)
Family × KZ	-0.183*	-0.236**	-0.068***	-0.075***	-0.003**	-0.003***
	(-1.74)	(-2.19)	(-2.94)	(-3.42)	(-2.42)	(-3.42)
Fin2	0.942***	0.647***	0.179***	0.130***	0.004**	0.003*
	(4.78)	(3.30)	(4.13)	(3.34)	(2.52)	(1.73)
Family × KZ × Fin2	0.282*	0.368**	0.067*	0.091***	0.003**	0.005***
	(1.76)	(2.27)	(1.87)	(2.74)	(2.20)	(3.48)
Size	0.987***	0.962***	0.156***	0.145***	0.008***	0.008***
	(20.64)	(20.51)	(18.20)	(18.70)	(19.88)	(21.85)
Lev	-2.725***	-2.692***	-0.561***	-0.541***	-0.022***	-0.021***
	(-8.96)	(-8.96)	(-9.21)	(-9.70)	(-8.26)	(-9.10)
Roa	18.584***	18.125***	2.467***	2.056***	0.153***	0.132***
	(16.91)	(17.03)	(18.52)	(17.34)	(22.49)	(21.67)
Growth	-0.054	-0.027	-0.002	-0.006	-0.001	-0.001
	(-0.69)	(-0.35)	(-0.13)	(-0.37)	(-1.35)	(-1.54)
Ncfps	-0.009	-0.010	-0.018	-0.017	0.000	0.000
	(-0.12)	(-0.13)	(-1.28)	(-1.42)	(0.30)	(0.12)
Bdsize	0.048**	0.054***	0.009**	0.011***	0.000**	0.000**
	(2.52)	(2.84)	(2.28)	(2.93)	(2.10)	(2.53)
Idpratio	-1.771**	-1.674**	-0.281	-0.246	-0.007	-0.010
	(-2.38)	(-2.28)	(-1.63)	(-1.60)	(-0.93)	(-1.64)
Year/Ind	控制	控制	控制	控制	控制	控制
Constant	-20.128***	-19.569***	-3.033***	-2.797***	-0.174***	-0.157***
	(-20.32)	(-20.05)	(-16.31)	(-16.63)	(-19.08)	(-21.20)
Pseudo R^2	0.332	0.325	0.202	0.221	-0.314	-0.322
F/Chi2	1 046.10	1 039.45	46.94	47.54	40.88	42.68
N	5 585	5 585	5 585	5 585	5 585	5 585

注:***、**、* 分别表示显著性水平为 1%、5%、10%(双尾);T 检验值经 White(1980)异方差调整。

表 7-18 家族控制、融资约束(Size)与公司股利政策:金融生态环境的作用

	Logistic 回归		Tobit 回归		Tobit 回归	
	Dumdiv	Cdumdiv	Payout	Cpayout	Dyield	Cdyield
	模型1	模型2	模型3	模型4	模型5	模型6
Family	-5.414** (-2.55)	-5.503*** (-2.62)	-1.845*** (-4.53)	-1.460*** (-3.99)	-0.059*** (-3.30)	-0.047*** (-3.07)
Size	0.883*** (18.21)	0.863*** (18.06)	0.133*** (14.87)	0.127*** (15.70)	0.008*** (17.92)	0.007*** (19.36)
Family×Size	0.218** (2.17)	0.215** (2.17)	0.077*** (3.93)	0.055*** (3.16)	0.002*** (2.74)	0.002** (2.23)
Fin2	1.057*** (5.42)	0.750*** (3.86)	0.203*** (4.55)	0.137*** (3.44)	0.005*** (2.69)	0.002 (1.56)
Family×Size×Fin2	0.039** (2.06)	0.053*** (2.79)	0.011** (2.53)	0.016*** (4.04)	0.001*** (3.01)	0.001*** (4.96)
Lev	-3.470*** (-17.10)	-3.462*** (-17.18)	-0.726*** (-16.62)	-0.713*** (-17.44)	-0.029*** (-15.51)	-0.028*** (-17.46)
Roa	19.307*** (17.79)	18.841*** (17.94)	2.644*** (20.58)	2.212*** (19.46)	0.161*** (23.87)	0.138*** (23.29)
Growth	-0.001 (-0.01)	0.024 (0.33)	0.010 (0.64)	0.006 (0.41)	-0.000 (-0.45)	-0.000 (-0.65)
Ncfps	0.178*** (3.16)	0.180*** (3.19)	0.016 (1.44)	0.019* (1.86)	0.002*** (3.14)	0.002*** (3.62)
Bdsize	0.054*** (2.98)	0.059*** (3.31)	0.012*** (3.06)	0.013*** (3.55)	0.000*** (2.94)	0.000*** (3.29)
Idpratio	-1.499** (-2.15)	-1.395** (-2.02)	-0.192 (-1.17)	-0.164 (-1.13)	-0.005 (-0.71)	-0.007 (-1.24)
Year/Ind	控制	控制	控制	控制	控制	控制
Constant	-18.138*** (-18.09)	-17.647*** (-17.84)	-2.610*** (-13.69)	-2.460*** (-14.33)	-0.158*** (-17.54)	-0.144*** (-19.10)
Pseudo R^2	0.337	0.330	0.207	0.225	-0.335	-0.339
F/Chi2	1141.95	1136.98	53.89	54.70	43.87	48.54
N	6182	6182	6182	6182	6182	6182

注:***、**、*分别表示显著性水平为1%、5%、10%(双尾);T检验值经White(1980)异方差调整。

综观各表,与第四章实证结果一致,Family×KZ 在各回归模型中大多显著为负,而 Family×Size 显著为正,说明家族公司在面临融资约束时更不愿意进行股利支付,而在融资约束得到放松时具有更积极的股利分配政策。在这里,我们主要关注 Family×KZ×Fin1、Family×Size×Fin1、

Family×KZ×Fin2、Family×Size×Fin2 等四个变量。除了 Family×KZ×Fin1 在表 7-15 中仅有部分模型显著为正外,其余三个变量在各回归模型中都在 10% 的水平上显著为正。这意味着,在金融市场较为发达的地区,家族公司即便面临融资约束时也更愿意进行股利发放。换言之,良好的外部金融环境的确可以较好地缓解家族上市公司的融资约束问题,从而给家族上市公司股利政策带来显著的正向影响。因此,本章的假设 7-3c 得到了验证。

概言之,上述一系列实证研究显示,良好的外部治理环境可以给家族上市公司的股利政策产生显著的正向影响,其传导途径包括市场化、法律环境以及金融发展等三个维度。具体而言,良好的市场化进程在一定程度上替代了家族控制的"利益协同效应",良好的法治约束则削弱了家族控制的"壕沟效应",而良好的金融发展则明显放松了家族上市公司面临的融资约束问题,这三种机制都对家族上市公司股利政策产生了显著的正向影响。

(三) 对本章实证结果的小结

总结前文中对家族控制、治理环境与公司股利政策相互关系的实证结果,显然本章的假设 7-1、假设 7-2 都得到了检验,而假设 7-3 也基本得到了支持。上述发现,可以说是本章的三个主要贡献。

第一,本章拓展了 La Porta et al. 的跨国比较研究,从更微观的视角考察了外部治理环境对公司行为的影响。La Porta et al.(1997,1998,2000)发现,国与国之间的制度安排差异会对公司行为产生重要影响。La Porta et al.(2000)对不同法源国家的跨国比较研究证实,较高的股利发放水平是强有力的投资者法律保护的"结果"。本章则实证发现,在相同法源的一国之内,各地区治理环境的差异也会对上市公司股利政策产生重要影响,治理环境较好地区的上市公司股利支付意愿和支付水平较高。可以说,本章从更微观的视角印证了 La Porta et al.(2000)的"结果模型"。同时,本章也进一步丰富了"结果模型"的内涵,因为我们发现在中国这样一个"新兴加转型"的发展中国家中,除法律环境之外,更广泛的外部治理环境(如市场化水平、金融发展)会对上市公司行为产生影响。

第二,现有研究通常割裂了不同公司治理机制之间可能存在的有机联系,本章将家族控制与治理环境这两种内、外部公司治理机制纳入统一的分析框架来探讨其对上市公司股利政策的影响,有助于加深对不同公司治理机制之间存在相互作用的理解。本章发现,在良好的外部治理环境中,家族上市公司具有更为积极的股利政策。这在一定程度上表明,外部治理环境的改善有助于提高内部治理机制的效率,从而证实了内、外部公司治理机制之间存在动态的相互作用关系。笔者认为,中国作为"新兴加转型"的发展中国家,虽然面临市场化水平较低、法律体系尚不健全且执法效率不高、金融市场还不发达等问题,但是在不断深化改革、持续完善的过程中,良好的外部治理环境已渐渐开始发挥积极的治理效应,成为规范上市公司行为和推动资本市场健康发展的强大动力。

第三,本章首次探索了治理环境影响家族上市公司股利政策的内在机制,或者说治理环境在哪些方面发挥了治理效应。为什么在良好的外部治理环境中,家族上市公司更愿意进行股利支付?根据本章的实证结果,治理环境中的市场化进程、法律环境、金融发展三个维度都扮演了关键角色。其一,良好的市场化环境发挥了一定的激励和约束机制,并在一定程度上替代了家族控制的"利益协同效应",进而推动家族上市公司将自由现金流以股利分配的方式回报股东。其二,良好的法律环境可以缓解家族控制的"壕沟效应",尤其是削弱了家族控制加剧第一类代理冲突的负面作用,从而对家族上市公司股利政策产生了积极的正向影响。其三,金融发展为降低家族上市公司的融资约束提供了动力支持,由于具有更广泛的渠道获取外部融资,家族上市公司将更愿意降低用于内部融资的净利润留存比例,将经营成果以股利支付的方式与外部股东分享。

第四节 本章小结

本章围绕家族控制、治理环境与公司股利政策的关系进行了较为深入的研究。以2004—2008年度A股市场6321个上市公司年度观察值为样本,本章主要考察了三个问题:第一,外部治理环境是否影响公司股利政策?本章的研究发现,在我国,外部治理环境的确会对上市公司行为产生重要影响,在良好的外部治理环境下上市公司总体而言具有显著更高的股利(现金股利)支付意愿和支付水平。第二,外部治理环境是否会影响家族上市公司的股利政策？实证结果表明,治理环境会对家族上市公司股利政策产生积极的影响,在较为完善的治理环境下家族上市公司具有显著更高的股利(现金股利)支付意愿和支付水平。第三,外部治理环境通过哪些机制影响家族公司的股利政策？研究显示,市场化、法律环境和金融发展都是外部环境发挥治理效应的主要途径。其中,市场化进程在一定程度上替代了家族控制的"利益协同效应",良好的法治约束则削弱了家族控制的"壕沟效应",而金融发展则放松了家族上市公司面临的融资约束,这三种机制都对家族上市公司的股利政策产生了显著的正向影响。为了更清晰地梳理本章的研究发现,笔者将相关实证结果汇总于表7-19。

表7-19 本章实证结果汇总

分类	研究假设	研究假设描述	实证结果
外部治理环境与公司股利政策	7-1	在良好的外部治理环境下,上市公司的股利支付意愿和支付水平较高	支持
	7-1a	市场化水平越高,上市公司的股利支付意愿和支付水平越高	支持
	7-1b	法律环境越好,上市公司的股利支付意愿和支付水平越高	支持
	7-1c	金融发展水平越高,上市公司的股利支付意愿和支付水平越高	支持
家族控制、外部治理环境与公司股利政策	7-2	良好的外部治理环境将给家族上市公司的支付意愿和支付水平带来显著的正向影响	支持
	7-2a	市场化水平越高,家族上市公司的股利支付意愿和支付水平越高	支持
	7-2b	法律环境越好,家族上市公司的股利支付意愿和支付水平越高	支持
	7-2c	金融发展水平越高,家族上市公司的股利支付意愿和支付水平越高	支持
家族控制、外部治理环境与公司股利政策:传导机制研究	7-3	外部治理环境在影响家族上市公司股利政策的过程中发挥了公司治理效应	支持
	7-3a	市场化水平越高,越有可能替代家族控制的"利益协同效应",从而家族上市公司的股利支付意愿和支付水平越高	支持
	7-3b	法律环境越好,越有助于削弱家族控制的"掏空效应"和"壕沟效应",从而家族上市公司的股利支付意愿和支付水平越高	部分支持
	7-3c	金融发展水平越高,越有助于减轻家族公司的融资约束,从而家族上市公司的股利支付意愿和支付水平越高	支持

本章的重要研究意义在于：第一，通过探索外部环境作为一种广义的公司治理机制在发挥公司治理效应方面的作用，从更微观的视角拓展了 La Porta et al.（1997，1998，2000，2002）倡导的"法与金融"研究，并印证和丰富了 La Porta et al.（2000）提出的股利政策"结果模型"。第二，将家族控制与治理环境这两种内、外部公司治理机制纳入统一的分析框架来探讨其对上市公司股利政策的影响，证实了内、外部公司治理机制之间并不是相互割裂的，而是存在重要的相互作用关系。第三，首次探索了治理环境影响家族上市公司股利政策的内在机制，或者说治理环境在哪些方面发挥了治理效应。研究证实，市场化、法律环境和金融发展都是外部环境发挥治理效应的主要途径。

本章的实证结果具有一定的政策意义：首先，外部环境可以发挥积极的治理效应，因此对进一步推动我国市场化进程、完善法律法规并强化法律执行、加快金融发展具有重要意义，尤其是发展相对滞后的地区更是如此。其次，推进市场化进程尤其是发展和改善金融环境，是缓解民营企业融资约束的一把利器。因此，为民营企业创造更佳的外部环境无疑是政府部门责无旁贷的重要任务。

第八章 研究结论、研究启示与未来的研究方向

本章将对本书的研究进行总结,具体结构安排如下:第一节概述本书的主要研究结论;第二节围绕本书发现提炼相关启示并进一步提出政策建议;第三节剖析本书研究过程中可能存在的不足以及未来可进一步深入研究的方向。

第一节 研究结论

本书借鉴国内外文献并深入结合相关制度背景,以我国 A 股市场 2004—2008 年上市公司为研究样本,首次较为系统地研究了我国家族上市公司股利政策的相关问题。在全面整理我国家族上市公司发展现状的基础上,本书研究了家族控制以及家族控制权特征对于上市公司股利政策的影响,探索了家族上市公司相比非家族上市公司具有相对消极股利政策的动因,考察了异质性机构投资者对于家族上市公司股利政策的影响,最后检验了外部治理环境在家

族控制与公司股利政策两者关系中所发挥的作用及其传导机制。本书得到如下重要研究结论:

第一,家族上市公司在我国资本市场中广泛存在而且仍在不断发展壮大,并在行业与地域分布、控制权结构、公司特征与内部治理结构方面特征明显。

本书的描述性统计与分析显示:(1)近年来我国家族上市公司数量和占比都呈逐年递增趋势,截至2008年年底,A股市场中家族上市公司有523家,约占上市公司总数的三分之一强。(2)家族上市公司在行业分布上主要群聚于传统的制造业(如机械、设备、仪表,石油、化学、塑胶、塑料,医药、生物制品等)以及信息技术业、批发和零售业、房地产业等一些新兴行业,在地域上主要分布于经济较发达的东南沿海地区(如广东省、浙江省、江苏省等)。(3)在家族控制权结构方面,家族上市公司的两权分离程度较大——家族股东平均通过27.35%的所有权控制了上市公司约35.32%的投票权,两权分离程度约为0.77。值得注意的是,家族上市公司参与公司管理的比例较高,约有67%—75%的家族上市公司是由家族成员担任高管。(4)家族上市公司与非家族上市公司在内部治理结构方面存在系统性差异,而不同类型的家族上市公司之间也在控制权特征、内部治理结构方面存在系统性差异。

第二,相比非家族上市公司,家族上市公司具有相对消极的股利政策,而家族控制权特征会对家族上市公司股利政策产生影响。

本书的实证研究结果显示:(1)家族控制对上市公司股利政策具有显著的负向影响。家族上市公司相比非家族上市公司具有更为消极的股利政策,平均而言,非家族上市公司的股利(现金股利)支付意愿与支付水平约比家族上市公司高50%。(2)家族控制权特征显著影响家族上市公司股利政策。在家族上市公司子样本中,家族影响力(家族管理、控制程度)以及家族控制权结构(控制权取得途径、控制方式、控制层级、控制链数量)对公司股利政策具有显著影响;而家族终极控制权(所有权、控制权、两权分离程度)对公司股利政策的影响并不是很明显。

第三,代理理论与融资约束假说相结合为厘清家族上市公司股利政策的动因提供了相对完整、合理的解释。

本书基于代理理论、税收理论、融资约束三个视角对家族上市公司相对消极股利政策的动因进行了考察,研究发现:(1)基于资金占用的视角,家族控制并没有加剧第二类代理冲突;(2)家族控制加剧了第一类代理冲突对公司股利政策的负向影响,扮演了"壕沟效应"的角色;(3)家族控制也可能增强自由现金流与公司股利政策的敏感性,从而发挥"利益协同效应";(4)家族终极控制权特征在很大程度上决定了家族控制究竟是发挥"壕沟效应"还是"利益协同效应",并导致家族上市公司之间股利政策存在巨大的差异;(5)股利税并不是家族上市公司决定股利政策的重要因素,在股利税调整的背景下,家族上市公司股利政策与非家族上市公司、所有权比例不同的家族上市公司之间并不存在明显差异;(6)融资约束对公司股利政策具有显著负向影响,且融资约束增强了家族上市公司更不愿意进行股利发放的程度。上述结论在三大假说进入同一回归模型时,亦然成立。综合来看,代理理论与融资约束相结合可以很好地解释"家族上市公司相对消极股利政策之谜"。

第四,机构投资者作为一种内部公司治理机制会显著影响公司股利政策,也会根据公司股利政策来构建投资组合,进一步地,各类机构投资者对于上市公司股利政策的偏好和影响总体而言不存在明显异质性,但在推动家族上市公司股利分配方面存在一定的异质性。

本书考察了机构投资者作为一种内部公司治理机制对于家族上市公司股利政策的影响,研究显示:(1)机构投资者对上市公司股利决策具有重要的影响,上一期机构投资者持股比例对当期股利政策具有显著的正向影响,而且各类机构投资者的影响总体而言并不存在明显差异;(2)机构投资者会根据公司股利政策构建投资组合,上一期股利政策对当期机构投资者持股比例具有显著的正向影响,而且不同类型的机构投资者大多偏好持有分红意愿和分红水平较高公司的股权;(3)较高的机构投资者持股比例有助于推动家族上市公司提高分红意愿和分红水平,但在各类机构投资者中只有证券投资基金和社保基金的影响是显著的,显示机构投资者在对家族上市公司股利政策的影响方面存在一定的异质性。

第五,外部治理环境(市场化、法律环境以及金融发展)作为外部公司治理机制会显著影响上市公司股利政策,良好的外部治理环境有助于推动家族上市公司提高分红意愿和分红水平。其中,市场化对家族控制"利益协同效应"的替代、法律环境对家族控制"壕沟效应"的削弱,以及

金融发展对家族上市公司融资约束的放松可能是治理环境影响家族上市公司股利政策的传导机制。

本书检验了外部环境作为外部公司治理机制对于家族上市公司股利政策的影响,实证发现:(1)外部治理环境显著影响上市公司股利政策,在良好的外部治理环境下上市公司更为积极的股利政策,印证和丰富了 La Porta et al. (2000)提出的股利政策"结果模型";(2)治理环境会对家族上市公司股利政策产生积极的影响,在较为完善的治理环境下家族上市公司具有显著更高的股利(现金股利)支付意愿和支付水平,证实内、外部公司治理机制之间存在密切联系;(3)市场化、法律环境以及金融发展都是外部环境发挥治理效应的主要途径,其中,市场化在一定程度上替代了家族控制的"利益协同效应",良好的法律环境则削弱了家族控制的"壕沟效应",而金融发展则放松了家族上市公司面临的融资约束,这三种机制都对家族上市公司股利政策产生了显著的正向影响。

第二节 研究启示和政策建议

本书基于财务学视角首次较为系统地研究了中国家族上市公司的股利分配行为、潜藏的深层次动因,并进一步从机构投资者与外部环境等内、外部公司治理的视角深入挖掘了影响家族上市公司股利政策的因素。本书的研究结论对于完善家族上市公司分红行为、改进家族上市公司治理以及推动我国资本市场的稳定和健康发展具有一定的借鉴意义。概括而言,主要有以下几点启示和政策建议。

一、对家族上市公司的启示和政策建议

第一,家族上市公司应不断强化分红意识,建立科学合理的股利分配制度。就我国证券市场而言,家族上市公司相对较低的分红意愿和分红水平从长远来看可能并不是一种合理现象。家族上市公司应树立积极分红回报股东的理念,因为只有切实回报投资者的公司才能最终得到市场的认可。

第二,家族上市公司应不断完善公司治理结构,这是完善家族上市公司股利分配机制的必要措施。譬如,可以积极引进多元持股主体如机构投资者,提高独立董事的监督效果,提高公司治理效率。

第三,家族上市公司还应积极利用外部环境为公司发展服务。随着我国市场经济的不断发展、法律制度的不断健全和完善、金融市场的日益繁荣,家族上市公司应积极寻找外部环境改善所提供的各种机会,不断拓宽融资渠道,获取更多的有利政策和资源支持。

二、对政府机构、证券监管部门的启示和政策建议

随着我国民营经济的不断成长崛起以及家族上市公司的日益发展壮大,如何更好地引导和推动非公有制经济为社会主义建设服务,已成为政府机构和证券监管部门不可推卸的责任。

第一,在公司层面上,监管部门应积极引导、规范上市公司尤其是家族上市公司的分红行为,推动上市公司建立科学、合理的利润分配管理机制,让分红在不影响公司发展的同时实实在在地回报股东。

第二,在市场层面上,监管部门要积极引导上市公司尤其是家族上市公司进一步改善公司治理机制。譬如,应大力发展理性、成熟的机构投资者队伍,积极发挥机构投资者在维护资本市场稳定、提高公司治理效率方面的作用。只有不断推动上市公司完善治理机构,在股利政策等方面切实保护中小投资者利益,才能真正促进资本市场的健康和稳定发展。

第三,在制度层面上,政府机构和监管部门应不断完善外部环境,从而为上市公司尤其是家族上市公司的健康成长和发展创造条件。譬如,进一步推动市场化进程、完善法律法规并强化法律执行、加快金融发展,尤其是对于发展相对滞后的地区而言更是如此。此外,政府机构和监管部门还应注意为家族企业或者说更为广泛的民营企业创造公平的竞争环境,积极发展多层次资本市场,在行业准入、直接与间接融资渠道等方面给予民营企业和国有企业平等的待遇,为推动民营经济的进一步发展提供政策支持和制度保障。

第三节 研究局限性和未来的研究方向

家族企业研究是一个方兴未艾的研究领域,以往国内外财务学者对于家族控制这一问题缺乏足够关注,基于财务学视角对家族上市公司进行的系统研究更是寥寥可数。股利政策研究则是财务学领域一个历久弥新的经典课题,"股利之谜"迄今仍吸引着无数学者执著探索。这两个研究领域博大精深,文献浩如烟海,绝非本书所能一一概括的。笔者基于财务学视角较为系统地研究了中国家族上市公司的股利分配行为,试图将这两个研究领域尝试性地进行结合研究,虽力求完善,但仍存在以下不足:

第一,家族企业的界定仍是值得商榷的理论难题。西方谚语有云:"一千个读者就有一千个哈姆雷特。"虽然学术研究追求科学严谨,然而围绕家族企业的定义,学者们似乎仍是百家争鸣、莫衷一是。本书基于我国的现实背景,以家族控制来界定家族上市公司,并试图采用不同的定义进行稳健性测试,但是否能够真正从本质上衡量和反映家族上市公司,还有待于进一步的实践检验。事实上,更为科学、合理地界定家族企业并形成较为一致的共识,也是学界今后值得研究的课题。

第二,本书从代理理论、税收理论以及融资约束三个视角研究家族上市公司的股利政策动因,但仍有许多亟待深入之处。譬如,本书仅检验了上述三类动因,但并不能排除其他可能存在的因素。如家族上市公司股利分配水平较低,可能是家族控股股东因为存在风险规避偏好或是掌握控制权的需要而倾向于内部融资,并不一定是外部融资约束所致。进一步地,在不同情境下,家族上市公司的股利政策动因是否不同、哪类动因占据主导地位,仍是未来研究的一个重要方向。

第三,在某些代理变量的选择上仍需进一步努力。譬如,在第五章研究家族上市公司股利政策动因时,理论上很难直接度量家族控制的"掏空效应""利益协同效应"和"壕沟效应",本书选择了较为间接的检验方法和代理变量。在第七章中,笔者借鉴国内外文献选取世界银行研究报告的相关指数作为执法效率的代理变量,囿于数据的可获得性很难找到其他更好的代理变量进行稳健性测试。在以后的研究中,应力图寻找其他噪音更小、更为合适的相关代理变量。

第四,本书围绕家族上市公司与非家族上市公司在股利支付意愿与支付水平方面的差异进行了深入探讨,而没有对其他的股利政策特征进行考察,如股利支付形式、股利政策的稳定性、股利政策与公司业绩的联系等,未来的研究可以进一步针对这些问题展开系统研究。

第五,本书仅从经典的股利政策视角对家族上市公司行为进行了探讨,未来可从更广泛的视角进行家族企业研究。在我国家族上市公司蓬勃发展、不断崛起的经济大背景下,已有的家族企业理论与实证研究愈发显得贫瘠和单薄。未来可基于其他的财务学视角(如资本结构、信息披露、盈余管理等)或者更为广泛的交叉学科视角(如经济学、管理学、社会学等)深入研究家族企业,为完善我国家族企业的公司治理、推进我国证券市场的健康发展提供理论基础与现实支持。

参考文献

一、中文文献

[1] 阿伦森,邢占军译. 社会性动物(第九版)[M]. 上海:华东师范大学出版社,2007.

[2] 彼得·德鲁克,赵干城译. 大变革时代的管理[M]. 上海:上海译文出版社,1999.

[3] 薄仙慧,吴联生. 国有控股与机构投资者的治理效应:盈余管理视角[J]. 经济研究,2009(2):81—91.

[4] 曹德骏. 家族企业研究的几个理论问题[J]. 财经科学,2002(6):55—60.

[5] 曹媛媛,冯东辉. 我国上市公司股利政策的信息内涵:基于股利政策稳定性的实证研究[J]. 系统工程,2004(2):33—37.

[6] 陈斌,佘坚,王晓津,赖建清. 我国民营上市公司发展实证研究[J]. 证券市场导报,2008(4):42—47.

[7] 陈浪南,姚正春. 我国股利政策信号传递作用的实证研究[J]. 金融研究,2000(10):69—77.

[8] 陈晓,陈小悦,倪凡. 我国上市公司首次股利信号传递效应的实证研究[J]. 经济科学,1998(5):45—52.

[9] 陈信元,陈东华,时旭. 公司治理与现金股利:基于佛山照明的案例研究[J]. 管理世界,2003(8):118—126.

[10] 程新生,李海萍,罗艳梅,杜娉.公司财务信息失真促成了独立董事制度变化吗?[J].中国会计评论,2009(1):87—96.

[11] 储小平.家族企业研究:一个具有现代意义的话题[J].中国社会科学,2000(5):51—58.

[12] 储小平.华人家族企业的界定[J].经济理论与经济管理,2004(1):49—53.

[13] 邓建平,曾勇.上市公司家族控制与股利决策研究[J].管理世界,2005(7):139—147.

[14] 邓建平,曾勇,何佳.利益获取:股利共享还是资金独占?[J].经济研究,2007(4):112—123.

[15] 邓召明,范伟.我国证券市场融资效率实证研究[J].国际金融研究,2001(10):60—64.

[16] 高雷,宋顺林.公司治理与公司透明度[J].金融研究,2007(11):28—44.

[17] 高雷,张杰.公司治理、资金占用与盈余管理[J].金融研究,2009(5):121—140.

[18] 樊纲,王小鲁,朱恒鹏.中国市场化指数——各地区市场化相对进程2006年报告[M].北京:经济科学出版社,2007.

[19] 范海峰,胡玉明,石水平.机构投资者异质性、公司治理与公司价值——来自中国证券市场的实证证据[J].证券市场导报,2009(7):45—51.

[20] 冯根福.双重委托代理理论:上市公司治理的另一种分析框架[J].经济研究,2004(12):16—25.

[21] 龚慧云.行为股利政策研究:一个文献综述[J].上海金融,2009(9):57—61.

[22] 谷祺,邓德强,路倩.现金流权与控制权分离下的公司价值——基于我国家族上市公司的实证研究[J].会计研究,2006(4):30—36.

[23] 哈罗德·詹姆斯,暴永宁译.家族企业[M].上海:生活·读书·新知三联书店,2008.

[24] 何佳,何基报,王霞,翟伟丽.机构投资者一定能够稳定股市吗?——来自中国的经验证据[J].管理世界,2007(8):35—42.

[25] 贺志锋.论家族企业的定义[J].当代财经,2004(6):57—61.

[26] 胡勤勤,沈艺峰.独立外部董事能否提高上市公司的经营业绩[J].世界经济,2002(7):55—62.

[27] 胡旭阳,吴秋瑾.基金持股与公司股利政策——来自中国股票市场的经验证据[J].中国会计与财务研究,2004(3):1—30.

[28] 胡志斌.家族股:中外家族控制上市公司比较[J].新财富,2002(8).

[29] 黄娟娟,沈艺峰.上市公司的股利政策究竟迎合了谁的需要——来自中国上市

公司的经验数据[J]. 会计研究, 2007(8): 36—43.

[30] 黄娟娟. 行为股利政策——基于我国上市公司股利"群聚"现象的研究[D]. 厦门大学博士学位论文, 2009.

[31] 黄孟复. 中国民营经济发展报告 No. 4(2006—2007)[M]. 北京: 社会科学文献出版社, 2007.

[32] 黄孟复. 中国民营经济发展报告 No. 6(2008—2009)[M]. 北京: 社会科学文献出版社, 2009.

[33] 蒋东生. 内部人控制与公司的股利政策——基于宇通客车的案例分析[J]. 管理世界, 2009(4): 177—179.

[34] 姜国华, 岳衡. 大股东占用上市公司资金与上市公司未来回报关系的研究[J]. 管理世界, 2005(9): 119—126.

[35] 孔小文, 于笑坤. 上市公司股利政策信号传递效应的实证分析[J]. 管理世界, 2003(6): 114—118.

[36] 雷丁, 张遵敬译. 海外华人企业家的管理思想——文化背景与风格[M]. 上海: 生活·读书·新知三联书店, 1993.

[37] 雷光勇, 刘慧龙. 市场化进程、最终控制人性质与现金股利行为——来自中国A股公司的经验证据[J]. 管理世界, 2007(7): 120—128.

[38] 李常青. 当代股利政策理论发展的综合性评述与股利信号理论的实证研究[D]. 厦门大学博士学位论文, 1999.

[39] 李常青. 我国上市公司股利政策影响因素分析[J]. 中国工业经济, 1999(9): 22—26.

[40] 李常青. 股利政策理论与实证研究[M]. 北京: 中国人民大学出版社, 2001.

[41] 李常青. 西方现代股利政策理论的演进与评价[J]. 财会通讯, 2004(6): 59—61.

[42] 李常青, 赖建清. 董事会特征影响公司绩效吗?[J]. 金融研究, 2004(5): 64—77.

[43] 李常青, 彭锋. 现金股利研究的新视角: 基于企业生命周期理论[J]. 财经理论与实践, 2009(5): 67—73.

[44] 李常青, 沈艺峰. 沪、深上市公司股利政策信息内涵的实证研究[J]. 中国经济问题, 2001(5): 43—52.

[45] 李常青, 魏志华, 吴世农. 半强制分红政策的市场反应研究[J]. 经济研究, 2010(3): 144—155.

[46] 李常青, 张凤展, 王毅辉. 浅议股利迎合理论[J]. 全国商情(经济理论研究), 2005(9): 15—17.

[47] 李海舰,魏恒.重构独立董事制度[J].中国工业经济,2006(4):88—97.
[48] 李腊生,李倩.股利分配政策信号的有效性探讨——基于我国上市公司分红效应的分析与验证[J].现代财经,2009(2):36—40.
[49] 李前兵.家族企业内涵的比较研究[J].商业研究,2006(3):10—12.
[50] 李新春.中国的家族制度与企业组织[J].中国社会科学季刊(香港),1998(3):109—120.
[51] 李扬,张涛.中国地区金融生态环境评价(2008—2009)[M].北京:中国金融出版社,2009.
[52] 李增泉,孙铮,王志伟."掏空"与所有权安排——来自我国上市公司大股东资金占用的经验证据[J].会计研究,2004(12):3—13.
[53] 李增泉,辛显刚,于旭辉.金融发展、债务融资约束与金字塔结构——来自民营企业集团的证据[J].管理世界,2008(1):123—135.
[54] 李卓,宋玉.股利政策、盈余持续性与信号显示[J].南开管理评论,2007(1):70—80.
[55] 廖理,万芳.股利政策代理理论的实证检验[J].南开管理评论,2005(5):55—62.
[56] 林海峰.股利政策中的代理分析[J].财会研究,2005(10):44—45.
[57] 林毅夫,蔡昉,李周.中国的奇迹:发展战略与经济改革[M].上海:上海人民出版社,1994,1999(增订版).
[58] 林毅夫,李志赟.政策性负担、道德风险与预算软约束[J].经济研究,2004(2):17—27.
[59] 刘峰,贺建刚.股权结构与大股东利益输送实现方式的选择——中国资本市场利益输送的初步研究[J].中国会计评论,2004(1):141—158.
[60] 刘峰,贺建刚,魏明海.控制权、业绩与利益输送——基于五粮液的案例研究[J].管理世界,2004(8):102—110.
[61] 刘伟,刘星.隧道行为与盈余管理——基于我国家族上市公司的实证研究[J].南方经济,2007(11):53—62.
[62] 卢峰,姚洋.金融压抑下的法治、金融发展和经济增长[J].中国社会科学,2004(1):42—55.
[63] 罗党论,甄丽明.民营控制、政治关系与企业融资约束——基于中国民营上市公司的经验证据[J].金融研究,2008(12):164—178.
[64] 吕长江,王克敏.上市公司资本结构、股利分配及管理股权比例相互作用机制研究[J].会计研究,2002(3):39—48.
[65] 吕长江,王克敏.上市公司股利政策的实证分析[J].经济研究,1999(12):

31—39.

[66] 吕长江,周县华. 公司治理结构与股利分配动机——基于代理成本和利益侵占的分析[J]. 南开管理评论,2005(3):9—17.

[67] 马曙光,黄志忠,薛云奎. 股权分置、资金侵占与上市公司现金股利政策[J]. 会计研究,2005(9):44—50.

[68] 潘必胜. 乡镇企业中的家族经营问题——兼论家族企业在中国的历史命运[J]. 中国农村观察,1998(1):12—18.

[69] 钱德勒·艾尔弗雷德,重武译. 看得见的手——美国企业的管理革命[M]. 北京:商务印书馆,1987.

[70] 饶育蕾,贺曦,李湘平. 股利折价与迎合:来自我国上市公司现金股利分配的证据[J]. 管理工程学报,2008(1):133—136.

[71] 上海证券交易所研究中心. 中国公司治理报告(2005):民营上市公司治理[M]. 上海:复旦大学出版社,2005.

[72] 沈艺峰,许年行,杨熠. 我国中小投资者法律保护历史实践的实证检验[J]. 经济研究,2004(9):90—100.

[73] 沈艺峰. 伯利-米恩斯命题:七十年重温(上)[J]. 中国经济问题,2005(6):37—46.

[74] 沈艺峰. 伯利-米恩斯命题:七十年重温(下)[J]. 中国经济问题,2006(1):39—47.

[75] 沈艺峰,沈洪涛. 公司财务理论主流[M]. 大连:东北财经大学出版社,2004.

[76] 宋力,韩亮亮. 大股东持股比例对代理成本影响的实证分析[J]. 南开管理评论,2005(1):30—34.

[77] 苏启林,朱文. 上市公司家族控制与企业价值[J]. 经济研究,2003(8):36—45.

[78] 孙铮,李增泉,王景斌. 所有权性质、会计信息与债务契约——来自我国上市公司的经验证据[J]. 管理世界,2006(10):100—107.

[79] 孙铮,刘凤委,李增泉. 市场化程度、政府干预与企业债务期限——来自我国上市公司的经验证据[J]. 经济研究,2005(5):52—63.

[80] 孙治本. 家族主义与现代台湾企业[J]. 社会学研究,1995(5):56—65.

[81] 王劲松,史晋川,李应春. 中国民营经济的产业结构演进——兼论民营经济与国有经济、外资经济的竞争关系[J]. 管理世界,2005(10):82—93.

[82] 王克敏,姬美光,李薇. 公司信息透明度与大股东资金占用研究[J]. 南开管理评论,2009(4):83—91.

[83] 王鹏. 投资者保护、代理成本与公司绩效[J]. 经济研究,2008(2):68—82.

[84] 王曼舒,齐寅峰.现金股利与投资者偏好的实证分析[J].经济问题探索,2005(12):65—71.

[85] 王宣喻,王陈佳.直接上市家族企业的行业分布、地区分布与治理结构特点[J].改革,2006(1):78—83.

[86] 王毅辉.我国上市公司股利政策研究——基于产权保护和公司治理视角的理论和实证研究[D].厦门大学博士学位论文,2009.

[87] 王志强.税收影响我国上市公司股利政策的实证研究[J].税务研究,2004(7):28—31.

[88] 魏刚.非对称信息下的股利政策[J].经济科学,2000(2):69—76.

[89] 魏志华,李常青.家族控制、法律环境与上市公司信息披露质量——来自深交所的证据[J].经济与管理研究,2009(8):95—102.

[90] 魏志华,李常青,曾爱民.家族控制、审计监督与公司治理——来自年报补充更正公告的经验证据[J].审计研究,2009(6):69—78.

[91] 魏志华,林亚清,黄寿峰.家族控制、金融发展与上市公司现金股利政策[J].投资研究,2012(8):45—59.

[92] 魏志华,林亚清,吴育辉,李常青.家族企业研究:一个文献计量分析[J].经济学(季刊),2013,13(1):27—56.

[93] 魏志华,吴育辉,李常青.家族控制、双重委托代理冲突与现金股利政策——基于中国上市公司的实证研究[J].金融研究,2012(7):168—181.

[94] 魏志华,吴育辉,李常青.机构投资者持股与中国上市公司现金股利政策[J].证券市场导报,2012(10):40—47.

[95] 翁洪波,吴世农.机构投资者、公司治理与上市公司股利政策[J].中国会计评论,2007(3):367—380.

[96] 吴锴,喻登科,肖振红.股息公告与自由现金流假说:理论与验证[J].经济与管理研究,2009(2):70—75.

[97] 吴晓晖,姜彦福.机构投资者治理效率研究[J].统计研究,2006(9):33—36.

[98] 武晓玲,狄跃强.我国上市公司现金股利政策研究[J].山西财经大学学报,2009(8):71—76.

[99] 吴育辉.股权分置改革后控股股东新的掏空行为研究[D].厦门大学博士学位论文,2010.

[100] 吴育辉.股权分置改革后控股股东新的掏空行为研究[M].北京:北京大学出版社,2013.

[101] 吴育辉,吴世农.股权集中、大股东掏空与管理层自利行为[J].管理科学学报,2011(8):34—44.

[102] 夏立军,方轶强. 政府控制、治理环境与公司价值——来自中国证券市场的经验证据[J]. 经济研究, 2005(5): 40—51.

[103] 肖珉. 自由现金流量、利益输送与现金股利[J]. 经济科学, 2005(2): 67—76.

[104] 萧维嘉,王正位,段芸. 大股东存在下的独立董事对公司业绩的影响——基于内生视角的审视[J]. 南开管理评论, 2009(2): 90—97.

[105] 谢德仁,陈运森. 金融生态环境、产权性质与负债的治理效应[J]. 经济研究, 2009(5): 118—129.

[106] 谢德仁,张高菊. 金融生态环境、负债的治理效应与债务重组:经验证据[J]. 会计研究, 2007(12): 43—50.

[107] 熊德华,刘力. 股利支付决策与迎合理论——基于中国上市公司的实证研究[J]. 经济科学, 2007(5): 89—99.

[108] 徐腊平. 企业股利分配具有生命周期特征吗?——基于中国上市公司的实证研究[J]. 南方经济, 2009(6): 51—60.

[109] 阎大颖. 中国上市公司首次股票股利信号传递有效性的实证研究[J]. 财贸研究, 2005(4): 53—61.

[110] 杨德明,王兵,王春丽. 翘起的竞技场:关系型合约与公司价值——来自民营上市公司的证据[Z]. 华南理工大学工作论文, 2009.

[111] 杨熠,沈艺峰. 现金股利传递盈利信号还是起监督治理作用[J]. 中国会计评论, 2004(1): 61—76.

[112] 姚明龙,王远军. 国外家族企业研究最新进展述评[J]. 浙江社会科学, 2004(6): 194—199.

[113] 姚瑶,逢咏梅. 家族控制与对价支付——一项基于中国家族上市公司的实证研究[J]. 南开管理评论, 2009(1): 40—48.

[114] 姚耀军,丕禅. 中国家族企业的本质及其产生和发展[J]. 南方经济, 2003(3): 49—51.

[115] 叶康涛,陆正飞,张志华. 独立董事能否抑制大股东的"掏空"?[J]. 经济研究, 2007(4): 101—111.

[116] 叶银华. 家族控股集团、核心企业与报酬互动之研究——台湾与香港证券市场之比较[J]. 管理评论(台湾), 1999, 18(2): 59—86.

[117] 应展宇. 股权分裂、激励问题与股利政策——中国股利之谜及其成因分析[J]. 管理世界, 2004(7): 108—126.

[118] 于东智. 董事会、公司治理与绩效——对中国上市公司的经验分析[J]. 中国社会科学, 2003(3): 29—41.

[119] 原红旗. 中国上市公司股利政策分析[J]. 财经研究, 2001(3): 33—41.

[120] 原红旗. 中国上市公司股利政策分析[M]. 北京：中国财政经济出版社, 2004.

[121] 岳衡. 大股东资金占用与审计师的监督[J]. 中国会计评论, 2006(1)：59—68.

[122] 曾亚敏, 张俊生. 股利所得税削减对权益资产价格的影响——以财税[2005]102为背景的事件研究[J]. 经济科学, 2005(6)：84—94.

[123] 张厚义, 明立志, 梁传运. 中国私营企业发展报告No. 3(2001)[M]. 北京：社会科学文献出版社, 2002.

[124] 张杰. 民营经济的金融困境与融资次序[J]. 经济研究, 2000(4)：3—10.

[125] 张敏. 美国谨慎投资者规则与现代投资组合理论探析[J]. 证券市场导报, 2007(7)：28—33.

[126] 张阳. 控股股东利益导向与股利政策安排——基于用友软件"高派现"的案例分析[J]. 当代财经, 2003(10)：54—57.

[127] 张兆国, 何威风, 闫炳乾. 资本结构与代理成本——来自中国国有控股上市公司和民营上市公司的经验证据[J]. 南开管理评论, 2008(1)：39—47.

[128] 赵昌文, 唐英凯, 周静, 邹晖. 家族企业独立董事与企业价值——对中国上市公司独立董事制度合理性的检验[J]. 管理世界, 2008(8)：119—126.

[129] 赵子夜. 小额赢利、独立董事和审计鉴证[J]. 会计研究, 2007(4)：90—94.

[130] 中华全国工商业联合会. 中国私营经济年鉴(2006—2008)[M]. 北京：中华工商联合出版社, 2009.

[131] 支晓强, 童盼. 盈余管理、控制权转移与独立董事变更——兼论独立董事治理作用的发挥[J]. 管理世界, 2005(11)：137—144.

[132] 朱红军, 何贤杰, 陈信元. 金融发展、预算软约束与企业投资[J]. 会计研究, 2006(10)：64—71.

二、英文文献

[1] Agrawal A., N. Jayaraman. The dividend policies of all-equity firms: A direct test of the free cash flow theory [J]. Managerial and Decision Economics, 1994, 15(2)：139—148.

[2] Aharony J., I. Swary. Quarterly dividend and earnings announcements and stockholdersreturn: An empirical analysis [J]. Journal of Finance, 1980, 35(1)：1—12.

[3] Aldrich H., J. Cliff. The pervasive effects of family on entrepreneurship: Toward a family embeddedness perspective [J]. Journal of Business Venturing, 2003, 18(5)：573—596.

[4] Ali A., T. Chen, S. Radhakrishnan. Corporate disclosure by family firms[J]. Journal of Accounting and Economics, 2007, 44(1—2): 238—286.

[5] Ali C. B., S. Trabelsi, M. G. Summa. Disclosure quality and ownership structure: Evidence from the French stock market [Z]. Working Paper, Université Paris Dauphine, 2008.

[6] Allen F., A. E. Bernardo, I. Welch. A theory of dividends based on tax clienteles [J]. Journal of Finance, 2000, 55(6): 2499—2536.

[7] Allen F., R. Michaely. Payout policy [J]. Handbook of the Economics of Finance, 2003, 1(1): 337—429.

[8] Allen F., J. Qian, M. Qian. Law, finance, and economic growth in China [J]. Journal of Financial Economics, 2005, 77(1): 57—116.

[9] Almeida H., Murillo Campello, Michael S. Weisbach. The cash flow sensitivity of cash [J]. Journal of Finance, 2004, 59(4): 1777—1804.

[10] Almeida H., D. Wolfenzon. A theory of pyramidal ownership and family business groups [J]. Journal of Finance, 2006, 61(6):2637—2680.

[11] Al-Yahyaee K., T. Pham, T. Walter. The information content of cash dividend announcements in a unique environment [J]. Journal of Banking and Finance, 2011, 35(3): 606—612.

[12] Amihud Y., M. Murgia. Dividends, taxes, and signaling: Evidence from Germany [J]. Journal of Finance, 1997, 52(1): 397—408.

[13] Amit R., Y. Ding, B. Villalonga, H. Zhang. The role of institutional development in the prevalence and value of family firms [Z]. Working Paper, 2009.

[14] Ampenberger M., T. Schmid, A. Achleitner, C. Kaserer. Capital structure decisions in family firms: Empirical evidence from a bank-based economy [J]. Review of Managerial Science, 2013, 7(3):247—275.

[15] Anderson R. C., D. M. Reeb. Founding family ownership and firm performance: Evidence from the S&P 500 [J]. Journal of Finance, 2003a, 58(6): 1301—1328.

[16] Anderson R. C., D. M. Reeb. Founding family ownership, corporate diversification and firm leverage [J]. Journal of Law and Economics, 2003b, 46(2): 653—684.

[17] Anderson R. C., D. M. Reeb. Board composition: Balancing family influence in S&P 500 firms [J]. Administrative Science Quarterly, 2004, 49(2): 209—237.

[18] Anderson, R. C., S. A. Mansi, D. M. Reeb. Founding family ownership and the agency cost of debt [J]. Journal of Financial Economics, 2003, 68(2): 263—285.

[19] Anderson R., A. Duru, D. Reeb. Founders, heirs, and corporate opacity in the

United States [J]. Journal of Financial Economics, 2009, 92(2): 205—222.

[20] Andres C. Large shareholders and firm performance—An empirical examination of founding-family ownership [J]. Journal of Corporate Finance, 2008, 14(4): 431—445.

[21] Andres C. Family ownership, financing constraints and investment decisions [Z]. Working Paper, 2008.

[22] Ang J. S. Do dividends matter? A review of corporate dividend theories and evidence [M]. Monograph Series in Finance and Economics, Salomon Brothers Center for the Study of Financial Institutions, New York University, 1987.

[23] Ang J. S., R. A. Cole, J. W. Lin. Agency costs and ownership structure [J]. Journal of Finance, 2000, 55(1): 81—106.

[24] Armitage S., L. Hodgkinson, G. Partington. The market value of UK dividends from shares with differing entitlements [J]. Journal of Business Finance and Accounting, 2006, 33(1—2): 220—244.

[25] Aronoff C. E., J. L. Ward. Family-owned businesses: A thing of the past or a model of the future? [J]. Family Business Review, 1995, 8(2): 121—130.

[26] Asquith P., D. Mullins. The impact of initiating dividend payments on shareholders' wealth [J]. Journal of Business, 1983, 56(1): 77—96.

[27] Astrachan J. H., S. B. Klein, K. X. Smyrnios. The F-PEC scale of family influence: A proposal for solving the family business definition problem [J]. Family Business Review, 2002. 15(1): 45—58.

[28] Astrachan J. H., M. C. Shanker. Family businesses contributions to the U. S. economy: A closer look [J]. Family Business Review, 2003, 16(3):211—219.

[29] Bai C., D. D. Li, Y. Wang. Thriving in titled playing field: A analysis of Chinese non-state sector [Z]. Working Paper, Qinghua University, 2001.

[30] Bai C., J. Lu, Z. Tao. The multitask theory of state enterprise reform: Empirical evidence from China [J]. American Economic Review, 2006, 96(2): 353—357.

[31] Bajaj M., A. M. Vijh. Dividend clienteles and the information content of dividend changes [J]. Journal of Financial Economics, 1990, 26(2): 193—219.

[32] Baker H. K., G. E. Powell, E. T. Veit. Revisiting the dividend puzzle: Do all of the pieces now fit? [J]. Review of Financial Economics, 2002, 11(4): 241—261.

[33] Baker M., J. C. Stein, J. Wurgler. When does the market matter? Stock prices and the investment of equity-dependent firms [J]. Quarterly Journal of Economics, 2003, 118(3): 969—1005.

[34] Baker M., J. Wurgler. A catering theory of dividends [J]. Journal of Finance, 2004a, 59(3): 1125—1165.

[35] Baker M., J. Wurgler. Appearing and disappearing dividends: The link to catering incentives [J]. Journal of Finance and Economics, 2004, 73(2): 271—288.

[36] Barach J. A., J. B. Ganitsky. Successful succession in family business [J]. Family Business Review, 1995, 8(2): 131—155.

[37] Barclay M. J. Dividends, taxes, and common stock prices: The ex-dividend day behavior of common stock prices before the income tax [J]. Journal of Financial Economics, 1987, 19(1): 31—44.

[38] Barclay M. J., C. Smith. Corporate payout policy: Cash dividends versus open-market repurchases [J]. Journal of Financial Economics, 1988, 22(1): 61—82.

[39] Barnes L. B., S. A. Hershon. Transferring power in the business [J]. Harvard Business Review, 1976, 54(4): 105—114.

[40] Barney J. Firm resources and sustained competitive advantage [J]. Journal of Management, 1991, 17(1): 99—120.

[41] Barney J., C. Clark, S. Alvarez. Where does entrepreneurship come from: Network models of opportunity recognition and resource acquisition with application to the family firm [C]. Paper presented at Second Annual Conference on Theories of the Family Enterprise, Wharton School of Business, Philadelphia, 2002.

[42] Barontini R., L. Caprio. The effect of family control on firm value and performance: Evidence from continental Europe [J]. European Financial Management, 2006, 12(5): 689—723.

[43] Barth E., T. Gulbrandsen, P. Schone. Family ownership and productivity: The role of owner-management [J]. Journal of Corporate Finance, 2005, 11(1—2): 107—127.

[44] Bartram S., P. R. Brown, J. How, P. Verhoeven. Agency conflicts and corporate payout policies: A global study [Z]. Working Paper, 2008.

[45] Benartzi S., R. Michaely, R. Thaler. Do changes in dividends signal the future or the past? [J]. Journal of Finance, 1997, 52(3): 1007—1034.

[46] Bennedsen M., K. M. Nielson, F. Perez-Gonzalez, D. Wolfenzon. Inside the family firm: The role of families in succession decisions and performance [J]. Quarterly Journal of Economics, 2007, 122(2): 647—691.

[47] Berle A., G. C. Means. The modern corporation and private property [M]. New York: MacMillan Press, 1932.

[48] Bernstein P. L. Dividends: The puzzle [J]. Journal of Applied Corporate Finance, 1996, 9(1): 16—45.

[49] Bertrand M., S. Johnson, K. Samphantharak, A. Schoar. Mixing family with business: A study of Thai business groups and the families behind them [J]. Journal of Financial Economics, 2008, 88(3): 466—498.

[50] Bertrand M., A. Schoar. The role of family in family firms [J]. Journal of Economic Perspectives, 2006, 20(1): 73—96.

[51] Bhattacharyya N. Dividend policy: A review [J]. Managerial Finance, 2007, 33(1): 4—13.

[52] Bhattacharya S. Imperfect information, dividend policy, and "the bird in the hand" fallacy[J]. Bell Journal of Economics, 1979, 10(1): 259—270.

[53] Bhattacharya S., M. A. Graham. On institutional ownership and firm performance: A disaggregated view [J]. Journal of Multinational Financial Management, 2009, 19(5): 370—394.

[54] Bhide A. The bidden costs of stock market liquidity [J]. Journal of Financial Economics, 1993, 34(1): 31—51.

[55] Binay M. Do dividend clienteles exist? Institutional investor reaction to dividend events [Z]. Working Paper, University of Texas, 2001.

[56] Bird B., H. Welsch, J. H. Astrachan, D. Pistrui. Family business research: The evolution of an academic field [J]. Family Business Review, 2002, 15(4): 337—350.

[57] Birley S. Succession in the family firm: The inheritor's view [J]. Journal of Small Business Management, 1986, 24(3): 36—43.

[58] Black B. S. Agents watching agents: The promise of institutional investor voice [J]. UCLA Law Review, 1992, 39(4): 810—893.

[59] Black F. The dividend puzzle [J]. Journal of Portfolio Management, 1976, 2(1): 5—8.

[60] Black F., M. Scholes. The effects of dividend yield and dividend policy on common stock prices and returns [J]. Journal of Financial Economics, 1974, 1(1): 1—22.

[61] Bloom N., J. V. Reenen. Measuring and explaining management practices across firms and countries [J]. Quarterly Journal of Economics, 2007, 122(4): 1351—1408.

[62] Bolster P. J., V. Janjigian. Dividend policy and valuation effects of the Tax Reform Act of 1986 [J]. National Tax Journal, 1991, 44(4): 511—518.

[63] Boone A. L., L. C. Field, J. M. Karpoff, C. G. Raheja. The determinants of corporate board size and composition: An empirical analysis [J]. Journal of Financial Economics, 2007, 85(1): 66—101.

[64] Boudoukh J., R. Michaely, M. Richardson, M. Roberts. On the importance of measuring payout yield: Implications for empirical asset pricing [J]. Journal of Finance, 2007, 62(2): 877—915.

[65] Bradford W., C. Chen, S. Zhu. Ownership structure, control chains, and cash dividend policy: Evidence from China [Z]. Working Paper, 2007.

[66] Brav A., J. R. Graham, C. R. Harvey, R. Michaely. Payout policy in the 21st century [J]. Journal of Financial Economics, 2005, 77(3): 483—527.

[67] Brav A., J. R. Graham, C. R. Harvey, R. Michaely. Managerial response to the May 2003 dividend tax cut [J]. Financial Management, 2008, 37(4): 611—624.

[68] Brav A., J. Heaton. Did ERISA's prudent man rule change the pricing of dividend omitting firms? [Z]. Working Paper, Duke University, 1998.

[69] Brennan M. J. Taxes, market valuation and corporate financial policy [J]. National Tax Journal, 1970, 23(4): 417—427.

[70] Brickley J. Shareholder wealth, information signaling, and the specially designated-dividend: An empirical study [J]. Journal of Financial Economics, 1983, 12(2): 187—209.

[71] Brockman P., E. Unlu. Dividend policy, creditor rights, and the agency costs of debt [J]. Journal of Financial Economics, 2009, 92(2): 276—299.

[72] Brown J. R., N. Liang, S. Weisbenner. Executive financial incentives and payout policy: Firm response to the 2003 dividend tax cut [J]. Journal of Finance, 2007, 62(4): 1935—1965.

[73] Burkart M., F. Pannunzi, A. Shleifer. Family firms [J]. Journal of Finance, 2003, 58(5): 2167—2201.

[74] Bushman R. M., J. D. Piotroski, A. J. Smith. What determines corporate transparency? [J]. Journal of Accounting Research, 2004, 42(2): 207—252.

[75] Caprio L., E. Croci, A. D. Giudice. Ownership structure, family control and acquisition decisions [Z]. Working Paper, 2008.

[76] Carney M. Corporate governance and competitive advantage in family-controlled firms [J]. Entrepreneurship Theory and Practice, 2005, 29(3): 249—265.

[77] Cesari A. D. Expropriation of minority shareholders and payout policy [Z]. Working Paper, 2009.

[78] Charest G. Dividend information, stock returns, and market efficiency-II [J]. Journal of Financial Economics, 1978, 6(2—3): 297—330.

[79] Chau G. K., S. J. Gray. Ownership structure and corporate voluntary disclosure in China Hong Kong and Singapore [J]. The International Journal of Accounting, 2002, 37(2): 247—265.

[80] Chen S., X. Chen, Q. Cheng. Do family firms provide more or less voluntary disclosure? [J]. Journal of Accounting Research, 2008, 46(3): 499—536.

[81] Chen S., X. Chen, Q. Cheng, T. Shevlin. Are family firms more tax aggressive than non-family firms? [J]. Journal of Financial Economics, 2010, 95(1): 41—61.

[82] Chen Z. L., Y. L. Cheung, A. Stouraitis, A. W. S. Wong. Ownership concentration, firm performance, and dividend policy in Hong Kong [J]. Pacific-Basin Finance Journal, 2005, 13(4): 431—449.

[83] Chen C. J. P., B. Jaggi. Association between independent nonexecutive directors, family controland fnancial disclosures in Hong Kong [J]. Journal of Accounting and Public Policy, 2000, 19(4—5): 285—310.

[84] Chen D., M. Jian, M. Xu. Dividends for tunneling in a regulated economy: The case of China[J]. Pacific-Basin Finance Journal, 2009, 17(2): 209—223.

[85] Chen X., J. Harford, K. Li. Monitoring: Which institutioins matter? [J]. Journal of Financial Economics, 2007, 86(2): 279—305.

[86] Cheng C. S., H. H. Huang, Y. Li, G. Lobo. Institutional monitoring through shareholder litigation [J]. Journal of Financial Economics, 2010, 95(3): 356—383.

[87] Chernykh L. Ultimate ownership and control in Russia [J]. Journal of Financial Economics, 2008, 88(1): 169—192.

[88] Chetty R., E. Saez. Dividend taxes and corporate behavior: Evidence from the 2003 dividend tax cut [J]. Quarterly Journal of Economics, 2005, 120(3): 791—833.

[89] Chrisman J. J, J. H. Chua, R. A. Litz. Comparing the agency costs of family and nonfamily firms: Conceptual issueand exploratory evidence [J]. Entrepreneurship Theory and Practice, 2004, 28(4): 335—354.

[90] Chrisman J. J., J. H. Chua, P. Sharma. Important attributes of successors in family businesses: An exploratory study [J]. Family Business Review, 1998, 11(1): 19—34.

[91] Chrisman J. J., J. H. Chua, P. Sharma. Current trends and future directions infa-

mily business management studies: Toward a theory of the family firm [Z]. Working Paper, Mississippi State University, 2003.

[92] Chrisman J. J. , J. H. Chua, P. Sharma. Trends and directions in the development of a strategic management theory of the family firm [J]. Entrepreneurship Theory and Practice, 2005, 29(5): 555—575.

[93] Chrisman J. J. , J. H. Chua, L. P. Steier. The influence of national culture and family involvement on entrepreneurial perceptions and performance at the state level [J]. Entrepreneurship: Theory and Practice, 2002, 26(4): 113—130.

[94] Chrisman J. J. , J. H. Chua, L. P. Steier. An introduction to theories of family business [J]. Journal of Business Venturing, 2003, 18(4): 441—448.

[95] Christie A. , V. Nanda. Free cash flow, shareholder value and the undistributed profits tax of 1936 and 1937 [J]. Journal of Finance, 1994, 49(5): 1727—1754.

[96] Chua J. H. , J. J. Chrisman, P. Sharma. Defining the family business by behavior [J]. Entrepreneurship Theory and Practice, 1999, 23(4): 19—39.

[97] Claessens S. , S. Djankov, J. P. H. Fan, L. H. P. Lang. Disentangling the incentive and entrenchment effects of large shareholdings [J]. Journal of Finance, 2002, 57(6): 2741—2771.

[98] Claessens S. , S. Djankov, L. H. P. Lang. The separation of ownership and control in East Asian corporations [J]. Journal of Financial Economics, 2000, 58(1): 81—112.

[99] Coase R. The nature of the firm [J]. Economica, 1937, 4(16): 386—405.

[100] Coffee J. Liquidity versus control: The institutionalinvestor as corporate monitor[J]. Columbia Law Review, 1991, 91(6): 1277—1368.

[101] Coleman S. , M. Carsky. Sources of capital for small family-owned businesses: Evidence from the National Survey of Small Business Finances [J]. Family Business Review, 1999, 12(1): 73—86.

[102] Cooper M. , N. Upton, S. Seaman. Customer relationship management: A comparative analysis of family and nonfamily business practices [J]. Journal of Small Business Management, 2005, 43(3): 242—256.

[103] Cronqvist H. , R. Fahlenbrach. Large shareholders and corporate policies [J]. Review of Financial Studies, 2009, 22(10): 3941—3976.

[104] Cronqvist H. , M. Nilsson. Agency costs of controlling minority shareholders [J]. Journal of Financial and Quantitative Analysis, 2003, 38(4): 695—719.

[105] Cubbin J. , D. Leech. The effect of shareholding dispersion on the degree of control

in British companies: Theory and measurement [J]. The Economic Journal, 1983, 93(370): 351—369.

[106] Cuculelli M., G. Micucci. Family succession and firm performance: Evidence from Italian family firms [J]. Journal of Corporate Finance, 2008, 14(1): 17—31.

[107] Dahya J., O. Dimitrovb, J. J. McConnell. Dominant shareholders, corporate boards, and corporate value: A cross-country analysis [J]. Journal of Financial Economics, 2008, 87 (1): 73—100.

[108] Daily C. M., M. J. Dollinger. An empirical examination of ownership structure in family and professionally-managed firms [J]. Family Business Review, 1992,5(2): 117—136.

[109] Daily C. M., S. S. Thompson. Ownership structure, strategic posture, and firm growth: An empirical examination [J]. Family Business Review, 1994, 7(3): 237—250.

[110] Davis P. Realizing the potential of family business [J]. Organizational Dynamics, 1983, 12(1): 47—56.

[111] DeAngelo H., L. DeAngelo, D. J. Skinner. Reversal of fortune: Dividend signaling and the disappearance of sustained earnings growth [J]. Journal of Financial Economics, 1996, 40(3): 341—371.

[112] DeAngelo H., L. DeAngelo, D. J. Skinner. Corporate payout policy [J]. Foundations and Trends in Finance, 2008, 3(2—3): 95—287.

[113] DeAngelo H., L. DeAngelo, R. M. Stulz. Dividend policy and the earned/contributed capital mix: A test of the life-cycle theory [J]. Journal of Financial Economics, 2006, 81(2): 227—254.

[114] Demirguc-KuntA., V. Maksimovic. Law, finance, and firm growth [J]. Journal of Finance, 1998, 53(6): 2107—2137.

[115] Denis D. J., D. K. Denis. Majority owner-managers and organizational efficiency [J]. Journal of Corporate Finance, 1994, 1(1): 91—118.

[116] Denis D. K., J. J. McConnell. International corporate governance [J]. Journal of Financial and Quantitative Analysis, 2003, 38(1): 1—36.

[117] Denis D., I. Osobov. Why do firms pay dividends? International evidence on the determinants of dividend policy [J]. Journal of Financial Economics, 2008, 89(1): 62—82.

[118] Desai M. A., J. Li. Institutional tax clienteles and payout policy [Z]. National Bureau of Economic Research, Working Paper, 2007.

[119] Dewenter K. L., V. A. Warther. Dividends asymmetric information and agency conflicts: Evidence from a comparison of dividend policies of Japanese and US firms [J]. Journal of Finance, 1998, 53(3): 879—904.

[120] Dhaliwal D. S., M. Erickson, R. Trezevant. A test of the theory of tax clienteles for dividend policies [J]. National Tax Journal, 1999, 52(2): 179—194.

[121] Ding Y., H. Zhang, J. Zhang. The financial and operating performance of Chinese family-owned listed firms [J]. Management International Review, 2008, 48(3): 297—318.

[122] Djankov S., R. La Porta, F. Lopez-De-Silanes and A. Shleifer. The law and economics of self-dealing [J]. Journal of Financial Economics, 2008, 88(3): 430—465.

[123] Donckels R., E. Frohlich. Are family businesses really different? European experiences from STRATOS [J]. Family Business Review, 1991, 4(2): 149—160.

[124] Donnelley R. The family business [J]. Harvard Business Review, 1964, 42(4): 93—105.

[125] Dyer W. G., W. J. Dyer. Putting the family into family business research [J]. Family Business Review, 2009, 22(3): 216—219.

[126] Easterbrook F. H. Two agency-cost explanations of dividends [J]. American Economic Review, 1984, 74(4): 650—659.

[127] Eaton C., I. Yuan, Z. Wu. Reciprocal altruism and the theory of the family firm [C]. Paper presented at the Second Annual Conference on Theories of the Family Enterprise: Search for a Paradigm, Wharton School of Business, Philadelphia, 2002.

[128] Eckbo B. E., S. Verma. Managerial shareownership, voting power, and cash dividend policy [J]. Journal of Corporate Finance, 1994, 1(1): 33—62.

[129] EijeH. V., W. Megginson. Dividends and share repurchases in the European Union [J]. Journal of Financial Economics, 2008, 89(2): 347—374.

[130] Elayan F. A., J. Y. Li, M. E. Donnelly, A. W. Young. Changes to income trust taxation in Canada: Investor reaction and dividend clientele theory [J]. Journal of Business Finance and Accounting, 2009, 36(5—6): 725—753.

[131] Ellul A. Control motivations and capital structure decisions [Z]. Working Paper, 2009.

[132] Ellul A., L. Guntay, U. Lel. External governance and debt agency costs of family firms [Z]. Working Paper, 2007.

[133] Elton E. J., M. J. Gruber. Marginal stockholder tax rates and the clientele effect [J]. Review of Economics and Statistics, 1970, 52(1): 68—74.

[134] Elyasiani E., Y. Jia. Distribution of institutional ownership and corporate firm performance[J]. Journal of Banking and Finance, 2010, 34(3): 606—620.

[135] Faccio M., L. H. P. Lang. The ultimate ownership of Western European corporations [J]. Journal of Financial Economics, 2002, 65(3): 365—395.

[136] Fahlenbrach R. Founder-CEOs, investment decisions, and stock market performance [J]. Journal of Financial and Quantitative Analysis, 2009, 44(2): 439—466.

[137] Fama E. F. Agency problems and the theory of the firm [J]. Journal of Political Economy, 1980, 88(2): 288—307.

[138] Fama E. F., K. R. French. Disappearing dividends: Changing firm characteristics or lower propensity to pay[J]. Journal of Financial Economics, 2001, 60(1): 3—43.

[139] Fama E. F., M. Jensen. Separation of ownership and control [J]. Journal of Law and Economics, 1983, 26(2): 301—325.

[140] Farrar D. E., L. L. Selwyn. Taxes, corporate financial policy and return to investors [J]. National Tax Journal, 1967, 20(4): 444—454.

[141] Fazzari S. M., R. G. Hubbard, B. C. Peterson. Financing constraints and corporate investment [J]. Brooking Papers on Economic Activity, 1988(1): 141—195.

[142] Fenn G. W., N. Liang. Corporate payout policy and managerial stock incentives [J]. Journal of Financial Economics, 2001, 60(1): 45—72.

[143] Ferris S. P., J. Narayanan, S. Sanjiv. Catering effects in corporate dividend policy: The international evidence [J]. Journal of Banking and Finance, 2009, 33(9): 1730—1738.

[144] Ferris S. P., N. Sen, H. P. Yui. God save the queen and her dividends: Corporate payouts in the UK [J]. Journal of Business, 2006, 79(3): 1149—1173.

[145] Frankfurter G. M., B. G. Wood. Dividend policy theories and their empirical tests [J]. International Review of Financial Analysis, 2002, 11(2): 111—138.

[146] Gadarowski C., G. Meric, C. Welsh, I. Meric. Dividend tax cut and security prices: Examining the effect of the Jobs and Growth Tax Relief Reconciliation Act of 2003 [J]. Financial Management, 2007, 36(4): 89—106.

[147] Gadhoum Y., L. H. P. Lang, L. Young. Who controls US? [J]. European Financial Management, 2005, 11(3): 339—363.

[148] Gallo M., J. Tapies, K. Cappuyns. Comparison of family and nonfamily business: Financial logic and personal preferences [J]. Family Business Review, 2004, 17(4): 303—318.

[149] Gersick K. E., J. A. Davis, M. M. Hampton, I. Lansberg. Generation to generation: Life cycles of the family business [M]. Boston: Havard Business School Press, 1997.

[150] Gilchrist S., C. Himmelberg. Evidence on the role of cash flow for investment [J]. Journal of Monetary Economics, 1995, 36(3): 541—572.

[151] Gillan S. L., L. T. Starks. Corporate governance proposals and shareholder activism: The role of institutional investors [J]. Journal of Financial Economics, 2000, 57(2): 275—305.

[152] Gomez-Mejia L. R., M. Nunez-Nickel, I. Gutierrez. The role of family ties in agency contracts [J]. Academy of Management Journal, 2001, 44(1): 81—95.

[153] Gorriz C. G., V. S. Fumas. Family ownership and performance: The net effect of productive efficiency and growth constraints [Z]. Working Paper, 2005.

[154] Gugler K. Corporate governance, dividend payout policy, and the interrelation between dividends, R&D, and capital investment [J]. Journal of Banking and Finance, 2003, 27(7):1297—1321.

[155] Gugler K., B. Yurtoglu. Corporate governance and dividend pay-out policy in Germany [J]. European Economic Review, 2003, 47(4): 731—758.

[156] Graham J. R., A. Kumar. Do dividend clienteles exist? Evidence on dividend preferences of retail investor [J]. Journal of Finance, 2006, 61(3): 1305—1336.

[157] Grinstein Y., R. Michaely. Institutional holdings and payout policy [J]. Journal of Finance, 2005, 60(3): 1389—1426.

[158] Grossman S. J., O. D. Hart. Takeover bids, the free-rider problem, and the theory of the corporation [J]. Bell Journal of Economics, 1980, 11(1): 42—54.

[159] Grullon G., R. Michaely, S. Benartizi., R. Thaler. Dividend changes do not signal changes in future profitability [J]. Journal of Business, 2005, 78(5): 1659—1682.

[160] Grullon G., R. Michaely, B. Swaminathan. Are dividend changes a sign of firm maturity? [J]. Journal of Business, 2002, 75(3): 387—424.

[161] Gudmundson D., E. A. Hartman, C. B. Tower. Strategic orientation: Differences between family and non-family firms [J]. Family Business Review, 1999, 12(1): 27—39.

[162] Guercio D. D., J. Hawkins. The motivation and impact of pension fund activism [J]. Journal of Financial Economics, 1999, 52(3): 293—340.

[163] Guiso L., P. Sapienza, L. Zingales. Does local financial development matter? [J]. Quarterly Journal of Economics, 2004, 119(3): 929—969.

[164] Habbershon T. G., M. L. Williams. A resource-based framework for assessing the strategic advantages of family firms [J]. Family Business Review, 1999, 12(1): 1—22.

[165] Habbershon T. G., M. L. Williams, I. C. MacMillan. A unified systems perspective of family firm performance [J]. Journal of Business Venturing, 2003, 18(4): 451—465.

[166] Handler W. C. Methodological issues and considerations in studying family businesses [J]. Family Business Review, 1989, 2(3): 257—276.

[167] Hanlon M., J. Myers, T. Shevlin. The information content of dividends: Do dividends provide information about future earnings? [Z]. Working Paper, University of Michigan, 2006.

[168] Haynes G., R. Walker, B. Rowe, G. Hong. The intermingling of business and family finances in family-owned businesses [J]. Family Business Review, 1999, 12(3): 225—239.

[169] Healy P. M., K. G. Palepu. Earnings information conveyed by dividend initiations and omissions [J]. Journal of Financial Economics, 1988, 21(2): 149—175.

[170] Heck R. K. Z., E. S. Trent. The prevalence of family business from a household sample [J]. Family Business Review, 1999, 12(3): 209—224.

[171] Hillier D., P. McColgan. Firm performance and managerial succession in family managed firms [J]. Journal of Business Finance and Accounting, 2009, 36(3—4): 461—484.

[172] Hoberg G., N. R. Prabhala. Disappearing dividends, catering, and risk [J]. Review of Financial Studies, 2009, 22(1):79—116.

[173] Holder M. E., F. W. Langrehr, J. L. Hexter. Dividend policy determinants: An investigation of the influences of stakeholder theory [J]. Financial Management, 1998, 27(3): 73—82.

[174] Holderness C. G. The myth of diffuse ownership in the United States [J]. Review of Financial Studies, 2009, 22(4):1377—1408.

[175] Holmstrom B. Moral hazard in teams [J]. Bell Journal of Economics, 1982, 13(2): 324—340.

[176] Hu A., P. Kumar. Managerial entrenchment and payout policy [J]. Journal of Financial and Quantitative Analysis, 2004, 39(4): 759—790.

[177] Hu Y., D. Wang, S. Zhang. Founding family ownership, management, and payout policy [Z]. Working Paper, 2007.

[178] Jensen G. R., D. P. Solberg, T. S. Zorn. Simultaneous determination of insider ownership, debt, and dividend policies [J]. Journal of Financial and Quantitative Analysis, 1992, 27(2): 247—263.

[179] Jensen M. C. Agency costs of free cash flow, corporate finance, and takeovers [J]. American Economic Review, 1986, 76(2): 323—330.

[180] Jensen M. C., W. H. Meckling. Theory of the firm: Managerial behavior, agency costs and ownership structure [J]. Journal of Financial Economics, 1976, 3(4): 305—360.

[181] Joh S. W. Corporate governance and firm profitability: Evidence from Korea before the economic crisis [J]. Journal of Financial Economics, 2003, 68(2): 287—322.

[182] John K., A. Knyazeva, D. Knyazeva. Do shareholders care about geography? [Z]. Working Paper, 2008.

[183] John K., L. H. P. Lang. Insider trading around dividend announcements: Theory and evidence [J]. Journal of Finance, 1991, 46(4): 1361—1389.

[184] Johnson S., R. La Porta, F. Lopez-de Silanes, A. Shleifer. Tunneling [J]. American Economic Review, 2000, 90(1): 20—27.

[185] John K., J. Williams. Dividends, dilution, and taxes: A signaling equilibrium [J]. Journal of Finance, 1985, 40(4): 1053—1069.

[186] Kalay A. The ex-dividend day behavior of stock prices: A re-examination of the clientele effect [J]. Journal of Finance, 1982, 37(4): 1059—1070.

[187] Kang D. The impact of family ownership on performance in public organizations: A study of the U. S. Fortune 500, 1982—1994 [C]. Academy of Management Meetings, Toronto, Canada, 2000.

[188] Kaplan S. N., L. Zingales. Do investment-cash flow sensitivities provide useful measures of financing constraints [J]. Quarterly Journal of Economics, 1997, 112(1): 169—215.

[189] Khanna T., K. Palepu. Is group affiliation profitable in emerging markets? An analysis of diversified Indian business groups [J]. Journal of Finance, 2000, 55(2): 867—891.

[190] Khurana I., X. Martin, R. Pereira. Financial development and the cash flow sensitivity of cash [J]. Journal of Financial and Quantitative Analysis, 2006, 41(4): 787—807.

[191] Kinkki S. Dividend puzzle—A review of dividend theories [J]. LTA, 2001, 1(1): 58—97.

[192] KlasaS. Why do controlling families of public firms sell their remaining ownership stake? [J]. Journal of Financial and Quantitative Analysis, 2008, 42(2): 339—367.

[193] Klein S. B. Family businesses in Germany: Significance and structure [J]. Family Business Review, 2000, 13(3): 157—181.

[194] Klein S. B., J. H. Astrachan, K. X. Smyrnios. The F-PEC scale of family influence: Construction, validation, and further implications for theory [J]. Entrepreneurship Theory and Practice, 2005, 29(3): 321—339.

[195] Kumar P. Shareholder-manager conflict and the information content of dividends [J]. Review of Financial Studies, 1988, 1(2): 111—136.

[196] Laeven L., R. Levine. Complex ownership structures and corporate valuations [J]. Review of Financial Studies, 2008, 21(2): 579—604.

[197] Lamont O., C. Polk, J. Saá-Requejo. Financial constraints and stock returns [J]. Review of Financial Studies, 2001, 14(2): 529—554.

[198] Lang L. H. P., R. H. Litzenberger. Dividend announcements: Cash flow signaling vs. free cash flow hypothesis [J]. Journal of Financial Economics, 1989, 24(1): 181—191.

[199] Lansberg I. The succession conspiracy [J]. Family Business Review, 1988, 1(2): 119—143.

[200] Lansberg I., E. L. Perrow, S. Rogolsky. Family business as an emerging field [J]. Family Business Review, 1988, 1(1): 1—8.

[201] La Porta, R., F. Lopez-de-Silanes, A. Shleifer. Corporate ownership around the world [J]. Journal of Finance, 1999, 54(2): 471—517.

[202] La Porta R., F. Lopez-de-Silanes, A. Shleifer, R. W. Vishny. Law and finance [J]. Journal of Political Economy, 1998, 106(6): 1113—1155.

[203] La Porta R., F. Lopez-de-Silanes, A. Shleifer, R. W. Vishny. Agency problems and dividend policies around the world [J]. Journal of Finance, 2000, 55(1): 1—33.

[204] La Porta R., F. Lopez-de-Silanes, A. Shleifer, R. W. Vishny. Investor protec-

tion and corporate valuation [J]. Journal of Finance, 2002, 57(3): 1147—1170.

[205] Lee Y. T. , Y. J. Liu, R. Roll, A. Subrahmanyam. Taxes and dividend clientele: Evidence from trading and ownership structure [J]. Journal of Banking and Finance, 2006, 30(1): 229—246.

[206] Lewellen W. G. , K. L. Stanley, R. C. Lease, G. G. Schlarbaum. Some direct evidence on the dividend clientele phenomenon [J]. Journal of Finance, 1978, 33(5): 1385—1399.

[207] Li W. , E. Lie. Dividend changes and catering incentives [J]. Journal of Financial Economics, 2006, 80(2): 293—308.

[208] Lins K. V. Equity ownership and firm value in emerging markets [J]. Journal of Financial and Quantitative Analysis, 2003, 38(1): 159—184.

[209] Lintner J. Distribution of incomes of corporations among dividends, retained earnings, and taxes [J]. American Economic Review, 1956, 46(2): 97—113.

[210] Litz R. A. The family business: Toward definitional clarity [J]. Family Business Review, 1995, 8(2): 71—81.

[211] Litzenberger R. H. , K. Ramaswamy. The effects of personal taxes and dividends on capital asset prices: Theory and empirical evidence [J]. Journal of Financial Economics, 1979, 7(2): 163—195.

[212] Litzenberger R. H. , K. Ramaswamy. Dividends, short-selling restrictions, tax-induced investor clienteles and market equilibrium [J]. Journal of Finance, 1980, 35(2): 469—482.

[213] Litzenberger R. H. , K. Ramaswamy. The effects of dividends on common stock prices tax effects or information effects? [J]. Journal of Finance, 1982, 37(2): 429—443.

[214] Lonie A. , G. Abeyratna, D. M. Power, C. D. Sinclair. The stock market reaction to dividend announcements: A UK study of complex market signals [J]. Journal of Economic Studies, 1996, 23(1): 32—52.

[215] López-Gracia J. , S. Sánchez-Andújar. Financial structure of the family business: Evidence from a group of small Spanish firms [J]. Family Business Review, 2007, 20(4): 269—287.

[216] Love I. Financial development and financing constraints: International evidence from the structural [J]. Review of Financial Studies, 2003, 16(3): 765—791.

[217] Mann S. V. The dividend puzzle: A progress report [J]. Quarterly Journal of Business and Economics, 1989, 28(3): 3—35.

[218] Maug E. Large shareholders as monitors: Is there a trade-off between liquidity and control? [J]. Journal of Finance, 1998, 53(1): 65—98.

[219] Maury B. Family ownership and firm performance: Empirical evidence from Western European corporations [J]. Journal of Corporate Finance, 2006, 12(2): 321—341.

[220] Maury C. B., A. Pajuste. Controlling shareholders, agency problems and dividend policy in Finland [J]. Finnish Journal of Business Economics, 2002, 1(1): 15—45.

[221] McCluskey T., B. M. Burton, D. M. Power, C. D. Sinclair. Evidence on the Irish stock markets reaction to dividend announcements [J]. Applied Financial Economics, 2006, 16(8): 617—628.

[222] McConaughy D. L., M. C. Walker, Jr. G. V. Henderson, C. S. Mishra. Founding family controlled firms: Efficiency and value [J]. Review of Financial Economics, 1998, 7(1): 1—19.

[223] McConnell J. J., H. Servaes. Additional evidence on equity ownership and corporate value [J]. Journal of Financial Economics, 1990, 27(2): 595—612.

[224] Michaely R., W. H. Shaw. The pricing of initial public offerings: Tests of theadverse selection and signaling theories [J]. Review of Financial Studies, 1994, 7(2): 279—319.

[225] Miller D., I. L. Breton-Miller, R. H. Lester, A. A. Jr. Cannella. Are family firms really superior performers? [J]. Journal of Corporate Finance, 2007, 13(5): 829—858.

[226] Miller M. H., F. Modigliani. Dividend policy, growth, and the valuation of Shares [J]. Journal of Business, 1961, 34(4): 411—433.

[227] Miller M. H., K. Rock. Dividend policy under asymmetric information [J]. Journal of Finance, 1985, 40(4): 1031—1051.

[228] Miller M., M. S. Scholes. Dividends and taxes: Some empirical evidence [J]. Journal of Political Economy, 1982, 90(6): 1118—1141.

[229] Mitton T. A cross-firm analysis of the impact of corporate governance on the East Asian financial crisis [J]. Journal of Financial Economics, 2002, 64(2): 215—241.

[230] Mohamad J., A. K. Bakri, F. Kenta, A. A. Zainol. Dividend announcements and stock market reaction [Z]. Working Paper, 2009.

[231] Moh'd M. A., L. G. Perry, J. N. Rimbey. An investigation of the dynamic asso-

ciation between agency theory and dividend policy [J]. Financial Review, 1995, 30 (2): 367—385.

[232] Morck R. K., A. Shleifer, R. W. Vishny. Management ownership and market valuation: An empirical analysis [J]. Journal of Financial Economics, 1988, 20(1—2):293—315.

[233] Morck R., B. Yeung. Agency problems in large family business groups[J]. Entrepreneurship Theory and Practice, 2003, 27(4): 367—382.

[234] Morck R., B. Yeung. Family control and the rent seeking society[J]. Entrepreneurship Theory and Practice, 2004, 28(4): 391—409.

[235] Myers S. C. The capital structure puzzle[J]. Journal of Finance, 1984, 39(3): 575—592.

[236] Myers S. C., N. Majluf. Corporate financing and investment decisions when firms have information investors do not have [J]. Journal of Financial Economics, 1984, 13(2): 187—221.

[237] Nam J., J. Wang, G. Zhang. The impact of dividend tax cut and managerial stock holdings on firm's dividend policy [Z]. Working Paper, 2010.

[238] Nesbitt S. L. Long-term rewards from shareholder activism: A study of the "CalPERS effect"[J]. Journal of Applied Corporate Finance, 1994, 6(1): 75—80.

[239] Neubauer F., A. G. Lank. The family business: Its governance for sustainability [M]. London: McMillan Press, 1998.

[240] Nissim D., A. Ziv. Dividend changes and future profitability [J]. Journal of Finance, 2001, 56(6): 2111—2133.

[241] Ofer A. R., A. V. Thakor. A theory of stock price responses to alternative corporate cash disbursement methods: Stock repurchases and dividends [J]. Journal of Finance, 1987, 42(2): 365—394.

[242] Pan C. H. Financial development and corporate payout policy [Z]. Working Paper, Santa Clara University, 2009.

[243] Perez-Gonzalez F. Inherited control and firm performance [J]. American Economic Review, 2006, 96(5): 1559—1588.

[244] Pettit R. R. Dividend announcements, security performance and capital market efficiency [J]. Journal of Finance, 1972, 27(5): 993—1008.

[245] Pettit R. R. Taxes, transaction costs and the clientele effect of taxes [J]. Journal of Financial Economics, 1977, 5(3): 419—436.

[246] Pinto M. The Role of institutional investor in the corporate governance[Z]. Work-

ing Paper, University of Hamburg, 2006.

[247] Poterba J. M. , L. H. Summers. New evidence that taxes affect the valuation of dividends [J]. Journal of Finance, 1984, 39(5): 1397—1415.

[248] Poutziouris P. Z. The views of family companies on venture capital: Evidence from the UK small to medium-size enterprising economy [J]. Family Business Review, 2001, 14(3): 277—291.

[249] Prencipe A. , G. Markarian, L. Pozza. Earnings management in family firms: Evidence from R&D cost capitalization in Italy [J]. Family Business Review, 2008, 21(1): 71—88.

[250] Rajan R. , L. Zingales. Financial dependence and growth [J]. American Economic Review, 1998, 88(3): 559—586.

[251] Rajan R. , L. Zingales. The great reversals: The politics of financial development in the twentieth century [J]. Journal of Financial Economics, 2003, 69(1): 5—50.

[252] Renneboog L. , G. Trojanowski. Patterns in payout policy and payout channel choice of U. K. firms in the 1990s [Z]. European Corporate Governance Institute, Working Paper No. 70/2005, 2008.

[253] Renzulli L. A. , H. Aldrich, J. Moody. Family matters: Gender, networks, and entrepreneurial outcomes [J]. Social Forces, 2000, 79(2): 523—546.

[254] Romano C. A. , G. A. Tanewski, K. X. Smyrnios. Capital structure decision making: A model for family business [J]. Journal of Business Venturing, 2000, 16(3): 285—310.

[255] Rozeff M. S. Growth, beta and agency costs as determinants of dividend payout ratios [J]. Journal of Financial Research, 1982, 5(3): 249—259.

[256] Schellenger M. H. , D. D. Wood, A. Tashakori. Board of director composition, shareholder wealth, and dividend policy [J]. Journal of Management, 1989, 15(3): 457—467.

[257] Schmid T. , M. Ampenberger, C. Kaserer, A. Achleitner. Family firms, agency costs and risk aversion: Empirical evidence from diversification and hedging decisions [Z]. Working Paper, 2008.

[258] Schmid T. , M. Ampenberger, C. Kaserer, A. Achleitner. Controlling shareholders and payout policy: Do founding families have a special "taste for dividends"? [Z]. Working Paper, 2010.

[259] Scholz J. K. A direct examination on the dividend clientele hypothesis [J]. Journal

of Public Economics, 1992, 49(3): 261—285.

[260] Schulze W. S., M. H. Lubatkin, R. N. Dino, A. K. Buchholtz. Agency relationships in family firms: Theory and evidence [J]. Organization Science, 2001, 12(2): 99—116.

[261] Schulze W. S., M. H. Lubatkin, R. N. Dino. Exploring the agency consequences of ownership dispersion among the directors of private family firms [J]. Academy of Management Journal, 2003, 46(2): 179—194.

[262] Setia-Atmaja L., G. A. Tanewski, M. Skully. The role of dividends, debt and board structure in the governance of family Controlled firms [J]. Journal of Business Finance and Accounting, 2009, 36(7—8): 863—898.

[263] Shane S., S. Ventakaraman. The promise of entrepreneurship as a field of research [J]. Academy of Management Review, 2000, 25(1): 217—226.

[264] Shanker M. C., J. H. Astrachan. Myths and realities: Family businesses' contribution to the US economy—A framework for assessing family business statistics [J]. Family Business Review, 1996, 9(2): 107—123.

[265] Sharma P. Stakeholder mapping technique: Toward the development of a family firm typology [Z]. Working Paper, Wilfrid Laurier University, 2003.

[266] Sharma P. An overview of the field of family business studies: Current status and directions for the future [J]. Family Business Review, 2004, 17(1): 1—36.

[267] Sharma P., J. J. Chrisman. Toward a reconciliation of the definitional issues in the field of corporate entrepreneurship [J]. Entrepreneurship Theory and Practice, 1999, 23(3): 11—27.

[268] Sharma P., A. S. Rao. Successor attributes in Indian and Canadian firms: A comparative study [J]. Family Business Review, 2000, 13(4): 313—330.

[269] Shleifer A., R. W. Vishny. Large shareholders and corporate control [J]. Journal of Political Economy, 1986, 94(3): 461—488.

[270] Shleifer A., R. W. Vishny. A survey of corporate governance [J]. Journal of Finance, 1997, 52(2): 737—783.

[271] Short H., H. Zhang, K. Keasey. The link between dividend policy and institutional ownership [J]. Journal of Corporate Finance, 2002, 8(2): 105—122.

[272] Sirmon D., M. Hitt. Managing resources: Linking unique resources, management, and wealth creation in family firms [J]. Entrepreneurship Theory and Practice, 2003, 27(4): 339—358.

[273] Smith M. Shareholder activism by institutional investors: Evidence from CalPERS [J].

Journal of Finance, 1996, 51(1): 227—252.

[274] Smith Jr. C. W., R. L. Watts. The investment opportunity set and corporate financing, dividend, and compensation policies [J]. Journal of Financial Economics, 1992, 32(3): 263—292.

[275] Sraer D., D. Thesmar. Performance and behavior of family firms: Evidence from the French stock market [J]. Journal of the European Economic Association, 2007, 5(4): 709—751.

[276] Tan W., S. T. Fock. Coping with growth transitions: The case of Chinese family businesses in Singapore [J]. Family Business Review, 2001, 14(2): 123—152.

[277] Truong T., R. Heaney. Largest shareholder and dividend policy around the world [J]. Quarterly Review of Economics and Finance, 2007, 47(5): 667—687.

[278] Upton N., W. Petty. Venture capital investment and US family business [J]. Venture Capital, 2000, 2(1): 27—39.

[279] Villalonga B., R. Amit. How do family ownership, management and control affect firm value? [J]. Journal of Financial Economics, 2006, 80(2): 385—417.

[280] Villalonga B., Amit R. How are U. S. family firms controlled? [J]. Review of Financial Studies, 2009, 22(8): 3047—3091.

[281] Wang D. Founding family ownership and earnings quality [J]. Journal of Accounting Research, 2006, 44(3): 619—656.

[282] Ward J. L. The special role of strategic planning for family businesses [J]. Family Business Review, 1988, 1(2): 105—117.

[283] Watts R. The information content of dividends [J]. Journal of Business, 1973, 46(2): 191—211.

[284] Wei Z., S. Wu, C. Li, W. Chen. Family control, institutional environment and cash dividend policy: Evidence from China [J]. China Journal of Accounting Research, 2011, 4(1—2): 29—46.

[285] Westhead P. Ambitions, external environment and strategic factor differences between family and non-family companies [J]. Entrepreneurship and Regional Development, 1997, 9(2): 127—158.

[286] Westhead P., M. Cowling. Family firm research: The need for a methodological rethink [J]. Entrepreneurship Theory and Practice, 1998, 23(1): 31—56.

[287] White H. A heteroskedasticity-consistent covariance matrix estimator and a direct test for heteroskedasticity [J]. Econometrica, 1980, 48(4): 817—838.

[288] Xia L. J. Founder control, ownership structure and firm value: Evidence from en-

trepreneurial listed firms in China [J]. China Journal of Accounting Research, 2008, 1(1): 31—49.

[289] Yoon P. S., L. T. Starks. Signaling, investment opportunities, and dividend announcements[J]. Review of Financial Studies, 1995, 8(4): 995—1018.

[290] Yuan R., J. Z. Xiao, H. Zou. Mutual funds' ownership and firm performance: Evidence from China [J]. Journal of Banking and Finance, 2008, 32(8): 1552—1565.

[291] YuklG. Managerial leadership: A review of theory and research [J]. Journal of Management, 1989, 15(2): 251—289.

[292] Zeckhauser R. J., J. Pound. Are large shareholders effective monitors? An investigation of share ownership and corporate performance [M]. In Hubbard R. G. (Eds), Asymmetric information, corporate finance and investment, The University of Chicago Press, 1990: 149—180.

[293] Zahra S., J. Hayton, C. Salvato. Entrepreneurship in family vs. nonfamily firms: A resource-based analysis of the effect of organizational culture [J]. Entrepreneurship Theory and Practice, 2004, 28(5): 363—381.